Einführung in die Leistungsbewertung und Vehrkehrstheorie

Von
Phuoc Tran-Gia

2. Auflage

Oldenbourg Verlag München Wien

Prof. Dr. Phuog Tran-Gia ist seit 1988 Professor für Informatik an der Universität Würzburg, Lehrstuhl für verteilte Systeme.

Bibliografische Information Der Deutschen Bibliothek

Die Deutsche Bibliothek verzeichnet diese Publikation in der Deutschen Nationalbibliografie; detaillierte bibliografische Daten sind im Internet über <http://dnb.ddb.de> abrufbar.

© 2005 Oldenbourg Wissenschaftsverlag GmbH
Rosenheimer Straße 145, D-81671 München
Telefon: (089) 45051-0
www.oldenbourg.de

Lektorat: Margit Roth
Herstellung: Anna Grosser
Umschlagkonzeption: Kraxenberger Kommunikationshaus, München
Gedruckt auf säure- und chlorfreiem Papier
Gesamtherstellung: Grafik + Druck, München

ISBN 3-486-57882-0

Für Wally, Johannes und Thomas

Vorwort zur zweiten Auflage

Diese Fassung ist die zweite Auflage des Lehrbuches "Analytische Leistungsbewertung verteilter Systeme" (Springer-Verlag, 1996). Neben der notwendigen Präzisierung des Titels zu *„Einführung in die Leistungsbewertung und Verkehrstheorie"* wurden Anregungen, die ich von meinen Studierenden und Mitarbeitern an der Universität Würzburg in den letzten neun Jahren erhalten habe, eingearbeitet. Einige Methoden, die in Forschungskooperationen in der letzten Zeit häufig verwendet werden, wurden hinzugefügt (z.B. die Dimensionsreduktionsmethode nach Kaufman & Roberts).

Für die Hörer der Vorlesung „Leistungsbewertung verteilter Systeme" in Würzburg möchte ich darauf hinweisen, dass Kapitel 1 bis einschließlich Kapitel 5 in der Veranstaltung verwendet werden.

Bei der Entstehung dieser Auflage haben viele Mitarbeiterinnen und Mitarbeiter meines Teams am Lehrstuhl für Informatik III, Universität Würzburg, mitgeholfen. In erster Linie möchte ich Dipl.-Inform. T. Hoßfeld, B. auf dem Graben, M. Brotzeller und V. Himmler für die engagierte und unermüdliche Mitarbeit danken. Dr. rer. nat. D. Staehle bin ich für den Beitrag zum Dimensionsreduktionsverfahren zu Dank verpflichtet. Im Einzelnen möchte ich Dipl.-Inform. A. Binzenhöfer und Dr. rer. nat. M. Menth für die wertvollen Diskussionen danken, die zur Verbesserung dieser Auflage beigetragen haben. Dipl.-Inform. R. Henjes, Dipl.-Inform. A. Mäder, Dipl.-Inform. R. Martin, Dipl.-Inform. J. Milbrandt, Dipl.-Inform. S. Oechsner und Dipl.-Inform. R. Pries danke ich für die wertvollen Hinweise und Verbesserungsvorschläge bei der Korrektur des Manuskripts.

Würzburg, Juli 2005   Phuoc Tran-Gia

Vorwort zur ersten Auflage

Das vorliegende Buch stammt in wesentlichen Teilen aus meiner Vorlesung „*Leistungsbewertung verteilter Systeme*", die ich an der Universität Würzburg halte. Zielsetzung der Vorlesung ist eine Einführung in die Modellierung technischer Systeme mit Methoden der Wahrscheinlichkeitstheorie und der mathematischen Statistik. Die Schwerpunkte liegen in der angewandten Nachrichtenverkehrstheorie und der klassischen Warteschlangentheorie, wobei Anwendungen in der Fertigungstechnik ebenfalls erörtert werden. In der mit zwei Semesterwochenstunden und zusätzlich zwei Übungsstunden angesetzten Lehrveranstaltung werden die Kapitel 1 bis 5 behandelt. Diese Lehrveranstaltung wird Informatik-Studenten im Hauptstudium – hauptsächlich 5. oder 6. Fachsemester – sowie Studenten mit Informatik als Nebenfach angeboten. Kapitel 6 dient der Vertiefung des Stoffes bei besonderem Interesse.

Der einführende Charakter dieses Lehrbuchs spiegelt sich in der Stoffauswahl wider. Sie soll die erforderlichen Grundlagen der analytischen Leistungsbewertung und ihrer Anwendungen bereitstellen und die Einarbeitung für Studien- und Diplomarbeiten unterstützen.

In Kapitel 1 werden wichtige Begriffe zur Modellbildung und Leistungsbewertung im Zusammenhang mit analytischen Untersuchungsmethoden erörtert und Beispiele zur Modellbildung in Rechnerkommunikations- und Fertigungssystemen aufgeführt. Zur Auffrischung der beim Leser vorausgesetzten Grundkenntnisse werden wichtige Grundlagen der Wahrscheinlichkeitsrechnung und der häufig benötigten Transformationsmethoden und Verteilungsfunktionen zusammengefasst.

In Kapitel 2 werden in der analytischen Leistungsbewertung häufig benötigte elementare stochastische Prozesse eingehend behandelt. Die Klasse von Erneuerungsprozessen, die in der Charakterisierung von Verkehrsströmen in technischen Systemen eine wichtige Rolle spielt, wird eingeführt. Wichtige Beziehungen zur Analyse Markovscher Zustandsprozesse werden hergeleitet.

Kapitel 3 und 4 behandeln klassische Modelle der Verkehrstheorie, die zum Grundrepertoire der analytischen Beispiele gehören und in der Praxis der Leistungsbewertung am häufigsten zum Einsatz kommen. In Kapitel 5 werden Analyseverfahren für zeitdiskrete Verkehrsmodelle behandelt. Zeitdiskrete Systeme und deren Modelle gewinnen zunehmend an Bedeutung in modernen Kommunikationssystemen und Rechnernetzen, in denen Dateneinheiten konstanter Länge übermittelt werden.

Zur Vervollständigung des Stoffgebietes wird in Kapitel 6 die Matrixanalytische Methode erörtert. Diese Klasse von Analysemethoden wird in den letzten Jahren immer häufiger in der Fachliteratur diskutiert und findet zunehmend Anwendung in Systemuntersuchungen. Sie ist eine der wichtigsten methodischen Neuentwicklungen in der Modellanalyse. Kapitel 6 ist als Zusatzlektüre für den interessierten Leser gedacht und setzt vertiefte Kenntnisse der Matrizenrechnung voraus. Der Inhalt dieses Kapitels gehört nicht zum regulären Stoff der Vorlesung „*Leistungsbewertung verteilter Systeme*".

Die im Buch verwendeten Notationen und Formelzeichen sind in einer Übersicht im Anschluss an den Index zusammengestellt.

Dieses Lehrbuch hätte nicht ohne tatkräftige Hilfe von Studierenden, Mitarbeitern und Kollegen entstehen können. Ihnen möchte ich meinen Dank aussprechen. Im Einzelnen möchte ich Dr. rer. nat. E. Ernst, Dr. rer. nat. H. Gold und Dipl.-Math. M. Mittler für die interessanten Diskussionen danken, die zur Verbesserung des Buches beigetragen haben. Dipl.-Inform. M. Ritter, Dipl.-Math. O. Rose, Dipl.-Inform. A. Schömig, Dipl.-Inform. K. Tutschku, Dipl.-Ing. G. Willmann und Herrn U. Ehrenberger danke ich für die Mithilfe bei der Korrektur des Manuskripts. Dipl.-Inform. N. Gerlich danke ich für die fachkundige Hilfe bei der Gestaltung des Buches. Dipl.-Inform. P. Och gebührt mein Dank insbesondere für die unermüdliche Mitarbeit und Mitgestaltung des Kapitels 6. Wertvolle Hinweise zu diesem Kapitel habe ich ebenfalls von Prof. G. Latouche erhalten. Zu Dank bin ich den Kollegen Prof. D. Baum und Prof. V. Schmidt für die wertvollen Anregungen zur fachlichen Gestaltung des Buches verpflichtet. Meiner Frau Walburga und meinen Kindern Johannes und Thomas danke ich für die Unterstützung in der entbehrungsvollen Zeit während der Erstellung des Buches. Schließlich möchte ich Dr. Hans Wössner vom Springer-Verlag für die konstruktive Zusammenarbeit danken.

Würzburg, Januar 1996   Phuoc Tran-Gia

Inhalt

1 Grundlagen

In diesem einführenden Kapitel werden zunächst wichtige Begriffe zur Modellbildung und Leistungsbewertung im Zusammenhang mit analytischen Untersuchungsmethoden diskutiert, dann Beispiele zur Modellbildung in Rechnerkommunikations- und Fertigungssystemen erörtert. Anschließend werden wichtige Grundlagen der Wahrscheinlichkeitsrechnung und der häufig benötigten Transformationsmethoden und Verteilungsfunktionen zusammengefasst.

1.1 Verkehrstheoretische Modellbildung

1.1.1 Modellbegriff und Abstraktionsebenen

Zur Untersuchung komplexer Vorgänge in realen Systemen werden häufig Modelle benötigt. Bei den hier betrachteten Systemen, z.B. Kommunikations- und Fertigungssystemen mit verteilten Steuerungsstrukturen, erlauben verkehrstheoretische Modelle eine quantitative und qualitative Beschreibung des Verkehrsgeschehens sowie eine Beurteilung der Systemreaktion (vgl. Ferrari [1.2], Lavenberg [1.5]).

Ein verkehrstheoretisches Modell beschreibt das Ablaufgeschehen in einem System unter Einbeziehung der wichtigsten zeitlichen und logischen Zusammenhänge. Dies geschieht mit Hilfe weniger abstrakter Modellelemente, welche die realen Systemkomponenten und das logische Zusammenspiel zwischen ihnen widerspiegeln. Die Modellbildung beinhaltet infolgedessen das Abbilden der Systemorganisation bzw. des dynamischen Systemgeschehens auf entsprechende Modellkomponenten und modellbezogene äquivalente Vorgänge.

Moderne Systeme zeichnen sich durch immer umfangreichere Funktionalität und zunehmende Komplexität aus. Durch den Einsatz von Mikrorechner-Komponenten, z.B. in Kommunikations- und Fertigungssystemen, entstehen aus struktureller und aus steuerungstechnischer Sicht immer leistungsfähigere und komplexere Systeme, sowohl in der Hard- als auch in der Software. Im Gegensatz zu früheren Systemgenerationen, deren Leistung oft erst nach ihrer Inbetriebnahme ermittelt wurde, muss bei neueren Systemen wegen ihrer funktionellen Komplexität und ihrer immer vielfältigeren Leistungsmerkmale die Leistungsfähigkeit vor der Systemeinführung untersucht und nachgewiesen werden. Dies sind im Einzelnen:

- *Die funktionelle Leistungsfähigkeit:*
  Dazu gehören u.a. die Verklemmungs- bzw. Widerspruchsfreiheit der implementierten Kommunikationsprotokolle im System, die einwandfreie Zusammenarbeit der aktivierten Prozesse sowie die funktionelle Einhaltung definierter, systemspezifischer Leistungsmerkmale.

- *Die Leistungsfähigkeit des Systems unter Lastbedingung:*
  Hier sind zu erwähnen: die Funktionsfähigkeit und die Einhaltung vorgegebener Grenzwerte für die Blockierungswahrscheinlichkeit, Durchlauf- und Wartezeiten, Verarbeitungsgüte usw. unter Nennlast-Bedingungen, die Einhaltung festgelegter Verkehrsgüte unter Überlast, die Überlebensfähigkeit des Systems bei extremen Lastspitzen etc.

Bedingt durch die große Anzahl von angeschlossenen Teilnehmern und in Echtzeit zusammenarbeitenden Systemkomponenten sowie durch parallel ablaufende Prozesse kann das Ablaufgeschehen in einem verteilten System, z.B. in einem Kommunikationssystem oder in einer Fertigungsumgebung, mit Hilfe von zufallsabhängigen Prozessen beschrieben werden. Für die Untersuchung derartiger Prozesse werden Methoden der Stochastik, insbesondere der Verkehrstheorie, angewendet.

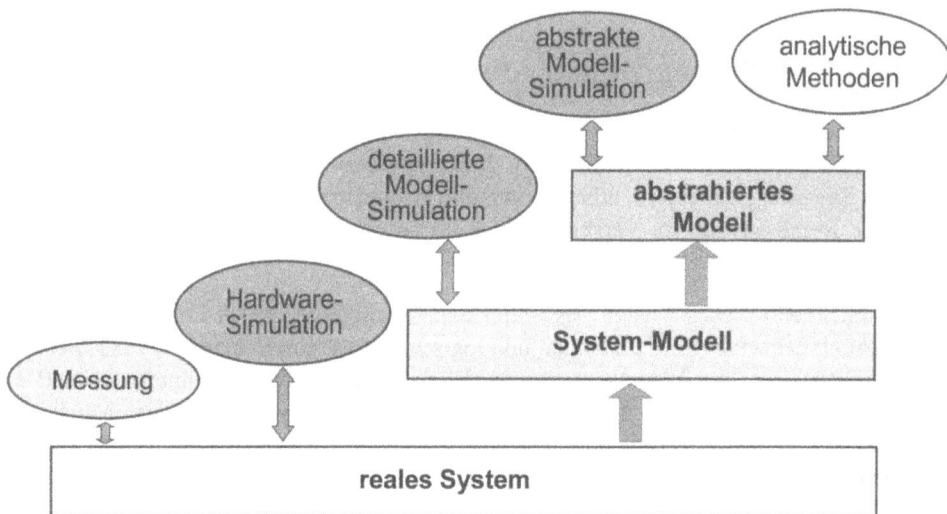

Abb. 1.1:   *Methoden zur Leistungsbewertung*

Abbildung 1.1 gibt eine Übersicht der Methoden zur Leistungsbewertung von verteilten Systemen:

- *Leistungsmessung:*
  Bei einem bereits in der Betriebsphase befindlichen System kann die Funktionsfähigkeit durch Messungen untersucht werden, wobei realistische Belastungsprofile von angeschlossenen Teilnehmern, peripheren Einrichtungen sowie anderen Systemen im Netz für Messzwecke benutzt werden können.

- *Hardware-Simulation:*
  Wenn ein Prototyp des zu untersuchenden Systems verfügbar ist, die anzuschließenden Benutzer bzw. peripheren Einrichtungen jedoch noch nicht oder nur teilweise vorhanden sind, kann die Leistung des Systems unter realen Lastbedingungen, z.B. mit Hilfe von Hardware-Simulationseinrichtungen, untersucht werden. Dabei werden Benutzer und periphere Prozesse durch Zustandsautomaten zeittreu und unter Berücksichtigung des realen Benutzerverhaltens nachgebildet, mit denen die Teilnehmer-System-Interaktion realistisch simuliert und die Leistungsfähigkeit des Systems unter beliebig vorgebbaren Belastungen getestet werden kann.

- *Systemsimulation und Simulation von Verkehrsmodellen:*
  In der Konzipierungs- und Entwicklungsphase eines Systems werden Leistungsuntersuchungen häufig anhand von detailtreuen Systemmodellen bzw. von abstrakteren Verkehrsmodellen durchgeführt. Wie in Abb. 1.1 dargestellt, kann Modellbildung auf unterschiedlichen Abstraktionsebenen bzw. Modellierungstiefen geschehen. In einem detaillierten Systemmodell sind Modellkomponenten noch sehr systemnah. Alle strukturellen Komponenten und Ablaufsteuerungen in realen Systemen werden hier noch detailgetreu modelliert. Dies führt zu Verkehrsmodellen höherer Komplexität, die in der Regel nur mit Hilfe der Systemsimulation untersucht werden können.
  Da in der Entwicklungsphase häufig mehrere strukturelle Alternativen verglichen werden müssen, führt die Modellsimulation auf dieser Detailebene zu großem Rechenaufwand. Die Leistung kann in diesem Fall mit einem Systemmodell höherer Abstraktion untersucht werden, wobei die wesentlichen, für die Untersuchung relevanten Systemmerkmale noch im Modell enthalten sein müssen. Modelle auf dieser Abstraktionsebene, im folgenden Verkehrsmodelle genannt, können durch weniger rechenzeitintensive Simulationen oder mit Hilfe analytischer Methoden untersucht werden.

- *Analytische Modelluntersuchung:*
  Bei den Verkehrsmodellen auf höherer Abstraktionsebene existieren oft analytisch exakte bzw. approximative Methoden, die Untersuchungen hinreichend großer Parameterbereiche mit erheblich günstigerem Rechenaufwand ermöglichen. Diese Verfahren werden im Folgenden eingehend beschrieben.

1.1.2   Modellbeispiele

Zur Illustration des Modellbegriffes und des Modellbildungsvorganges werden in diesem Abschnitt einige einfache Modellierungsbeispiele diskutiert.

a)   Handshaking-Protokoll

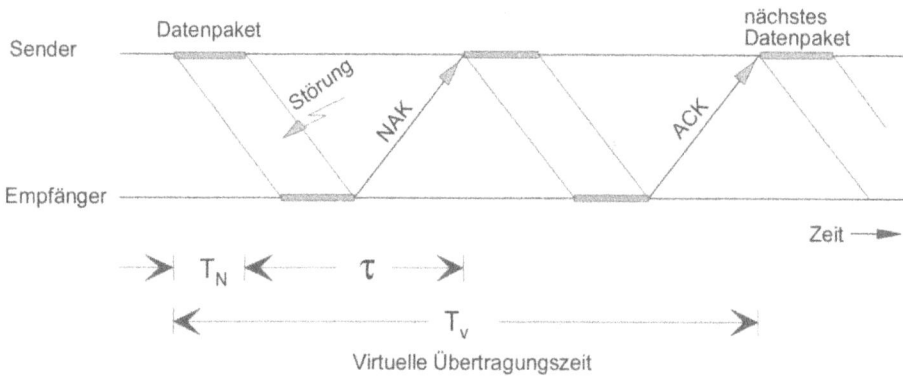

Abb. 1.2:   *Arbeitsweise des Handshaking-Protokolls*

Ein Sender sendet Nachrichten in Form von Paketen zu einem Empfänger (Abb. 1.2). Entsprechend einem Handshaking-Protokoll werden fehlerfrei empfangene Pakete mit einem positiven Signal quittiert (ACK: positive acknowledgement). Ist die Übertragung fehlerbehaftet, sendet der Empfänger eine negative Quittierung (NAK: negative acknowledgement), worauf der Sender die Übertragung des betreffenden Paketes wiederholt. Dieser Vorgang wird solange wiederholt, bis das Paket fehlerfrei beim Empfänger ankommt.

Die Paketübertragungsdauer wird mit T_N und die Signal-Ausbreitungsverzögerung vom Sender zum Empfänger und zurück (Umlaufzeit) mit τ bezeichnet. Für die Modellierung des Handshaking-Protokolls soll zunächst die virtuelle Übertragungszeit T_V eines Paketes ermittelt werden. Diese wird als die tatsächlich benötigte Zeitspanne für die erfolgreiche Übertragung eines Paketes definiert. Unter der Annahme einer für alle Pakete gültigen Paketfehlerwahrscheinlichkeit p_B, d.h. wenn die Fehlerereignisse voneinander unabhängig sind, kann die virtuelle Übertragungszeit T_V, wie in Abb. 1.3 dargestellt, modelliert werden: Nach einem Übertragungsvorgang ist mit Wahrscheinlichkeit $1-p_B$ die Zeitspanne T_V zu Ende, mit p_B erfolgt eine erneute Übertragung, und T_V verlängert sich um $T_N+\tau$.

Unter Einbeziehung eines Paket-Ankunftsprozesses und eines Warteraums erhalten wir das Verkehrsmodell für das Handshaking-Protokoll wie in Abb. 1.3 dargestellt, wobei die virtuelle Übertragungszeit die Rolle der Bedieneinheit übernimmt. Wie später noch erörtert wird, handelt es sich hier um ein einstufiges Warteschlangensystem vom Typ GI/GI/1, falls ein Ankunftsprozess der Pakete mit beliebig verteilter Zwischenankunftszeit angenommen wird und die Übertragungsdauer T_N von Paketen ebenfalls beliebig verteilt ist. Eine Analyse des Modells liefert Systemcharakteristiken wie Wartezeit, Durchlaufzeit sowie Durchsatz in Abhängigkeit von der Paketfehlerwahrscheinlichkeit etc.

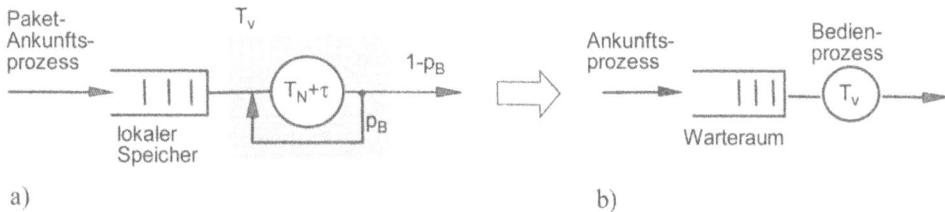

Abb. 1.3:   *Verkehrsmodell des Handshaking-Protokolls*

b)   Kanban-Steuerung in Fertigungssytemen

Die Kanban-Steuerungsmethode spielt im Zusammenhang mit der flexiblen Fertigung und dem *Just-in-time*-Prinzip in der modernen Fertigungstechnik eine zentrale Rolle. „Kanban" ist das japanische Wort für „Karte", das hier im Sinne von „Erlaubnis" oder „Berechtigung" verstanden werden kann. In Abb. 1.4 wird eine Produktionsumgebung gezeigt, die aus einer Anzahl von Sektoren besteht. Die Materialflusskontrolle zwischen den Sektoren, die Verteilung von Arbeitsaufträgen und die Versorgung der Sektoren mit Rohmaterial sind die vorrangigen Aufgaben der Produktionssteuerung, die im Falle der Kanban-Methode verteilt realisiert wird. Das Hauptprinzip der Kanban-Methode ist die strikte Begrenzung der Anzahl von Fertigungsaufträgen in den jeweiligen Sektoren einer Fertigungslinie.

Im Folgenden wird die Modellierung eines Sektors erläutert. Wie Abb. 1.4 illustriert, besteht Segment i lediglich aus einer Fertigungsmaschine. Entsprechend der Kanban-Steuerung sei dem Segment i eine feste Anzahl k_i von Karten zugeteilt, die zunächst in einem *Bulletin Board* aufbewahrt werden. Aufträge, die auf Bearbeitung warten, werden im *Input-Buffer* zwischengespeichert. Ein Auftrag darf nur in Begleitung einer segmenteigenen Karte in den *Input-Buffer* übernommen werden. Die Karte und der Auftrag bleiben fortan bis zum Verlassen des Segments eine Einheit. Dieser Mechanismus wird im Modell mit dem Zusammenschalten von Anforderungen des Karten- und Auftragsflusses dargestellt. Fertigungsaufträge, die vom Segment i fertig bearbeitet worden sind, für den Zutritt in das nächste Segment i+1 jedoch noch auf Karten dieses Segments warten müssen, werden im *Output-Buffer* zwischengelagert. Bei der Übernahme eines Fertigungsauftrages vom Segment i zum Segment i+1 gibt der Auftrag eine Segment-i-Karte an das *Bulletin-Board* des Segments i zurück und erhält dafür eine Segment-(i+1)-Karte. Durch diesen Kanban-Mechanismus wird die Anzahl der Karten in jedem Segment konstant gehalten.

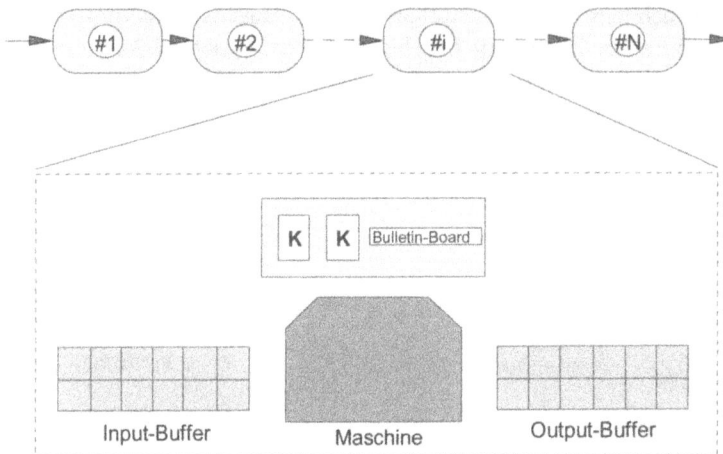

Abb. 1.4: *Kanban-Fertigungsumgebung*

Im Verkehrsmodell (Abb. 1.5) unterscheidet man zwischen zwei Verkehrsströmen: einem
Strom zur Beschreibung der Fertigungsaufträge und einem Steuerstrom für die Karten. Um
den Übernahmevorgang am Eingang eines Segments triggern zu können, muss von jedem
Strom eine Anforderung vorhanden sein. Verlässt ein Fertigungsauftrag das System, entstehen zwei Anforderungen: eine Karte, die zum *Bulletin-Board* zurückgeht, und der Fertigungsauftrag selbst, der in das nächste Fertigungssegment übernommen wird.

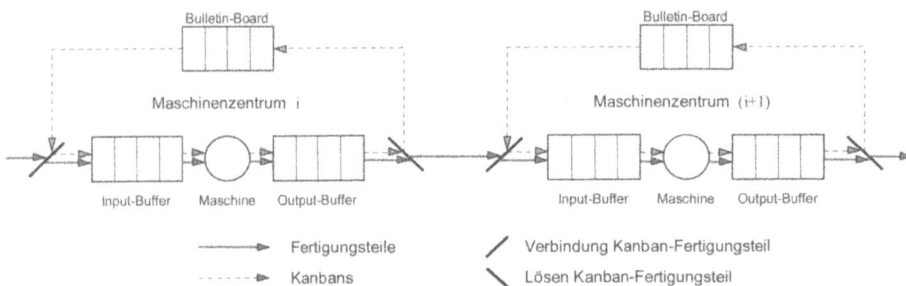

Abb. 1.5: *Modell eines Kanban-Fertigungssystems*

Das Modell in Abb. 1.5 entspricht einer Kette von geschlossenen Warteschlangennetzen, die
durch den Übernahmevorgang gekoppelt sind. Eine analytische Behandlung ist z.B. mit der
in Mitra & Mitrani [1.11] vorgestellten Methode durchführbar.

c)   Verkehrsmodell einer Zelle eines mobilen Kommunikationssystems

Wir betrachten eine Zelle in einem Mobilfunksystem, das gemäß des Mobilfunkstandards GSM (*Global System for Mobile Communication*) operiert. Das GSM-System ist der europäische Standard für zellulare Mobilfunknetze der 2. Generation. Das GSM benutzt das schon in analogen Mobilfunknetzen erfolgreich erprobte Zellularkonzept, in welchem die geographische Fläche planerisch in Funkzellen unterteilt wird mit einer Basisstation BTS (*Base Transceiver Station*) je Zelle, mit der die Mobilstationen in Verbindung treten können.

In GSM wird eine Kombination von Frequenzmultiplex- und Zeitmultiplexverfahren verwendet:

- *Frequenzmultiplex*: Jede GSM-Funkzelle erhält eine Anzahl f von Frequenzen zugeteilt, die erst in genügend großen räumlichen Abständen wiederverwendet werden dürfen. In GSM900 z.B. enthält der Frequenzbereich zwischen 935 und 960 MHz die Sendefrequenzen, und die Frequenzen zwischen 890 und 915 MHz sind Empfangsfrequenzen. Die Trägerfrequenzen der FDM-Funkkanäle (FDM: Frequency Division Multiplex) haben Abstände von 200 kHz, d.h. es existieren prinzipiell 124 Kanalpaare durch Frequenzmultiplex.

- *Zeitmultiplex*: Ein Frequenzmultiplexkanal wird in der Zeitmultiplextechnik weiter in 8 Nutzkanäle unterteilt. Bei jedem zweiten Frequenzmultiplex-Kanal wird ein Nutzkanal für Signalisierungszwecke benutzt. Bei f = 1, 2, 3, 4,... Frequenzen stehen also insgesamt n = 7, 15, 22, 30,... Nutzkanalpaare zur Verfügung.

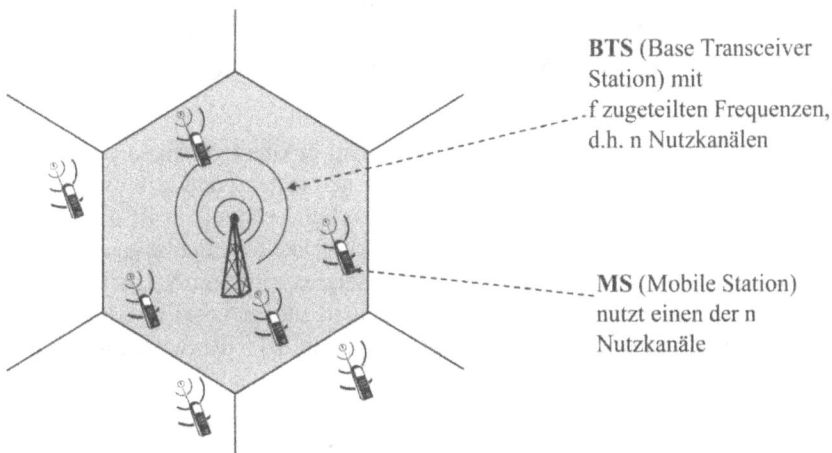

BTS (Base Transceiver Station) mit f zugeteilten Frequenzen, d.h. n Nutzkanälen

MS (Mobile Station) nutzt einen der n Nutzkanäle

Abb. 1.6:   *GSM-Zelle*

Die Blockierung von Gesprächswünschen bzw. von Anrufversuchen in einer GSM-Zelle darf eine vorgegebene Wahrscheinlichkeit nicht überschreiten, um den Mobilfunkteilnehmern eine bestimmte Dienstgüte zu garantieren. Zur Modellierung einer GSM-Zelle werden folgende Modellkomponenten extrahiert:

- *Bedienprozess*
  Eine GSM-Zelle hat n Nutzkanalpaare, d.h. n Bedieneinheiten für die Verarbeitung von Sprachverkehr. Die Gesprächsdauer B ist im Allg. eine Zufallsvariable, die messtechnisch erfasst werden kann. Ein akzeptierter Anrufversuch beansprucht ein Nutzkanalpaar für die Dauer der Sprachverbindung. Steht zum Zeitpunkt des Anrufversuches kein Kanalpaar zur Verfügung, wird der Versuch abgewiesen. Wir werden diese Klasse von Modellen mit Abweisung von Anforderungen als Verlustsystem bezeichnen

- *Ankunftsprozess*
  In einer Zelle befindet sich eine endliche Anzahl m von (Mobilfunk-)Teilnehmern, die sich in unterschiedlichen Zuständen befinden können: „ruhend", „aktiv" (telefonierend) oder „wartend auf Wiederholung". In Abschnitt 3 werden drei Modelle unterschiedlicher Detailstufen analysiert:

  - *Ankunftsverkehr mit endlicher Quellenzahl*: die Anzahl m der Teilnehmer ist endlich, der aggregierte Verkehr ist die Zusammenfassung der Verkehrsströme aller Teilnehmer im Zustand „ruhend". Das entsprechende Verkehrsmodell wird in Abschnitt 3.3 (Verlustsystem mit endlicher Quellenzahl) behandelt.

  - *Ankunftsverkehr mit unendlicher Quellenzahl*: wenn die Anzahl m der Teilnehmer genügend groß ist, kann der resultierende Ankunftsverkehr durch einen Ankunftsprozess mit „unendlicher Quellenzahl" approximativ beschrieben werden. Dieser Modellansatz ist in der Regel analytisch einfacher zu handhaben. Das entsprechende Verkehrsmodell wird im Zusammenhang mit der bekannten Erlang-Verlustformel, die in der Praxis häufig verwendet wird, beschrieben. Die Analyse findet sich in Abschnitt 3.1 (Verlustsystem M/M/n).

  - *Modell mit Rufwiederholung*: In der Realität wird in Überlastsituationen das Phänomen beobachtet, dass die Verkehrsintensität weiter ansteigt und sich die Systemleistung weiter verschlechtert. Ein Grund für diesen Schneeballeffekt ist die Rufwiederholung: bei ansteigender Blockierungswahrscheinlichkeit werden abgewiesene Anrufer ungeduldiger und versuchen, den nicht erfolgreichen Anrufversuch in kürzeren Zeitintervallen zu wiederholen und das System so stärker unter Überlast zu setzen. Das entsprechende Verkehrsmodell wird in Abschnitt 3.4 (Rufwiederholungsmodell mit endlicher Quellenzahl) erörtert.

1.1.3 Notation für einstufige Modelle

Im Allgemeinen werden zur Festlegung eines Modells u.a. folgende Strukturelemente benötigt:

- *Verkehrsquellen und zugehörige zufallsabhängige Ankunftsprozesse,*
- *Bedieneinheiten und zugehörige zufallsabhängige Bedienprozesse,*
- *Warteschlangen und zugehörige Warteraumbegrenzungen und Bediendisziplinen.*

Die einfachste Form eines Modells ist ein einstufiges Warteschlangensystem. Eine häufig gebrauchte Notation für diese Klasse von Modellen wurde 1954 von Kendall eingeführt und im Laufe der Entwicklung der Verkehrstheorie des Öfteren erweitert. Eine oft verwendete Form der Kendallschen Notation zeigt Abb. 1.7.

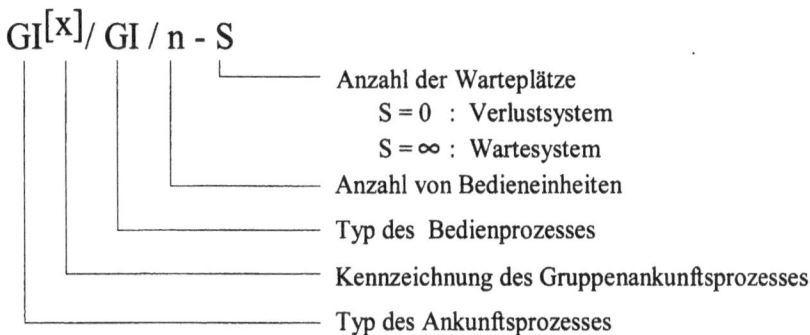

$$GI^{[x]}/ GI / n - S$$

Anzahl der Warteplätze
S = 0 : Verlustsystem
S = ∞ : Wartesystem
Anzahl von Bedieneinheiten
Typ des Bedienprozesses
Kennzeichnung des Gruppenankunftsprozesses
Typ des Ankunftsprozesses

Abb. 1.7: *Kendallsche Notation einstufiger Modelle*

Liegt ein Modell mit speziellen Typen von Ankunfts- und Bedienprozessen vor, werden die Kurznotationen dieser Prozesse in die Kendallsche Notation direkt übernommen. Zur Kennzeichnung von Ankunfts- und Bedienprozessen werden folgende Kurznotationen häufig verwendet (genaue Definitionen der Typen von Verteilungen werden in Kap. 1.3.4 gegeben):

GI : General independent, Ankunftsprozesse mit Erneuerungseigenschaft (Erneuerungsprozess, s. Kap. 2.2) oder Bedienprozesse, die jeweils mit Hilfe einer Zufallsvariablen beschrieben werden können. Die Realisierungen dieser Zufallsvariablen sind statistisch unabhängig voneinander.

D : Deterministisch.

M : Markov, d.h. die zugehörige Zufallsvariable ist negativ-exponentiell verteilt. Ein M-Ankunftsprozess ist dementsprechend ein Possion-Prozess.

E_k : Erlang-k-verteilt.

H_k : Hyperexponentiell verteilt, k-ter Ordnung.

Bei den Sonderfällen S = 0 (bei reinen Verlustsystemen) und S = ∞ (bei reinen Wartesystemen) wird der Parameter S häufig weggelassen.

1.1.4   Theorem von Little

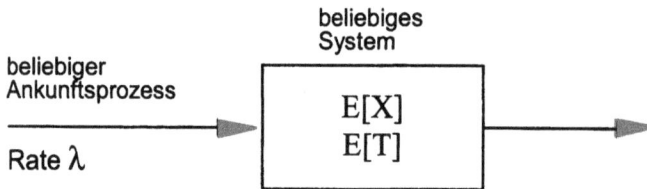

beliebiges
System

beliebiger
Ankunftsprozess

$E[X]$
$E[T]$

Rate λ

Abb. 1.8: *Mittelwertbetrachtung nach Little*

Es werde ein beliebiges System[1] betrachtet. Der Begriff „*System*" ist hier sehr allgemein aufzufassen. Es kann eine beliebig herausgegriffene Komponente eines realen Systems oder dessen Modells sein. Folgende Parameter werden berücksichtigt:

λ :   mittlere Ankunftsrate des Eingangsprozesses, der ebenfalls allgemein sein kann,

$E[X]$:   mittlere Anzahl von Anforderungen im System

$E[T]$:   mittlere Aufenthaltszeit der Anforderungen im System

Dann gilt:

$$\lambda \cdot E[T] = E[X]$$ (Littlesche Formel)   (1.1)

Die Beweisführung dieser allgemeinen Gesetzmäßigkeit wird in Abb. 1.9 illustriert. Man betrachtet das System mit dem Systemzustand $X(t)$ über einen langen Zeitraum t_0. Der Systemzustand $X(t)$ ist die Anzahl aller zum Zeitpunkt t im System befindlichen Anforderungen. Während der Zeitspanne t_0 sind N Anforderungen eingetroffen, deren Aufenthaltszeiten T_i in Abb. 1.9 markiert werden. Die mittlere Aufenthaltszeit und die mittlere Anzahl von Anforderungen im System während der endlichen Zeitspanne sind:

$$\overline{T} = \frac{1}{N} \sum_{i=1}^{N} T_i \approx \frac{1}{N} \int_{0}^{t_0} X(t) \cdot dt \, ,$$

$$\overline{X} = \frac{1}{t_0} \int_{0}^{t_0} X(t) \cdot dt \, , \quad \text{d.h.} \quad \overline{X} \approx \frac{N}{t_0} \cdot \overline{T} \, .$$

---

[1] Für das System wird nur vorausgesetzt, dass die im Folgenden betrachteten Grenzwerte wohldefinierte Konstanten
   - und keine Zufallsvariablen - sind.

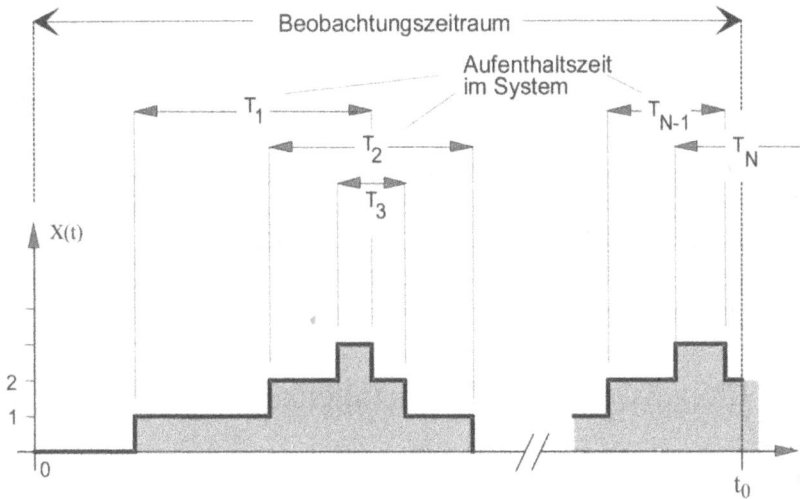

Abb. 1.9: *Zur Herleitung des Little-Theorems*

Mit

$$\bar{\lambda} = \frac{N}{t_0}$$

erhält man die Gleichung

$$\bar{\lambda} \cdot \bar{T} \approx \bar{X}. \tag{1.2}$$

Da der Beobachtungszeitraum t_0 begrenzt ist, entsteht ein Fehler, indem eine Aufenthalts-zeitspanne (z.B. von Anforderung N in Abb. 1.9) am Ende des Beobachtungszeitraums abgeschnitten wird. Für den Grenzübergang $t_0 \to \infty$ ist dieser Fehler verschwindend klein.

Nach dem Grenzübergang $t_0 \to \infty$, mit

$$\lambda = \lim_{t_0 \to \infty} \bar{\lambda} = \lim_{t_0 \to \infty} \frac{N}{t_0},$$

$$E[T] = \lim_{t_0 \to \infty} \bar{T} = \lim_{t_0 \to \infty} \frac{1}{N} \sum_{i=1}^{N} T_i, \tag{1.3}$$

$$E[X] = \lim_{t_0 \to \infty} \bar{X} = \lim_{t_0 \to \infty} \frac{1}{t_0} \int_0^{t_0} X(t)\, dt,$$

erhält man schließlich Gl. (1.1).

1.2   Grundbegriffe der Wahrscheinlichkeitstheorie

In diesem Kapitel werden einige Grundbegriffe der Wahrscheinlichkeitstheorie zusammengefasst. Diese Abhandlung soll nur bereits vorhandene Kenntnisse auffrischen und be-
schränkt sich auf Zusammenhänge und Sachverhalte, die für die später behandelte Modellanalyse wichtig sind. Der interessierte Leser sei auf die ausführliche Behandlung der Wahrscheinlichkeitstheorie in Standardwerken verwiesen (siehe z.B. Feller [1.1], Fisz [1.3]).

1.2.1   Ereignisse und Wahrscheinlichkeiten

a)   Zufallsereignisse

Wir beobachten den Wurf einer Münze. Das Experiment (Versuch) liefert ein bestimmtes
zufallsabhängiges Ergebnis (Kopf oder Zahl), dem irgendeine Zahl zugeordnet werden kann
(z.B. Null {0} für Kopf und Eins {1} für Zahl). Diese Zahl ist Ergebnis einer Abbildung und
steht stellvertretend für das Versuchsergebnis.

Begriffe:

ω_i Elementarereignis bzw. Versuchsergebnis,

$\Omega = \{\omega_1, \omega_2, ...\}$ Ergebnisraum, Menge aller Versuchsergebnisse. Ω kann eine end-
                                              liche oder eine unendliche Menge sein.

b)   Definitionen und Axiome zum Wahrscheinlichkeitsbegriff

Wahrscheinlichkeit als Grenzwert der relativen Häufigkeit

Betrachtet werden eine Reihe von Experimenten, wobei

n : Anzahl der Experimente,
A_i : Merkmal bzw. Ereignis; dieses besteht aus einer Menge von Versuchsergebnissen,
n_i : Anzahl der Experimente, bei denen das Versuchsergebnis zum Merkmal A_i gehört.

Die relative Häufigkeit für das Merkmal (bzw. das Ereignis) A_i wird wie folgt definiert:

$$h(A_i) = \frac{n_i}{n}. \qquad (1.4)$$

Der Grenzwert von $h(A_i)$ für eine unendliche Anzahl von Experimenten wird als Wahrscheinlichkeit von A_i bezeichnet:

$$P(A_i) = \lim_{n \to \infty} \frac{n_i}{n}. \tag{1.5}$$

Eigenschaften:

- $0 \le h(A_i) \le 1$ $\quad\Rightarrow\quad 0 \le P(A_i) \le 1$,

- für disjunkte Merkmale A_i, A_j, $A_i \cap A_j = \varnothing$:
  $h(A_i \cup A_j) = h(A_i) + h(A_j)$ $\quad\Rightarrow\quad P(A_i \cup A_j) = P(A_i) + P(A_j)$,

- für $\{A_i\}$ disjunkt mit $\bigcup_i A_i = \Omega$:
  $$\sum_i h(A_i) = 1 \qquad\qquad \Rightarrow\quad \sum_i P(A_i) = 1$$
  (Vollständigkeitsrelation)

Laplace-Wahrscheinlichkeit

Wenn aufgrund einer symmetrischen Eigenschaft eine Anzahl gleichwertiger Alternativen von Versuchsergebnissen existiert, mit

m_i : Anzahl der günstigen Alternativen für das Merkmal A_i,

m : Anzahl aller Alternativen,

so ist die so genannte „*a-priori*"-Wahrscheinlichkeit (bzw. Wahrscheinlichkeit unter Laplace-Annahme) wie folgt definiert:

$$P(A_i) = \frac{m_i}{m}. \tag{1.6}$$

Beispiel: Beim Würfeln mit einem Würfel sind die Elementarereignisse $\{1\}$, $\{2\}$, $\{3\}$, $\{4\}$, $\{5\}$, $\{6\}$. Ist der Würfel vollsymmetrisch, sind die Elementarereignisse gleichwahrscheinlich. Wird das Merkmal $\{A_1$: Augenzahl ist ungerade$\}$ betrachtet, so ist

$$\left.\begin{array}{l} m_1 = 3 \\ m = 6 \end{array}\right\} \;\Rightarrow\; P(A_1) = \frac{1}{2}.$$

Axiomatische Definition

Eine mathematisch exakte Bestimmung des Begriffes „Wahrscheinlichkeit" liefert das folgende axiomatische System. A und A_i sind dabei Merkmale bzw. Ereignisse im Ergebnisraum Ω.

Axiom I   Jedem zufälligen Ereignis A entspricht eine Zahl $P(A)$ (seine Wahrscheinlichkeit), die sich wie folgt verhält:

$$0 \le P(A_i) \le 1 \,. \tag{1.7}$$

Axiom II Die Wahrscheinlichkeit des sicheren Ereignisses Ω ist Eins:

$$P(\Omega) = 1 \,. \tag{1.8}$$

Axiom III

$$P\left(\bigcup_{i=1}^{\infty} A_i\right) = \sum_{i=1}^{\infty} P(A_i), \qquad A_i \cap A_j = \varnothing \quad \text{für } i \ne j \,. \tag{1.9}$$

Alle Zusammenhänge der Wahrscheinlichkeitsrechung lassen sich aus diesem Axiomensystem aufbauen.

1.2.2 Wichtige Begriffe und Gesetze

a) Vollständiges Ereignissystem

Gegeben sei eine Menge von Ereignissen $\{A_i, \ i = 1, 2, ..., N\}$, die Teilmengen eines Ereignisraums Ω sind. Falls diese Ereignisse disjunkt sind, d.h. $A_i \cap A_j = \varnothing$, $\forall i \ne j$, ergibt sich für die Vereinigungsmenge $B = A_1 \cup A_2 ... \cup A_N$:

$$P(B) = \sum_{i=1}^{N} P(A_i) \,. \tag{1.10}$$

Falls $B = \Omega$, d.h. B vereinigt alle Elementarereignisse in Ω, dann ist $P(B) = 1$ und $\{A_i, \ i = 1, ..., N\}$ bildet ein vollständiges Ereignissystem bzw. eine Partition.

b) Verbundereignis und Verbundwahrscheinlichkeit

Betrachtet werden zwei nicht notwendigerweise disjunkte Ereignisse A und B. Dann gilt:

$$\begin{aligned} P(A \cap B) &= P(A, B) = P(B, A), \\ P(A \cup B) &= P(A) + P(B) - P(A \cap B) \,. \end{aligned} \tag{1.11}$$

Falls $\{A_i, \ i = 1, ..., N\}$ ein vollständiges Ereignissystem ist, kann die Wahrscheinlichkeit eines beliebigen Ereignisses B aus den Verbundereignissen (B, A_i) wie folgt ermittelt werden:

$$P(B) = \sum_{i=1}^{N} P(A_i, B) \,. \tag{1.12}$$

c) Bedingte Wahrscheinlichkeit

Ein bedingtes Ereignis $(A|B)$ wird definiert als der Eintritt des Ereignisses A unter der Bedingung, dass das Ereignis B eintritt ($P(B) > 0$). Es gilt:

$$P(A|B) = \frac{P(A,B)}{P(B)}. \tag{1.13}$$

d.h. $P(A|B) \geq P(A,B)$.

d) Statistische Unabhängigkeit

Zwei Ereignisse A und B sind voneinander unabhängig, wenn gilt:

$$P(A|B) = P(A) \quad \text{oder} \quad P(A,B) = P(A)\cdot P(B), \tag{1.14}$$

d.h. Ereignis A tritt mit der gleichen Wahrscheinlichkeit ein, unabhängig davon, ob B eintritt oder nicht.

e) Gesetz der totalen Wahrscheinlichkeit

Gegeben seien ein vollständiges Ereignissystem $\{A_i\}$ und ein beliebiges Ereignis B. Sind die bedingten Wahrscheinlichkeiten $P(B|A_i)$ und die Wahrscheinlichkeiten $P(A_i)$ für die jeweilige Bedingung A_i bekannt, so lässt sich die Wahrscheinlichkeit für das Ereignis B wie folgt berechnen:

$$P(B) = \sum_{i=1}^{N} P(A_i,B) = \sum_{i=1}^{N} P(B|A_i)\cdot P(A_i). \tag{1.15}$$

Diese Beziehung wird das Gesetz der totalen Wahrscheinlichkeit genannt. Aus Gl. (1.13) und (1.15) lässt sich die Bayes'sche Formel gewinnen:

$$P(A_i|B) = \frac{P(B|A_i)\cdot P(A_i)}{P(B)} = \frac{P(B|A_i)\cdot P(A_i)}{\sum_{i=1}^{N} P(B|A_i)\cdot P(A_i)}. \tag{1.16}$$

f) Anmerkung

In a), b) und e) kann die Summationsgrenze N auch $N = \infty$ sein.

1.2.3   Zufallsvariable, Verteilung und Verteilungsfunktion

a)   Zufallsvariable

Eine Zufallsvariable (ZV) ist eine Funktion, die jedem Elementarereignis ω_i eines Ereignisraumes eine reelle Zahl zuordnet. Je nach Wertebereich unterscheidet man zwischen diskreten und kontinuierlichen Zufallsvariablen. Dieser Sachverhalt wird mit Hilfe folgender Beispiele verdeutlicht:

- *Diskrete Zufallsvariable:*
  Beim Zufallsexperiment „Würfeln mit zwei Würfeln" wird die Zufallsvariable $[X = \text{Summe der Augenzahlen}]$ definiert. X ist eine diskrete ZV und kann nur ganzzahlige Werte annehmen. In diesem Beispiel hat X den Wertebereich $\{2,3,...,12\}$.

- *Kontinuierliche Zufallsvariable:*
  Die Durchlaufzeit eines Datenpaketes in einem Rechnernetz wird mit der Zufallsvariablen T beschrieben. T ist eine kontinuierliche ZV und kann z.B. beliebige Werte zwischen $T_{min} = 150$ ms und $T_{max} = 500$ ms annehmen.

Im Allgemeinen kann eine diskrete Zufallsvariable beliebige Wertebereiche besitzen. Hier betrachten wir jedoch, wenn nicht gesondert vermerkt, nicht-negative ganzzahlige Zufallsvariablen, d.h. der Wertebereich ist die Menge natürlicher Zahlen inklusive Null.

b)   Verteilung

X sei eine diskrete Zufallsvariable. Die Realisierung i der ZV X tritt mit der Wahrscheinlichkeit

$$x(i) \; = \; P(X = i), \qquad i = 0,1,...,X_{max} \qquad\qquad \text{(Verteilung)} \qquad (1.17)$$

auf, wobei X_{max} nicht endlich sein muss. Diese Wahrscheinlichkeiten formen den Wahrscheinlichkeitsvektor $\{x(i), i = 0,1,...,X_{max}\}$, der die Verteilung der ZV X darstellt. Es gilt die Vollständigkeitsrelation

$$\sum_{i=0}^{X_{max}} x(i) \; = \; 1 \, . \qquad\qquad \text{(Vollständigkeitsrelation)} \qquad (1.18)$$

Die Verteilung $\{x(i)\}$ enthält eine vollständige Beschreibung der ZV X .

c)   Verteilungsfunktion

A sei eine beliebige (diskrete oder kontinuierliche) Zufallsvariable. Die Verteilungsfunktion (VF) der ZV A wird definiert als

$$A(t) = P(A \leq t), \qquad \text{(Verteilungsfunktion)} \qquad (1.19)$$

d.h. als die Wahrscheinlichkeit, dass die ZV A kleiner oder gleich einer Realisierung t ist. Die komplementäre Verteilungsfunktion lautet

$$A^c(t) = 1 - A(t) = P(A > t). \qquad (1.20)$$

Die VF $A(t)$ einer ZV hat folgende Eigenschaften:

$$t_1 < t_2 \qquad \Rightarrow A(t_1) \leq A(t_2), \qquad \text{(Monotonieeigenschaft)} \qquad (1.21)$$

$$t_1 < t_2 \qquad \Rightarrow P(t_1 < A \leq t_2) = A(t_2) - A(t_1), \qquad (1.22)$$

$$A(-\infty) = 0, \quad A(\infty) = 1. \qquad (1.23)$$

Die Verteilungsfunktion $A(t)$ enthält eine vollständige Beschreibung der Zufallsvariablen A. Wie in Abb. 1.10 illustriert, kann eine Verteilungsfunktion stetig (Abb. 1.10a) oder stückweise stetig (Abb. 1.10b) sein.

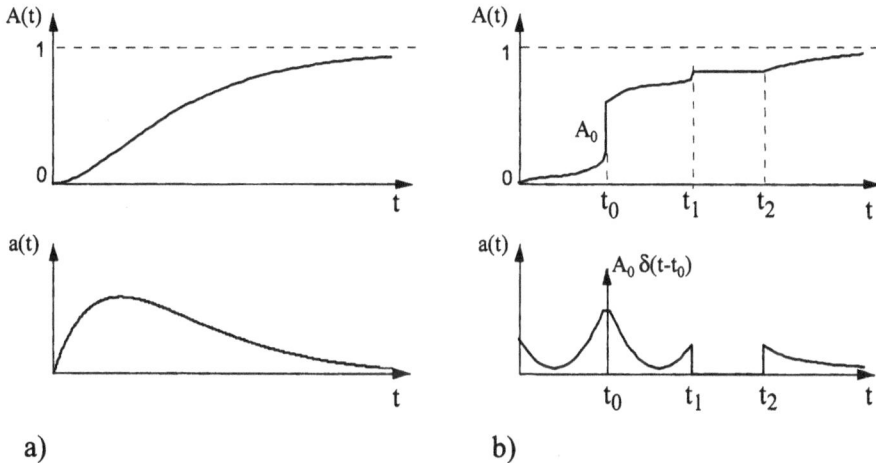

Abb. 1.10: *Allgemeine Verteilungsfunktion und Verteilungsdichtefunktion*

d) Verteilungsdichtefunktion

Die Verteilungsdichtefunktion (VDF) einer ZV A lässt sich als erste Ableitung der Verteilungsfunktion $A(t)$ angeben:

$$a(t) = \frac{d}{dt}A(t), \qquad\qquad \text{(Verteilungsdichtefunktion)} \qquad (1.24)$$

wobei die Vollständigkeitsrelation gilt:

$$\int_{-\infty}^{\infty} a(t)\,dt = 1. \qquad\qquad\qquad (1.25)$$

Bei der Definition der VDF wird stillschweigend vorausgesetzt, dass die Ableitung der VF $A(t)$ existiert (s. Beispiel in Abb. 1.11a). Falls $A(t)$ an einer Stelle t_0 unstetig ist und einen Sprung z.B. der Stärke A_0 aufweist (vgl. Abb. 1.11b), kann $a(t)$ mit Hilfe von Dirac-Impulsen (s. Papoulis [1.7]) angegeben werden. Die VDF $a(t)$ hat in diesem Beispiel an der Sprungstelle den „Funktionswert" $A_0\delta(t-t_0)$.

e)   **Zusammenhang zwischen Verteilung und Verteilungsfunktion**

Gemäß den obigen Definitionen sollen Verteilungen zur Beschreibung einer diskreten ZV, Verteilungsfunktionen und Verteilungsdichtefunktionen dagegen zur Charakterisierung einer kontinuierlichen ZV verwendet werden. Der Zusammenhang zwischen Verteilung, VF und VDF wird in Abb. 1.11 an einem Beispiel verdeutlicht.

Die Verteilungsfunktion einer diskreten ZV X kann mit Hilfe der zugehörigen Verteilung dargestellt werden. Wir betrachten zusätzlich eine ZV A, die nur diskrete Realisierungen $t = i \cdot \Delta t$ annehmen darf. Dabei ist Δt die Diskretisierungskonstante. Der Zusammenhang zwischen X und A kann wie folgt dargestellt werden:

• Verteilung:

$$x(i) = P(X=i) = P(A = i \cdot \Delta t), \quad i = 0, 1, \ldots$$

• Verteilungsfunktion:

$$A(t) = P(A \le t).$$

Die Verteilungsfunktion (s. Abb. 1.11b) ist treppenförmig, die Stufenhöhen entsprechen den Verteilungswerten.

• Verteilungsdichtefunktion:
Gemäß der Definition kann die zugehörige Verteilungsdichtefunktion als Summe gewichteter Dirac-Impulse (s. Papoulis [1.7]) angegeben werden:

$$a(t) = \frac{d}{dt}A(t) = \sum_{i=-\infty}^{+\infty} P(A = t_i) \cdot \delta(t - t_i), \qquad (1.26)$$

wobei $\delta(t-t_i)$ den Dirac-Impuls an der Stelle $t = t_i$ bedeutet.

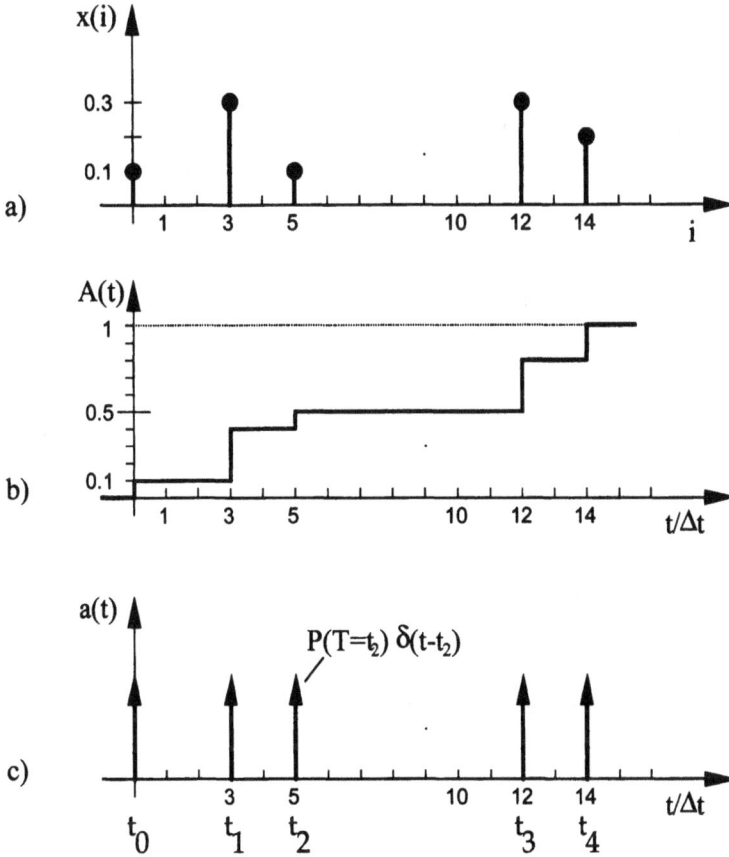

Abb. 1.11: *Beschreibungsformen diskreter Zufallsvariablen*
a) Verteilung
b) Verteilungsfunktion
c) Verteilungsdichtefunktion

1.2.4   Erwartungswert und Momente

a)   Erwartungswert

Gegeben sei:

A   : Zufallsvariable mit Verteilungsdichtefunktion $a(t)$,
$g(A)$: Funktion der ZV A ; sie stellt eine neue Zufallsvariable dar.

Der Erwartungswert von $g(A)$ wird definiert als:

$$E[g(A)] = \int_{-\infty}^{+\infty} g(t)\cdot a(t)\, dt\,.$$

(Erwartungswert)   (1.27)

b)   Mittelwert einer Zufallsvariablen

Für $g(A)=A$ erhält man aus Gl. (1.27) den Mittelwert der ZV A :

$$m_1 = E[A] = \int_{-\infty}^{+\infty} t\cdot a(t)dt\,.$$

(Mittelwert)   (1.28)

c)   Gewöhnliche Momente einer Zufallsvariablen

Mit $g(A)=A^k$ erhält man die Definition des k-ten gewöhnlichen Moments einer Zufalls-variablen A :

$$m_k = E[A^k] = \int_{-\infty}^{+\infty} t^k \cdot a(t)dt\,, \qquad k=0,1,\dots\,.$$

(k-tes gewöhnliches Moment)   (1.29)

d)   Zentrale Momente einer Zufallsvariablen

Zentrale Momente beschreiben die Schwankung einer Zufallsvariablen um den Mittelwert m_1 . Diese lassen sich durch Einsetzen von $g(A)=(A-m_1)^k$ in Gl. (1.27) definieren:

$$\mu_k = E[(A-m_1)^k] = \int_{-\infty}^{+\infty} (t-m_1)\cdot a(t)dt \qquad k=0,1,\dots\,.$$

(k-tes zentrales Moment)   (1.30)

Speziell für $k = 2$ erhält man die Varianz der Zufallsvariablen

$$\mu_2 = E\left[(A - m_1)^2\right] = VAR[A] \qquad \text{(Varianz)} \qquad (1.31)$$

oder

$$VAR[A] = E\left[(A - m_1)^2\right] = E\left[A^2 - 2Am_1 + m_1^2\right]$$
$$= E\left[A^2\right] - 2m_1 \cdot E[A] + m_1^2 = m_2 - m_1^2. \qquad (1.32)$$

Weitere häufig benutzte Größen sind:

$$\sigma_A = \sqrt{VAR[A]}, \qquad \text{(Standardabweichung)} \qquad (1.33)$$

$$c_A = \frac{\sigma_A}{m_1} \quad (m_1 > 0). \qquad \text{(Variationskoeffizient)} \qquad (1.34)$$

1.2.5   Funktionen zweier Zufallsvariablen

a)   Zweidimensionale Zufallsvariablen

Wir betrachten zunächst den allgemeinen Fall mehrdimensionaler Zufallsvariablen und zugehöriger Verteilungsfunktionen. Sind $A_1, A_2, ..., A_i$, beliebige, nicht-negative ZV, so kann mit Hilfe des Verbundereignisses

$$\{A_1 \le t_1, A_2 \le t_2, ..., A_i \le t_i\} \qquad (1.35)$$

die Verbundverteilungsfunktion

$$A(t_1, t_2, ..., t_i) = P\{A_1 \le t_1, A_2 \le t_2, ..., A_i \le t_i\} \qquad (1.36)$$

definiert werden.

Für in der analytischen Leistungsbewertung häufig anzutreffende zweidimensionale Zufallsvariablen (A_1, A_2) lautet die Definition der Verbundverteilungsfunktion

$$A(t_1, t_2) = P(A_1 \le t_1, A_2 \le t_2). \qquad (1.37)$$

Für die Grenzübergänge $t_1 \to \infty$ bzw. $t_2 \to \infty$ erhält man die Rand-Verteilungsfunktionen und die zugehörigen Rand-Verteilungsdichtefunktionen:

$$A_1(t_1) = \lim_{t_2 \to \infty} A(t_1,t_2), \quad a_1(t_1) = \frac{d}{dt_1} A_1(t_1), \tag{1.38}$$

$$A_2(t_2) = \lim_{t_1 \to \infty} A(t_1,t_2), \quad a_2(t_2) = \frac{d}{dt_2} A_2(t_2). \tag{1.39}$$

Die Wahrscheinlichkeit eines wie folgt definierten Ereignisses R :

$$R = \{t_{11} < A_1 \le t_{12} , t_{21} < A_2 \le t_{22}\}$$

lässt sich mittels der Verbundverteilungsfunktion ausdrücken:

$$P(R) = A(t_{12},t_{22}) - A(t_{12},t_{21}) - A(t_{11},t_{22}) + A(t_{11},t_{21}). \tag{1.40}$$

Analog zu den eindimensionalen Zufallsvariablen kann die Verbunddichtefunktion für zweidimensionale Zufallsvariablen angegeben werden:

$$\begin{aligned}
a(t_1,t_2) &= \lim_{\Delta t_1 \to 0} \lim_{\Delta t_2 \to 0} \frac{P\{t_1 < A_1 \le t_1 + \Delta t_1, t_2 < A_2 \le t_2 + \Delta t_2\}}{\Delta t_1 \cdot \Delta t_2} \\
&= \lim_{\Delta t_1 \to 0} \lim_{\Delta t_2 \to 0} \left(\frac{A(t_1 + \Delta t_1, t_2 + \Delta t_2) - A(t_1 + \Delta t_1, t_2)}{\Delta t_1 \cdot \Delta t_2} - \right.\\
&\qquad\qquad\qquad \left. \frac{A(t_1, t_2 + \Delta t_2) - A(t_1, t_2)}{\Delta t_1 \cdot \Delta t_2} \right) \\
&= \frac{\partial^2 A(t_1,t_2)}{\partial t_1 \partial t_2},
\end{aligned} \tag{1.41}$$

wobei die folgenden Eigenschaften ersichtlich sind:

$$\int_0^\infty \int_0^\infty a(\xi_1,\xi_2) d\xi_1 d\xi_2 = 1, \tag{1.42}$$

$$\int_0^{t_2} \left(\int_0^{t_1} a(\xi_1,\xi_2) d\xi_1 \right) d\xi_2 = A(t_1,t_2), \tag{1.43}$$

$$\int_{a_2}^{b_2} \left(\int_{a_1}^{b_1} a(\xi_1,\xi_2) d\xi_1 \right) d\xi_2 = P(a_1 < A_1 \le b_1, a_2 < A_2 \le b_2). \tag{1.44}$$

b)   Momente und Korrelationskoeffizient

Analog zur Definition des Erwartungswertes in Gl. (1.27) werden für eine zweidimensionale Zufallsvariable definiert:

$$E\left[A_1^{k_1} A_2^{k_2}\right] = \int\limits_0^{+\infty} \int\limits_0^{+\infty} t_1^{k_1} t_2^{k_2} \cdot a(t_1, t_2)\, dt_1\, dt_2 \ ,$$

$$\text{(gewöhnliches Moment } (k_1, k_2)\text{-ter Ordnung)} \qquad (1.45)$$

$$\mu_{k_1 k_2} = E\left[(A_1 - m_1)^{k_1} (A_2 - m_2)^{k_2}\right]$$

$$\text{(zentrales Moment } (k_1, k_2)\text{-ter Ordnung} \qquad (1.46)$$

und speziell für $k_1 = k_2 = 1$:

$$\begin{aligned}
COV[A_1, A_2] = \mu_{11} &= E\left[(A_1 - m_1) \cdot (A_2 - m_2)\right] \\
&= E[A_1 \cdot A_2] - E[A_1] \cdot E[A_2]. \qquad \text{(Kovarianz)} \qquad (1.47)
\end{aligned}$$

Der Korrelationskoeffizient von A_1 und A_2 wird wie folgt angegeben:

$$\begin{aligned}
r = COR[A_1, A_2] &= \frac{\mu_{11}}{\sigma_{A_1} \sigma_{A_2}} = \frac{E\left[(A_1 - m_1)(A_2 - m_2)\right]}{\sqrt{E\left[(A_1 - m_1)^2\right]} \sqrt{E\left[(A_2 - m_2)^2\right]}} \\
&= \frac{E[A_1 \cdot A_2] - E[A_1] E[A_2]}{\sqrt{E\left[(A_1 - m_1)^2\right]} \sqrt{E\left[(A_2 - m_2)^2\right]}} \, .
\end{aligned}$$

$$\text{(Korrelationskoeffizient)} \qquad (1.48)$$

Wie im nächsten Abschnitt (vgl. Gl. (1.58)) hergeleitet wird, ergibt sich für *unabhängige Zufallsvariablen* A_1, A_2:

$$E[A_1 \cdot A_2] = E[A_1] \cdot E[A_2]. \qquad (1.49)$$

Nach Gl. (1.47) und (1.48) verschwinden die Kovarianz und der Korrelationskoeffizient zweier Zufallsvariablen, falls diese ZV voneinander statistisch unabhängig sind. Dies bedeutet, dass die statistische Unabhängigkeit die Unkorreliertheit beinhaltet. Es sei bemerkt, dass umgekehrt die Unkorreliertheit zweier stochastischer Vorgänge nicht immer die statistische Unabhängigkeit zur Folge hat.

c)   Summe zweier kontinuierlicher Zufallsvariablen

A sei die Summe zweier nicht-negativer Zufallsvariablen A_1 und A_2

$$A = A_1 + A_2, \qquad A_1, A_2 \geq 0,$$

mit der Verbunddichtefunktion $a(t_1, t_2)$ und den Rand-Verteilungsdichtefunktionen $a_1(t)$ und $a_2(t)$. Die Summanden A_1 und A_2 können voneinander statistisch abhängig sein. Die Verteilungsfunktion

$$A(t) = P(A \leq t) = P(A_1 + A_2 \leq t) \tag{1.50}$$

und deren Eigenschaften sollen untersucht werden.

In der Realisierung (ξ_1, ξ_2) der Tupel $\{A_1, A_2\}$ liegen die Punkte für $A = A_1 + A_2$ auf einer Geraden (s. Abb. 1.12). Die Verteilungsfunktion von A kann durch Integralbildung innerhalb eines Dreiecks ermittelt werden:

$$A(t) = \int\limits_{\xi_1 + \xi_2 \leq t} a(\xi_1, \xi_2) d\xi_1 \, d\xi_2 = \int\limits_{\xi_1 = 0}^{t} \left(\int\limits_{\xi_2 = 0}^{t - \xi_1} a(\xi_1, \xi_2) d\xi_2 \right) d\xi_1$$

$$= \int\limits_{u = 0}^{t} \int\limits_{v = u}^{t} a(u, v - u) \, dv \, du \, . \tag{1.51}$$

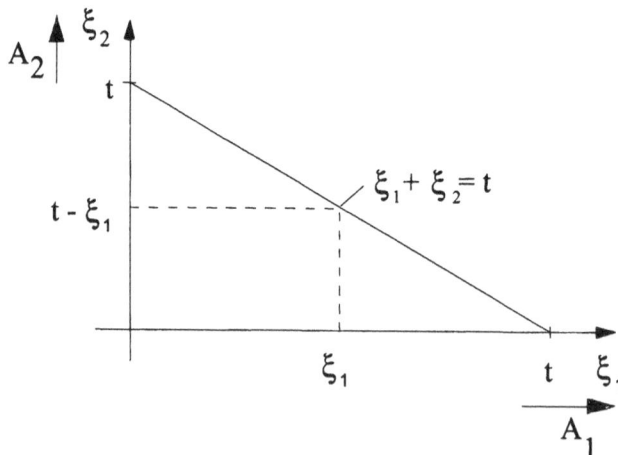

Abb. 1.12:   *Zur Berechnung der Summe zweier Zufallsvariablen*

Die ersten zwei gewöhnlichen Momente und die Varianz der Summe A lassen sich wie folgt berechnen:

$$
\begin{aligned}
E[A] &= E[A_1 + A_2] \\[6pt]
&= \int_0^\infty \int_0^\infty (t_1 + t_2)\, a(t_1, t_2)\, dt_1\, dt_2 \\[6pt]
&= \int_0^\infty t_1 \left[\int_0^\infty a(t_1, t_2)\, dt_2 \right] dt_1 + \int_0^\infty t_2 \left[\int_0^\infty a(t_1, t_2)\, dt_1 \right] dt_2 \\[6pt]
&= \underbrace{\int_0^\infty t_1\, a_1(t_1)\, dt_1}_{E[A_1]} + \underbrace{\int_0^\infty t_2\, a_2(t_2)\, dt_2}_{E[A_2]} = E[A_1] + E[A_2],
\end{aligned}
\tag{1.52}
$$

$$
\begin{aligned}
E\left[A^2\right] &= E\left[(A_1 + A_2)^2\right] = E\left[A_1^2 + 2A_1 A_2 + A_2^2\right] \\[6pt]
&= E\left[A_1^2\right] + 2E[A_1 \cdot A_2] + E\left[A_2^2\right],
\end{aligned}
\tag{1.53}
$$

$$
\begin{aligned}
VAR[A] &= E[A^2] - E[A]^2 \\[6pt]
&= VAR[A_1] + VAR[A_2] + 2\underbrace{\big(E[A_1 \cdot A_2] - E[A_1]\cdot E[A_2]\big)}_{COV[A_1, A_2]} \\[6pt]
&= VAR[A_1] + VAR[A_2] + 2\, COV[A_1, A_2].
\end{aligned}
\tag{1.54}
$$

Spezialfall: statistisch unabhängige A_1 und A_2

Falls die Zufallsvariablen A_1 und A_2 voneinander statistisch unabhängig sind, besteht die Verbunddichtefunktion aus dem Produkt der Rand-Verteilungsdichtefunktionen:

$$
a(t_1, t_2) = a_1(t_1) \cdot a_2(t_2).
\tag{1.55}
$$

Die Verteilungsdichtefunktion $a(t)$ ist dann die Faltung der Verteilungsdichtefunktionen $a_1(t)$ und $a_2(t)$. Dieser Sachverhalt kann aus Gl. (1.51) hergeleitet werden. Mit

$$
\begin{aligned}
A(t) &= \int_{u=0}^{t} \int_{v=u}^{t} a(u, v-u)\, dv\, du \\[6pt]
&= \int_{u=0}^{t} \int_{v=u}^{t} a_1(u) \cdot a_2(v-u)\, dv\, du = \int_{u=0}^{t} a_1(u) \cdot A_2(t-u)\, du
\end{aligned}
\tag{1.56}
$$

erhält man:

$$a(t) = \frac{dA(t)}{dt} = \int\limits_{u=0}^{t} a_1(u) \cdot a_2(t-u) du$$

$$= a_1(t) * a_2(t), \qquad \text{(Faltungsoperation)} \qquad (1.57)$$

wobei das Symbol „*" die Notation der Faltungsoperation darstellt.

Da infolge der statistischen Unabhängigkeit von A_1 und A_2 gilt

$$E[A_1 \cdot A_2] = \int\limits_{0}^{\infty} \int\limits_{0}^{\infty} t_1 t_2\, a(t_1,t_2)\, dt_1 dt_2$$

$$= \int\limits_{0}^{\infty} \int\limits_{0}^{\infty} t_1 t_2\, a(t_1) a(t_2)\, dt_1 dt_2$$

$$= \int\limits_{0}^{\infty} t_1 a_1(t_1) \int\limits_{0}^{\infty} t_2\, a_2(t_2)\, dt_2 dt_1$$

$$= E[A_1] \cdot E[A_2], \qquad (1.58)$$

ergibt sich für die Varianz der Summe aus Gl. (1.54)

$$VAR[A] = VAR[A_1 + A_2] = VAR[A_1] + VAR[A_2]. \qquad (1.59)$$

Allgemein gelten für die Summe A mehrerer statistisch unabhängiger Zufallsvariablen

$$A = \sum_{i=1}^{k} A_i$$

die Beziehungen

$$E[A] = \sum_{i=1}^{k} E[A_i], \qquad (1.60)$$

$$VAR[A] = \sum_{i=1}^{k} VAR[A_i]. \qquad (1.61)$$

Gleichung (1.60) gilt auch für beliebige, nicht unabhängige Zufallsvariablen.

d)   Summe diskreter Zufallsvariablen

Sei X die Summe zweier *nicht-negativer* diskreter Zufallsvariablen X_1 und X_2 mit den Verteilungen $x_1(i)$ und $x_2(i)$:

$$X = X_1 + X_2.$$

Die Summanden X_1 und X_2 seien ferner voneinander statistisch unabhängig. Die Verteilung von X kann unter Verwendung des Gesetzes der totalen Wahrscheinlichkeit wie folgt berechnet werden:

$$\begin{aligned}
x(i) &= P(X=i) = P(X_1+X_2=i) \\
&= \sum_{j=0}^{i} P\big(X_1=i-j \,\big|\, X_2=j\big) \cdot P\big(X_2=j\big) \\
&= \sum_{j=0}^{i} x_1(i-j) \cdot x_2(j) \\
&= x_1(i) * x_2(i).
\end{aligned}$$
(diskrete Faltung)   (1.62)

Die Verteilung der Summe ist demgemäß die diskrete Faltung (mit Symbol „ * ") der beiden Verteilungen.

e)   Differenzbildung diskreter Zufallsvariablen

Betrachtet wird die Differenz X zweier *nicht-negativer* diskreter Zufallsvariablen X_1 und X_2 mit den Verteilungen $x_1(i)$ und $x_2(i)$ ($x_1(i)=0$ und $x_2(i)=0$ für negative Werte von i):

$$X = X_1 - X_2.$$

Die ZV X_1 und X_2 seien ferner statistisch unabhängig. Die Verteilung der Differenz X lässt sich wie folgt ermitteln:

$$\begin{aligned}
x(i) &= P(X=i) = P(X_1-X_2=i) \\
&= \sum_{j=0}^{\infty} P\big(X_1=i+j \,\big|\, X_2=j\big) \cdot P\big(X_2=j\big) \\
&= \sum_{j=0}^{\infty} x_1(i+j)\, x_2(j) \\
&= x_1(i) * x_2(-i),
\end{aligned}$$
(1.63)

wobei $x(i)$ für negative Werte von i existieren kann.

f)   Maximum von Zufallsvariablen

Sei A das Maximum zweier statistisch unabhängiger Zufallsvariablen A_1, A_2:

$$A = \max\{A_1, A_2\},$$

so gilt

$$\{A \le t\} \text{ falls } \{A_1 \le t \text{ und } A_2 \le t\}$$

oder

$$P(A \le t) = P(A_1 \le t) \cdot P(A_2 \le t),$$

d.h.

$$A(t) = A_1(t) \cdot A_2(t) \tag{1.64}$$

$$a(t) = \frac{dA(t)}{dt} = a_1(t) \cdot A_2(t) + a_2(t) \cdot A_1(t). \tag{1.65}$$

Allgemein kann für das Maximum mehrerer statistisch unabhängiger Zufallsvariablen $\{A_i\}$ mit den Verteilungsfunktionen $\{A_i(t)\}$ folgende Beziehung angegeben werden:

$$A = \max\{A_1, A_2, ..., A_k\}, \tag{1.66}$$

$$A(t) = \prod_{i=1}^{k} A_i(t). \tag{1.67}$$

g)   Minimum von Zufallsvariablen

Betrachtet werde nun das Minimum zweier statistisch unabhängiger Zufallsvariablen A_1, A_2:

$$A = \min\{A_1, A_2\}.$$

Die Minimumbildung kann wie folgt formuliert werden:

$$\{A > t\} \text{ falls } \{A_1 > t \text{ und } A_2 > t\}$$

oder

$$P(A > t) = P(A_1 > t) \cdot P(A_2 > t),$$

d.h.

$$\left(1-A(t)\right) = \left(1-A_1(t)\right)\cdot\left(1-A_2(t)\right)$$

oder

$$A(t) = A_1(t)+A_2(t)-A_1(t)A_2(t), \tag{1.68}$$

$$a(t) = \frac{dA(t)}{dt} = a_1(t)\cdot\left(1-A_2(t)\right) + a_2(t)\cdot\left(1-A_1(t)\right). \tag{1.69}$$

Allgemein gilt entsprechend für das Minimum mehrerer statistisch unabhängiger Zufallsvariablen $\{A_i\}$ mit den Verteilungsfunktionen $\{A_i(t)\}$:

$$A = \min\{A_1,A_2,...,A_k\}, \tag{1.70}$$

$$A(t) = 1-\prod_{i=1}^{k}\left(1-A_i(t)\right). \tag{1.71}$$

1.3 Transformationsmethoden und wichtige Verteilungen

In den späteren Kapiteln werden in analytischen Behandlungen verkehrstheoretischer Modelle Transformationsmethoden verwendet. Diese werden im Folgenden zusammengefasst. Die aufgeführten Definitionsgleichungen gelten für allgemeine Zufallsvariablen. Sie werden hier jedoch für den in der Praxis wichtigen Bereich nicht-negativer ZV angegeben.

Wir verwenden folgende Notation:

Zeitbereich	*Bildbereich*
Funktion $\circ\!\!-\!\!\bullet$	transformierte Funktion

1.3.1 Die erzeugende Funktion

a) Definition

Gegeben sei eine diskrete Zufallsvariable X mit der Verteilung

$$x(i) = P(X=i) \qquad i = 0,1,....$$

Als wahrscheinlichkeitserzeugende Funktion (oder abgekürzt, erzeugende Funktion, EF) bezeichnet man die Summe

$$X_{EF}(z) = EF\{x(i)\} = \sum_{i=0}^{\infty} x(i)z^i, \qquad \text{(erzeugende Funktion)} \qquad (1.72)$$

wobei z eine komplexwertige Variable ist. Da die Summe $\sum_{i=0}^{\infty} x(i) = 1$ beschränkt ist, konvergiert $X_{EF}(z)$ innerhalb und auf dem Einheitskreis $(|z| \leq 1)$. Die erzeugende Funktion enthält eine vollständige Beschreibung der Verteilung $\{x(i)\}$.

b)   Eigenschaften

Momente

$$X_{EF}(1) = \sum_{i=0}^{\infty} x(i) = 1, \qquad (1.73)$$

$$X'_{EF}(1) = \frac{d}{dz} X_{EF}(z)\bigg|_{z=1} = \sum_{i=0}^{\infty} x(i) \cdot i \cdot z^{i-1}\bigg|_{z=1} = E[X], \qquad (1.74)$$

$$X''_{EF}(1) = \frac{d^2}{dz^2} X_{EF}(z)\bigg|_{z=1} = E[X^2] - E[X], \qquad (1.75)$$

$$VAR[X] = E[X^2] - E[X]^2 = X''_{EF}(1) + X'_{EF}(1) - X'_{EF}(1)^2. \qquad (1.76)$$

Rücktransformation

Die Verteilung $x(i)$ kann aus der erzeugenden Funktion wie folgt zurückgewonnen werden:

$$x(i) = EF^{-1}\{X_{EF}(z)\} = \frac{1}{i!} \frac{d^i}{dz^i} X_{EF}(z)\bigg|_{z=0}. \qquad (1.77)$$

Gemäß Gl. (1.77) lässt sich die Verteilung $\{x(i)\}$ prinzipiell durch Ableitungen aus der (*wahrscheinlichkeits*)erzeugenden Funktion zurückgewinnen. Die Rücktransformation kann numerisch jedoch effizienter mit der Diskreten Fourier-Transformation (DFT) bzw. der schnellen Fourier-Transformation (FFT: Fast Fourier Transform) durchgeführt werden (siehe z.B. Cavers [1.8], Cooley & Tukey [1.9], Henrici [1.10]).

Faltungssatz für diskrete Zufallsvariablen

X sei die Summe zweier statistisch unabhängiger diskreter Zufallsvariablen X_1 und X_2 mit den Verteilungen $\{x_1(i)\}$ und $\{x_2(i)\}$. Die Summe

$$X = X_1 + X_2$$

besitzt die Verteilung (vgl. Herleitung Kap. 1.2.5)

$$x(i) = x_1(i) * x_2(i)$$

$$= \sum_{j=-\infty}^{+\infty} x_1(j) \cdot x_2(i-j) = \sum_{j=-\infty}^{+\infty} x_1(i-j) \cdot x_2(j),$$ \qquad \text{(Faltungssatz)} \qquad (1.78)$$

wobei das Symbol „ * " die diskrete Faltungsoperation repräsentiert. Durch die Transformation wird aus der Faltung der Verteilungen eine Multiplikation der Transformierten (EF: erzeugende Funktion) :

$$x(i) \quad = \quad x_1(i) \quad * \quad x_2(i)$$

$$\downarrow EF \qquad \downarrow EF \qquad \downarrow EF$$

$$X_{EF}(z) \quad = \quad X_{1,EF}(z) \quad X_{2,EF}(z) \qquad\qquad (1.79)$$

c)   Die Z-Transformation

Eine verwandte Form der erzeugenden Funktion ist die Z-Transformation, die in der Signalverarbeitung häufig verwendet wird. Die Z-Transformation der Verteilung $\{x(i)\}$ einer nicht-negativen diskreten Zufallsvariablen X wird definiert als

$$X_{ZT}(z) = ZT\{x(i)\} = \sum_{i=0}^{\infty} x(i) z^{-i}.$$ \qquad \text{(Z-Transformation)} \qquad (1.80)$$

Dabei wird im Unterschied zur Definition der erzeugenden Funktion in Gl. (1.72) z^{-1} anstatt z als Funktionsparameter verwendet. Die zugehörigen Eigenschaften lassen sich analog zu denen der erzeugenden Funktion herleiten (vgl. Oppenheim & Schafer [1.6]).

1.3.2   Laplace- und Laplace-Stieltjes-Transformation

a)   Definition

Bei den Analysemethoden im kontinuierlichen Zeitbereich spielt die Laplace- (LT) bzw. Laplace-Stieltjes-Transformation (LST) eine zentrale Rolle. $A(t)$ und $a(t)$ seien die Verteilungsfunktion und die Verteilungsdichtefunktion einer nicht-negativen ZV A. Die Laplace-Stieltjes-Transformierte von $A(t)$ bzw. die Laplace-Transformierte von $a(t)$ wird definiert als

$$\Phi_A(s) = LST\{A(t)\} = \int_0^{\infty} e^{-st} dA(t),$$ \qquad\qquad (1.81)$$

$$= LT\{a(t)\} = \int_0^\infty e^{-st}a(t)\,dt, \qquad Re\ s \geq 0 . \tag{1.82}$$

Das Integral in Gl. (1.81) ist ein Lebesgue-Stieltjes-Integral. Der Zusammenhang zwischen LT und LST lässt sich wie in Abb. 1.13 darstellen.

Eine ausführliche Behandlung der Laplace-Transformation kann z.B. in Föllinger [1.4] gefunden werden.

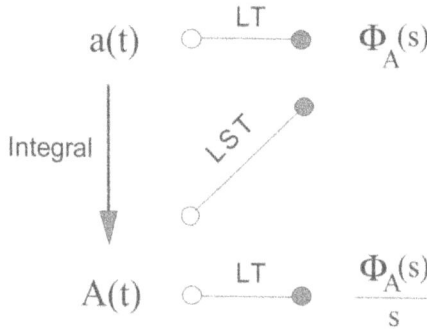

Abb. 1.13: *Laplace- und Laplace-Stieltjes-Transformation*

b)   Eigenschaften

Im Folgenden werden wichtige Eigenschaften der Laplace-Transformation aufgelistet, die zum Verständnis der späteren Kapitel beitragen:

Momente

$$E[A^k] = \int_0^\infty t^k\, a(t)\,dt = (-1)^k \cdot \frac{d^k}{ds^k}\Phi_A(s)\Big|_{s=0} . \tag{1.83}$$

Integralbildung und Differentiation

Mit $\Phi_A(s) = LT\{a(t)\}$ gilt:

$$A(t) \quad \circ\!\!\xrightarrow{LT}\!\!\bullet \quad \frac{1}{s}\Phi_A(s), \tag{1.84}$$

$$\frac{d}{dt}a(t) \quad \circ\!\!-\!\!\!\frac{LT}{}\!\!\!-\!\!\bullet \quad s\cdot\Phi_A(s)-a(0).$$ (1.85)

Grenzwerte

Mit $\Phi_A(s)=LT\{a(t)\}$ gilt:

$$\lim_{t\to 0} a(t) = \lim_{s\to\infty} s\cdot\Phi_A(s),$$ (1.86)

$$\lim_{t\to\infty} a(t) = \lim_{s\to 0} s\cdot\Phi_A(s).$$ (1.87)

Faltungsoperation

Gegeben seien zwei *nicht-negative*, statistisch unabhängige Zufallsvariablen A_1 und A_2 mit den Verteilungsdichtefunktionen $a_1(t)$ und $a_2(t)$ sowie den Laplace-Transformierten $\Phi_{A_1}(s)$ und $\Phi_{A_2}(s)$. Die Summe

$$A = A_1 + A_2$$

besitzt die Verteilungsdichtefunktion

$$a(t) = a_1(t) * a_2(t) = \int_{\tau=0}^{t} a_1(\tau)\cdot a_2(t-\tau)d\tau,$$ (1.88)

wobei das Symbol „ * " hier die kontinuierliche Faltungsoperation darstellt. Die Laplace-Transformation bildet die Faltungsoperation in eine Multiplikation ab:

$$
\begin{array}{ccccc}
a(t) & = & a_1(t) & * & a_2(t) \\
\Big\downarrow LT & & \Big\downarrow LT & & \Big\downarrow LT \\
\Phi_A(s) & = & \Phi_{A_1}(s) & \cdot & \Phi_{A_2}(s)
\end{array}
$$ (1.89)

1.3.3   Wichtige Verteilungen und ihre Transformierten

In diesem Abschnitt werden häufig verwendete Verteilungen und ihre Transformierten vorgestellt.

a)   Bernoulli-Versuch und -Verteilung (BER)

Unter einem Bernoulli-Versuch versteht man ein Experiment, bei dem der Ausgang Y mit zwei Ereignissen beschrieben werden kann: „Misserfolg" mit der Wahrscheinlichkeit q und „Erfolg" mit der komplementären Wahrscheinlichkeit $(1-q)$. Die entsprechende Bernoulli-Verteilung lautet:

$$y(i) = P(Y=i) = \begin{cases} q & i=0 & \text{Mißerfolg} \\ 1-q & i=1 & \text{Erfolg} \end{cases}, \tag{1.90}$$

$$E[Y] = 1-q, \quad c_Y = \sqrt{\frac{q}{1-q}}, \qquad \text{(Bernoulli-Verteilung)} \tag{1.91}$$

und die erzeugende Funktion ist

$$Y_{EF}(z) = q+(1-q)z. \tag{1.92}$$

b)   Binomial-Verteilung (BIN)

Betrachtet werde eine Anzahl N von Bernoulli-Versuchen, die statistisch unabhängig voneinander durchgeführt werden. X sei die Zufallsvariable für die Anzahl von Erfolgen in dieser Serie von Versuchen. Für eine Realisierung $X=i$ existiert eine Anzahl $\binom{N}{i}$ von Anordnungen oder Mustern dieser i Erfolgsereignisse. Jede Anordnung tritt mit der Wahrscheinlichkeit $(1-q)^i q^{N-i}$ ein. Die ZV X folgt einer binomialen Verteilung:

$$x(i) = P(X=i) = \binom{N}{i}(1-q)^i q^{N-i}, \quad i=0,1,...,N, \tag{1.93}$$

$$E[X] = N(1-q), \quad c_X = \sqrt{\frac{q}{N(1-q)}}, \qquad \text{(Binomial-Verteilung)} \tag{1.94}$$

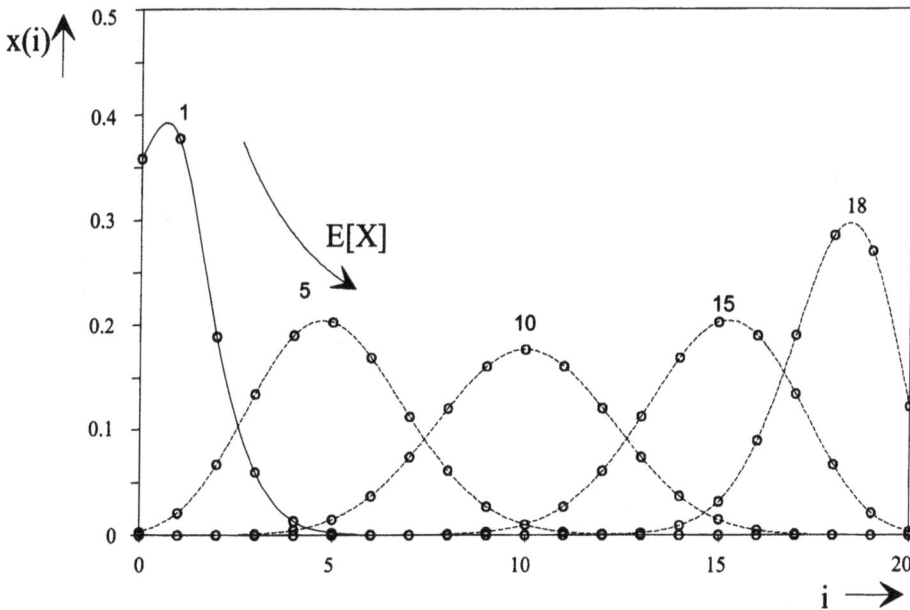

Abb. 1.14: *Binomialverteilungen (N=20)*

und die zugehörige erzeugende Funktion lautet:

$$X_{EF} = \left(q+(1-q)z\right)^N.$$ (1.95)

Der Term $\binom{a}{k}$ kennzeichnet dabei einen Binomialkoeffizienten. Aus Gl. (1.95) ist ersichtlich, dass die Binomial-Verteilung die N-fache Faltung der Bernoulli-Verteilung mit sich selbst darstellt. Abbildung 1.14 zeigt den typischen Verlauf der Binomialverteilung für verschiedene Mittelwerte $E[X]$ $(N=20)$. Um den Verlauf der Verteilungen kenntlich zu machen, sind jeweils die diskreten Werte einer Verteilung mit einer Linie verbunden.

c) Geometrische Verteilung (GEOM)

Es werden nun in einem Experiment solange unabhängige Bernoulli-Versuche durchgeführt, bis ein „Erfolgs"-Ereignis festgestellt wird. Die Anzahl der Versuche bis zum ersten „Erfolg" wird mit der Zufallsvariablen X beschrieben. Für eine Realisierung $X=i$ ist die Wahrscheinlichkeit für die i Fehlversuche q^i und für den erfolgreichen Versuch $(1-q)$, der die Versuchsserie beendet. X folgt einer geometrischen Verteilung:

$$x(i) = P(X=i) = q^i(1-q), \quad i=0,1,\dots$$ (1.96)

$$E[X] = \frac{q}{1-q}, \quad c_X = \frac{1}{\sqrt{q}}, \quad \text{(geometrische Verteilung)} \quad (1.97)$$

mit der erzeugenden Funktion

$$X_{EF}(z) = \frac{1-q}{1-qz}. \tag{1.98}$$

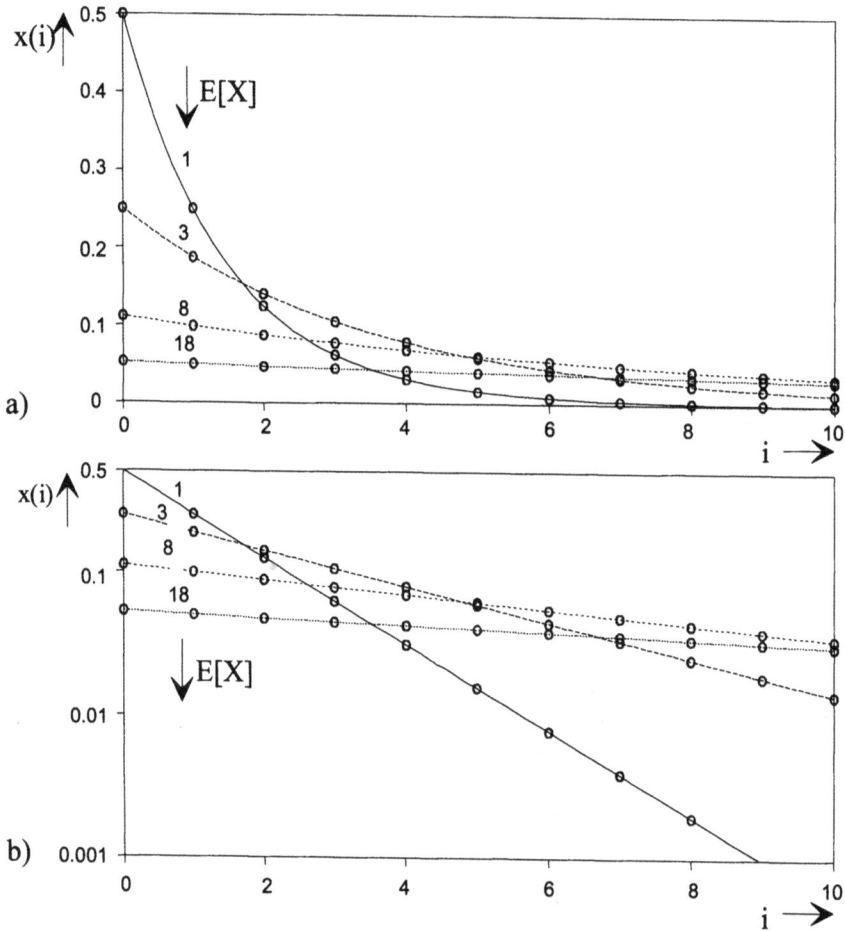

Abb. 1.15: *Geometrische Verteilung:*
a) lineare Darstellung
b) logarithmische Darstellung

In Abb. 1.15 ist der charakteristische Verlauf der geometrischen Verteilung für verschiedene Mittelwerte $E[X]$ gezeigt, wobei die zu derselben Verteilung gehörenden diskreten Werte verbunden werden. Der für geometrische Verteilungen typische lineare Abfall wird in

Abb. 1.15b sichtbar, wobei die y-Achse logarithmisch skaliert wird. Dieser Verlauf kennzeichnet auch in anderen Verteilungen die sog. *geometrische Restverteilung* (engl. *geometric tail*), falls in halblogarithmischem Maßstab eine gerade Charakteristik der Restverteilung feststellbar ist.

Verschobene geometrische Verteilung (GEOM(m))

Eine häufig anzutreffende Verallgemeinerung der geometrischen Verteilung ist die verschobene geometrische Verteilung. Bei einer Verschiebung der geometrischen Verteilung um m Stellen entsteht die Verteilung

$$x(i) = P(X = i) = q^{i-m}(1-q), \qquad m = 0, 1, \dots, \qquad i = m, m+1, \dots, \qquad (1.99)$$

$$E[X] = \frac{q}{1-q} + m, \qquad c_x = \frac{\sqrt{q}}{q + m(1-q)}, \qquad (1.100)$$

mit der erzeugenden Funktion

$$X_{EF}(z) = \frac{(1-q) z^m}{1-qz}. \qquad (1.101)$$

d)   Negativ-binomiale Verteilung (NEGBIN)

Eine diskrete Zufallsvariable X ist negativ-binomial verteilt, wenn

$$x(i) = P(X = i) = \binom{y+i-1}{i}(1-q)^y \, q^i = \binom{-y}{i}(1-q)^y \, (-q)^i,$$

$$i = 0, 1, \dots, \qquad 0 \le q \le 1, \qquad y \text{ reell}, \quad (1.102)$$

$$E[X] = \frac{yq}{1-q}, \qquad c_x = \frac{1}{\sqrt{yq}}. \qquad \text{(negativ-binomiale Verteilung)} \quad (1.103)$$

Die erzeugende Funktion lautet:

$$X_{EF}(z) = \left(\frac{1-q}{1-qz}\right)^y. \qquad (1.104)$$

Gleichung (1.104) impliziert, dass sich die negativ-binomiale Verteilung aus einer (nicht notwendigerweise ganzzahligen) y-fachen Faltung der geometrischen Verteilung mit sich selbst ergibt. Die Parameter y und q der negativ-binomialen Verteilung lassen sich aus dem vorgegebenen Mittelwert $E[X]$ und dem Variationskoeffizienten c_X wie folgt bestimmen:

$$q = 1 - \frac{1}{E[X] \cdot c_x^2}, \quad y = \frac{E[X]}{E[X] \cdot c_x^2 - 1},\tag{1.105}$$

wobei $E[X] \cdot c_x^2 > 1$ gelten muss. Dies bedeutet, dass sich mittels negativ-binomialer Verteilungen zweiparametrische Verteilungen mit beliebig vorgegebenem Mittelwert $E[X]$ und Variationskoeffizienten c_x nach Gl. (1.105) erzeugen lassen. Diese Eigenschaft ist sehr vorteilhaft in Untersuchungen, in denen eine systematische, parametrische Analyse durchzuführen ist.

e) Possion Verteilung (POIS)

Die Poisson-Verteilung wird wie folgt definiert:

$$x(i) = \frac{y^i}{i!} e^{-y}, \quad i = 0,1,\ldots\tag{1.106}$$

$$E[X] = y, \quad c_X = \frac{1}{\sqrt{y}}, \qquad \text{(Poisson-Verteilung)}\tag{1.107}$$

und die entsprechende erzeugende Funktion lautet:

$$X_{EF}(z) = e^{-y(1-z)}.\tag{1.108}$$

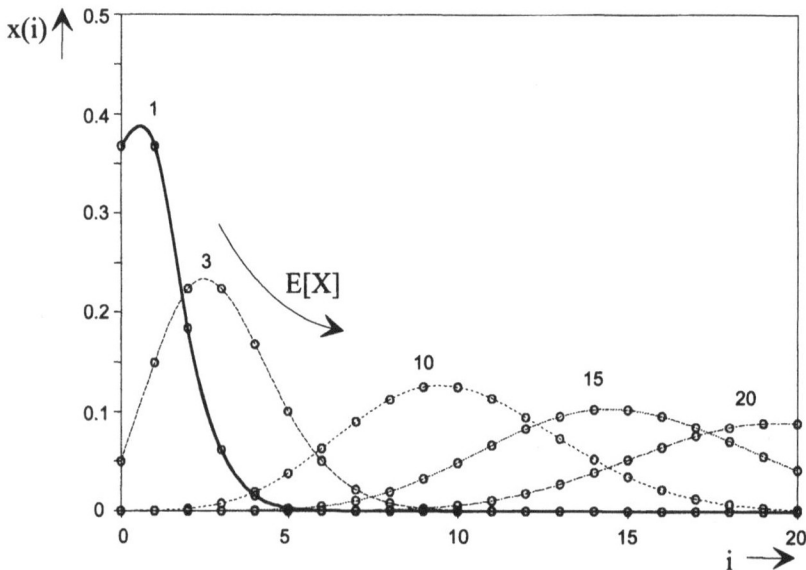

Abb. 1.16: *Poisson-Verteilung*

Abbildung 1.16 illustriert den Verlauf der Poisson-Verteilung für verschiedene Mittelwerte $E[X]$. Die diskreten Verteilungswerte derselben Verteilung sind jeweils durch eine Linie verbunden.

1.3.4 Wichtige Verteilungsfunktionen und ihre Transformierten

In diesem Abschnitt werden häufig verwendete Verteilungsfunktionen vorgestellt. Die zugehörigen Zufallsvariablen werden mit symbolischen Phasendarstellungen repräsentiert.

a)   Deterministische Verteilungsfunktion (D)

Diese Verteilungsfunktion charakterisiert eine Zufallsvariable A, die einen konstanten Wert t_0 annimmt, womit die Zufallsabhängigkeit entfällt. Die Verteilungsfunktion ist treppenförmig und entspricht einer verschobenen Sprungfunktion.

$$A(t) = \begin{cases} 0 & t < t_0 \\ 1 & t \geq t_0 \end{cases}, \tag{1.109}$$

$$a(t) = \delta(t - t_0), \tag{1.110}$$

$$E[A] = t_0, \quad c_A = 0, \tag{1.111}$$

$$\Phi_A(s) = LT\{a(t)\} = e^{-st_0}. \tag{1.112}$$

Die Phasendarstellung wird in Abb 1.17a gezeigt.

b)   Negativ-exponentielle Verteilungsfunktion (M)

Die negativ-exponentielle Verteilungsfunktion spielt wegen ihrer Eigenschaft der Gedächtnislosigkeit bzw. Markov-Eigenschaft (M) (vgl. Kap. 2.1.2) in der Leistungsanalyse eine bedeutende Rolle:

$$A(t) = 1 - e^{-\lambda t}, \quad t \geq 0, \tag{1.113}$$

$$a(t) = \lambda e^{-\lambda t}, \tag{1.114}$$

$$E[A] = \frac{1}{\lambda}, \quad c_A = 1, \tag{1.115}$$

$$\Phi_A(s) = \frac{\lambda}{\lambda + s}. \tag{1.116}$$

Die Abkürzung „M" (Markov) wird für die negativ-exponentielle Verteilungsfunktion verwendet, wie in der Phasendarstellung in Abb. 1.17b gezeigt wird.

c)   Erlang-k-Verteilungsfunktion $\left(E_k\right)$

Sei A die Summe von k negativ-exponentiell verteilten Phasen mit Parameter λ:

$$A = A_1 + A_2 + \ldots + A_k,$$
$$A_i(t) = 1 - e^{-\lambda t}, \quad i = 1, 2, \ldots, k,$$

so folgt für A der Erlang-k-Verteilungsfunktion

$$A(t) = 1 - \sum_{i=0}^{k-1} \frac{(\lambda t)^i}{i!} e^{-\lambda t}, \quad t \geq 0, \tag{1.117}$$

$$a(t) = \frac{\lambda (\lambda t)^{k-1}}{(k-1)!} e^{-\lambda t}, \tag{1.118}$$

$$E[A] = k \cdot \frac{1}{\lambda}, \quad c_A = \frac{1}{\sqrt{k}}, \tag{1.119}$$

$$\Phi_A(s) = \left(\frac{\lambda}{\lambda+s}\right)^k. \tag{1.120}$$

Aufgrund der Summation, und wie aus Gl. (1.120) ersichtlich, ist die Erlang-k-Verteilungs-dichtefunktion die k-fache Faltung der negativ-exponentiellen Verteilungsdichtefunktion mit sich selbst. Für den Grenzübergang $k \to \infty$, $\lambda \to \infty$ ($\frac{k}{\lambda}$ bleibt constant) geht die Erlang-k-Verteilungsfunktion in die deterministische VF über.

Die Phasendarstellung wird in Abb 1.17c gezeigt.

d)   Hyperexponentielle Verteilungsfunktion

Eine hyperexponentiell verteilte Zufallsvariable A ergibt sich aus einer Auswahl zwischen k unterschiedlichen negativ-exponentiell verteilten Phasen A_i mit Parameter λ_i, $i = 1, 2, \ldots, k$, wobei die Phase A_i mit der Wahrscheinlichkeit p_i gewählt wird (s. Abb. 1.17d):

$$A = A_i \quad \text{mit Wahrscheinlichkeit } p_i, \quad i = 1, 2, \ldots, k,$$
$$A_i(t) = 1 - e^{-\lambda_i t}.$$

Man erhält

$$A(t) = \sum_{i=1}^{k} p_i \left(1 - e^{-\lambda_i t}\right) = 1 - \sum_{i=1}^{k} p_i e^{-\lambda_i t}, \quad t \geq 0, \tag{1.121}$$

$$a(t) = \sum_{i=1}^{k} p_i \lambda_i\, e^{-\lambda_i t}, \qquad \sum_{i=1}^{k} p_i = 1, \tag{1.122}$$

$$E[A] = \sum_{i=1}^{k} p_i \cdot \frac{1}{\lambda_i}, \qquad c_A = \sqrt{\frac{2\sum_{i=1}^{k}\dfrac{p_i}{\lambda_i^2}}{\left(\sum_{i=1}^{k}\dfrac{p_i}{\lambda_i}\right)^2} - 1}, \tag{1.123}$$

$$\Phi_A(s) = \sum_{i=1}^{k} p_i \frac{\lambda_i}{\lambda_i + s}. \tag{1.124}$$

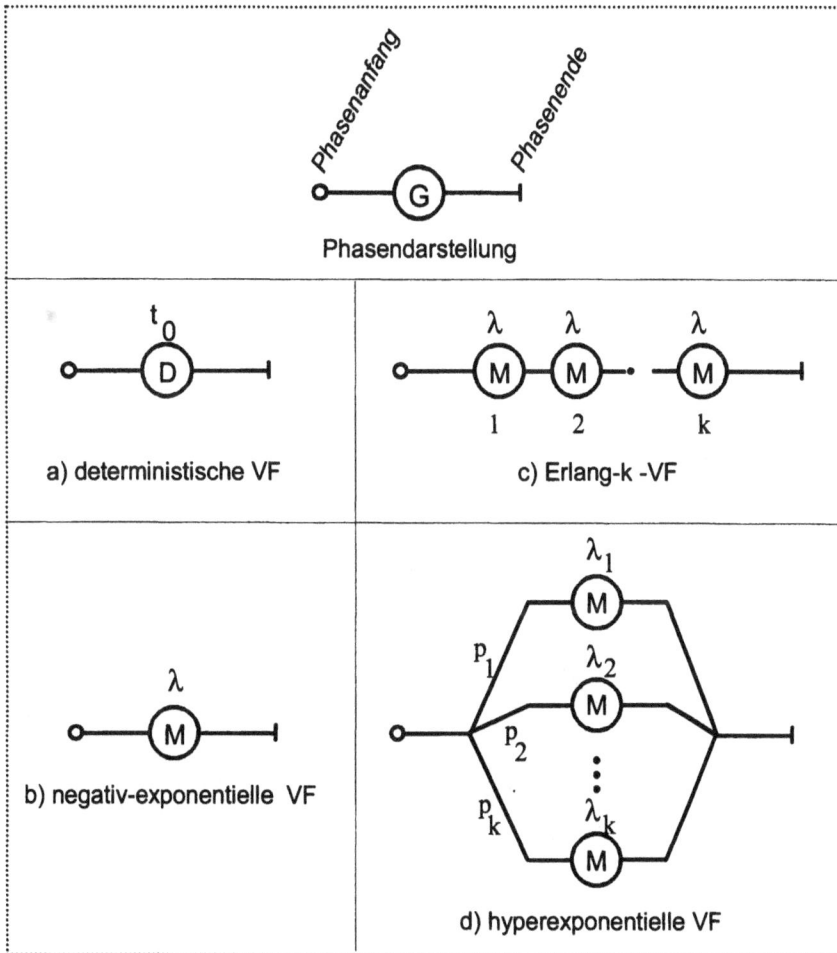

Abb. 1.17: *Phasendarstellung wichtiger Verteilungsfunktionen*

Spezialfall: Hyperexponentielle Verteilung 2-ter Ordnung (H_2)

Diese Verteilungsfunktion wird recht häufig zur Darstellung zweiparametrischer Verteilungsfunktionen verwendet. Da die H_2-Verteilungsfunktion prinzipiell drei Parameter $(p_1, \lambda_1, \lambda_2)$ besitzt, wird ein Parameter durch eine willkürlich gewählte Symmetriebedingung eliminiert. Man erhält die H_2-Verteilungsfunktion mit zwei Parametern:

$$A(t) = 1 - p_1\, e^{-\lambda_1 t} - p_2\, e^{-\lambda_2 t}, \tag{1.125}$$

$$p_1 + p_2 = 1, \tag{1.126}$$

$$p_1 \cdot \frac{1}{\lambda_1} = p_2 \cdot \frac{1}{\lambda_2}. \qquad \text{(Symmetriebedingung)} \tag{1.127}$$

e)   Darstellung von Verteilungsfunktionen

Phasendarstellung von Zufallsvariablen und Verteilungsfunktionen

Zufallsvariablen, deren Verteilungsfunktionen sich aus anderen bekannten Verteilungsfunktionen zusammensetzen, werden häufig in der Form von *Phasendarstellungen* beschrieben. Wie in Abb. 1.17 gezeigt, kann eine Erlang-k-verteilte Zufallsvariable (E_k) als eine Serienschaltung von negativ-exponentiell verteilten Phasen (M bzw. Markov-Phasen) dargestellt werden. Die Phasendarstellung einer hyperexponentiell verteilten Zufallsvariablen (H_k) ist eine Parallelschaltung von negativ-exponentiell verteilten Phasen.

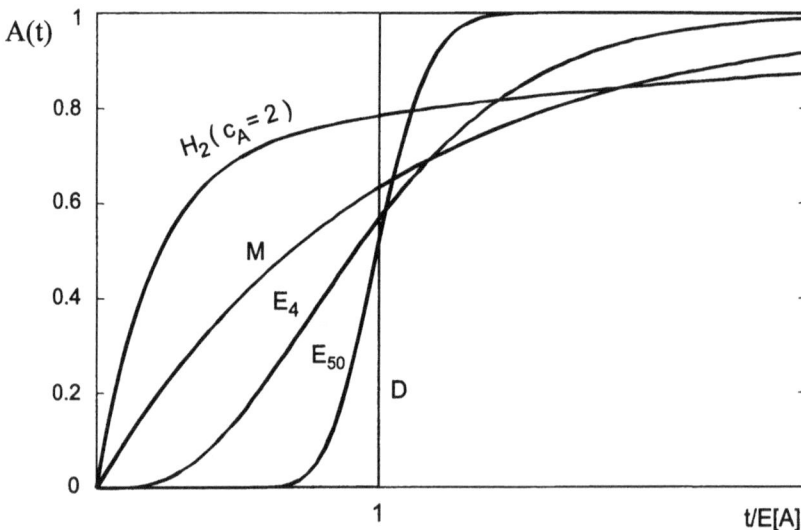

Abb. 1.18: Verläufe wichtiger Verteilungsfunktionen

Verlauf wichtiger Verteilungsfunktionen

Abbildung 1.18 zeigt zusammenfassend die oben angegebenen Verteilungsfunktionen D, M, E_k und H_k. Dabei ist erkennbar, dass D als Grenzübergang $\lim_{k \to \infty} E_k$ aufgefasst werden kann. Ferner kann beobachtet werden, dass für VF mit höheren Variationskoeffizienten der Kurvenverlauf flacher ist und der Grenzwert $\lim_{t \to \infty} A(t) = 1$ langsamer erreicht wird.

1.3.5   Wichtige Zusammenhänge

a)   Zusammenhang zwischen Transformationsmethoden

Wir betrachten eine zeitkontinuierliche ZV A, deren Realisierungen nur Werte an den Stellen $t_i = i \, \Delta t$, $i = 0, 1, \ldots$ besitzen. Diese ZV A kann durch eine nicht-negative diskrete ZV X repräsentiert werden. Die entsprechenden Funktionen und deren Transformierte hängen wie folgt zusammen:

diskrete ZV	X	
Verteilung	$x(i)$	$= P(X = i)$, $i = 0, 1, \ldots$
äquivalente kontinuierliche ZV	A	$= X \cdot \Delta t$
Verteilungsfunktion	$A(t)$	$= P(A \leq t) = P\left(X \leq \dfrac{t}{\Delta t}\right)$
		$= \displaystyle\sum_{k=0}^{i} x(k), \quad i = \left\lfloor \dfrac{t}{\Delta t} \right\rfloor$
Verteilungsdichtefunktion	$a(t)$	$= \displaystyle\sum_{t=0}^{\infty} x(i)\, \delta(t - i\Delta t)$
erzeugende Funktion	X_{EF}	$= \displaystyle\sum_{i=0}^{\infty} x(i) z^i$

Laplace-Transformation

$$\Phi_A(s) = \int_0^\infty e^{-st} a(t)\, dt = \int_0^\infty e^{-st} \sum_{i=0}^{\infty} x(i)\, \delta(t - i\Delta t)\, dt$$

$$= \sum_{i=0}^{\infty} x(i) \cdot \underbrace{\int_0^\infty e^{-st} \delta(t - i\Delta t)\, dt}_{\substack{e^{-si\Delta t} \\ \text{(Ausblendeigenschaft} \\ \text{der Dirac-Funktion)}}}$$

$$= \sum_{i=0}^{\infty} x(i) \cdot \left(e^{-s\Delta t}\right)^i = X_{EF}\left(e^{-s\Delta t}\right). \tag{1.128}$$

b)   Poisson-Ankünfte während eines beliebig verteilten Intervalls

Ein Ankunftsprozess wird als Poisson-Prozess bezeichnet, wenn seine Zwischenankunfts-zeiten unabhängig sind und eine negativ-exponentielle Verteilung (vgl. Gl. (1.113)) besitzen. Betrachtet man den Prozess während einer konstanten Zeitspanne t, so folgt die Anzahl X der beobachteten Ankunftsereignisse einer Poisson-Verteilung (vgl. Gl. (1.106)).

Im Folgenden soll die Verteilung der Anzahl der Ereignisse eines Poisson-Prozesses während eines beliebig verteilten Intervalls der Dauer Γ ermittelt werden.

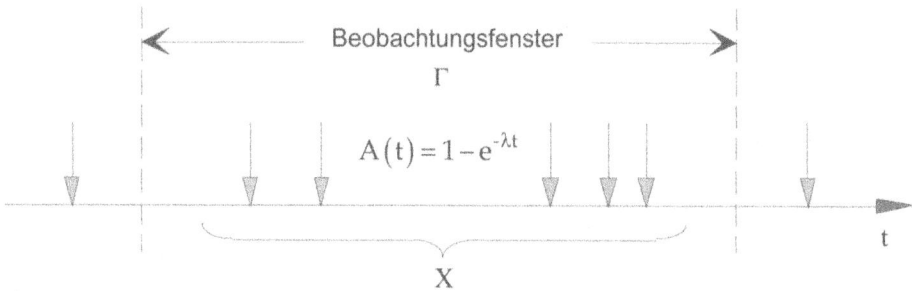

Abb. 1.19:   *Poisson-Ankünfte während eines beliebig verteilten Intervalls* Γ

Ein Poisson-Prozess mit Rate λ wird während eines zufälligen Zeitfensters der Länge Γ beobachtet (s. Abb. 1.19). Das Fenster Γ ist allgemein verteilt mit der Dichtefunktion $\gamma(t)$ und unabhängig vom Poisson-Prozess.

Die Verteilung der Anzahl X beobachteter Ereignisse während des Beobachtungsfensters soll nun bestimmt werden:

$$x(i) = P(X = i) \quad \circ\!\!\!\!\underset{}{\overset{EF}{-\!\!-\!\!\!-}}\!\!\!\bullet \quad X_{EF}(z) = \sum_{i=0}^{\infty} x(i) z^i \, .$$

Unter der Bedingung, dass das Fenster $\Gamma = \tau$ lang ist, ist X Poisson-verteilt gemäß:

$$P(X = i \mid \Gamma = \tau) = \frac{(\lambda\tau)^i}{i!} e^{-\lambda t} \, .$$

Bei Anwendung des Gesetzes der totalen Wahrscheinlichkeit erhält man:

$$x(i) = \int\limits_{\tau=0}^{\infty} P(X=i|\Gamma=\tau) \underbrace{\gamma(\tau)d\tau}_{P(\Gamma=\tau)}$$

$$= \int\limits_{\tau=0}^{\infty} \frac{(\lambda\tau)^i}{i!} e^{-\lambda\tau} \gamma(\tau)d\tau \tag{1.129}$$

bzw. die erzeugende Funktion

$$X_{EF}(z) = \sum_{i=0}^{\infty} x(i)z^i = \sum_{i=0}^{\infty} \int\limits_0^{\infty} \frac{(\lambda\tau)^i}{i!} e^{-\lambda\tau} \gamma(\tau)\, d\tau\, z^i$$

$$= \int\limits_0^{\infty} e^{-\lambda\tau} \gamma(\tau) \underbrace{\sum_{i=0}^{\infty} \frac{(\lambda\tau z)^i}{i!}}_{e^{\lambda\tau z}}\, d\tau = \int\limits_0^{\infty} \gamma(\tau)\, e^{-\lambda(1-z)\tau}\, d\tau$$

oder

$$X_{EF}(z) = \Phi_{\Gamma}\big(\lambda(1-z)\big). \tag{1.130}$$

Diese Beziehung wird häufig in späteren Kapiteln, z.B. bei der Analyse des M/GI/1-Systems, verwendet.

Literatur zu Kapitel 1

Bücher:

[1.1]   Feller, W., *An Introduction to Probability Theory and its Applications*, 2.Aufl.
          Wiley, New York

[1.2]   Ferrari, D., *Computer Systems Performance Evaluation*, Prentice-Hall, Englewood
          Cliffs, NJ 1978

[1.3]   Fisz, M., *Wahrscheinlichkeitsrechnung und mathematische Statistik*, 10. Aufl.
          VEB Deutscher Verlag der Wissenschaften, Berlin 1980

[1.4]   Föllinger, O., Kluwe, M., *Laplace-, Fourier- und Z-Transformation*, 8. Auflage,
          Hüthig 2003

[1.5]   Lavenberg, S. S. (ed.), *Computer Performance Modeling Handbook*, Academic
          Press, New York 1983

[1.6]   Oppenheim, A., Schafer, R., Buck, J. R., *Zeitdiskrete Signalverarbeitung*, Pearson
          Studium 2004

[1.7]   Papoulis, A., Pillai, S. U., *Probability, Random Variables and Stochastic Proc-
          esses,* 4. Auflage, McGraw-Hill, New York 2002

Aufsätze:

[1.8]   Cavers, J. K., *On the Fast Fourier Transform inversion of probability generating
          functions*, J. Inst. Maths. Appl. 22:275-282 (1978)

[1.9]   Cooley, J., Tukey, J., *An algorithm for the machine calculation of complex Fourier
          series*, Math. Computation 19:297-301 (1965)

[1.10]   Henrici, P., *Fast Fourier methods in computational complex analysis*, Siam Rev.
          21:481-527 (1979)

[1.11]   Mitra, D., Mitrani, I., *Analysis of a Kanban discipline for cell coordination in
          production,* Managem. Sci. 36(12):1548-1566 (1990)

Übungsaufgaben zu Kapitel 1

Aufgabe 1.1:
Es wird mit einem symmetrischen Würfel gewürfelt. Die Zufallsvariable X hat den Wert „0" für eine ungerade und den Wert „1" für eine gerade Augenzahl. Die Zufallsvariable Y ist „0" für eine niedrige (1,2 oder 3) und „1" für eine hohe (4,5 oder 6) Augenzahl.

Wie lauten die Verteilungen von X und Y sowie die Verbund-Verteilung für (X, Y)? Sind X und Y positiv oder negativ korreliert?

Aufgabe 1.2:
Bei einem Spiel wird mit einem vollsymmetrischen Würfel solange gewürfelt, bis keine Eins mehr erscheint. Die Zufallsvariable X habe als Wert die Augenzahl des Wurfes ungleich Eins, die Zufallsvariable Y gibt die Anzahl der Würfe einschließlich dem ungleich Eins an.

Wie lautet die Verteilung, die Verteilungsfunktion sowie der Mittelwert von X und Y? Wie nennt man die Verteilung von Y?

Hinweis: X kann als normaler Wurf mit einem vollsymmetrischen Würfel interpretiert werden, unter der Bedingung, dass die Augenzahl verschieden von Eins ist. Die Verteilung von X kann mit Hilfe der bedingten Wahrscheinlichkeiten hergeleitet werden.

Aufgabe 1.3:
Ein dezentral gesteuertes Massenspeichersubsystem enthält eine Festplatte mit folgenden Parametern:

- 2 Platten, d.h. 4 Oberflächen und 615 Spuren,
- 3 msec Positionierungszeit von Spur zu Spur,
- 34 Sektoren pro Spur,
- 3600 Umdrehungen pro Minute.

Die Umschaltzeit zwischen den vier Schreib-Leseköpfen ist vernachlässigbar.

1. Unter der Annahme, dass die Spur bereits korrekt eingestellt ist, soll die Zugriffszeit Z, d.h. die Zeitspanne vom Eintritt des Zugriffswunsches bis zum Erreichen des Sektoranfangs, untersucht werden. Gesucht sind die Wahrscheinlichkeitsdichtefunktion $z(t)$ und die Verteilungsfunktion $Z(t)$ der Zufallsvariablen Z. Wie lauten der Erwartungswert, die Varianz, die Standardabweichung und der Variationskoeffizient von Z?

2. Zu bestimmen sind ferner der Erwartungswert und die Varianz der Zeitspanne A, die für das Anfahren der korrekten Spur benötigt werden. Zwei Fälle sollen betrachtet werden: der Schreib-Lesekopf ist über Spur 0 und über Spur 307 positioniert. Wie groß ist der Er-

wartungswert von A für den allgemeinen Fall, wobei angenommen wird, dass alle Spuren als Start- und Zielspur gleichwahrscheinlich sind?

Hinweis: $\displaystyle\sum_{i=0}^{n} i^2 = \frac{n(n+1)(2n+1)}{6}$

Aufgabe 1.4:
1. Es soll gezeigt werden, dass für große N (d.h. für kleine Werte von $q = \mu/N$) die Binomialverteilung $BIN(N,q)$ durch die Poisson-Verteilung $POIS(\mu)$ approximiert werden kann.
2. Gegeben sei ein getaktetes Kommunikationssystem, bei dem die Zeitachse in Intervalle gleicher Länge, auch *Slots* genannt, aufgeteilt ist. Die im System ankommenden Dateneinheiten folgen einem Bernoulli-Prozess, d.h. innerhalb eines Slots kommt eine Zelle mit der Wahrscheinlichkeit q an. Welche Verteilung $a(i)$ besitzt die Zwischenankunftszeit A?

Aufgabe 1.5:
Gegeben seien zwei nicht-negative, unabhängige Zufallsvariablen A und B, die mit der Rate λ bzw. μ negativ-exponentiell verteilt sind. Folgende Beziehung soll hergeleitet werden:

$$P(A < B) = \frac{\lambda}{\lambda + \mu}$$

Hinweise: Für den Bereich $A < B$ soll das Integral der zweidimensionalen Verbundverteilungsdichtefunktion gebildet werden

Aufgabe 1.6:
Eine Maschine bearbeitet einzelne Werkstücke in negativ-exponentiell verteilter Zeit. Die mittlere Bedienzeit beträgt μ^{-1}. Die Bedienzeiten seien jeweils unabhängig voneinander und identisch verteilt. Nach jedem Bedien-Ende wird eine Qualitätskontrolle durchgeführt. Mit der Wahrscheinlichkeit q ist ein Werkstück fehlerhaft und muss nochmals bearbeitet werden. Dementsprechend passiert ein Werkstück mit Wahrscheinlichkeit $1-q$ die Qualitätskontrolle erfolgreich und gelangt zur nächsten Maschine.

1. Wie lautet die Verteilung der Anzahl X von Bearbeitungen eines einzelnen Werkstücks?
2. Welcher Verteilung folgt die Zufallsvariable der gesamten Bedienzeit Y?
3. Wie lautet der Mittelwert der *gesamten* Bedienzeit Y, die ein einzelnes Werkstück erfährt?

Aufgabe 1.7:
Betrachtet werde die Summation zweier voneinander unabhängiger Phasen $A = A_1 + A_2$ wobei A_1 deterministisch (D) mit Parameter t_1 ist und A_2 negativ-exponentiell (M) mit

Parameter λ_2 verteilt ist. Die so konstruierte ZV A wird häufig als Ersatzverteilung für eine zweiparametrische Verteilungsfunktion (so genannte (D+M)-Verteilungsfunktion) mit dem Wertebereich des Variationskoeffizienten $0 \le c_A \le 1$ verwendet. Wie lauten die Verteilungsdichtefunktionen $a_i(t)$, die Verteilungsfunktion $A(t)$ und die Laplace-Stieltjes-Transformierte $\Phi_A(s)$ von $A(t)$? Aus $\Phi_A(s)$ sollen der Mittelwert $E[A]$ und der Variationskoeffizient c_A abgeleitet werden.

Aufgabe 1.8:
Nach einem Quiz hat ein Kandidat die Wahl zwischen drei Türen, hinter denen sich ein Gewinn und zwei Nieten verbergen. Nachdem er sich für eine Tür entschieden hat, wird die bzw. eine der beiden anderen Türen, hinter der sich noch eine Niete verbirgt, geöffnet. Der Kandidat kann jetzt die Türe wechseln, oder bei der ersten Wahl bleiben.

Wie groß ist die Gewinnwahrscheinlichkeit, wenn mit der Wahrscheinlichkeit p die Tür gewechselt wird? Welche Strategie ist empfehlenswert, um die Gewinnchance zu maximieren?

Aufgabe 1.9:
Gegeben sei eine diskrete Zufallsvariable X mit der Verteilung $p_x = P(X = x)$, $x = 0, 1, 2, \ldots$ bzw. der erzeugenden Funktion $F(z) = \sum_{x=0}^{\infty} p_x z^x$.

Es werde nun eine neue Zufallsvariable Y entsprechend $Y = X_1 + X_2 + \ldots + X_N$ als Summe von N aufeinander folgenden Zufallsvariablen $X_1, X_2, \ldots, X_N$ gebildet, welche jeweils derselben Verteilung p_x bzw. der erzeugenden Funktion $F(z)$ gehorchen. Die Anzahl N von Summanden ist dabei selbst eine diskrete Zufallsvariable mit einer Verteilung $p_n = P(N = n)$, $n = 0, 1, 2, \ldots$ bzw. der erzeugenden Funktion $G(z) = \sum_{n=0}^{\infty} p_n z^n$.

Man bezeichne die Verteilung p_x auch als „innere", die Verteilung p_n als „äußere" Verteilung; die Verteilung $p_y = P(Y = y)$ heißt „zusammengesetzte Verteilung"

1. Man zeige, dass für die erzeugende Funktion $H(z) = \sum_{y=0}^{\infty} p_y z^y$ der Zufallsvariablen Y gilt:

$$H(z) = G(F(z))$$

Hinweis: Man betrachte zunächst die bedingte Verteilung $P(Y = y \mid N = n)$ bei konstant gehaltenem n und wende dann das Gesetz der totalen Wahrscheinlichkeit an.

2. Man zeige, dass sich für Mittelwert und Varianz mit Hilfe von $H(z)$ folgende Ergebnisse einstellen:

$$E[Y] = E[N] \cdot E[X],$$
$$VAR[Y] = E[N] \cdot VAR[X] + VAR[N] \cdot E[X]^2.$$

3. Es werde nun anstelle der diskreten Zufallsvariable X eine kontinuierliche Zufallsvariable T mit der Laplace-Stieltjes-Transformation (LST) $\Phi(x)$ betrachtet. Die neue Zufallsvariable Y wird entsprechend $Y = T_1 + T_2 + \ldots + T_N$ gebildet, wobei alle T_i, $i = 1, 2, \ldots, N$ wiederum dieselbe Verteilungsfunktion bzw. LST $\Phi(x)$ besitzen. Man zeige, dass für die LST $\Psi(s)$, den Mittelwert $E[Y]$ und die Varianz $VAR[Y]$ der Zufallsvariablen Y folgende Gleichung gelten:

$$\Psi(s) = G\big(\Phi(s)\big),$$

$$E[Y] = E[N] \cdot E[T],$$

$$VAR[Y] = E[N] \cdot VAR[T] + VAR[N] \cdot E[T]^2.$$

2 Elementare Zufallsprozesse

In diesem zweiten Grundlagenkapitel werden zunächst einführende Definitionen elementarer stochastischer Prozesse erörtert. Grundbeziehungen der Klasse von Erneuerungsprozessen werden im zweiten Abschnitt dieses Kapitels hergeleitet. Abschließend werden wichtige Methoden zur Analyse Markovscher Zustandsprozesse behandelt.

2.1 Stochastische Prozesse

2.1.1 Definition

Für die Leistungsbewertung technischer Systeme müssen häufig zufallsabhängige Zeitabläufe berücksichtigt werden. Diese können mit Hilfe stochastischer Prozesse mathematisch beschrieben und analysiert werden. Im Folgenden werden stochastische Prozesse, insbesondere stochastische Zustandsprozesse, definiert und klassifiziert (vgl. Akimaru & Kawashima [2.1], S. 206).

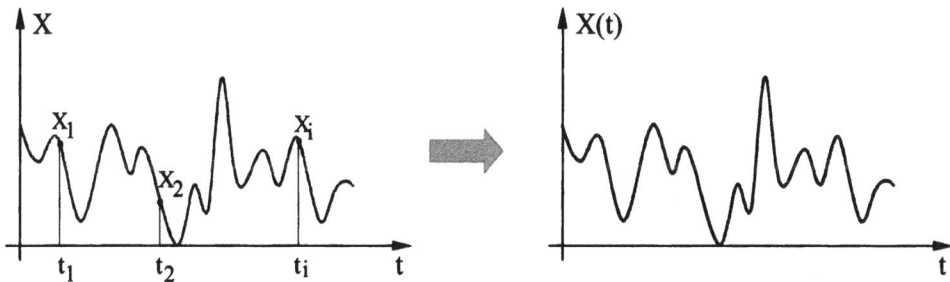

Abb. 2.1: *Stochastischer Prozess*

Wir beobachten zunächst zu unterschiedlichen Zeitpunkten t_i, $i = 1, 2, \ldots$ das zufallsabhängige Geschehen in einem System, wobei eine charakteristische Größe X verfolgt wird. Die zufallsabhängige Entwicklung der Größe X kann prinzipiell mit den Tupeln

$\{X(t_i),t_i\}$, $i=1,2,...$, beschrieben werden, wobei $X(t_i)$ jeweils eine Zufallsvariable darstellt (vgl. Abb. 2.1).

Eine andere Möglichkeit zur Beschreibung der Systementwicklung besteht in der Ausdehnung der Tupel $\{X(t_i),t_i\}$, $i=1,2,...$, auf eine Familie von Zufallsvariablen $\{X(t),t\}$, $X(t)\in\Xi$, $t\in\Gamma$, wie in Abb. 2.1 illustriert. Die Menge Ξ kennzeichnet den *Zustandsraum* der Größe X, während Γ als *Indexmenge* oder *Parametermenge* bezeichnet wird. Eine solche Familie von Zufallsvariablen wird *stochastischer Prozess* genannt.

In den hier behandelten Modellanalysen charakterisiert die Größe X häufig den Zustand des zu untersuchenden Systems bzw. des Untersuchungsobjekts. Beispiele für X sind: Anzahl von wartenden Nachrichtenpaketen in einem Vermittlungssystem, Anzahl von umlaufenden Rohteilen bzw. von Werkstücken in einem Fertigungssystem etc. In den meisten Prozessbetrachtungen stellt in der Regel die (reelle oder diskretisierte) Zeitachse die Indexmenge dar. Statt von der „Indexmenge" sprechen wir deshalb vereinfachend von der „Zeit".

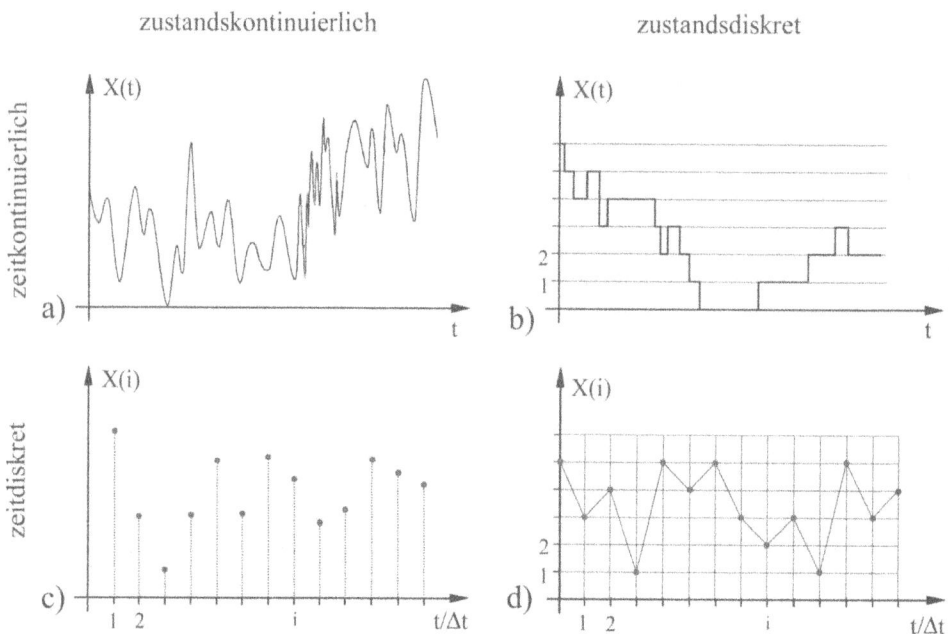

Abb. 2.2: *Zur Klassifikation von Zustandsprozessen*

Die Größe $X(t)$ kennzeichnet nun den Zustand eines stochastischen Prozesses zum Zeitpunkt t. Dementsprechend wird die „Zeit" bzw. der „Zustand" nachfolgend für die Klassifizierung von stochastischen Prozessen verwendet.

Bezogen auf den Zustandsraum (vgl. Abb. 2.2) unterscheidet man zwei Klassen von stochastischen Prozessen:

- *Zustandskontinuierliche stochastische Prozesse*:
  Der Zustandsraum Ξ setzt sich aus Intervallen der reellen Zahlenachse zusammen. Beispiele sind Prozesse zur Beschreibung der Restarbeit im System, der verbliebenen Wartezeit von Anforderungen etc.

- *Zustandsdiskrete stochastische Prozesse*:
  Der Zustandsraum Ξ ist endlich oder abzählbar unendlich; $X(t)$ kann z.B. hier nur ganzzahlige Werte annehmen, wobei der Wertebereich begrenzt sein kann. Zustandsdiskrete Prozesse werden z.B. zur Beschreibung der Anzahl von Datenpaketen in einem Sender oder der Anzahl von in der Bearbeitungsphase befindlichen Werkstücken in einem Fertigungssystem verwendet. Man spricht bei zustandsdiskreten Prozessen auch von *Ketten* (s. Abb. 2.2).

Stochastische Prozesse können auch bzgl. der Indexmenge „Zeit" klassifiziert werden:

- *Zeitkontinuierliche stochastische Prozesse*:
  Die Indexmenge Γ besteht aus Intervallen der reellen Zeitachse. Ist der Prozess zustandsdiskret, so verläuft $X(t)$ treppenförmig (s. Abb. 2.2b).

- *Zeitdiskrete stochastische Prozesse*:
  Die Indexmenge Γ ist endlich oder abzählbar unendlich. Die Zeit kann hier als diskretisiert betrachtet werden. Der Prozesszustand $X(t)$ wird *nur* zu den Zeitpunkten $t_i = i\Delta t$, $i = 0, 1, \ldots$, beobachtet. Wie in Abb. 2.2 dargestellt, besteht der Zustandsprozess lediglich aus einer Folge von diskreten Realisierungen des Prozesses. Die Klasse zeitdiskreter Zustandsprozesse spielt in der Leistungsbewertung moderner Rechnernetze und Kommunikationssysteme eine wichtige Rolle. Analyseverfahren für zeitdiskrete Prozesse werden in Kap. 5 erörtert.

2.1.2 Markov-Prozesse

Eine besondere Klasse stochastischer Prozesse bilden die Markovschen Prozesse. Da Analysemethoden für Markov-Prozesse weit entwickelt sind, spielen sie auch in der Verkehrstheorie eine wesentliche Rolle. Ein stochastischer Prozess $\{X(t), t\}$ heißt Markovscher Prozess, wenn seine zukünftige Entwicklung nur vom gegenwärtigen Prozesszustand abhängt. Ist x_n der Zustand des Prozesses zu einem Beobachtungszeitpunkt t_n, so kann die Markovsche Eigenschaft wie folgt formuliert werden:

$$P\big(X(t_{n+1}) = x_{n+1} \big| X(t_n) = x_n, \ldots, X(t_0) = x_0 \big)$$
$$= P\big(X(t_{n+1}) = x_{n+1} \big| X(t_n) = x_n \big), \quad t_0 < t_1 < \ldots < t_n < t_{n+1} . \tag{2.1}$$

Von einem Prozesszeitpunkt t_n aus gesehen ist die Entwicklung des Prozesses nur noch vom Zustand $\big[X(t_n) = x_n \big]$ abhängig. Der Entwicklungspfad des Prozesses in der Vergangenheit $(t < t_n)$, um den Zustand $\left[X(t_n) = x_n \right]$ zu erreichen, ist dabei für die Weiter-entwicklung des Prozesses nicht ausschlaggebend, sondern lediglich der Zustand zum Beo-bachtungszeitpunkt t_n (s. Abb. 2.3). Dieser Sachverhalt wird auch die Eigenschaft der Ge-dächtnislosigkeit der Markov-Prozesse genannt.

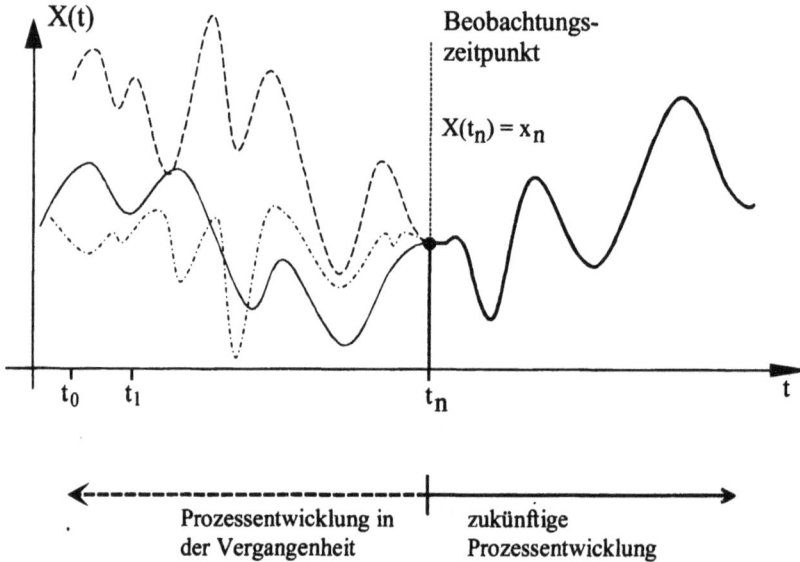

Abb. 2.3: *Markovscher Prozess*

Wie im nächsten Unterabschnitt erörtert wird, kann die Markov-Eigenschaft auf einen An-kunfts-, einen Bedien- oder einen Zustandsprozess bezogen werden.

2.1.3   Elementare Prozesse in Verkehrsmodellen

a)   Ankunftsprozesse

In einem Verkehrsmodell sind Ankunftsprozesse im Allg. stochastische Prozesse, mit denen die zeitliche Abfolge von Ankunftsereignissen beschrieben wird.

Wie in Abb. 2.4 gezeigt, setzt sich ein Ankunftsprozess aus einer Folge von Ereigniszeit-punkten, zu denen Anforderungen (z.B. Anrufversuche, Nachrichtenpakete, Werkstücke, etc.) eintreffen, zusammen. Kommt zu einem Ereigniszeitpunkt nur eine Anforderung an, handelt es sich um einen *Einzelankunftsprozess*. Können mehrere Anforderungen gleichzei-tig zu einem Ereigniszeitpunkt eintreffen, spricht man von einem *Gruppenankunftsprozess*. Dabei kann die Gruppengröße statistisch, z.B. mit einer Verteilung, beschrieben werden.

Eine häufig anzutreffende Beschreibungsmethode für einen zufallsabhängigen Ankunftsprozess ist die Anwendung eines Erneuerungsprozesses (s. Abschnitt 2.2). In Abb. 2.4a wird ein
Einzelankunftsprozess illustriert, dessen Zwischenankunftsabstand mit Hilfe der Zufallsvariablen A charakterisiert wird. Unter der Annahme, dass ein Erneuerungsprozess vorliegt,
sind die Zwischenankunftsabstände unabhängig und identisch verteilt und mit einer Verteilungsfunktion $A(t)$ beschreibbar.

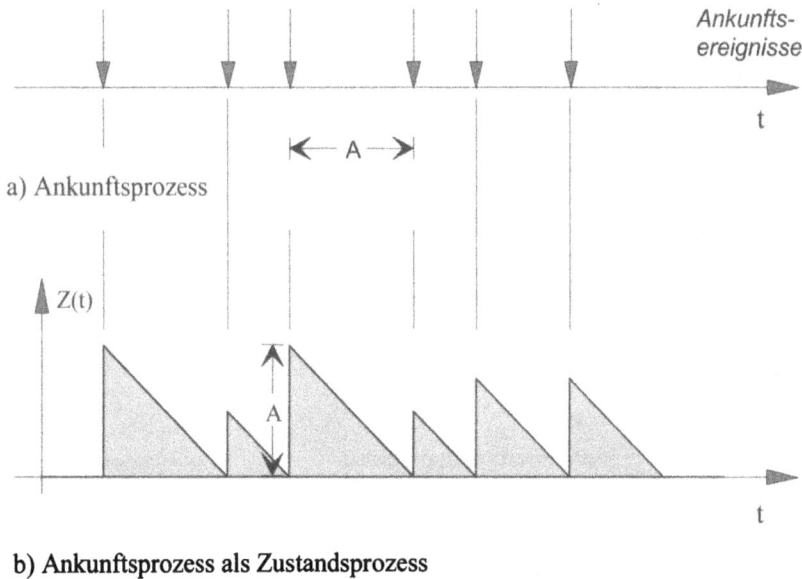

Abb. 2.4: *Darstellungsformen von Ankunftsprozessen*

Ein Ankunftsprozess kann auch als Zustandsprozess aufgefasst werden (s. Abb. 2.4b), indem
die Restzeit $Z(t)$ bis zum nächsten Ankunftszeitpunkt als Zustand aufgetragen wird. Der
entstehende stochastische Prozess $\{Z(t),t\}$ ist hier zeit- und zutandskontinuierlich. Unmittelbar nach einem Ankunftszeitpunkt erhöht sich die Restzeit $Z(t)$ um eine Zwischenankunftszeit A .

Ankunftsprozess mit Markov-Eigenschaft

Gemäß der Definition der Markov-Eigenschaft ist ein Ankunftsprozess zu jedem Zeitpunkt
gedächtnislos, wenn die Verteilungsfunktion der Restzeit $Z(t)$ (Abb. 2.4b) unabhängig von
der Vergangenheit des Prozesses bis zum Beobachtungszeitpunkt ist. Dies bedeutet, dass die
Verteilungsfunktion der Restzeit auch nicht davon abhängt, wie lange das letzte Ankunftsereignis bereits zurückliegt. Im Abschnitt 2.2 wird dieser Sachverhalt so formuliert: „Die Vorwärts-Rekurrenzzeit des Ankunftsabstandes besitzt dieselbe Verteilungsfunktion wie der
Zwischenankunftsabstand selbst".

Es kann gezeigt werden, dass bei den zeitkontinuierlichen Ankunftsprozessen der Poisson-Prozess der einzige Einzelankunftsprozess mit Markov-Eigenschaft ist.

b) Bedienprozesse

In einem Verkehrsmodell beschreibt der Bedienprozess die Arbeitsweise einer Bedieneinheit oder einer Gruppe von Bedieneinheiten. Dabei wird z.B. die zeitliche Abfolge von Bedienphasen festgelegt.

Abbildung 2.5 zeigt den Bedienprozess einer Bedieneinheit, die sich entweder im Frei- oder im Belegt-Zustand befindet. Die Bediendauer (z.B. die Übertragungsdauer eines Nachrichtenpaketes, die Bearbeitungsdauer eines Werkstückes in einer Fertigungsmaschine, etc.) wird mit Hilfe der Zufallsvariablen B charakterisiert, die sich typischerweise mit einer Verteilungsfunktion $B(t)$ beschreiben lässt.

Mehrere aufeinander folgende Bediendauern bilden eine Betriebsperiode (vgl. Abb. 2.5). Zwischen den Betriebsperioden liegen Freiperioden. Während der Freiperioden stehen keine Anforderungen im System zur Bearbeitung an.

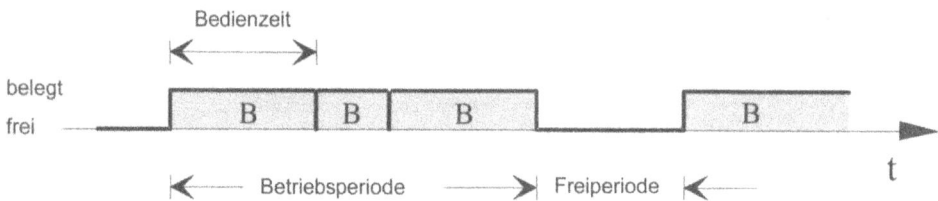

Abb. 2.5: *Bedienprozess einer Bedieneinheit*

Bedienprozess mit Markov-Eigenschaft

Betrachtet wird ein Bedienvorgang, bei dem eine Bedieneinheit aktiv ist. Der zugehörige Bedienprozess ist gedächtnislos bzw. besitzt die Markov-Eigenschaft, wenn die Restzeit bis zum Bedien-Ende[1] zu jedem Beobachtungszeitpunkt dieselbe Verteilungsfunktion aufweist. Die Verteilung der Restzeit ist also nicht davon abhängig, wie lange der Bedienvorgang schon andauert. Bei der Behandlung von Erneuerungsprozessen im nächsten Abschnitt wird dieser Sachverhalt so formuliert: „Die Vorwärts-Rekurrenzzeit der Bediendauer besitzt dieselbe Verteilungsfunktion wie die Bedienzeit selbst".

Bei den zeitkontinuierlichen Bedienzeitverteilungen weist die negativ-exponentielle Verteilungsfunktion als einzige die Eigenschaft der Gedächtnislosigkeit auf.

---

[1] Die Schreibweise „Bedien-Ende" wird mit Absicht gewählt, um Verwechslungen zu vermeiden.

c) Zustandsprozesse

Zur Analyse von Verkehrsmodellen werden häufig Zustandsprozesse untersucht. Je nach Verkehrsmodell und dazu geeigneten Analyseverfahren werden unterschiedliche Formen des Prozesszustandes betrachtet, wie in Abb. 2.6 gezeigt.

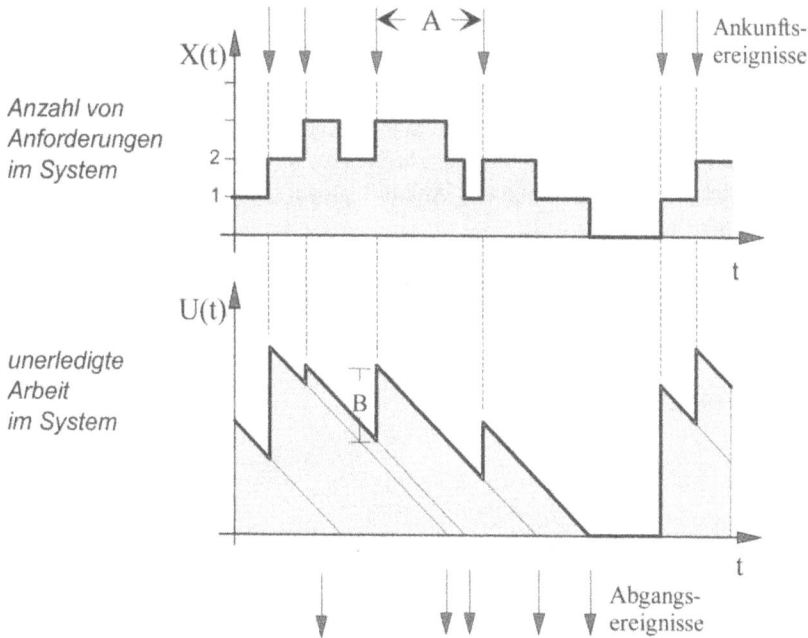

Abb. 2.6: *Darstellungsformen von Zustandsprozessen*

- $X(t)$: *Anzahl von Anforderungen im System*
  Jede eintreffende und angenommene Anforderung erhöht $X(t)$ um Eins, jedes Bedien-Ende dekrementiert $X(t)$ (s. Abb. 2.6). Da der Zustandsraum wertdiskret ist, handelt es sich hierbei um einen zustandsdiskreten stochastischen Prozess $\{X(t),t\}$, der treppenförmig verläuft.
  Diese Form der Zustandsprozessbeschreibung wird bei der später behandelten Analyse elementarer Markovscher Modelle sowie der Modelle vom Typ GI/M/1 und M/GI/1 benutzt.

- $U(t)$: *Restarbeit im System (unerledigte Arbeit)*
  In diesem Fall erhöht eine eintreffende und angenommene Anforderung den Prozesszustand $U(t)$ um ein Quantum B von Restarbeit. B ist hierbei identisch mit der Bediendauer der Anforderung. Da die Restarbeit $U(t)$ im Laufe der Zeit t kontinuierlich abge-

baut wird, erhält man den in Abb. 2.6 gezeigten Verlauf eines zustandskontinuierlichen stochastischen Prozesses.

Diese Form des Zustandsprozesses wird z.B. bei der Analyse des GI/GI/1-Modells benutzt.

2.2 Erneuerungsprozesse

Das Ablaufgeschehen in verteilten Systemen, z.B. Fertigungs-, Rechner- und Kommunikationssystemen, wird in Verkehrsmodellen durch Ankunftsprozesse charakterisiert, die die zufallsabhängigen Ein- bzw. Ausgangsverkehrsströme in diesen Systemen statistisch beschreiben. Bei der Charakterisierung von Ankunftsprozessen spielt die Klasse der Erneuerungsprozesse eine bedeutende Rolle.

Im Folgenden werden Erneuerungsprozesse und ihre Eigenschaften vorgestellt. Weiterführende Literatur findet sich z.B. in Cox [2.4] bzw. Cox & Miller [2.5].

2.2.1 Definitionen

Punktprozess

Ein Punktprozess ist eine endliche oder abzählbar unendliche Folge von zufälligen Zeitpunkten bzw. Ereignissen auf der reellen Zeitachse (s. Abb. 2.7). Im allgemeinen Fall eines Punktprozesses können die Abstände A_i zwischen Ereigniszeitpunkten t_{i-1} und t_i unterschiedliche Verteilungsfunktionen $A_i(t)$ besitzen.

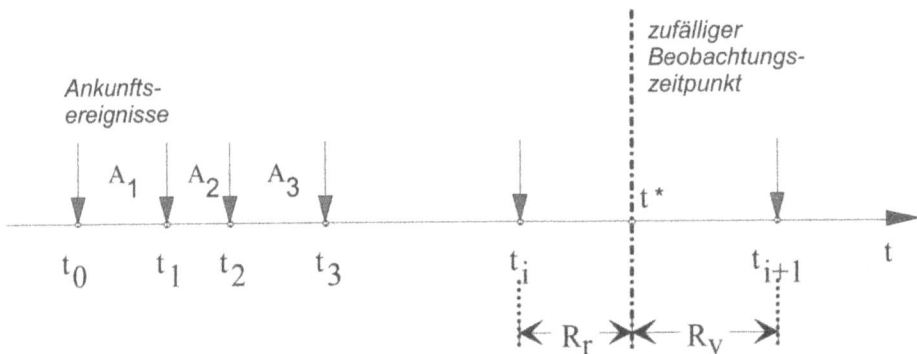

Abb. 2.7: *Definition der Rekurrenzzeit*

Erneuerungsprozess

Ein Punktprozess, bei dem die Abstände A_i aufeinander folgender Zeitpunkte unabhängig und identisch verteilt (engl. *iid: independent and identically distributed*) sind, heißt Erneuerungsprozess:

$$A_i(t) = A(t) \qquad \text{für} \quad i = 1, 2, \dots . \tag{2.2}$$

In der Kendallschen Notation wird ein solcher Prozess mit GI gekennzeichnet. Weicht die Verteilungsfunktion $A_1(t)$ des ersten Intervalls A_1 von den anderen Verteilungsfunktionen $A_i(t)$, $i \neq 1$, ab, wird der Prozess als *modifizierter* Erneuerungsprozess bezeichnet.

Rekurrenzzeiten

Abbildung 2.7 zeigt einen Erneuerungsprozess (d.h. alle A_i sind identisch verteilt) mit den Ereigniszeitpunkten t_i, wobei

A : Zufallsvariable der Zwischenankunftszeit,

$A(t)$: Verteilungsfunktion der ZV A,

$a(t)$: Verteilungsdichtefunktion der ZV A.

Der Prozess wird von einem unabhängigen außenstehenden Beobachter zum Zeitpunkt t^* observiert. In Abb. 2.7 sind folgende Zeitintervalle markiert:

R_v : ZV der Vorwärts-Rekurrenzzeit, die das Intervall vom zufälligen Beobachtungszeitpunkt bis zum nächsten Ereignis beschreibt,

R_r : ZV der Rückwärts-Rekurrenzzeit, die das Intervall vom letzten Ereignis bis zum zufälligen Beobachtungszeitpunkt darstellt.

Der zufällige Beobachtungszeitpunkt t^* kann „gleichwahrscheinlich" auf jede Position auf der Zeitachse fallen. Dann ist die Zeit hinsichtlich der Beobachtung eines Erneuerungsprozesses reversibel, d.h. die Vor- und Rückwärtsrekurrenzzeiten haben die gleichen statistischen Eigenschaften. Aus diesem Grunde wird nachfolgend nur die Rekurrenzzeit R stellvertretend für R_v und R_r untersucht.

2.2.2 Analyse der Rekurrenzzeit

Verteilungsfunktion der Rekurrenzzeit

Die Verteilungsdichtefunktion $r(t)$ der Rekurrenzzeit R eines Erneuerungsprozesses kann aus der Verteilungsfunktion $A(t)$ der Zwischenankunftszeit A gemäß

$$r(t) = \frac{1}{E[A]} \cdot (1 - A(t)) = \lambda A^c(t) = \lambda \int_{\tau=t}^{\infty} a(\tau) \, d\tau \tag{2.3}$$

berechnet werden, wobei $\lambda = 1/E[A]$ die Ankunftsrate ist. Der Beweis dieser Beziehung wird nachfolgend erläutert:

- Wir betrachten den Fall, dass t^* in ein Intervall der Länge $A = \tau$ fällt. Es gilt:

  $a(\tau)$ Wahrscheinlichkeitsdichte für das *Auftreten* eines Intervalls der Länge τ ,

  $q_\tau = a(\tau) \cdot \tau \cdot c_0$: Wahrscheinlichkeitsdichte für das *Antreffen* eines Intervalls der Länge τ. Diese Wahrscheinlichkeitsdichte ist proportional der Länge τ, da ein längeres Intervall von einem zufälligen Beobachter wahrscheinlicher angetroffen wird.

c$_0$ ist zunächst eine Normierungskonstante, wobei

$$\int_{\tau=0}^{\infty} q_\tau \, d\tau = \int_{\tau=0}^{\infty} a(\tau)\,\tau c_0 \, d\tau = c_0 \, E[A] = 1 .$$

Daraus folgt, dass

$$c_0 = \frac{1}{E[A]} = \lambda \quad \text{und} \quad q_\tau = \lambda \tau a(\tau) .$$

- Der Beobachtungszeitpunkt liegt ferner *gleichwahrscheinlich* im angetroffenen Intervall der Länge $A = \tau$. Die bedingte Verteilungsdichtefunktion der Rekurrenzzeit lautet infolgedessen (unter der Bedingung, dass $t*$ in ein Intervall der Länge τ fällt)

$$r(t \,|\, A = \tau) = \begin{cases} \dfrac{1}{\tau} & t \in (0, \tau), \\ 0 & \text{sonst} . \end{cases}$$

Die Verteilungsdichtefunktion erhält man nach Anwendung des Gesetzes der totalen Wahrscheinlichkeit:

$$r(t) = \int_{\tau=0}^{\infty} r(t\,|\,A=\tau) \cdot q_\tau \, d\tau = \int_{\tau=t}^{\infty} \frac{1}{\tau} \lambda \tau \cdot a(\tau) d\tau$$

$$= \lambda \, A(\tau)\Big|_t^{\infty} = \lambda \, A^c(t) , \qquad \text{q.e.d.}$$

Im transformierten Bereich gilt für die Rekurrenzzeit

$$\Phi_R(s) = \frac{\lambda}{s} \cdot \left(1 - \Phi_A(s)\right) \tag{2.4}$$

mit $\Phi_R(s) = LT\{r(t)\}$ und $\Phi_A(s) = LT\{a(t)\}$.

Gemäß Gl. (2.3) ist offensichtlich, dass

- $r(t)$ aus $a(t)$ eindeutig bestimmt werden kann;
- die VDF $a(t)$ der Zwischenankunftszeit nicht eindeutig aus der VDF $r(t)$ berechnet werden kann. Für eine eindeutige Bestimmung von $a(t)$ aus $r(t)$ benötigt man zusätzlich den Mittelwert $E[A]$ der Zwischenankunftszeit.

Momente der Rekurrenzzeit

Der Zusammenhang zwischen den gewöhnlichen Momenten der Zwischenankunftszeit und der Rekurrenzzeit lässt sich wie folgt ermitteln:

$$E\left[R^k\right] = \int_{u=0^-}^{\infty} u^k r(u)\, du = \int_{u=0^-}^{\infty} u^k \lambda(1-A(u))du = \lambda \int_{u=0^-}^{\infty} u^k \int_{t=u}^{\infty} a(t)\, dt\, du$$

$$= \lambda \int_{t=0^-}^{\infty} a(t) \underbrace{\int_{u=0}^{t} u^k\, du}_{\frac{t^{k+1}}{k+1}}\, dt = \frac{1}{(k+1)\cdot E[A]} \cdot \underbrace{\int_{t=0^-}^{\infty} t^{k+1} a(t)\, dt}_{E[A^{k+1}]}$$

oder

$$E\left[R^k\right] = \frac{E\left[A^{k+1}\right]}{(k+1)\cdot E[A]}. \tag{2.5}$$

Speziell für den Mittelwert gilt

$$E[R] = \frac{E\left[A^2\right]}{2\,E[A]} = \frac{c_A^2+1}{2}\cdot E[A], \tag{2.6}$$

d.h. für

$$c_A < 1 \quad : \quad E[R] < E[A], \tag{2.7}$$

$$c_A > 1 \quad : \quad E[R] > E[A]. \tag{2.8}$$

Bei Prozessen mit größeren Schwankungen ($c_A > 1$) ist der Mittelwert der Rekurrenzzeit größer als der Mittelwert der Zwischenankunftszeit. Dies ist zunächst intuitiv schwer nachvollziehbar, liegt R doch innerhalb von A (s. Abb. 2.7). Betrachtet man jedoch alle Realisierungen von A, wobei längere Intervalle vom außenstehenden Beobachter häufiger angetroffen werden und größere Anteile zur Rekurrenzzeit beitragen, so kann der Sachverhalt in Gl. (2.8) erklärt werden.

Poisson-Prozess als Erneuerungsprozess

Bei einem Poisson-Prozess ist die Zwischenankunftszeit A negativ-exponentiell verteilt:

$$A(t) = 1 - e^{-\lambda t}, \quad a(t) = \lambda e^{-\lambda t}.$$

Nach Gl. (2.3) erhält man

$$r(t) = \lambda (1 - A(t)) = \lambda e^{-\lambda t} = a(t)$$

oder für die Verteilungsfunktionen

$$R(t) = A(t), \tag{2.9}$$

d.h. die Zwischenankunftszeit und die Rekurrenzzeit eines negativ-exponentiell verteilten Intervalls haben dieselbe Verteilungsfunktion. Dies bedeutet, dass die verbliebene Zeitspanne R bis zum nächsten Ereignis, gesehen von einem unabhängigen Beobachter, dieselbe Verteilungsfunktion aufweist, als würde der Beobachtungszeitpunkt exakt am letzten Ereigniszeitpunkt liegen. Vom Beobachtungszeitpunkt t^* an entwickelt sich der Prozess völlig unabhängig von seiner Vergangenheit. Der Poisson-Prozess besitzt demgemäß die Eigenschaft der Gedächtnislosigkeit bzw. die Markov-Eigenschaft.

2.3   Analyse Markovscher Zustandsprozesse

In diesem Abschnitt wird die Analyse der Klasse zustandsdiskreter, zeitkontinuierlicher Zustandsprozesse erörtert, die die in Gl. (2.1) angegebene Markov-Eigenschaft bzw. Eigenschaft der Gedächtnislosigkeit haben. Die Indexmenge dieser Klasse stochastischer Prozesse ist die reellwertige Zeitachse, und der Zustandsraum umfasst die Menge $\{0, 1, 2, \ldots\}$.

2.3.1   Übergangsverhalten von Markov-Zustandsprozessen

Ist der Zustand des Prozesses zu einem beliebigen Zeitpunkt t_n bekannt, so ist gemäß der Markov-Eigenschaft die zukünftige Entwicklung des Prozesses nur vom Zustand $\left[X(t_n) = x_n \right]$ abhängig. Der Zustand $\left[X(t_n) = x_n \right]$ enthält somit alle für die Analyse des Prozesses relevanten Informationen.

Übergangswahrscheinlichkeit

Wir betrachten die Entwicklung des Prozesses während der Zeitspanne zwischen zwei aufeinander folgenden Prozesszeitpunkten t_n und t_{n+1} mit den jeweiligen Zuständen $\left[X(t_n) = i \right]$ und $\left[X(t_{n+1}) = j \right]$ (vgl. Abb. 2.8).

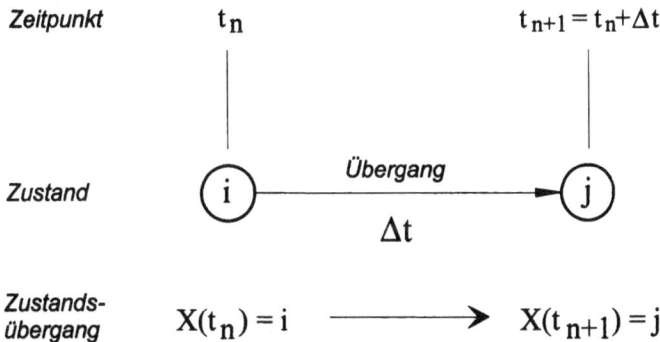

Abb. 2.8:   *Zustandsübergang*

Der Zustandsübergang $i \rightarrow j$ während dieser Zeitspanne ereignet sich mit der Übergangswahrscheinlichkeit

$$p_{ij}(t_n, t_{n+1}) = P\left(X(t_{n+1}) = j \mid X(t_n) = i \right). \tag{2.10}$$

Wenn der Zustandsprozess homogen, d.h. das Übergangsverhalten identisch für jeden Prozesszeitpunkt ist, erhält man eine vom Beobachtungszeitpunkt unabhängige Übergangswahrscheinlichkeit:

$$p_{ij}(t_n, t_{n+1}) = p_{ij}(t_{n+1} - t_n) = p_{ij}(\Delta t), \tag{2.11}$$

wobei die Vollständigkeitsbedingung

$$\sum_j p_{ij}(\Delta t) = 1, \qquad \Delta t \geq 0, \tag{2.12}$$

für alle Zustände i erfüllt sein muss.

Die Übergangswahrscheinlichkeit $p_{ij}(\Delta t)$ in dieser Gleichung beschreibt das Übergangsverhalten des Zustandsprozesses während eines Zeitintervalls der Länge Δt. Die Übergangswahrscheinlichkeiten können auch zu einer Übergangsmatrix zusammengefasst werden:

$$\mathcal{P}(\Delta t) = \begin{pmatrix} p_{00}(\Delta t) & p_{01}(\Delta t) & \cdots & p_{0j}(\Delta t) & \cdots \\ p_{10}(\Delta t) & p_{11}(\Delta t) & \cdots & p_{1j}(\Delta t) & \cdots \\ \vdots & \vdots & \ddots & \vdots & \\ p_{i0}(\Delta t) & p_{i1}(\Delta t) & \cdots & p_{ij}(\Delta t) & \cdots \\ \vdots & \vdots & & \vdots & \end{pmatrix}. \tag{2.13}$$

2.3.2   Zustandsgleichungen und –wahrscheinlichkeiten

Die Kolmogorov-Vorwärtsgleichung

Der Prozess befindet sich zum Anfangszeitpunkt $t_0 = 0$ in einem Startzustand $[X(0) = i]$ (vgl. Abb. 2.9). Die Entwicklung verläuft über verschiedene Zwischenzustände k zum Zielzustand $[X(t + \Delta t) = j]$.

Die Matrizen der Übergangswahrscheinlichkeiten für die Intervalle t und Δt sind $\mathcal{P}(t)$ und $\mathcal{P}(\Delta t)$. Die gesamte Übergangsmatrix lässt sich als Produkt dieser Teilmatrizen darstellen:

$$\mathcal{P}(t + \Delta t) = \mathcal{P}(t) \cdot \mathcal{P}(\Delta t) \qquad \text{(Chapman-Kolmogorov-Gleichung)} \tag{2.14}$$

oder

$$p_{ij}(t + \Delta t) = \sum_k p_{ik}(t) p_{kj}(\Delta t). \tag{2.15}$$

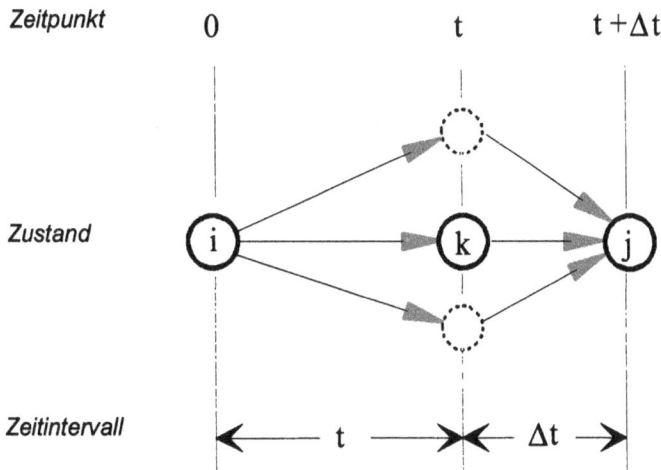

Abb. 2.9: *Zur Herleitung der Kolmogorov-Vorwärtsgleichung*

Zustandsgleichungen

Gleichung (2.15) kann in die Form

$$\frac{p_{ij}(t+\Delta t)-p_{ij}(t)}{\Delta t} = \sum_{k \neq j} p_{ik}(t) \cdot \frac{p_{kj}(\Delta t)}{\Delta t} - p_{ij}(t) \cdot \frac{1-p_{jj}(\Delta t)}{\Delta t} \tag{2.16}$$

gebracht werden, deren Terme nach dem Grenzübergang $\Delta t \to 0$ wie folgt interpretiert werden können:

$$\lim_{\Delta t \to 0} \frac{p_{ij}(t+\Delta t)-p_{ij}(t)}{\Delta t} = \frac{d}{dt}p_{ij}(t)$$

(erste Ableitung der Übergangswahrscheinlichkeiten $p_{ij}(t)$ zum Zeitpunkt t) (2.17)

$$\lim_{\Delta t \to 0} \frac{p_{kj}(\Delta t)}{\Delta t} = q_{kj}, \quad k \neq j$$

(Übergangswahrscheinlichkeitsdichte für den Übergang $k \to j$) (2.18)

$$\lim_{\Delta t \to 0} \frac{1-p_{jj}(\Delta t)}{\Delta t} = q_j = \sum_{k \neq j} q_{jk}$$

(Übergangswahrscheinlichkeitsdichte für das Verlassen des Zustands j) (2.19)

Beim obigen Grenzübergang $\Delta t \to 0$ entsteht eine neue Art der Beschreibung eines wahrscheinlichkeitstheoretischen Sachverhalts: die *Übergangswahrscheinlichkeitsdichte*, die häufig auch als *Rate* bezeichnet wird. Diese hat hier die Dimension [1/sec] und beschreibt die „Änderungstendenz" einer Wahrscheinlichkeit in einem infinitesimal kleinen Intervall. Aus Gl. (2.16) und den Grenzübergängen in Gl. (2.17), (2.18), (2.19) erhält man die Kolmogorov-Vorwärtsgleichung für Übergangswahrscheinlichkeiten:

$$\frac{d}{dt} p_{ij}(t) = \sum_{k \neq j} q_{kj}\, p_{ik}(t) - q_j\, p_{ij}(t).$$

(Kolmogorov-Vorwärtsgleichung für Übergangswahrscheinlichkeiten)   (2.20)

Kolmogorov-Vorwärtsgleichung in Matrixschreibweise

Ähnlich wie bei der Matrixschreibweise der Übergangswahrscheinlichkeiten $\mathcal{P}(t)$ in Gleichung (2.13) definieren wir die Matrix für Übergangswahrscheinlichkeitsdichten

$$Q = \begin{pmatrix} q_{00} & q_{01} & \cdots & q_{0j} & \cdots \\ q_{10} & q_{11} & \cdots & q_{1j} & \cdots \\ \vdots & \vdots & \ddots & \vdots & \\ q_{j0} & q_{j1} & \cdots & q_{jj} & \cdots \\ \vdots & \vdots & & \vdots & \end{pmatrix}.$$

(2.21)

Diese Matrix Q, auch als *Ratenmatrix* bezeichnet, ist die Infinitesimal-Generatormatrix des zeitkontinuierlichen Markov-Prozesses. Dabei ergibt sich aus

$$\sum_k q_{jk} = 0$$

(2.22)

die Wahrscheinlichkeitsdichte für das Verbleiben im Zustand j:

$$q_{jj} = -\sum_{k \neq j} q_{jk} = -q_j.$$

(2.23)

Schließlich erhält man aus Gl. (2.20) die Matrixschreibweise für die Kolmogorov-Vorwärtsgleichung:

$$\frac{d\mathcal{P}(t)}{dt} = \mathcal{P}(t) \cdot Q.$$

(Kolmogorov-Vorwärtsgleichung)   (2.24)

Kolmogorov-Rückwärtsgleichung

Bei der Herleitung der Kolmogorov-Vorwärtsgleichung wird die zukünftige Entwicklung des Zustandsprozesses aus dem gegenwärtigen Prozesszustand betrachtet. Mit dieser Gleichung kann die Weiterentwicklung des Prozesses untersucht werden.

Ist das Ziel dagegen die Untersuchung des Entwicklungspfades des Prozesses bis zum Erreichen des Zustandes zum Beobachtungszeitpunkt, so kann mit ähnlichen Schritten die sog. *Kolmogorov-Rückwärtsgleichung* hergeleitet werden. Wie Abb. 2.10 zeigt, befindet sich der Prozess zum Beobachtungszeitpunkt $t = 0$ im Zustand $\left[X(0) = j \right]$. Der Anfangszustand zum Zeitpunkt $-t - \Delta t$ ist $\left[X(-t - \Delta t) = i \right]$. Der Entwicklungspfad verläuft über verschiedene Zwischenzustände k zum Zielzustand.

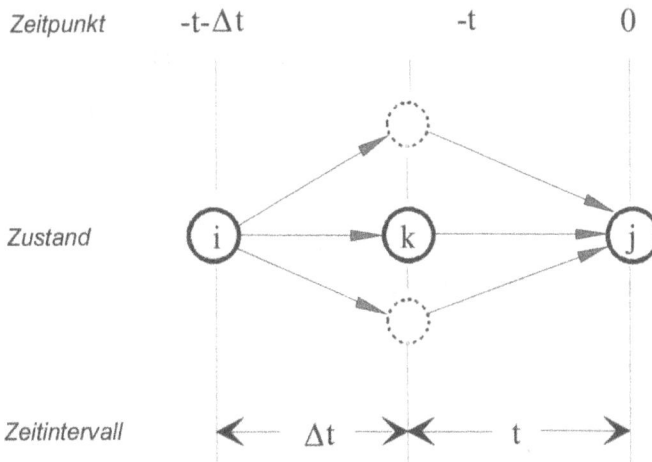

Abb. 2.10: *Zur Herleitung der Kolmogorov-Rückwärtsgleichung*

Die Übergangsmatrizen für die Intervalle Δt und t sind $\mathcal{P}(\Delta t)$ und $\mathcal{P}(t)$. Analog der Chapman-Kolmogorov-Gleichung lässt sich die gesamte Übergangsmatrix als Produkt dieser Übergangsmatrizen darstellen:

$$\mathcal{P}(t + \Delta t) = \mathcal{P}(\Delta t) \cdot \mathcal{P}(t) \tag{2.25}$$

oder

$$p_{ij}(t + \Delta t) = \sum_k p_{ik}(\Delta t) \cdot p_{kj}(t)$$

bzw.

$$\frac{p_{ij}(t+\Delta t) - p_{ij}(t)}{\Delta t} = \sum_{k \neq i} \frac{p_{ik}(\Delta t)}{\Delta t} \cdot p_{kj}(t) - p_{ij}(t) \cdot \frac{1 - p_{ii}(\Delta t)}{\Delta t}.$$

Nach dem Grenzübergang $\Delta t \to 0$ erhält man

$$\frac{d}{dt} p_{ij}(t) = \sum_{k \neq i} q_{ik}\, p_{kj}(t) - p_{ij}(t) \underbrace{q_i}_{-q_{ii}}$$

oder

$$\frac{d}{dt} p_{ij}(t) = \sum_{k} q_{ik}\, p_{kj}(t)$$

und in Matrixschreibweise die Kolmogorov-Rückwärtsgleichung

$$\frac{d\mathcal{P}(t)}{dt} = Q \cdot \mathcal{P}(t). \qquad \text{(Kolmogorov-Rückwärtsgleichung)} \qquad (2.26)$$

Während die Kolmogorov-Vorwärtsgleichung zur Analyse der Zustandswahrscheinlichkeit geeignet ist, wird die Kolmogorov-Rückwärtsgleichung häufig zur Untersuchung von Durchlaufzeiten in Verkehrsmodellen verwendet.

Zustandswahrscheinlichkeiten

Mit

$$x(j,t) = P(X(t)=j), \quad j = 0,1,\dots$$

wird die Zustandswahrscheinlichkeit für Zustand j zum Zeitpunkt t definiert. Aus dem Anfangszustand $x(i,0)$ lässt sich $x(j,t)$ nach Anwendung des Gesetzes der totalen Wahrscheinlichkeit angeben:

$$x(j,t) = \sum_{i} P(X(t)=j \mid X(0)=i) \cdot P(X(0)=i) = \sum_{i} x(i,0) \cdot p_{ij}(t). \qquad (2.27)$$

Multipliziert man die Kolmogorov-Vorwärtsgleichung (2.20) mit $x(i,0)$ und summiert über alle i, so erhält man die Gleichung

$$\sum_{i} \frac{d}{dt} p_{ij}(t)\, x(i,0) = \sum_{k \neq j} q_{kj} \sum_{i} \big(p_{ik}(t)\, x(i,0)\big) - \sum_{i} \big(q_j p_{ij}(t)\, x(i,0)\big). \qquad (2.28)$$

Daraus folgt mit Gl. (2.27) das Differentialgleichungssystem

$$\frac{\partial}{\partial t} x(j,t) = \sum_{k \neq j} q_{kj} \, x(k,t) - q_j x(j,t) \, , \quad \text{für alle} \quad j = 0,1,\dots,$$

(Kolmogorov-Vorwärtsgleichung für Zustandswahrscheinlichkeiten)   (2.29)

$$\sum_j x(j,t) = 1 \, .$$ (Vollständigkeitsrelation)   (2.30)

Die Kolmogorov-Vorwärtsgleichung für Zustandswahrscheinlichkeiten beschreibt die Entwicklung des Zustandsprozesses $X(t)$, der sich zum Zeitpunkt t im Zustand j befindet. Dabei wird ein infinitesimal kleines Zeitfenster dt unmittelbar nach dem Beobachtungszeitpunkt t betrachtet.

Mit Hilfe des Differentialgleichungssystems (2.29) können zeitabhängige Zustandswahrscheinlichkeiten für den allgemeinen Fall instationärer Markov-Zustandsprozesse berechnet werden. Als Ergebnis erhält man die instationären Zustandswahrscheinlichkeiten $\{x(j,t), j = 0,1,\dots\}$. Eine instationäre Zustandsbetrachtung ist z.B. in der Leistungsbewertung des Überlastverhaltens in Rechner- und Kommunikationssystemen notwendig.

Eine ausführliche Herleitung der hier vorgestellten stationären und instationären Zustandsgleichungen findet sich z.B. in Cooper [2.3] und Syski [2.6].

Das stationäre Zustandsgleichungssystem

Ändert sich die Zustandswahrscheinlichkeit im Laufe der Zeit nicht mehr, d.h.

$$\frac{d}{dt} P(X(t) = j) = \frac{\partial}{\partial t} x(j,t) = 0 \, ,$$ (2.31)

so befindet sich der Zustandsprozess im statistischen Gleichgewicht bzw. im eingeschwungenen Zustand. Die stationären Zustandswahrscheinlichkeiten sind demgemäß:

$$x(j) = \lim_{t \to \infty} P(X(t) = j) \, , \quad \text{für alle} \quad j = 0,1,\dots \, .$$ (2.32)

Gleichungen (2.29) und (2.31) führen zum Gleichungssystem für die Berechnung der stationären Zustandswahrscheinlichkeiten des Markov-Zustandsprozesses:

$$q_j x(j) = \sum_{k \neq j} q_{kj} x(k) \, , \quad \text{für alle} \quad j = 0,1\dots, \quad \text{(stationäre Zustandsgleichung)} \quad (2.33)$$

$$\sum_j x(j) = 1 \, .$$ (2.34)

Die Terme der stationären Zustandsgleichung (2.33) und (2.34) können wie folgt interpretiert werden, wobei der Zustand $[X = j]$ mit den zugehörigen Übergängen bzgl. der Wahrscheinlichkeitsdichten bilanziert wird (vgl. Abb. 2.11):

- $q_j x(j)$ $(\text{-----}\blacktriangleright)$

Wahrscheinlichkeitsdichten für das Verlassen des bestehenden Zustandes j, gewichtet mit der Zustandswahrscheinlichkeit $x(j)$.

- $\sum\limits_{k \neq j} q_{kj} x(k)$ $(\text{------}\blacktriangleright)$

Wahrscheinlichkeitsdichten für das Erreichen des Zustandes j aus anderen Zuständen $k \neq j$, gewichtet mit der jeweiligen Zustandswahrscheinlichkeit $x(k)$.

- Ist das System im eingeschwungenen Zustand, so müssen die gewichteten Wahrscheinlichkeitsdichten für das Erreichen und für das Verlassen eines Zustandes im Gleichgewicht sein, d.h. gleich sein, damit sich die Zustandswahrscheinlichkeit nicht mehr ändert. Dieser Sachverhalt wird auch das *„Prinzip von der Erhaltung des statistischen Gleichgewichtes"* genannt (vgl. Bolch [2.2]) und führt zu den Gl. (2.33) und (2.34).

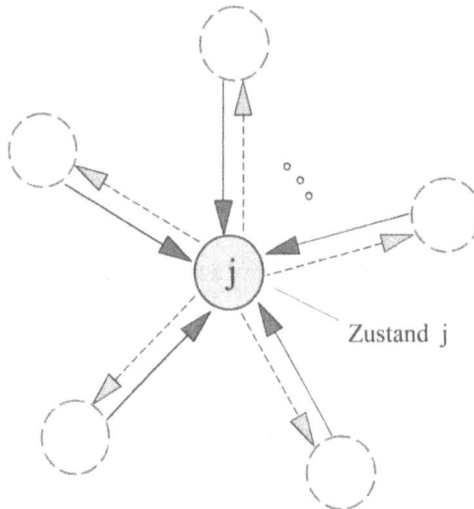

Abb. 2.11: *Zustand [X=j] im statistischen Gleichgewicht*

Das Zustandsgleichungssystem in (2.33) und (2.34) ist eine wichtige und häufig verwendete Beziehung zur Berechnung der Zustandswahrscheinlichkeiten der Markov-Zustandsprozesse.

Matrixschreibweise für Zustandsgleichungen

Werden die Zustandswahrscheinlichkeiten zu einem stationären Zustandswahrscheinlichkeitsvektor zusammengefasst

$$X = \{x(0),\ x(1),\ldots,\ x(j),\ldots\}\,, \tag{2.35}$$

so kann das Zustandsgleichungssystem in Gl. (2.33) und (2.34) in Matrixschreibweise wie folgt dargestellt werden:

$$\mathcal{X} \cdot Q = 0, \qquad\qquad (2.36)$$

wobei die Vollständigkeitsrelation

$$\sum_j x(j) = 1 \quad \text{oder} \quad \mathcal{X} e = 1 \qquad\qquad (2.37)$$

gilt[1].

Bei der Lösung muss auch eine lineare Abhängigkeit zwischen den Zustandsgleichungen berücksichtigt werden. Dieser Sachverhalt wird im nächsten Abschnitt behandelt.

Lineare Abhängigkeit der Zustandsgleichungen

Das Gleichungssystem (2.33) und (2.34) zur Ermittlung der Zustandswahrscheinlichkeiten soll nun näher untersucht werden. Dazu betrachten wir einen begrenzten Zustandsraum $\{0, 1, \ldots, N\}$ mit dem Zustandsvektor

$$\mathcal{X} = \{x(0), x(1), \ldots, x(j), \ldots, x(N)\}. \qquad\qquad (2.38)$$

Das stationäre Gleichungssystem gemäß (2.33) und (2.34) lautet dann:

$$q_j x(j) = \sum_{k \neq j} q_{kj}\, x(k), \quad j = 0, 1, \ldots, N, \qquad\qquad (2.39)$$

$$\sum_j x(j) = 1 \qquad\qquad (2.40)$$

und besteht aus $(N+2)$ Gleichungen für $(N+1)$ Unbekannte bzw. Zustandswahrscheinlichkeiten $\{x(0), x(1), \ldots, x(N)\}$. Das zunächst überbestimmte Gleichungssystem (2.39) und (2.40) kann leicht zu einem nicht-überbestimmten System modifiziert werden, da eine beliebige Gleichung aus (2.39) aufgrund linearer Abhängigkeit weggelassen werden kann. Der Grund besteht darin, dass sich jede Gleichung in (2.39) aus der Summation der übrigen Gleichungen ergibt.

Makrozustände und globale Gleichgewichtsgleichung

Das Aufstellen jeder Gleichung des Typs (2.33) bzw. (2.39) basiert auf der Bilanz der Wahrscheinlichkeitsdichten bzgl. eines Zustandes $[X = j]$. Ein einzelner Zustand, der nicht weiter

---

[1] e ist der Spaltenvektor entsprechender Dimension, der nur Einsen enthält. 0 ist der Zeilenvektor entsprechender Dimension, der nur Nullen enthält.

dekomponiert werden kann, wird auch als Mikrozustand bezeichnet. Das Gleichungssystem (2.33) und (2.34) bzw. (2.39) und (2.40) wird deshalb stationäres Gleichungssystem der Mikrozustände genannt.

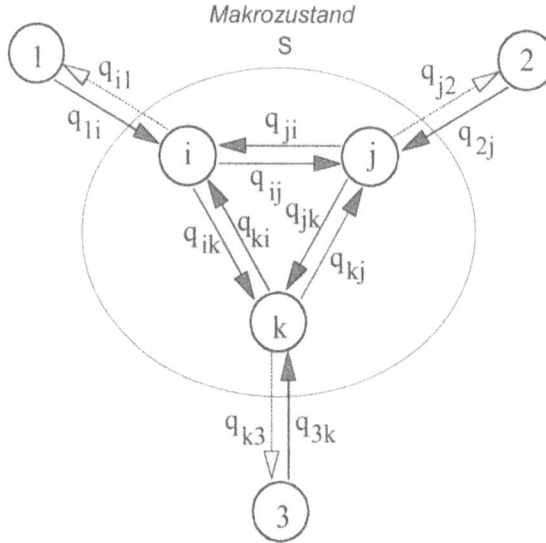

Abb. 2.12:   *Makrozustand und Übergänge*

Fasst man eine beliebige Anzahl von Mikrozuständen zusammen, entsteht ein Makrozustand. Abbildung 2.12 zeigt als Beispiel einen Makrozustand S, der sich aus den Zuständen i, j und k zusammensetzt. Addiert man alle Zustandsgleichungen der im Makrozustand S enthaltenen Mikrozustände

$$+ \begin{cases} \left(q_{i1}+q_{ij}+q_{ik}\right)x(i) & = & q_{1i}x(1)+q_{ji}x(j)+q_{ki}x(k) \\ \left(q_{j2}+q_{jk}+q_{ji}\right)x(j) & = & q_{2j}x(2)+q_{kj}x(k)+q_{ij}x(i) \\ \left(q_{k3}+q_{ki}+q_{kj}\right)x(k) & = & q_{3k}x(3)+q_{ik}x(i)+q_{jk}x(j) \end{cases}$$

$$q_{i1}x(i)+q_{j2}x(j)+q_{k3}x(k) \ = \ q_{1i}x(1)+q_{2j}x(2)+q_{3k}x(3), \qquad (2.41)$$

so erhält man die stationäre Zustandsgleichung für den Makrozustand S. Die linke Seite der Gl. (2.41) enthält die gewichteten Wahrscheinlichkeitsdichten für das Verlassen des Makrozustands, während die rechte Seite das Erreichen des Makrozustands beschreibt.

Allgemein kann die Zustandsgleichung eines *beliebigen* Makrozustands wie folgt angegeben werden:

$$\sum_{\substack{j \in S \\ u \notin S}} q_{ju}\, x(j) \quad = \quad \sum_{\substack{u \notin S \\ j \in S}} q_{uj}\, x(j) \qquad\qquad (2.42)$$

$\underbrace{}$ gewichtete Übergangswahrscheinlichkeitsdichten
für das Verlassen des
Makrozustands S

gewichtete Übergangs-
wahrscheinlichkeitsdichten
für das Erreichen des
Makrozustands S

Diese Gleichung bilanziert die Übergangswahrscheinlichkeitsdichten zwischen einem Makrozustand und der Menge aller Zustände außerhalb des Makrozustandes. Sie ist eine verallgemeinerte Form der Gleichgewichtsgleichung.

Es sei hier angemerkt, dass die Zustandswahrscheinlichkeit des gesamten Makrozustands S in Gl. (2.42) nicht vorkommt und auch nicht das Ziel der Berechnung ist. Die Terme für das Erreichen bzw. das Verlassen des Makrozustands enthalten Zustandswahrscheinlichkeiten der Mikrozustände innerhalb und außerhalb des Makrozustands. Wie in späteren Analysebeispielen gezeigt wird, kann eine geschickte Wahl des Makrozustands häufig ein einfacheres Gleichungssystem zur Berechnung der Mikrozustandswahrscheinlichkeiten liefern.

2.3.3 Beispiele für Übergangswahrscheinlichkeitsdichten

Verkehrsmodelle mit Markov-Eigenschaft, wie sie im nächsten Kapitel erörtert werden, enthalten stets Komponenten wie Poisson-Ankunftsprozesse und Bedieneinheiten mit negativ-exponentiell verteilter Bedienzeit. Die entsprechenden Übergangswahrscheinlichkeitsdichten bzw. Raten werden im Folgenden hergeleitet.

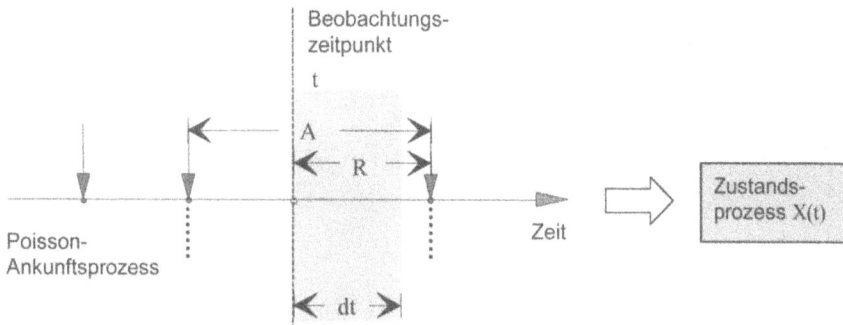

Abb. 2.13: *Übergangswahrscheinlichkeitsdichte beim Poisson-Ankunftsprozess*

Übergangswahrscheinlichkeitsdichte beim Poisson-Ankunftsprozess

Ein Zustandsprozess mit Poisson-Eingangsverkehr wird in Abb. 2.13 gezeigt. Der Zwischenankunftsabstand A und seine Rekurrenzzeit haben dieselbe Verteilungsfunktion

$$A(t) = R(t) = 1 - e^{-\lambda t}.$$

Betrachtet werde der Zustandsprozess $X(t)$ zum Zeitpunkt t, wobei der Zustand $\left[X(t) = i \right]$ angenommen wird.

Man untersucht die Prozessentwicklung während der darauf folgenden, *infinitesimal* kurzen Zeitspanne dt (s. markierter Bereich in Abb. 2.13). Die Wahrscheinlichkeitsdichte für einen Zustandsübergang $i \rightarrow i+1$, d.h. für ein Ankunftsereignis während der Zeitspanne dt, ist

$$
\begin{aligned}
q_{i,i+1} &= \lim_{dt \to 0} \frac{p_{i,i+1}(dt)}{dt} \\
&= \lim_{dt \to 0} \frac{P(R \le dt)}{dt} = \lim_{dt \to 0} \frac{1 - e^{-\lambda dt}}{dt} \\
&= \lim_{dt \to 0} \frac{1 - (1 - \frac{\lambda dt}{1!} + \frac{(\lambda dt)^2}{2!} - + \ldots)}{dt} = \lambda .
\end{aligned}
\tag{2.43}
$$

Übergangswahrscheinlichkeitsdichte bei negativ-exponentieller Bediendauer

Wir betrachten nun einen Zustandsprozess $X(t)$. Zum Zeitpunkt t sind k laufende Bedienvorgänge im System, d.h. k Bedieneinheiten sind aktiv. Die Bediendauern der Bedieneinheiten sind voneinander unabhängig und negativ-exponentiell verteilt.

Da der Bedienprozess gedächtnislos ist, hat die Rekurrenzzeit R der Bediendauer B dieselbe Verteilungsfunktion wie die Bedienzeit:

$$R(t) = B(t) = 1 - e^{-\mu t}.$$

Wie in Abb. 2.14 verdeutlicht, ist die Zeitspanne R^* bis zum nächsten Bedien-Ende-Zeitpunkt das Minimum von k unabhängigen Rekurrenzzeiten:

$$R^* = \min\{\underbrace{R,\ldots,R}_{k\text{-mal}}\} ,$$

d.h. gemäß Gl. (1.71)

$$R^*(t) = 1 - \prod_{i=1}^{k} (1 - R(t)) = 1 - e^{-k\mu t} .$$

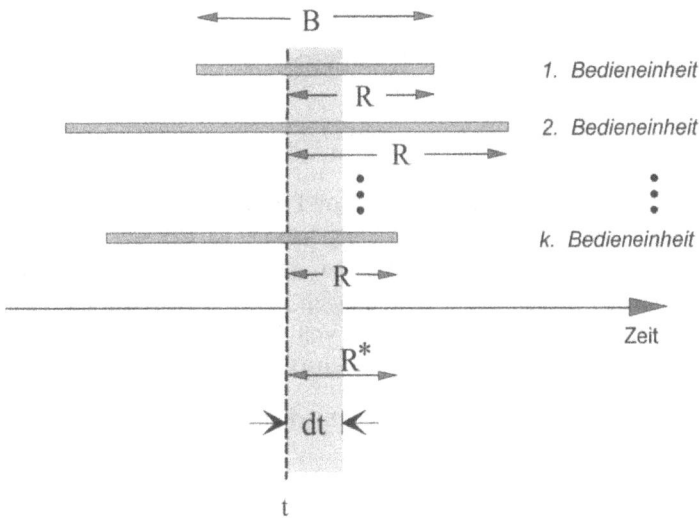

Abb. 2.14: *Enderate bei mehreren negativ-exponentiell verteilten Bediendauern*

Wir betrachten ein infinitesimal kleines Intervall dt. Während dieses Intervalls sei die Wahrscheinlichkeit, dass mehrere Bedien-Ende-Ereignisse auftreten, verschwindend klein. Die Wahrscheinlichkeitsdichte für ein Bedien-Ende, d.h. für einen Übergang $k \to k-1$, während dieser infinitesimal kurzen Zeitspanne $(t, t+dt)$ ist analog Gl. (2.43)

$$
\begin{aligned}
q_{k,k-1} &= \lim_{dt \to 0} \frac{p_{k,k-1}(dt)}{dt} \\[2mm]
&= \lim_{dt \to 0} \frac{P(R^* \le dt)}{dt} = \lim_{dt \to 0} \frac{1-e^{-k\mu dt}}{dt} \\[2mm]
&= \lim_{dt \to 0} \frac{1-(1-\dfrac{k\mu dt}{1!}+\dfrac{(k\mu dt)^2}{2!}-+\ldots)}{dt} = k\mu .
\end{aligned}
\tag{2.44}
$$

2.3.4   Geburts- und Sterbeprozesse

a)   Definition und Zustandsraum

Geburts- und Sterbeprozesse (GSP) sind Markov-Prozesse, bei denen nur Übergänge zwischen benachbarten Zuständen auftreten. Häufig handelt es sich bei GSP um Zustandsprozesse mit eindimensionalen Zustandsräumen, bei denen die Nachbarschaft eines Zustands (vgl. Abb. 2.15) eindeutig festgelegt ist. In einigen Markov-Modellen mit mehrdimensionalen Zustandsräumen spricht man jedoch auch von GSP, wenn in jeder Richtung des Zustandsraumes nur Übergänge zwischen Nachbarzuständen vorhanden sind.

Wir betrachten in Abb. 2.15 einen Geburts- und Sterbeprozess mit endlichem Zustandsraum.

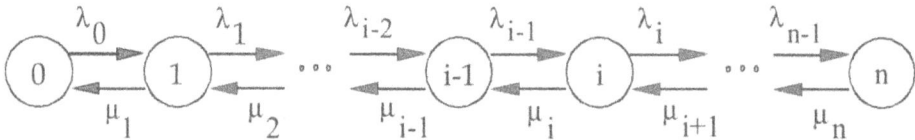

Abb. 2.15:   *Geburts- und Sterbeprozess mit endlichem Zustandsraum*

Die Übergangswahrscheinlichkeitsdichten (Raten) sind:

$$q_{ij} = \begin{cases} \lambda_i & i = 0,1,\dots,n\text{-}1 \ , \ j = i+1 \\ \mu_i & i = 1,2,\dots,n \ \ , \ j = i-1 \\ 0 & \text{sonst .} \end{cases} \tag{2.45}$$

Dabei sind folgende Sonderfälle von Interesse:

- alle $\mu_i = 0$: reiner Geburtsprozess; im statistischen Gleichgewicht ist
  $$x(n) = P(X = n) = 1, \ x(i) = 0 \ \text{sonst;}$$

- alle $\lambda_i = 0$: reiner Sterbeprozess; im statistischen Gleichgewicht ist
  $$x(0) = P(X = 0) = 1, \ x(i) = 0 \ \text{sonst.}$$

b)   Instationäre Geburts- und Sterbeprozesse

Im allgemeinen instationären Fall lauten die Zustandsgleichungen zur Bestimmung der zeitabhängigen Zustandswahrscheinlichkeiten des Geburts- und Sterbeprozesses, dessen Zustandsraum in Abb. 2.15 dargestellt wird, gemäß Gl. (2.29) wie folgt:

$$\frac{\partial}{\partial t} x(0,t) = -\lambda_0 x(0,t) + \mu_1 x(1,t), \tag{2.46}$$

$$\frac{\partial}{\partial t} x(i,t) = -(\lambda_i + \mu_i) x(i,t) + \lambda_{i-1} x(i-1,t) + \mu_{i+1} x(i+1,t), \quad i = 1,\dots,n-1, \tag{2.47}$$

$$\frac{\partial}{\partial t} x(n,t) = -\mu_n x(n,t) + \lambda_{n-1} x(n-1,t). \tag{2.48}$$

Die Lösung dieses Differentialgleichungssystems mit den Anfangsbedingungen $\{x(i,0), \ i = 0,\dots,n\}$ liefert den Zustandswahrscheinlichkeitsvektor $\{x(i,t), \ i = 0,\dots,n\}$ zum Beobachtungszeitpunkt t.

Beispiel: Poisson-Prozess als reiner Geburtsprozess

Betrachtet wird die Anzahl $X(t)$ der von einem Poisson-Prozess während eines Intervalls der Länge t generierten Ereignisse. Die entsprechende Verteilung lautet:

$$P\big(X(t) = i\big) = x(i,t). \tag{2.49}$$

Am Anfang des Intervalls $(t = 0)$ befindet sich kein Ereignis im System, d.h. $X(0) = 0$ bzw.

$$x(0,0) = 1; \quad x(i,0) = 0, \quad i = 1,2,\dots. \tag{2.50}$$

Der resultierende Zustandsprozess mit unendlichem Zustandsraum $(n \to \infty)$ ist ein reiner Geburtsprozess mit der Geburtsrate λ:

$$q_{ij} = \begin{cases} \lambda & \text{für } j = i+1, \ i = 0,1,\dots \\ 0 & \text{sonst}. \end{cases} \tag{2.51}$$

Das Zustandsgleichungssystem gemäß Gl. (2.46), (2.47) und (2.48) lautet nun

$$\frac{\partial}{\partial t} x(0,t) = -\lambda x(0,t), \tag{2.52}$$

$$\frac{\partial}{\partial t} x(i,t) = -\lambda x(i,t) + \lambda x(i-1,t), \quad i = 1,2,\dots. \tag{2.53}$$

Bei Anwendung der Laplace-Transformation

$$x(i,t) \quad \circ\!\!\overset{LT}{-\!\!-\!\!-}\!\!\bullet \quad \Phi_X(i,s)$$

$$\frac{\partial}{\partial t} x(i,t) \quad \circ\!\!\overset{LT}{-\!\!-\!\!-}\!\!\bullet \quad s\Phi_X(i,s) - x(i,0)$$

erhält man aus dem Differentialgleichungssystem (2.52) und (2.53) ein lineares Gleichungssystem:

$$s\,\Phi_X(0,s)-1 = -\lambda\,\Phi_X(0,s)\,, \tag{2.54}$$

$$s\,\Phi_X(i,s)-0 = -\lambda\,\Phi_X(i,s) + \lambda\,\Phi_X(i-1,s)\,, \quad i=1,2,\dots \,. \tag{2.55}$$

Durch sukzessives Einsetzen ergibt sich:

$$\Phi_X(i,s) = \frac{\lambda^i}{(s+\lambda)^{i+1}}\,, \quad i=0,1,\dots, \tag{2.56}$$

$$\bigg\downarrow \text{LT}$$

$$x(i,t) = P\big(X(t)=i\big) = \frac{(\lambda t)^i}{i!}e^{-\lambda t}\,, \quad i=0,1,\dots \,, \quad t\ge 0\,. \tag{2.57}$$

$X(t)$ folgt also der Poisson-Verteilung, die hier mit Hilfe eines reinen Geburtsprozesses hergeleitet wurde.

c)   Stationäre Geburts- und Sterbeprozesse

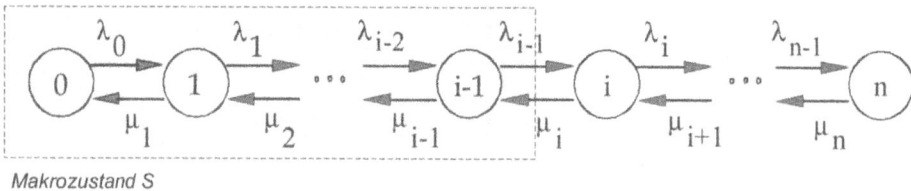

Makrozustand S

Abb. 2.16:   *Makrozustandsbetrachtung zur Zustandsanalyse*

Im statistischen Gleichgewicht ergibt sich aus Gl. (2.33) und (2.34) das Gleichungssystem für die Mikrozustände des Zustandsraums in Abb. 2.15:

$$\lambda_0\,x(0) = \mu_1\,x(1)\,, \tag{2.58}$$

$$(\lambda_i+\mu_i)\,x(i) = \lambda_{i-1}\,x(i-1) + \mu_{i+1}\,x(i+1)\,, \quad i=1,2,\dots,n-1\,, \tag{2.59}$$

$$\lambda_{n-1}\,x(n-1) = \mu_n\,x(n)\,, \tag{2.60}$$

$$\sum_{i=0}^{n} x(i) = 1\,, \tag{2.61}$$

wobei wiederum eine beliebige Gleichung aus (2.58), (2.59) und (2.60) durch Summation der übrigen Gleichungen gewonnen werden kann. Durch Eliminierung einer Gleichung aus (2.58), (2.59) und (2.60) erhält man zusammen mit Gl. (2.61) ein System aus $n+1$ Gleichungen zur Bestimmung der $n+1$ Zustandswahrscheinlichkeiten.

Mit der Wahl des Makrozustands S, der aus den Mikrozuständen $\{X = 0, 1, ..., i-1\}$ besteht (vgl. Abb. 2.16), ergibt sich ein einfacheres Gleichungssystem aus der Makrozustandsbetrachtung:

$$\lambda_{i-1} x(i-1) = \mu_i x(i), \quad i = 1, 2, ..., n, \tag{2.62}$$

$$\sum_{i=0}^{n} x(i) = 1. \tag{2.63}$$

Die Lösung dieses Gleichungssystems lässt sich durch sukzessives Einsetzen von Gl. (2.62) gewinnen:

$$x(i) = x(0) \cdot \frac{\prod_{k=0}^{i-1} \lambda_k}{\prod_{k=1}^{i} \mu_k}, \quad i = 1, 2, ..., n. \tag{2.64}$$

Die noch unbekannte Zustandswahrscheinlichkeit $x(0)$ berechnet man mit Hilfe der Normierungsbedingung aus Gl. (2.63):

$$1 = \sum_{i=0}^{n} x(i) = x(0) + x(0) \sum_{i=1}^{n} \frac{\prod_{k=0}^{i-1} \lambda_k}{\prod_{k=1}^{i} \mu_k}$$

zu

$$x(0) = \left(1 + \sum_{i=1}^{n} \frac{\prod_{k=0}^{i-1} \lambda_k}{\prod_{k=1}^{i} \mu_k} \right)^{-1}. \tag{2.65}$$

Literatur zu Kapitel 2

Bücher:

[2.1]   Akimaru, H., Kawashima, K., *Teletraffic – Theory and Applications*, 1. Auflage, Springer, New York 1993

[2.2]   Bolch, G., *Leistungsbewertung von Rechensystemen mittels analytischer Warteschlangenmodelle*, Teubner, Stuttgart 1989

[2.3]   Cooper, R. B., *Introduction to Queueing Theory*, 2. Auflage, North-Holland, New York 1981

[2.4]   Cox, D. R., *Erneuerungstheorie*, Oldenbourg, München 1966

[2.5]   Cox, D. R., Miller, H. D., *The Theory of Stochastic Processes*, Chapman & Hall, London 1965

[2.6]   Syski, R., *Introduction to Congestion Theory in Telephone Systems*, North Holland, Amsterdam 1986

Übungsaufgaben zu Kapitel 2

Aufgabe 2.1:

Um die Spitzigkeit (engl. *Burstiness*) von Ankunftsprozessen, d.h. die segmentweise Häufung von Ereignissen, zu beschreiben, wird u.A. der so genannte *Dispersionsindex* (engl. *index of dispersion*) verwendet. Der Dispersionsindex für die Zufallsvariablen $X_1,...,X_n$ ist wie folgt definiert, wobei die Zufallsvariablen $X_1,...,X_n$ der gleichen Verteilung folgen, d.h. $E\left[X_i^k\right] = E\left[X^k\right]$ für alle i, k:

$$J_n = \frac{VAR[X_1 + ... + X_n]}{n(E[X])^2},$$

wobei X_n die n-te Zwischenankunftszeit bezeichnet. Die Kovarianz zweier Zufallszahlen X und Y wird als Maß für die Abhängigkeit zwischen X und Y betrachtet. Mit Hilfe der Kovarianz kann die Varianz einer Summe von Zufallsvariablen wie folgt ausgedrückt werden:

$$VAR[X_1 + ... + X_n] = n \cdot VAR[X] + 2\sum_{j=1}^{n-1}\sum_{k=1}^{j}COV\left[X_j, X_{j+k}\right].$$

1. Wie lauten die Dispersionsindizes J_1 und J_n eines Poisson- Prozesses?
2. Ein Ausdruck für J_n in Abhängigkeit des Autokorrelationskoeffizienten soll hergeleitet werden. Der Autokorrelationskoeffizient ζ_n ist wie folgt definiert:

$$\zeta_n = \frac{COV[X_1, X_n]}{\sqrt{VAR[X_1]} \cdot \sqrt{VAR[X_n]}}.$$

3. Betrachtet werde nun ein Ankunftsprozess, dessen Zwischenankunftszeit A einer hyperexponentiellen Verteilungsfunktion mit zwei Phasen (H_2-Verteilungsfunktion) genügt. Mit Wahrscheinlichkeit p_1 werde in Phase 1 mit Ankunftsrate λ_1 verzweigt, mit Wahrscheinlichkeit $p_2 = 1 - p_1$ in Phase 2 mit Ankunftsrate λ_2. Es soll nun bei konstantem Mittelwert $E[A]$ der Dispersionsindex J_1 in Abhängigkeit von p_1 und λ_1 berechnet werden, wobei $\lambda_1 > \frac{p_1}{E[A]}$ ist. Welche Grenzwerte nimmt J_1 an

- für $p_1 \to 1$ mit $\lambda_1 = \alpha$,
- für $\lambda_1 \to \infty$ mit $p_1 = \alpha$,
- für $p_1 \to 0$ und $\lambda_1 \to \frac{p_1}{E[A]}$?

Aufgabe 2.2:
Die Anzahl von Ereignissen eines Punktprozesses in einem Beobachtungsintervall $(0, t)$ wird mit $X(t)$ bezeichnet. Die Zufallsvariable für die Zeit bis zum Eintreten des k-ten Ereignisses ist $A^{(k)}$ mit der zugehörigen Verteilungsfunktion $A^{(k)}(t)$.

1. Es soll gezeigt werden, dass die Wahrscheinlichkeit $P(X(t) = k)$ für genau k Ereignisse im Beobachtungsintervall durch $A^{(k)}(t) - A^{(k+1)}(t)$ gegeben ist.
2. Wie lautet die so genannte Erneuerungsfunktion $H(t) = E[X(t)]$ in Abhängigkeit von $A^{(k)}(t)$?
3. Herzuleiten ist ein einfacher Ausdruck für die Laplace-Transformierte von $H(t)$.

Aufgabe 2.3:
Betrachtet werde ein Ankunftsprozess, dessen Zwischenankunftsabstände einer hyperexponentiellen Verteilung 2. Ordnung (H_2-VF) genügen. Mit der Wahrscheinlichkeit α_1 bzw. α_2 ist der Zwischenankunftsabstand A_1 bzw. A_2. Die ZV A_1 und A_2 sind negativ-exponentiell verteilt mit den Parametern λ_1 bzw. λ_2. Außerdem gilt die sog. Symmetrie-Annahme $\alpha_1 E[A_1] = \alpha_2 E[A_2]$.

1. Wie lautet die Rekurrenzzeit-Verteilungsfunktion des Ankunftsprozesses $R(t)$?
2. Mit welcher Wahrscheinlichkeit ist $E[R] \leq 0,1\text{sec}$ für $E[A_1] = 1\text{sec}$ und $E[A_2] = 0,01\text{sec}$?
3. Wie muss man das Verhältnis $\alpha = E[A_2]/E[A_1]$ wählen, damit der Erwartungswert der Rekurrenzzeit $E[R]$ größer ist als der Mittelwert des Zwischenankunftsabstandes $E[A]$?

Aufgabe 2.4:
Die Exponentialverteilungsfunktion $A(t) = 1 - e^{-\lambda t}$ ist die einzige kontinuierliche Verteilungsfunktion, die die Eigenschaft der Gedächtnislosigkeit (Markov-Eigenschaft) hat. Diese Eigenschaft besagt, dass im Falle einer negativ exponentiell verteilten Zufallsvariablen A die so genannte Restzufallsgröße $A_x = A - x$, $x > 0$, unter der Bedingung $A > x$ die gleiche Exponentialverteilungsfunktion besitzt wie A. Zu zeigen ist, dass folgende Gleichung gilt:

$$P(A_x \leq t \mid A_x > 0) = P(A \leq t).$$

Aufgabe 2.5:
Betrachtet werde ein reines Verlustsystem mit n identischen Prozessoren, die jeweils eine negativ-exponentiell verteilte Bedienzeit μ benötigen, um einen Auftrag zu bedienen. Die eintreffenden Aufträge gehören zu zwei voneinander unabhängigen Klassen. Aufträge der ersten Klasse benötigen eine Bedieneinheit, die der zweiten Klasse zwei Bedieneinheiten zu ihrer Verarbeitung, wobei die Bearbeitung auf den zwei Prozessoren als unabhängig voneinander angenommen werden soll. Die Ankunftsabstände der Aufträge beider Klassen seien negativ-exponentiell mit den Ankunftsraten λ_1 bzw. λ_2 verteilt. Falls nur noch *eine* Bedieneinheit frei ist und ein Auftrag der zweiten Klasse eintrifft, belegt dieser diese Bedieneinheit nicht und wird abgewiesen.

1. Man definiere eine geeignete Zustandsbeschreibung und gebe das Zustandübergangsdiagramm und die Übergangswahrscheinlichkeiten an.
2. Handelt es sich hierbei um einen Geburts- und Sterbeprozess?
3. Man definiere geeignete Makrozustände und gebe die Zustandsgleichungen für den stationären Fall an.

Aufgabe 2.6:

Die stationären Zustandswahrscheinlichkeiten $x(i)$ eines Geburts- und Sterbeprozesses $X(t)$ können mit Hilfe des folgenden Gleichungssystems bestimmt werden:

$$x(0) \cdot \lambda = x(1) \cdot \mu$$
$$\vdots$$
$$x(1) \cdot (\lambda + \mu) = x(0) \cdot \lambda + x(2) \cdot \mu$$
$$\vdots$$
$$x(i) \cdot (\lambda + \mu) = x(i-1) \cdot \lambda + x(i+1) \cdot \mu$$
$$\vdots$$

λ bzw. μ sind hierbei Konstanten, die der Bedingung $\lambda < \mu$ genügen. Mit Hilfe der erzeugenden Funktion $X_{EF}(z) = \sum_{i=0}^{\infty} x(i) \cdot z^i$ können aus den oben angegeben Zusammenhängen die einzelnen Zustandswahrscheinlichkeiten bestimmt werden.

1. Zu zeigen ist, dass

$$X_{EF}^{*}(z) = \frac{x(0) \cdot \mu}{\mu - \lambda z}$$

   die erzeugende Funktion für die oben angegebene Wahrscheinlichkeitsverteilung ist, wenn diese noch von $x(0)$ abhängt.
2. Die Wahrscheinlichkeit $x(0)$ soll aus $X_{EF}^{*}(z)$ berechnet und die erzeugende Funktion $X_{EF}(z)$ unabhängig von $x(0)$ angegeben werden.

Aufgabe 2.7:

Gegeben sei ein Geburts- und Sterbeprozess mit n Zuständen und folgenden Übergangswahrscheinlichkeitsdichten:

$$q_{ij} = \begin{cases} \lambda_i & i = 0, 1, \ldots, n-1, \quad j = i+1, \quad \text{Geburtsrate,} \\ \mu_i & i = 1, 2, \ldots, n, \qquad j = i-1, \quad \text{Sterberate,} \\ 0 & \text{sonst.} \end{cases}$$

Die Aufenthaltszeit eines Geburts- und Sterbeprozesses sei definiert als die Zeitspanne, in der der Zustand des Prozesses unverändert bleibt. Dies entspricht genau dem Intervall zwischen zwei unmittelbar aufeinander folgenden Zustandsübergängen. Wie lautet die Verteilung der Aufenthaltszeit der Zustände $i = 1, \ldots, n$? Wie groß ist der Mittelwert dieser Zeitspanne?

Aufgabe 2.8:

Betrachtet werde ein Ankunftsprozess, bei dem die letzte Ankunft vor t_0 Zeiteinheiten eintrat. Man berechne die Verteilungsfunktion der Wartezeit

$$P(W \leq t) = P(A \leq t_0 + t \mid A > t_0), \quad t_0 > 0,$$

bis zum nächsten Ereignis für den Fall, dass die Zwischenankunftszeit A einer

1. deterministischen Verteilungsfunktion mit $E[A] > t_0$,
2. negativ-exponentiellen Verteilungsfunktion,
3. um m verschobenen geometrischen Verteilung mit $(m < t_0)$

genügt. Wie sind diese Ergebnisse zu interpretieren?

Aufgabe 2.9:

Im Folgenden soll die Anzahl von Ankunftsereignissen eines Poisson-Prozesses in einem Beobachtungsintervall $(t; t + \tau]$ der Länge τ berechnet werden.

1. Die Zufallsvariable A^k beschreibt die Zeit bis k Ankünfte eintreffen. Wie lautet die Verteilung? Man leite die Verteilungsfunktion $A^k(t) = P(A^k \leq t)$ explizit durch Induktion her und berechne die dazugehörige Dichtefunktion $a^k(t)$.
2. Man berechne die Wahrscheinlichkeit $A^\tau_{min}(k)$, dass mindestens k Ankünfte innerhalb des Beobachtungsintervalls τ eintreten.
3. Wie groß ist die Wahrscheinlichkeit für genau k Ankünfte im Beobachtungsintervall? Um welche Verteilung handelt es sich?

Aufgabe 2.10:

Welche Verteilung erhält man für die Zwischenankunftszeiten, wenn bei einem Poisson-Prozess mit Rate

1. nur jede k-te Ankunft gezählt wird?
2. jede Ankunft nur mit Wahrscheinlichkeit $\frac{1}{k}$ gezählt wird?

3 Analyse Markovscher Systeme

Warteschlangenmodelle mit der Eigenschaft der Gedächtnislosigkeit bzw. Markov-Eigenschaft bilden die Majorität der Modelle, die in der Praxis der Leistungsbewertung zum Einsatz kommen. Sie gehören zum Grundrepertoire klassischer Verkehrsmodelle, die in den meisten Lehrbüchern ausführlich behandelt werden (Cooper [3.2], Gross & Harris [3.3], Kleinrock [3.6, 3.7], Tijms [3.12]).

In diesem Kapitel werden einige wichtige Verkehrsmodelle mit Markov-Eigenschaft behandelt. Wie der Titel des Kapitels schon andeutet, handelt es sich ausschließlich um Modelle mit Poisson-Ankunftsprozessen und negativ-exponentiell verteilten Bedienzeiten.

3.1   Das Verlustsystem M/M/n

3.1.1   Modellbeschreibung und Parameter

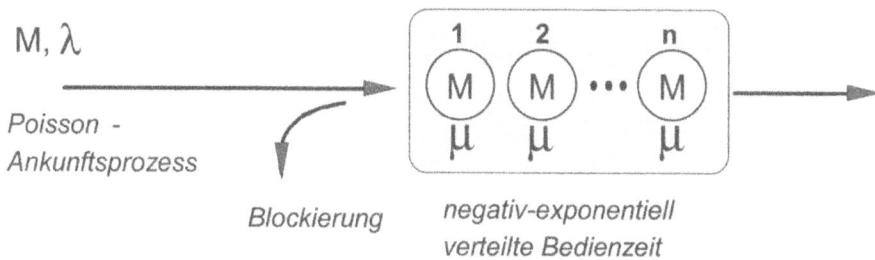

Abb. 3.1:   *Das Verlustsystem M/M/n*

Die Struktur des M/M/n-Verlustsystems (bzw. M/M/n – 0-Systems) wird in Abb. 3.1 gezeigt. Nach der Kendall-Notation ist der Ankunftsprozess ein Poisson-Prozess, d.h. die Zwischenankunftszeit A ist negativ-exponentiell verteilt. Die Bedienzeit B wird ebenfalls mit einer negativ-exponentiellen Verteilungsfunktion beschrieben:

$$A(t) = P(A \le t) = 1 - e^{-\lambda t}, \quad E[A] = \frac{1}{\lambda},$$

$$B(t) = P(B \le t) = 1 - e^{-\mu t}, \quad E[B] = \frac{1}{\mu}.$$

Der Parameter λ wird Ankunftsrate genannt. Mit λ wird die mittlere Anzahl ankommender Anforderungen pro Zeiteinheit angegeben. Analog wird der Parameter μ als Bedienrate bezeichnet.

Es wird der reine Verlustbetrieb betrachtet, d.h. Anforderungen, die zum Ankunftszeitpunkt alle Bedieneinheiten belegt vorfinden, werden abgewiesen. Abgewiesene bzw. blockierte Anforderungen verlassen das System und beeinflussen die weitere Entwicklung des Zustandsprozesses nicht.

3.1.2   Zustandsraum und Zustandswahrscheinlichkeiten

Zur Beschreibung des Systemzustands dient die Anzahl $X(t)$ der zum Prozesszeitpunkt t belegten Bedieneinheiten. Der Zustandsprozess ist dementsprechend ein zustandsdiskreter, zeitkontinuierlicher stochastischer Prozess. Eine Realisierung des Zustandsprozesses wird in Abb. 3.2 illustriert, wobei die Entwicklung des Systemzustands $X(t)$ gezeigt wird.

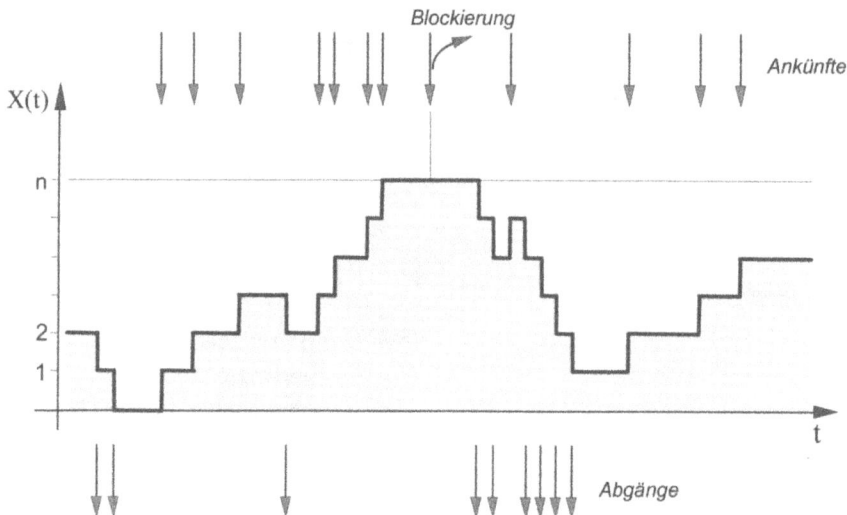

Abb. 3.2: *Zustandsprozess eines M/M/n-Verlustsystems*

Der Zustand $X(t)$ wird inkrementiert, wenn eine ankommende Anforderung angenommen wird, und dekrementiert, falls ein Bedien-Ende stattfindet. Aufgrund der Markov-Eigenschaft des Ankunfts- und Bedienprozesses hat auch der Zustandsprozess $X(t)$ die Eigenschaft der Gedächtnislosigkeit, und zwar zu jedem beliebigen Zeitpunkt der Prozessentwicklung.

Ausgehend von einem Startzustand $X(0)$ durchläuft der Zustandsprozess im Allg. zunächst eine instationäre Phase, bevor die Zustandsentwicklung im statistischen Sinne stationär wird. Im stationären Zustand bzw. im statistischen Gleichgewicht ändern sich die Zustandswahrscheinlichkeiten nicht mehr in der zeitlichen Entwicklung. Der Zustand des Systems im statistischen Gleichgewicht wird mit der Zufallsvariablen X beschrieben. Die Zustandswahrscheinlichkeiten

$$x(i) \; = \; P\big(X(t)=i\big) \; = \; P(X=i), \quad i=0,1,\ldots,n \tag{3.1}$$

formen einen Zustandswahrscheinlichkeitsvektor $X = \{x(0),x(1),\ldots,x(n)\}$, der die statistische Eigenschaft des stationären Zustandsprozesses zu einem beliebigen Beobachtungszeitpunkt beschreibt. Nach der Herleitung der Ankunfts- und Bedienraten in Kap. 2.3.3 erhält man folgende Übergangswahrscheinlichkeitsdichten (bzw. Raten) q_{ij} (s. Abb. 3.3):

- *Ankunftsereignis*: Entsprechend dem Poisson-Ankunftsprozess erfolgt der Übergang $[X=i] \rightarrow [X=i+1]$ mit der Rate λ (vgl. Gl. (2.43)), falls eine ankommende Anforderung angenommen wird $(i=0,\ldots,n-1)$. Trifft die Anforderung auf den Zustand $X=n$, wird sie abgewiesen, und das System bleibt in diesem Zustand.

- *Bedien-Ende*: Im Zustand $X=i$ befinden sich i Anforderungen in der Bedienphase. Nach Gl. (2.44) erfolgt der Übergang $[X=i] \rightarrow [X=i-1]$ mit der Rate $i \cdot \mu$ $(i=1,\ldots,n)$; dieser Zustandsübergang findet statt, falls einer der i laufenden Bedienvorgänge endigt.

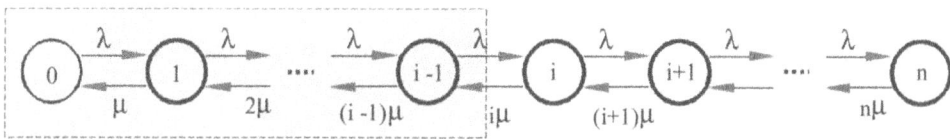

Makrozustand S

Abb. 3.3: *Zustandsübergangsdiagramm des M/M/n-Verlustsystems*

Das Zustandsübergangsdiagramm des M/M/n-Verlustsystems hat dieselbe Form wie bei einem eindimensionalen, endlichen Geburts- und Sterbeprozess. Abbildung 3.3 zeigt den Zustandsraum mit der entsprechenden Rate q_{ij} für den Zustandsübergang $i \rightarrow j$.

Mit der Wahl des Makrozustands S, der sich aus den Mikrozuständen $\{X = 0, 1, \ldots, i-1\}$ zusammensetzt, ergibt sich das Gleichungssystem

$$\lambda \cdot x(i-1) = i\,\mu \cdot x(i), \quad i = 1, 2, \ldots, n \tag{3.2}$$

$$\sum_{i=0}^{n} x(i) = 1. \tag{3.3}$$

Durch sukzessives Einsetzen von Gl. (3.2) erhält man die Zustandswahrscheinlichkeiten des M/M/n-Verlustsystems:

$$x(i) = \frac{\dfrac{a^i}{i!}}{\displaystyle\sum_{k=0}^{n} \dfrac{a^k}{k!}} \qquad \text{(Erlang-Formel für Verlustsysteme)} \tag{3.4}$$

mit

$$a = \frac{\lambda}{\mu}. \qquad\qquad\qquad\qquad\qquad\qquad\qquad \text{(Angebot)} \tag{3.5}$$

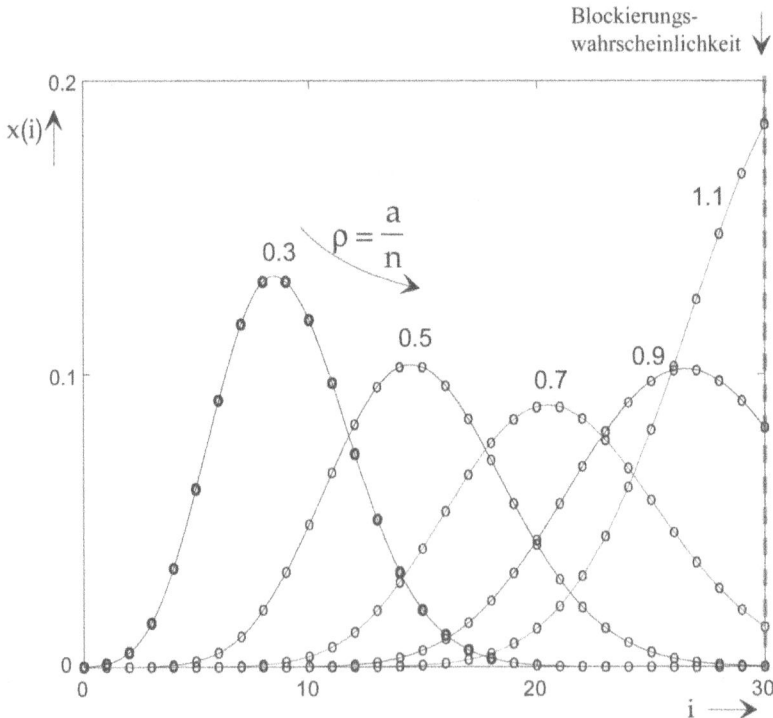

Abb. 3.4:   *Zustandsverteilungen des Verlustsystems M/M/n (n=30)*

Diese Erlang-Formel für Verlustsysteme wird in der englischsprachigen Fachliteratur als *Erlang-B-Formula* bezeichnet. Das Angebot a wird in der Pseudoeinheit „Erlang" [Erl] angegeben. Wie oben bereits diskutiert, gelten die Zustandswahrscheinlichkeiten $\{x(i), \; i = 0, 1, ..., n\}$ zu beliebigen Zeitpunkten des im stationären Zustand befindlichen Zustandsprozesses.

In Abb. 3.4 ist die Zustandsverteilung des Verlustsystems M/M/n $(n = 30)$ aufgetragen. Dabei wird das normierte Angebot $\rho = a / n$ als Parameter benutzt. Aus diesem Diagramm ist ersichtlich, dass bei steigenden Werten von ρ das System stärker ausgelastet wird, mehr Bedieneinheiten belegt sind und sich die Masse der Zustandswahrscheinlichkeiten nach rechts, d.h. nach größeren Werten für i, verlagert. Am speziellen Wert $i = n = 30$ kann die Blockierungswahrscheinlichkeit des Systems abgelesen werden.

Aufgrund der Markov-Eigenschaft des Poisson-Ankunftsprozesses gelten die in Gl. (3.4) angegebenen Zustandswahrscheinlichkeiten auch zu den Ankunftszeitpunkten der eintreffenden Anforderungen. Dies bedeutet, dass die Zustandswahrscheinlichkeiten zum Ankunftszeitpunkt $\{x_A(i), \; i = 0, 1, ..., n\}$ mit den Zustandswahrscheinlichkeiten in Gl. (3.4) identisch sind:

$$x_A(i) \; = \; x(i), \qquad i = 0, 1, ..., n \, . \tag{3.6}$$

Dieser Sachverhalt wird PASTA-Eigenschaft genannt (PASTA: P̲oisson A̲rrivals S̲ee T̲ime A̲verages, vgl. Wolff [3.16]) und stellt eine wichtige Eigenschaft von Systemen mit Poisson-Ankunftsprozessen dar.

3.1.3   Systemcharakteristiken

a)   Blockierungswahrscheinlichkeit

Ein Blockierungsfall bzw. Verlustfall findet statt, wenn eine eintreffende Anforderung (Testanforderung) abgewiesen wird. Die Blockierungswahrscheinlichkeit p_B ist identisch mit der Wahrscheinlichkeit, dass zum Ankunftszeitpunkt der Testanforderung alle n Bedieneinheiten belegt sind:

$$p_B \; = \; x_A(n) \; = \; x(n) \; = \; \frac{\dfrac{a^n}{n!}}{\displaystyle\sum_{k=0}^{n} \dfrac{a^k}{k!}} \, . \qquad \text{(Erlang-Verlustformel)} \tag{3.7}$$

b)   Verkehrswert

Die mittlere Anzahl belegter Bedieneinheiten im System wird als Verkehrswert Y bezeichnet:

$$Y = \sum_{i=0}^{n} i \cdot x(i) \, . \tag{3.8}$$

Der Verkehrswert Y wird auch in der Pseudoeinheit „Erlang" [Erl] angegeben. Mit Hilfe des Little-Theorems kann Y hergeleitet werden. Dabei betrachtet man folgendes System:

- *System*: die Gesamtheit der Bedieneinheiten (s. Abb. 1.8) mit
  - *mittlere Ankunftsrate*: Rate der akzeptierten Anforderungen $\lambda(1-p_B)$,
  - *mittlere Aufenthaltszeit im System*: mittlere Bedienzeit $E[B] = 1/\mu$,
  - *mittlere Anzahl von Anforderungen im System*: Verkehrswert Y.

Wird das Little-Theorem gemäß Gl. (1.1) auf dieses *System* angewendet, erhält man den Verkehrswert in Abhängigkeit von Angebot und Blockierungswahrscheinlichkeit:

$$Y = \lambda \, (1-p_B) \, \frac{1}{\mu} = a \, (1-p_B) \, . \qquad \text{(Verkehrswert)} \tag{3.9}$$

Die Bilanz der Verkehrsströme in einem M/M/n-Verlustsystem wird in Abb. 3.5 illustriert. Der Ankunftsstrom teilt sich in zwei Teilströme auf: angenommener Verkehr und abgewiesener Verkehr. Nur der Strom akzeptierter Anforderungen trägt zum Verkehrswert des Systems bei.

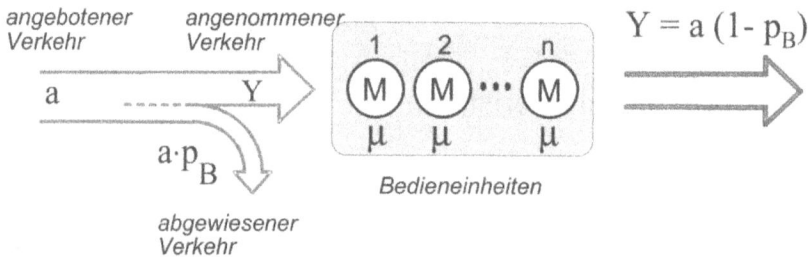

Abb. 3.5: *Verkehrsbilanz im Verlustsystem M/M/n*

3.1.4 Verallgemeinerung auf das Verlustsystem M/GI/n

Die in Gl. (3.4) angegebenen Zustandswahrscheinlichkeiten wurden zunächst nur unter der Voraussetzung hergeleitet, dass die Bediendauer B negativ-exponentiell verteilt ist, d.h. nur für Verlustsysteme vom Typ M/M/n. Es kann jedoch gezeigt werden, dass diese Zustandswahrscheinlichkeiten ebenfalls für allgemeine Bedienzeitverteilungen gültig sind. Die Ergebnisse in Gl. (3.4) und insbesondere die Blockierungswahrscheinlichkeit p_B in Gl. (3.7) gelten auch für Verlustsysteme vom Typ M/GI/n (bzw. M/GI/n – 0). Ein Beweis dieses

Sachverhalts findet sich u.a. in Syski [3.10]. Diese Robustheitseigenschaft erweitert den Anwendungsbereich der Erlang-Verlustformel erheblich.

3.1.5   Modellierungsbeispiele und Anwendungen

Leitungsbündel in Fernsprechnetzen

Die bekannteste Anwendung des Verlustsystems vom Typ M/M/n bzw. M/GI/n im Zusammenhang mit der Erlang-Verlustformel ist die Dimensionierung eines Leitungsbündels in Fernsprechnetzen. Die Modellierungsschritte und Modellkomponenten sind:

- *Ankunftsprozess*: Prozess der Anrufversuche zur Belegung des Leitungsbündels. Betrachtet man eine hinreichend große Gruppe von Fernsprechteilnehmern, so kann angenommen werden, dass der Ankunftsprozess ein Poisson-Prozess ist. Diese zunächst vereinfachende Annahme, die aufgrund der Markov-Eigenschaft des Poisson-Prozesses eine einfachere Analyse impliziert, wurde mit Messungen in herkömmlichen Fernsprechnetzen mehrfach bestätigt.
- *Bedienprozess:* Ein akzeptierter Anrufversuch belegt eine Leitung des Leitungsbündels für die Dauer der Verbindung. Eine Leitung entspricht einer Bedieneinheit; die Belegungsdauer entspricht der Bedienzeit. Beim reinen Verlustbetrieb wird ein ankommender Anrufversuch abgewiesen, wenn alle n Leitungen zum Ankunftszeitpunkt belegt sind. Da die Erlang-Verlustformel für allgemeine Verlustsysteme M/GI/n gilt, kann die Belegungsdauer beliebig verteilt sein.

Ziel der Dimensionierung ist z.B., die Anzahl der Leitungen so festzulegen, dass eine bestimmte Dienstgüte in Form einer vorgegebenen maximalen Blockierungswahrscheinlichkeit p_B eingehalten werden soll. Dabei ist das Angebot a bekannt. Da die Erlang-Verlustformel nicht nach der Anzahl n explizit aufgelöst werden kann, wird n für die Bündeldimensionierung für unterschiedliche Werte von a und p_B normalerweise aus Tabellen (vgl. Kühn [3.8], Seelen et al. [3.9]) bestimmt.

In Abb. 3.6 wird die Anzahl der Bedieneinheiten als Funktion des Angebots dargestellt, wobei Kurven für konstante Blockierungswahrscheinlichkeiten aufgetragen werden. Bei vorgegebenen Werten für das Angebot a und die Blockierungswahrscheinlichkeit p_B kann anhand dieses Diagramms die Anzahl n von benötigten Bedieneinheiten abgelesen werden.

Als Beispiel betrachten wir ein Leitungsbündel, das bei garantierter Blockierungswahrscheinlichkeit von $p_B = 10^{-2}$ einen Verkehr mit $\lambda = 30$ [Anrufe pro Minute] und $E[B] = 90$ [Sekunden] mittlerer Belegungsdauer bewältigen soll. Das Angebot ergibt sich zu $a = \lambda \cdot E[B] = 45$ [Erl]. Nach Abb. 3.6 werden mindestens n = 58 Leitungen benötigt. Wird jedoch für den gleichen Verkehr eine bessere Dienstgüte von $p_B = 10^{-3}$ verlangt, erhöht sich die Anzahl der benötigten Leitungen auf n = 65.

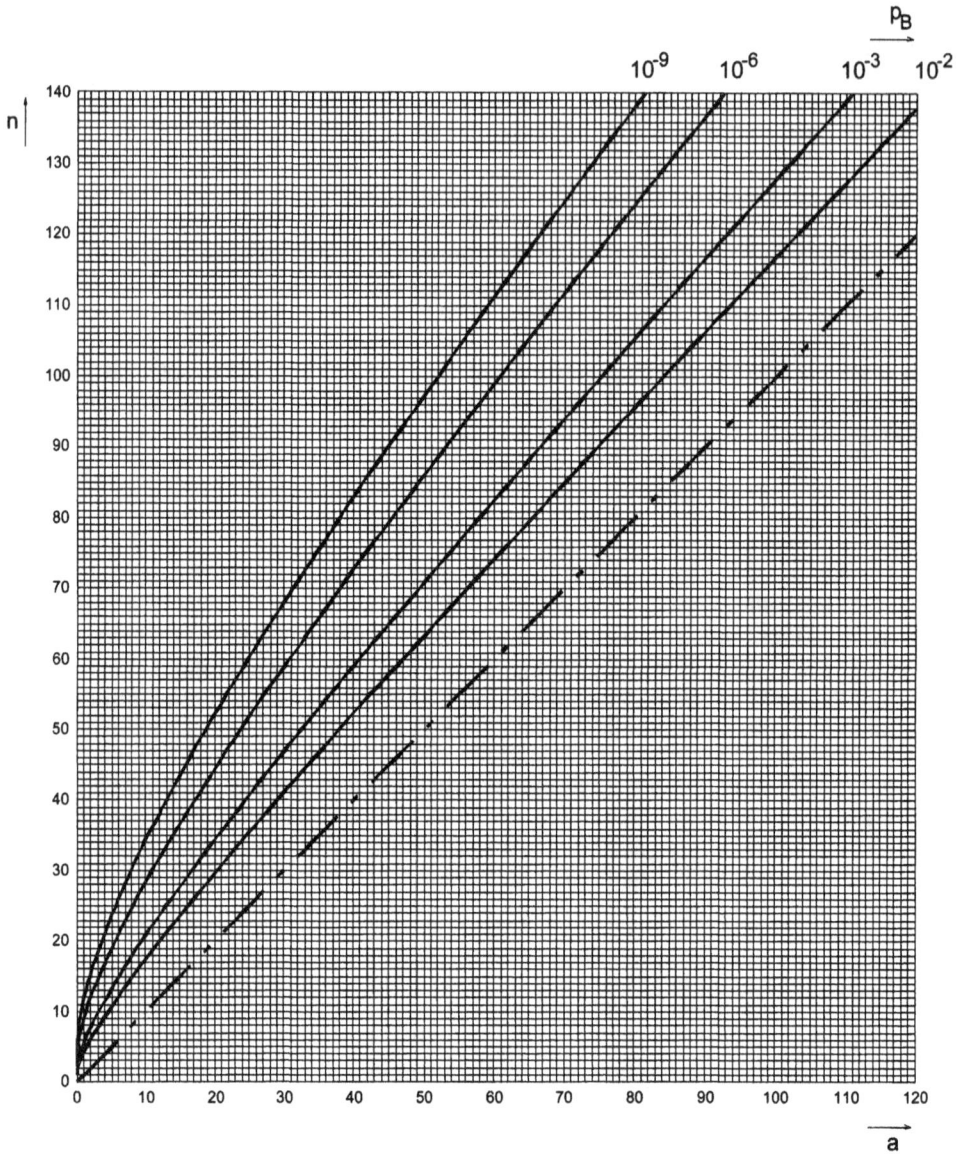

Abb. 3.6: *Bündeldimensionierung*

3.1.6   Bündelungsgewinn

In Weitverkehrsnetzen werden Leitungsbündel nach dem Prinzip zusammengeführt, dass größere Bündel wirtschaftlicher als kleinere sind. Der damit verbundene Bündelungsgewinn kann mit der Erlang-Formel für Verlustsysteme qualitativ erklärt und quantitativ berechnet werden.

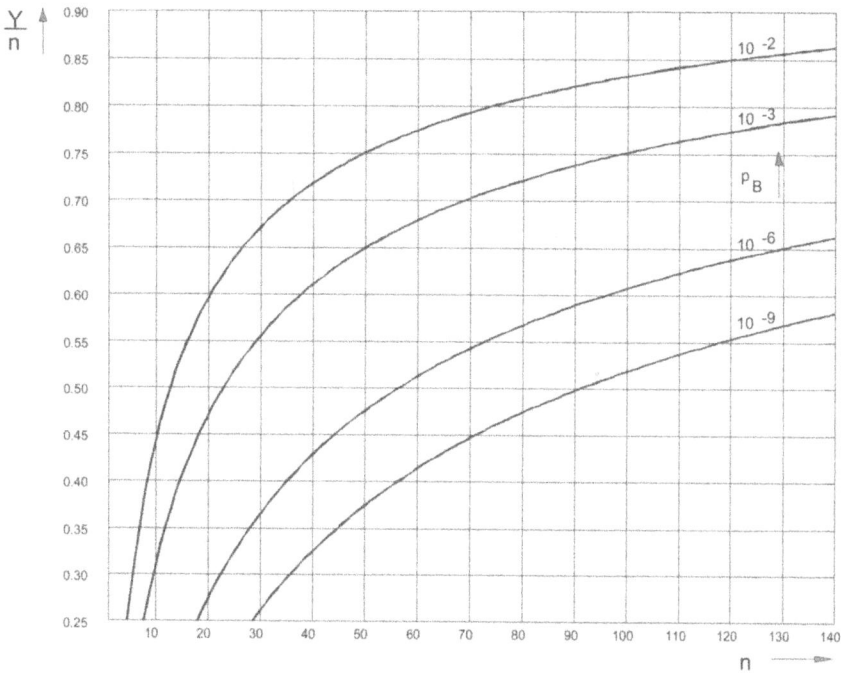

Abb. 3.7:   *Effekt des Bündelungsgewinns*

In Abb. 3.7 wird der normierte Verkehrswert Y/n, d.h. die mittlere prozentuale Nutzung einer Leitung, als Funktion der Leitungsanzahl n dargestellt, wobei Kurven für konstante Blockierungswahrscheinlichkeiten p_B aufgetragen werden. Folgende Effekte sind aus Abb. 3.7 ersichtlich:

-    Bei gleich bleibender Blockierungswahrscheinlichkeit p_B steigt die Auslastung der Leitungen (bzw. Bedieneinheiten) Y/n mit der Bündelgröße n, d.h. größere Bündel sind wirtschaftlicher.

-    Die Steigung des Faktors Y/n entspricht dem *Bündelungsgewinn* (engl. *economy of scale*). Dieser Gewinn lässt sich jedoch nicht mit immer größeren Bündeln beliebig optimieren. Dies spiegelt sich in dem flacheren Verlauf der Kurven in Abb. 3.7 bei größeren Werten von n wider.

– Bündelt man die Bedieneinheiten von Verlustsystemen, so ist die Blockierungswahrscheinlichkeit des zusammengefassten Systems im Vergleich zu den Teilsystemen kleiner. Durch die Bündelung arbeitet das Gesamtsystem wirtschaftlicher, es besitzt eine bessere Dienstgüte (engl. *QoS: Quality of Service*).

Der Bündelungsgewinn soll nachfolgend anhand eines Beispiels verdeutlicht werden. Abbildung 3.8 zeigt zwei Systeme:

- System 1
  – besteht aus zwei Teilsystemen (1a und 1b) vom Typ M/M/n-Verlustsystem
  – Teilsysteme 1a und 1b haben jeweils n Bedieneinheiten und einen Ankunftsprozess mit der Rate $\lambda_1 = \lambda$
  – die Blockierungswahrscheinlichkeit im System 1 ist p_{B_1}

- System 2
  – alle Bedieneinheiten werden zusammengefasst zu einer Bedienstufe mit 2n Bedieneinheiten (Bündelung der Bedieneinheiten)
  – das entstandene Verlustsystem hat 2n Bedieneinheiten und einen Ankunftsprozess mit der Rate $\lambda_2 = 2\lambda$
  – die Blockierungswahrscheinlichkeit ist p_{B_2}

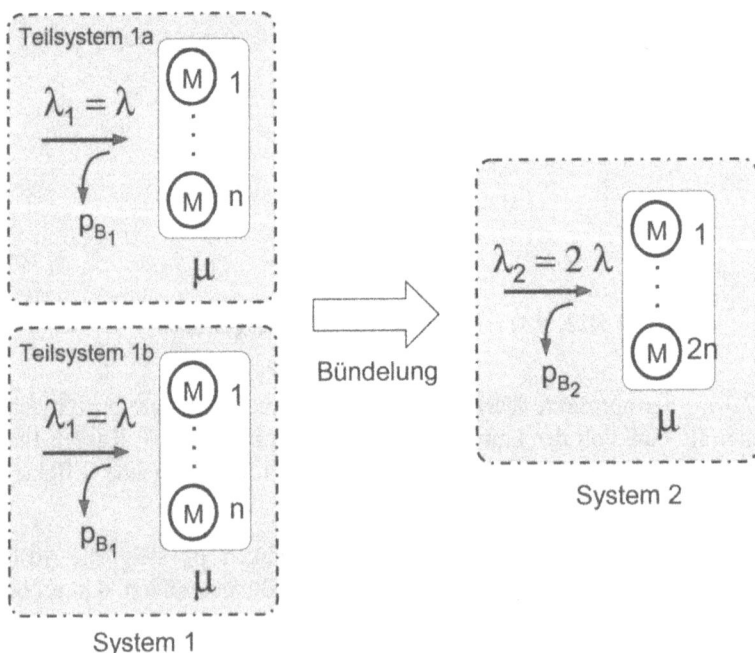

Abb. 3.8:   *Bündelung von Verlustsystemen*

Mit der Erlang-Verlustformel kann gezeigt werden, dass

$$p_{B_2} < p_{B_1},$$

d.h. durch die Bündelung der Bedieneinheiten weist das System 2 unter gleicher Belastung (gleiches Gesamtverkehrsangebot) eine bessere Dienstgüte auf.

Der Effekt lässt sich wie folgt erklären. Wenn eine Anforderung in das Teilsystem 1a eintrifft und alle Bedieneinheiten in diesem Teilsystem belegt vorfindet, muss sie abgewiesen werden, auch wenn eine Bedieneinheit im Teilsystem 1b gerade frei ist. Ein gegenseitiges Aushelfen der Bediengruppen im Hochlastfall ist also wegen der strikten Trennung nicht möglich. Im Falle des Systems 2, d.h. wenn die Bedieneinheiten zusammen gebündelt sind, könnte diese Anforderung noch angenommen werden. Dies führt zu einer Reduktion der Verlustwahrscheinlichkeit.

Beispiel

Wir betrachten die Dimensionierung von Leitungsbündeln für Fernsprechverkehr zwischen zwei Standorten A und B. Der gesamte Fernsprechverkehr zwischen A und B wird mit einem Poisson-Strom mit der Rate von $2\lambda = 0,56$ [Verbindungswünsche pro Sekunde] beschrieben. Die Verbindungsdauer B sei negativ-exponentiell verteilt (mittlere Bedienzeit $E[B] = 100 \text{sec}$, d.h. Bedienrate $\mu = 1/E[B] = 0,01$ Verbindungen/sec). Die entstehenden Modelle seien vom Typ M/M/n-Verlustsystem. Mithilfe der Robustheitseigenschaft gilt diese Betrachtung auch für M/GI/n-Verlustsysteme. Wir betrachten zwei Alternativen:

- System 1:
  - Aus Organisationsgründen werden zwei Teilbündel mit je $n = 40$ Leitungen installiert. Der aufgeteilte Verkehr pro Bündel hat die Rate $\lambda = 0,28$ [Verbindungswünsche pro Sekunde], das Angebot eines Teilbündels $a = \lambda E[B] = 28$ [Erl].
  - Die Blockierungswahrscheinlichkeit berechnet sich nach Gl. (3.7) zu $p_{B_1} = 0,66\%$.
  - Der Verkehrswert pro Bündel ist $Y_1 = 27,815$ [Erl], der Gesamtverkehrswert beider Teilsysteme ist $2 \cdot 27,815 = 55,630$ [Erl].

- System 2:
  - Die zwei Leitungsbündel werden nun operativ zusammengefasst, das System 2 hat insgesamt 80 Leitungen $(2n)$. Der Gesamtverkehr für das Bündel hat die Rate $2\lambda = 0,56$ [Verbindungswünsche pro Sekunde], das Gesamtangebot ist $a = 2 \cdot \lambda \cdot E[B] = 56$ [Erl].
  - Die Blockierungswahrscheinlichkeit des Gesamtbündels reduziert sich auf $p_{B_2} = 0,048\%$.
  - Der Verkehrswert des Gesamtbündels ist nun $Y_2 = 55,97$ [Erl].

- Ergebnis
  - Man erreicht durch die Bündelung, d.h. durch ein operatives Zusammenfassen der Bündel eine Reduktion der Blockierungswahrscheinlichkeit von $0,66\%$ auf $0,048\%$ und eine Erhöhung des Verkehrswertes von $55,63$ [Erl] auf $55,97$ [Erl].

3.2   Das Wartesystem M/M/n

3.2.1   Modellbeschreibung und Parameter

Abbildung 3.9 zeigt die Struktur des M/M/n-Wartesystems (bzw. M/M/n–∞). Gemäß der
Kendall-Notation ist der Ankunftsprozess ein Poisson-Prozess, d.h. die Zwischenankunftszeit
A ist negativ-exponentiell verteilt. Die Bedienzeit B jeder der n Bedieneinheiten hat eben-
falls eine negativ-exponentielle Verteilungsfunktion:

$$A(t) = P(A \le t) = 1 - e^{-\lambda t}, \quad E[A] = \frac{1}{\lambda},$$

$$B(t) = P(B \le t) = 1 - e^{-\mu t}, \quad E[B] = \frac{1}{\mu}.$$

Die Ankunftsrate λ gibt die mittlere Anzahl ankommender Anforderungen pro Zeiteinheit
an. Analog wird μ als Bedienrate bezeichnet.

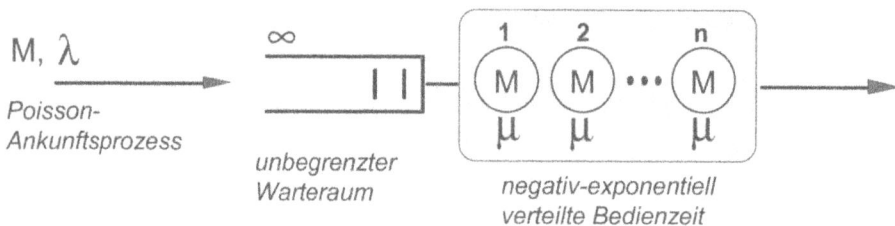

Abb. 3.9:   *Das Wartesystem M/M/n*

Der Warteraum wird als unendlich groß angenommen, d.h. es handelt sich um den reinen
Wartebetrieb. Eine Anforderung, die zum Ankunftszeitpunkt alle Bedieneinheiten belegt
vorfindet, muss im Warteraum auf das Freiwerden einer Bedieneinheit warten. Die Übernahme einer Anforderung vom Warteraum in die Bedieneinheit erfolgt nach einer festzule-
genden Warteschlangendisziplin. Beispiele für Warteschlangendisziplinen sind: FIFO (first-
in, first-out) bzw. FCFS (first-come, first-served), LIFO (last-in, first-out), RANDOM (vgl.
Kleinrock [3.6], Takagi [3.11]).

Für den reinen Wartebetrieb ist die Auslastung aller Bedieneinheiten identisch mit dem Angebot:

$$a = \frac{\lambda}{\mu} = \lambda \cdot E[B], \qquad\qquad \text{(Angebot)} \quad (3.10)$$

das in der Pseudoeinheit Erlang [Erl] angegeben wird. Das Angebot a steht für die mittlere Anzahl belegter Bedieneinheiten. Entsprechend ist die Auslastung einer Bedieneinheit

$$\rho = \frac{a}{n}. \qquad\qquad \text{(Auslastung)} \quad (3.11)$$

Da $\lambda \cdot E[B]$ (Gl. (3.10)) die mittlere Anzahl der Ankünfte während einer Bediendauer angibt, wird das System instabil, d.h. die Warteschlange langfristig unendlich lang werden, wenn im Durchschnitt mehr Anforderungen ankommen, als bedient werden können. Entsprechend lautet die Stabilitätsbedingung

$$a < n \quad \text{oder} \quad \rho < 1. \qquad\qquad \text{(Stabilitätsbedingung)} \quad (3.12)$$

Bei der nachfolgenden Berechnung stationärer Zustandswahrscheinlichkeiten wird die Stabilitätsbedingung vorausgesetzt.

3.2.2 Zustandsraum und Zustandswahrscheinlichkeiten

Zu einem Beobachtungszeitpunkt t seien $X_B(t)$ Anforderungen in der Bedienphase und $X_W(t)$ Anforderungen im Warteraum. Mit den Zufallsvariablen $X_B(t)$ und $X_W(t)$ kann der Zustandsprozess zum Zeitpunkt t vollständig beschrieben werden.

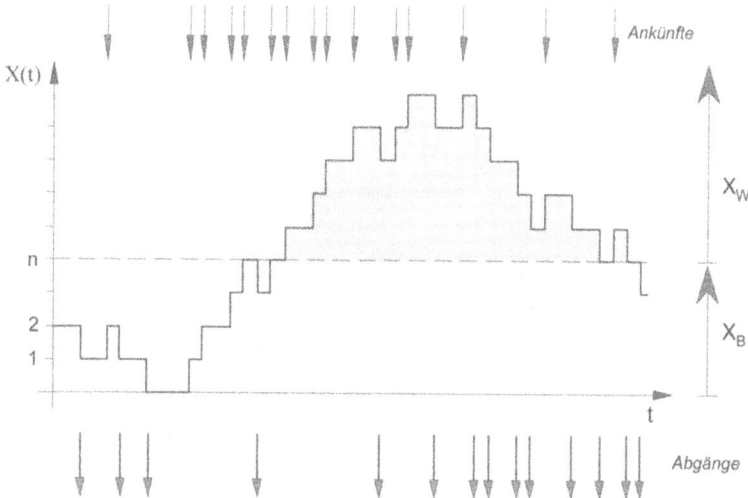

Abb. 3.10: *Zustandsprozess eines M/M/n-Wartesystems*

Zur Beschreibung des Systemzustands zum Zeitpunkt t benötigt man jedoch nicht beide Zufallsvariablen, da für den Fall $X_B(t) < n$, d.h. wenn nicht alle Bedieneinheiten belegt sind, der Warteraum leer sein muss ($X_W(t) = 0$). Zur Beschreibung des Zustandsprozesses zum Zeitpunkt t wird deshalb anstelle von $\{X_B(t), X_W(t)\}$ die Anzahl $X(t)$ aller im System befindlichen Anforderungen betrachtet.

Der Zustandsprozess ist ein zustandsdiskreter, zeitkontinuierlicher stochastischer Prozess. Eine exemplarische Entwicklung des Zustandsprozesses zeigt Abb. 3.10. Kommt eine Anforderung an, erhöht sich der Zustand $X(t)$ um Eins. Der Zustand wird dekrementiert, falls ein Bedien-Ende stattfindet. Da Ankunfts- und Bedienprozesse die Markov-Eigenschaft haben, ist der Zustandsprozess ebenfalls gedächtnislos. Dies gilt zu jedem beliebigen Zeitpunkt der Prozessentwicklung.

Der Prozess erreicht den stationären Zustand bzw. befindet sich im statistischen Gleichgewicht, wenn die statistischen Eigenschaften des Prozesses nicht mehr von der Zeit abhängen. Im stationären Fall kann die Zeitabhängigkeit weggelassen und mit den Zufallsvariablen $\{X_B, X_W\}$ bzw. X der Systemzustand beschrieben werden. Die Zustandswahrscheinlichkeiten

$$x(i) = P\big(X(t) = i\big) = P(X = i), \quad i = 0, 1, \ldots$$

gelten dann zu beliebigen Beobachtungszeitpunkten.

Entsprechend der Herleitung der Ankunfts- und Bedienraten in Kap. 2.3.3 erhält man folgende Übergangswahrscheinlichkeitsdichten (bzw. Raten) q_{ij} (s. Abb. 3.11):

- *Ankunftsereignis*: Entsprechend dem Poisson-Ankunftsprozess erfolgt der Übergang $[X = i] \rightarrow [X = i+1]$ mit der Rate λ ($i = 0, 1, \ldots$) (vgl. Gl. (2.43)).

- *Bedien-Ende:*
  - $X \leq n$:
    Es laufen $X = i$ Bedienvorgänge. Wie in Abschnitt 2.3.3 erörtert, ist das Intervall bis zum nächsten Bedien-Ende das Minimum von i negativ-exponentiell verteilten Intervallen. Der Übergang $[X = i] \rightarrow [X = i-1]$ ($i = 1, \ldots, n$) erfolgt daher mit der Rate $i \cdot \mu$ (vgl. Gl. (2.44)); dieser Zustandsübergang entspricht der Endigung eines Bedienvorganges.

  - $X > n$:
    In diesem Fall sind alle n Bedieneinheiten belegt und entsprechend $(X - n)$ Anforderungen im Warteraum. Analog erfolgt der Übergang $[X = i] \rightarrow [X = i-1]$ mit der Rate $n\mu$ ($i = n+1, \ldots$).

Der Zustandsraum des M/M/n-Wartesystems hat dieselbe Form wie bei einem eindimensionalen Geburts- und Sterbeprozess mit unendlichem Zustandsraum. In Abb. 3.11 ist das Zustandsübergangsdiagramm mit den Raten q_{ij} für den Zustandsübergang $i \rightarrow j$ dargestellt.

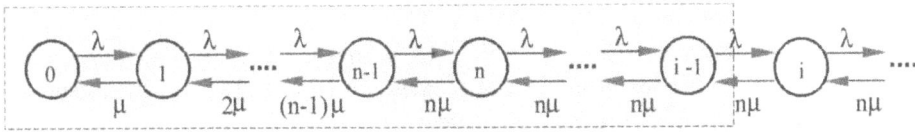

Makrozustand S

Abb. 3.11: *Zustandsübergangsdiagramm des M/M/n-Wartesystems*

Mit dem in Abb. 3.11 gezeigten Makrozustand S der aus den Mikrozuständen $\{X = 0,1,...,i-1\}$ besteht, ergibt sich das Gleichungssystem

$$\lambda x(i-1) = i\mu x(i), \qquad i = 1,...,n, \tag{3.13}$$

$$\lambda x(i-1) = n\mu x(i), \qquad i = n+1,..., \tag{3.14}$$

$$\sum_{i=0}^{\infty} x(i) = 1. \tag{3.15}$$

Durch sukzessives Einsetzen von Gl. (3.13), (3.14) erhält man die Zustandswahrscheinlichkeiten des M/M/n-Wartesystems:

$$x(i) = \begin{cases} x(0)\dfrac{a^i}{i!} & i = 0,1,...,n \\[2mm] x(0)\dfrac{a^n}{n!}\left(\dfrac{a}{n}\right)^{i-n} = x(n)\rho^{i-n} & i > n \end{cases} \tag{3.16}$$

und

$$x(0) = \left(\sum_{k=0}^{n-1} \frac{a^k}{k!} + \frac{a^n}{n!} \sum_{k=0}^{\infty} \rho^k \right)^{-1}$$

oder (a < n)

$$x(0) = \left(\sum_{k=0}^{n-1} \frac{a^k}{k!} + \frac{a^n}{n!} \cdot \frac{1}{1-\rho} \right)^{-1}. \tag{3.17}$$

Aus Gl. (3.16) ist erkennbar, dass sich die Zustandswahrscheinlichkeiten für $i > n$ entsprechend einer geometrischen Verteilung weiterentwickeln. In Abb. 3.12 ist die Zustandsverteilung des M/M/n-Wartesystems $(n = 10)$ aufgetragen. Die Aufteilung der Wahrscheinlichkeiten wird in diesem Diagramm sichtbar, insbesondere in Abhängigkeit von der Systemauslastung ρ. Aus der halblogarithmischen Darstellung in Abb. 3.12b wird ersichtlich, dass die

Verteilungen für Werte von $i > n$ *geradlinig* verlaufen. Vergleicht man diese Verläufe mit denen der geometrischen Verteilung in Abb. 1.15, wird klar, dass der *Verteilungsrest* der Zustandsverteilung des Wartesystems M/M/n geometrisch verläuft. Der Systemzustand weist somit eine *geometrische Restverteilung* (engl. *geometric tail*) auf.

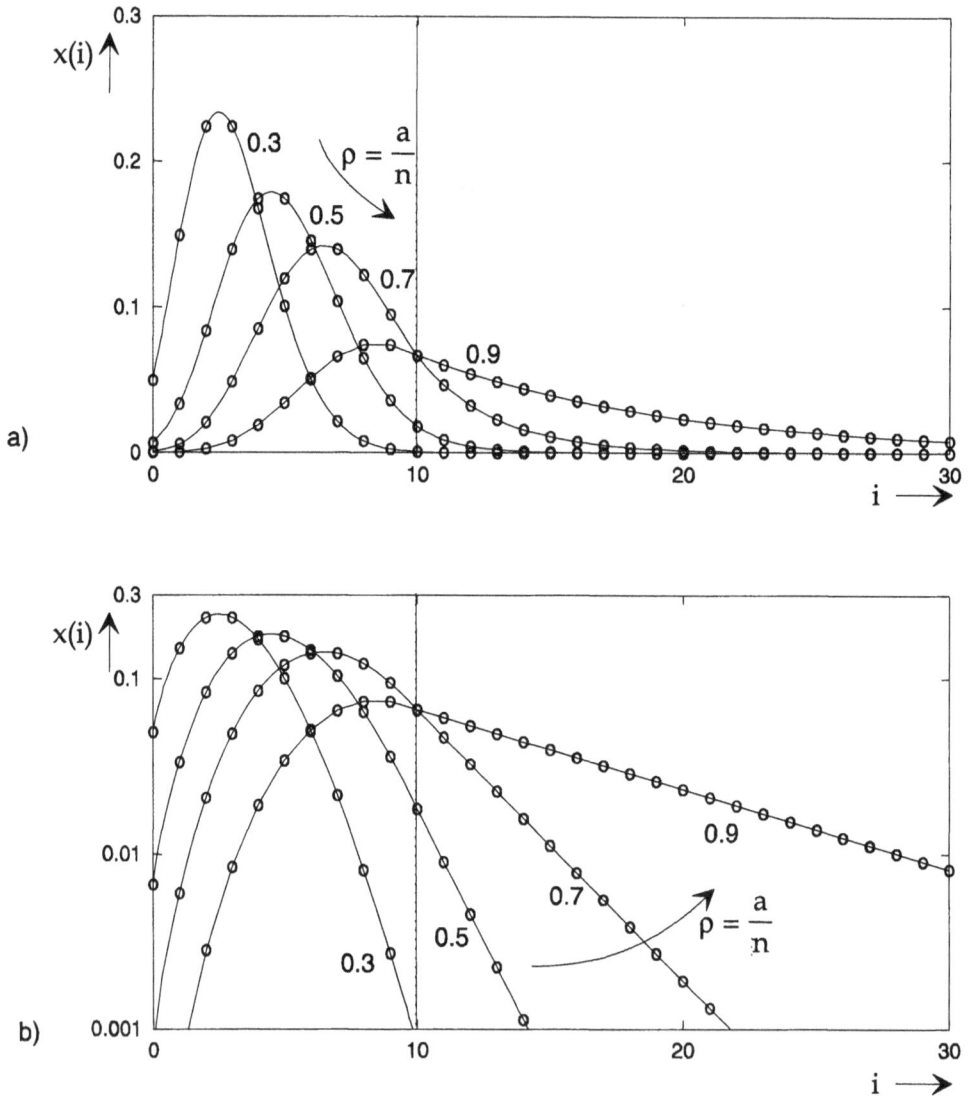

Abb. 3.12:   *Zustandsverteilungen im Wartesystem M/M/n (n=10)*

3.2.3   Systemcharakteristiken

Aus den hergeleiteten Zustandswahrscheinlichkeiten, die zu beliebigen Prozesszeitpunkten gelten, lassen sich einige charakteristische Größen des M/M/n-Wartesystems gewinnen.

Wartewahrscheinlichkeit

Eine eintreffende Anforderung muss warten, falls sie zum Ankunftszeitpunkt alle Bedieneinheiten belegt vorfindet. Die Wartewahrscheinlichkeit p_W errechnet sich zu

$$p_W \ = \ \sum_{i=n}^{\infty} x(i) \ = \ x(n) \sum_{i=0}^{\infty} \rho^i \ = \ x(n) \frac{1}{1-\rho} \tag{3.18}$$

oder nach Einsetzen von $x(n)$ zu

$$p_W \ = \ \frac{\dfrac{a^n}{n!} \cdot \dfrac{1}{1-\rho}}{\displaystyle\sum_{i=0}^{n-1} \dfrac{a^i}{i!} \ + \ \dfrac{a^n}{n!} \cdot \dfrac{1}{1-\rho}} \ . \qquad \text{(Erlang-Warteformel)} \tag{3.19}$$

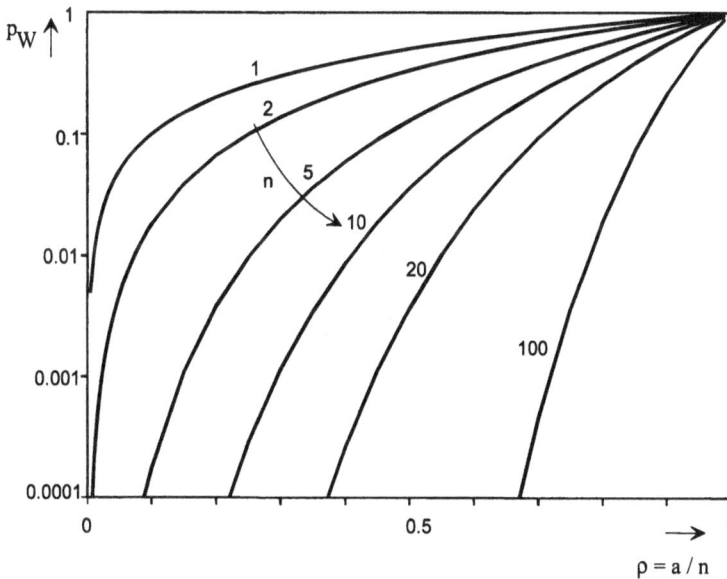

Abb. 3.13:   *Wartewahrscheinlichkeit im M/M/n-Wartesystem*

In der englischsprachigen Literatur wird diese Beziehung als *Erlang-C-Formula* bezeichnet. Abbildung 3.13 illustriert die Wartewahrscheinlichkeit für unterschiedliche Werte von n. Bei konstanter Auslastung ρ pro Bedieneinheit nimmt die Wartewahrscheinlichkeit mit wachsender Anzahl der Bedieneinheiten ab.

Verkehrswert

Als Verkehrswert wird die mittlere Anzahl belegter Bedieneinheiten bezeichnet:

$$Y = E[X_B] = \sum_{i=0}^{n-1} i \cdot x(i) + n \sum_{i=n}^{\infty} x(i) = a. \qquad \text{(Verkehrswert)} \qquad (3.20)$$

Der Verkehrswert Y wird in der Pseudoeinheit „Erlang" [Erl] angegeben. Diese Beziehung kann am einfachsten mit Hilfe des Little-Theorems hergeleitet werden. Dabei betrachtet man folgendes System:

- *System*: die Gesamtheit der Bedieneinheiten (s. Abb. 1.10) mit
  - *mittlere Ankunftsrate*: identisch mit der Ankunftsrate λ,
  - *mittlere Aufenthaltszeit im System*: mittlere Bedienzeit $E[B] = 1/\mu$,
  - *mittlere Anzahl von Anforderungen im System*: Verkehrswert Y.

Mit dem Little-Theorem gemäß Gl. (1.1) kann der Verkehrswert direkt angegeben werden:

$$Y = \frac{\lambda}{\mu} = a.$$

Mittlere Warteschlangenlänge

Die mittlere Warteschlangenlänge bzw. die Wartebelastung lautet

$$\Omega = E[X_W]$$

$$= \sum_{i=n}^{\infty} (i-n) \cdot x(i) = \sum_{i=n}^{\infty} (i-n)\, x(n)\, \rho^{i-n} \qquad (3.21)$$

$$= x(n) \sum_{i=0}^{\infty} i\, \rho^i = x(n) \cdot \frac{\rho}{(1-\rho)^2} = x(0) \frac{a^n}{n!} \cdot \frac{\rho}{(1-\rho)^2}$$

oder mit Gl. (3.18)

$$\Omega = p_W \cdot \frac{\rho}{1-\rho}. \qquad (3.22)$$

Mittlere Wartezeiten

Es wird unterschieden zwischen der mittleren Wartezeit $E[W]$ bzgl. aller Anforderungen und der mittleren Wartezeit $E[W_1]$ von wartenden Anforderungen, d.h. von Anforderungen mit positiver Wartezeit. Die Herleitung erfolgt im Folgenden mit Hilfe des Little-Theorems. Wie in Abb. 3.14 skizziert, teilt sich der gesamte Strom aller Anforderungen in zwei Verkehrsströme: Anforderungen, die direkt bedient werden, und Anforderungen, die zuerst in der Warteschlange warten müssen. Zwei Systeme werden im Folgenden betrachtet.

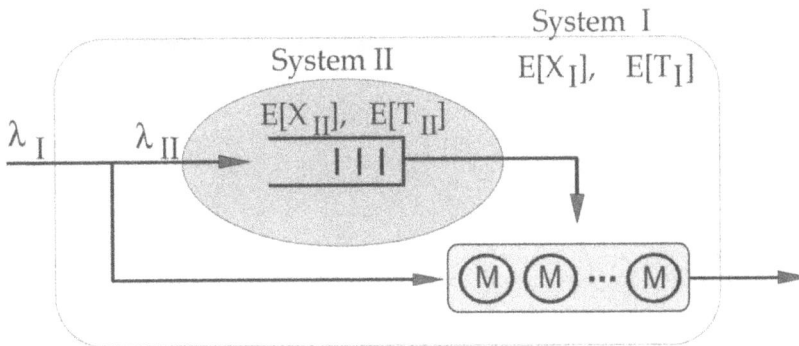

Abb. 3.14: *Zur Berechnung der mittleren Wartezeiten*

Mittlere Wartezeit bzgl. aller Anforderungen (System I)

* *System I*: das gesamte Wartesystem M/M/n:
  - *mittlere Ankunftsrate* λ_I: gesamte Ankunftsrate $\lambda_I = \lambda$,
  - *mittlere Anzahl von Anforderungen im System* $E[X_I]$: Summe aller Anforderungen in der Warteschlange und in den Bedieneinheiten:

$$E[X_I] = E[X_W] + E[X_B] = \Omega + Y,$$

  - *mittlere Aufenthaltszeit im System* $E[T_I]$: Summe aus der Wartezeit bzgl. aller Anforderungen und der Bedienzeit:

$$E[T_I] = E[W] + E[B].$$

Mit der Little-Formel $\lambda_I \cdot E[T_I] = E[X_I]$ erhält man

$$E[W] = \frac{\Omega}{\lambda}. \tag{3.23}$$

Mittlere Wartezeit bzgl. wartender Anforderungen (System II)

- *System II*: die isoliert betrachtete Warteschlange:
  - *mittlere Ankunftsrate* λ_{II} : Ankunftsrate wartender Anforderungen

    $$\lambda_{II} = \lambda \cdot p_W,$$

  - *mittlere Anzahl von Anforderungen im System* $E[X_{II}]$: mittlere Warteschlangenlänge,
    d.h. $E[X_{II}] = \Omega$,
  - *mittlere Aufenthaltszeit im System* $E[T_{II}]$: mittlere Wartezeit bzgl. wartender Anfor-
    derungen $E[W_1]$.

Mit der Little-Formel $\lambda_{II} \cdot E[T_{II}] = E[X_{II}]$ ergibt sich die mittlere Wartezeit bzgl. wartender
Anforderungen:

$$E[W_1] = \frac{\Omega}{\lambda \cdot p_W} = \frac{1}{\lambda} \cdot \frac{\rho}{1-\rho}. \tag{3.24}$$

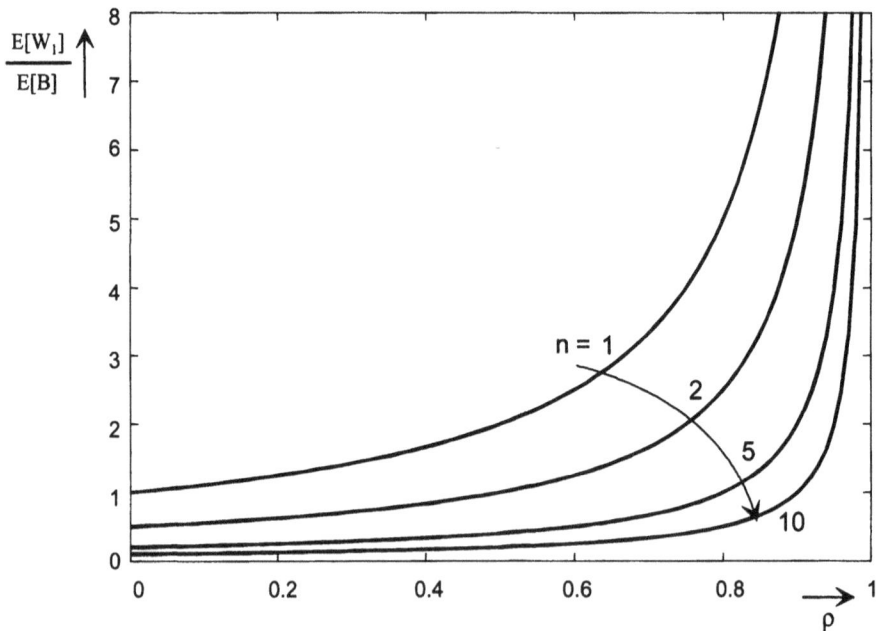

Abb. 3.15:   *Mittlere Wartezeit im Wartesystem M/M/n*

In Abb. 3.15 ist die mittlere Wartezeit bzgl. wartender Anforderungen als Funktion der Auslastung ρ aufgetragen. In der Nähe der Stabilitätsgrenze $\rho \to 1$ steigt die Wartezeit steil an. Dies zeigt, dass ein Wartesystem nicht in diesem Bereich dimensioniert werden sollte, da durch eine kurze Lastschwankung das System instabil wird und die Wartezeit sich vervielfacht. Dieser Effekt kann ein System ernsthaft gefährden, denkt man z.B. an Überlastphänomene in Rechnersystemen oder einen Wartepufferüberlauf in den Transitknoten eines Datennetzes. Dagegen führt eine Dimensionierung des Arbeitspunktes im Bereich von $\rho = 0,5$ zu einem wesentlich insensitiveren System.

3.2.4   Wartezeitverteilungsfunktion

Zur Herleitung der Wartezeitverteilungsfunktion betrachten wir zunächst die Wahrscheinlichkeit, dass eine eintreffende Anforderung eine positive Wartezeit erfährt:

$$P(W>t \mid W>0) = \frac{P(W>t, W>0)}{P(W>0)} = \frac{P(W>t)}{P(W>0)}, \tag{3.25}$$

wobei

$$P(W>0) = p_W = x(n)\frac{1}{1-\rho}. \tag{3.26}$$

Wir betrachten ferner den Warteprozess einer beliebig herausgewählten Testanforderung, die zum Ankunftszeitpunkt Θ Anforderungen im System vorfindet. Eine positive Wartezeit existiert nur für $\Theta \geq n$, d.h.

$$P(W>t) = \sum_{i=0}^{\infty} P(W>t \mid \Theta = i+n) \cdot P(\Theta = i+n), \tag{3.27}$$

wobei

$$P(\Theta = i+n) = x(i+n) = x(n)\rho^i. \tag{3.28}$$

Aus den Gleichungen (3.26), (3.27) und (3.28) erhält man

$$P(W>t \mid W>0) = \sum_{i=0}^{\infty} P(W>t \mid \Theta = i+n) \cdot (1-\rho)\rho^i. \tag{3.29}$$

Für die Warteschlangendisziplin FIFO (first-in, first-out) lässt sich die Wahrscheinlichkeit $P(W>t \mid \Theta = i+n)$ durch folgende Überlegung bestimmen (vgl. Akimaru [3.1]). Die Testanforderung trifft zum Ankunftszeitpunkt $\Theta = i+n$ Anforderungen im System an, d.h. alle Bedieneinheiten sind belegt, und i wartende Anforderungen sind in der Warteschlange. Diese sind noch vor der Testanforderung zu bearbeiten. Da alle n Bedieneinheiten belegt sind, ist die Zeitspanne $\hat{B}$ zwischen zwei Endigungen wie folgt negativ-exponentiell verteilt (vgl. Kap. 2.3.3):

$$\hat{B}(t) = P\left(\hat{B} \leq t\right) = 1 - e^{-n\mu t}.$$

Die Wartezeit der Testanforderung besteht aus zwei Anteilen:

- der Zeitspanne vom Ankunftszeitpunkt der Testanforderung bis zur ersten Endigung einer Bedienung. Diese Zeitspanne entspricht der Vorwärts-Rekurrenzzeit von $\hat{B}$, die aufgrund der Markov-Eigenschaft dieselbe Verteilungsfunktion wie $\hat{B}$ besitzt, und
- der Zeitspanne von der ersten Endigung bis alle $i = \Theta - n$ Anforderungen in den Bedienprozess übernommen worden sind. Diese Zeitspanne enthält i Intervalle vom Typ $\hat{B}$.

Infolgedessen setzt sich die Wartezeit der Testanforderung aus $i + 1$ Intervallen vom Typ $\hat{B}$ zusammen. Die Wartezeit entspricht einer Erlang-Verteilungsfunktion der Ordnung $(i+1)$, d.h.

$$P\left(W > t \mid \Theta = i + n\right) = e^{-n\mu t} \sum_{k=0}^{i} \frac{(n\mu t)^k}{k!}$$

oder aus Gl. (3.29)

$$
\begin{aligned}
P\left(W > t \mid W > 0\right) &= e^{-n\mu t} (1 - \rho) \sum_{i=0}^{\infty} \sum_{k=0}^{i} \rho^i \frac{(n\mu t)^k}{k!} \\
&= e^{-n\mu t} (1 - \rho) \sum_{k=0}^{\infty} \frac{(n\mu t)^k}{k!} \sum_{i=k}^{\infty} \rho^i = e^{-(1-\rho)n\mu t},
\end{aligned}
\tag{3.30}
$$

d.h.

$$
\begin{aligned}
P(W > t) &= P\left(W > t \mid W > 0\right) \cdot P\left(W > 0\right) \\
&= e^{-(1-\rho)n\mu t} \cdot p_W = 1 - W(t).
\end{aligned}
$$

Schließlich lautet die Wartezeitverteilungsfunktion $W(t)$ von Anforderungen im M/M/n-Wartesystem

$$
W(t) = 1 - p_W \cdot e^{-(1-\rho)n\mu t} = \begin{cases} 0 & t < 0, \\ 1 - p_W & t = 0, \\ 1 - p_W \cdot e^{-(1-\rho)n\mu t} & t > 0. \end{cases}
\tag{3.31}
$$

Da wir die Wartezeitverteilungsfunktion aller Anforderungen betrachten, d.h. Anforderungen ohne Wartevorgang werden mitberücksichtigt, besitzt $W(t)$ an der Stelle $t = 0$ eine Sprungstelle mit der Höhe $1 - p_W$. In Abb. 3.16 ist die komplementäre Verteilungsfunktion der Wartezeit im M/M/n-Wartesystem für unterschiedliche Werte der Systemauslastung ρ und der Anzahl n der Bedieneinheiten aufgetragen. Durch die exponentielle Charakteristik der Wartezeitverteilungsfunktion nimmt die komplementäre Verteilungsfunktion im halblogarithmischen Maßstab einen geradlinigen Verlauf an. Die Wahrscheinlichkeit, länger warten zu müssen, nimmt mit höherer Auslastung ρ zu und mit wachsendem n ab.

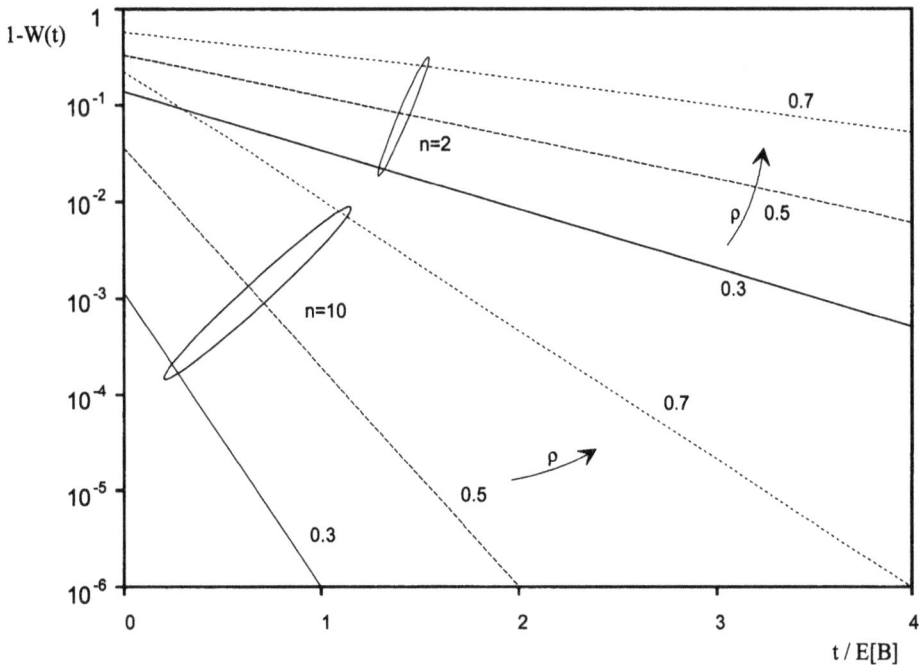

Abb. 3.16: *Komplementäre Wartezeitverteilungsfunktion im M/M/n-Wartesystem*

3.2.5   Bündelungsgewinn in Wartesystemen

In Abschnitt 3.1.6 wurde der Bündelungsgewinn am Beispiel des Verlustsystems M/M/n (bzw. M/GI/n) anhand der Erlang-Verlustformel diskutiert. Bündelt man die Bedieneinheiten von Verlustsystemen, so reduziert sich die Blockierungswahrscheinlichkeit des zusammengefassten Systems im Vergleich zu den Teilsystemen. Das zusammengesetzte System arbeitet wirtschaftlicher und besitzt eine bessere Dienstgüte (QoS: Quality of Service).

Der Effekt des Bündelungsgewinns existiert auch für Wartesysteme. Abbildung 3.17 zeigt zwei Systeme:

- System 1
    - besteht aus zwei Teilsystemen (1a und 1b) vom Typ M/M/n-Wartesystem

- Teilsysteme 1a und 1b haben jeweils n Bedieneinheiten und einen Ankunftsprozess mit der Rate $\lambda_1 = \lambda$
- die Wartewahrscheinlichkeit im System 1 ist p_{W_1}
- die mittlere Wartezeit (aller Anforderungen) ist W_1

- System 2
  - alle Bedieneinheiten werden zusammengefasst zu einer Bedienstufe mit $2 \cdot n$ Bedieneinheiten (Bündelung der Bedienung)
  - die Warteschlange ist zentral (shared memory)
  - das entstandene Wartesystem hat 2n Bedieneinheiten und einen Ankunftsprozess mit der Rate $\lambda_2 = 2 \cdot \lambda$
  - die Wartewahrscheinlichkeit des Systems 2 ist p_{W_2}
  - die mittlere Wartezeit (aller Anforderungen) ist W_2

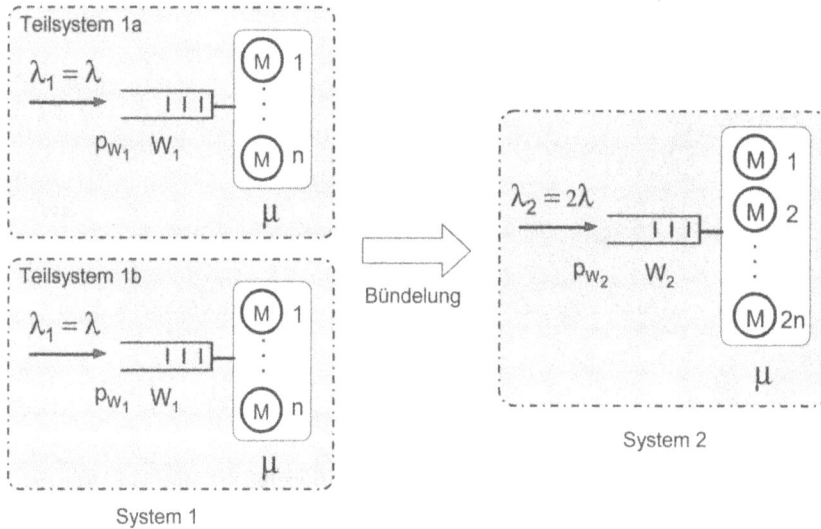

Abb. 3.17: *Bündelung von Wartesystemen*

Mit den Ergebnissen für M/M/n-Wartesysteme kann gezeigt werden, dass

$$p_{W_2} < p_{W_1}$$

und

$$W_2 < W_1,$$

d.h. durch die Bündelung der Bedieneinheiten weist das System 2 unter gleicher Belastung eine bessere Dienstgüte auf.

Die Verbesserung durch Bündelung lässt sich wie folgt erklären. Wenn eine Anforderung in das Teilsystem 1a eintrifft und alle Bedieneinheiten in diesem Teilsystem belegt vorfindet, muss sie warten, auch wenn eine Bedieneinheit im Teilsystem 1b gerade frei ist. Die Bediengruppen können sich gegenseitig wegen der strikten operativen Trennung nicht aushelfen. Im Falle des Systems 2, d.h. wenn die Bedieneinheiten zusammen gebündelt sind, würde diese Anforderung sofort bearbeitet werden können; dies führt zu einer Reduktion der Wartewahrscheinlichkeit und auch einer Verbesserung der mittleren Wartezeit. Das System mit Ressourcenbündelung arbeitet wirtschaftlicher.

Beispiel:

Wir betrachten eine Server-Farm, in der Transaktionen bearbeitet werden. Der gesamte Transaktionsverkehr sei ein Poisson-Strom mit der Rate 1000 [Transaktion pro Sekunde]. Die Transaktionsbearbeitungszeit B sei negativ-exponentiell verteilt (mittlere Bedienzeit $E[B] = 15ms$, d.h. Bedienrate $\mu = 1/E[B] = 66,66$ [Transaktionen pro Sekunde]). Die entstehenden Modelle seien vom Typ M/M/n-Wartesystem.

- System 1:
  - Wir haben aus Organisationsgründen zwei Teilsysteme mit je $n = 10$ Server, jedes Teilsystem ist für einen Transaktionsverkehr mit der Rate $\lambda_1 = 500$ [Transaktion pro Sekunde] zuständig. Das Angebot eines Teilsystems ist $a_1 = \lambda_1 \cdot E[B] = 7,5$ [Erl]. Die Auslastung eines Servers ist $a_S = \lambda_1 \cdot E[B]/n = 0,75$ [Erl], d.h. jeder Server ist im Mittel zu 75% ausgelastet.
  - Die Wartewahrscheinlichkeit (nach Gl. (3.19)) ergibt sich zu $p_{W_1} = 30,66\%$.
  - Die mittlere Wartezeit aller Transaktionen ist $E[W_1] = 1,84ms$.

- System 2:
  - Wir können nun operativ alle verfügbaren Server zusammenbündeln, das System 2 hat insgesamt 20 Server $(2n)$ und erfährt den gesamten Transaktionsverkehr mit der Rate $\lambda_2 = 2\lambda = 1000$ [Transaktion pro Sekunde]. Das Angebot des Gesamtsystems ist $a_2 = \lambda_2 \cdot E[B] = 2\lambda \cdot E[B] = 15$ [Erl]. Die Auslastung eines Servers bleibt $a_S = 2\lambda E[B]/20 = 0,75$ [Erl].
  - Die Wartewahrscheinlichkeit reduziert sich zu $p_{W_2} = 16,04\%$.
  - Die mittlere Wartezeit aller Transaktionen ist nun $E[W_2] = 0,48ms$.

- Ergebnis
  - Man erreicht durch die Bündelung der Teilsysteme, d.h. durch ein operatives Zusammenfassen der Bediengruppen, eine Reduktion der Wartewahrscheinlichkeit von $30,66\%$ auf $16,04\%$ und eine Verringerung der mittleren Wartezeit von 1,84 ms auf $0,48ms$.

3.3   Verlustsystem mit endlicher Quellenzahl

3.3.1   Modellbeschreibung

Die Struktur des Modells zeigt Abb. 3.18. Die Bedienstufe besteht aus n Bedieneinheiten mit einer negativ-exponentiell verteilten Bedienzeit B,

$$B(t) = P(B \le t) = 1 - e^{-\mu t}, \quad E[B] = \frac{1}{\mu}.$$

Anders als in den Modellen mit Poisson-Ankunftsprozessen, in denen Ankunftsverkehrs-ströme von einer als unendlich angenommenen Anzahl von Teilnehmern erzeugt werden, betrachten wir hier eine endliche Anzahl m von Teilnehmern, die den Ankunftsverkehr generieren $(m > n)$.

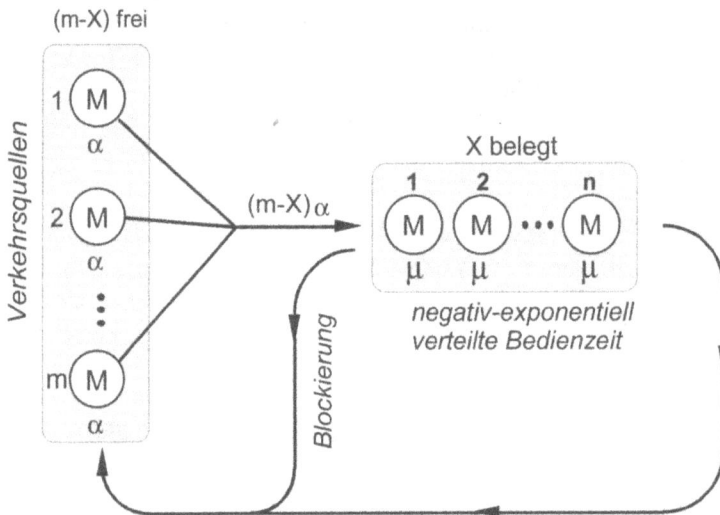

Abb. 3.18: *Verlustsystem mit endlicher Quellenzahl*

Das Verhalten eines Teilnehmers wird wie folgt modelliert, wobei zwei Zustände betrachtet werden:

- *aktiv*: der Teilnehmer wird gerade von einer Bedieneinheit bearbeitet. Die Dauer der Aktivzeit ist identisch mit der Bedienzeit B.

- *ruhend*: in diesem Zustand bleibt der Teilnehmer bis zum nächsten Belegungsversuch. Nach einer Bedienphase oder nach einem nicht-erfolgreichen Belegungsversuch (Blockierungsfall) kehrt der Teilnehmer zum Zustand *ruhend* zurück (s. Abb. 3.18). Die Dauer I (engl. *idle*) dieser ruhenden Phase sei negativ-exponentiell verteilt:

$$I(t) = P(I \le t) = 1 - e^{-\alpha t}, \quad E[I] = \frac{1}{\alpha}. \tag{3.32}$$

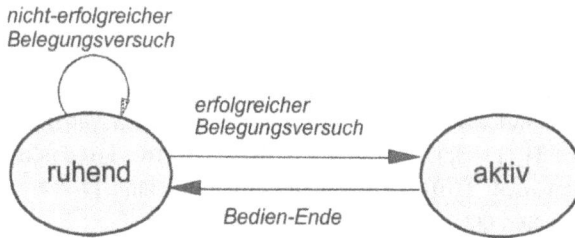

Abb. 3.19: *Teilnehmerverhaltensmodell*

Aus der Sicht eines Teilnehmers kann das modellrelevante Verhalten als Zustandsdiagramm wie in Abb. 3.19 dargestellt werden. Nach einer Bedienphase durchläuft der Teilnehmer eine ruhende Phase. Nach Ende dieser Phase mit der Dauer I folgt ein Belegungsversuch. Ist noch mindestens eine Bedieneinheit verfügbar, so wird der Teilnehmer bedient, d.h. aktiv. Ansonsten gilt der Belegungsversuch als blockiert. Der Teilnehmer bleibt im Zustand *ruhend* und beginnt erneut eine Phase der Länge I.

3.3.2 Zustandsraum und Zustandswahrscheinlichkeiten

Da die Population m aller Teilnehmer im System konstant bleibt, kann der Systemzustand mit der Zufallsvariablen X der Anzahl belegter Bedieneinheiten bzw. der aktiven Teilnehmer beschrieben werden. Die Anzahl der ruhenden Teilnehmer ist $(m - X)$.

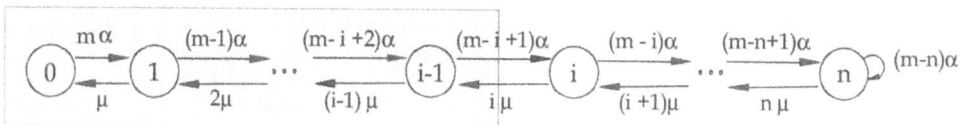

Abb. 3.20: *Zustandsdiagramm eines Verlustsystems mit endlicher Quellenzahl*

Der Zustandsprozess ist dementsprechend ein zustandsdiskreter, zeitkontinuierlicher stochastischer Prozess. Der Zustand $X(t)$ wird inkrementiert, wenn ein Belegungsversuch angenommen wird, und dekrementiert, falls ein Bedien-Ende stattfindet. Wegen der Markov-Eigenschaft der Bedien- und Ruhephasen besitzt auch der Zustandsprozess $X(t)$ die Eigenschaft der Gedächtnislosigkeit. Dies gilt zu jedem beliebigen Zeitpunkt des Prozesses.

Das Zustandsübergangsdiagramm des Verlustsystems mit endlicher Quellenzahl, wie in Abb. 3.20 dargestellt, entspricht dem Zustandsraum eines eindimensionalen, endlichen Geburts- und Sterbeprozesses. Die Übergangswahrscheinlichkeitsdichten (bzw. Raten) sind:

- *Erfolgreicher Belegungsversuch:*
  Im Zustand $[X=i]$ sind $(m-X)$ Teilnehmer im Zustand *ruhend*, und jeder von ihnen kann jeweils mit der Rate α einen Belegungsversuch starten. Nach der Herleitung der Übergangswahrscheinlichkeitsdichten in Kapitel 2.3.3 (Gl. (2.44)) erfolgt der Übergang $[X=i] \to [X=i+1]$ $(i=0,1,\ldots,n-1)$ mit der Rate $(m-i)\alpha$, falls ein Belegungsversuch angenommen wird. Trifft der Versuch auf den Zustand $[X=n]$, bleibt das System in diesem Zustand, und der Versuch wird blockiert.

- *Bedien-Ende:*
  Im Zustand $[X=i]$ befinden sich i Teilnehmer in der Bedienphase. Nach Gl. (2.44) erfolgt der Übergang $[X=i] \to [X=i-1]$ $(i=1,\ldots,n)$ mit der Rate $i\mu$. Dieser Zustandsübergang findet statt, falls einer der i laufenden Bedienvorgänge endigt.

Mit der Wahl des Makrozustands S, der sich aus den Mikrozuständen $\{X=0,1,\ldots,i-1\}$ zusammensetzt (s. Abb. 3.20), ergibt sich das Gleichungssystem

$$(m-i+1)\alpha \cdot x(i-1) = i\mu \cdot x(i), \qquad i=1,2,\ldots,n, \tag{3.33}$$

$$\sum_{i=0}^{n} x(i) = 1. \tag{3.34}$$

Durch sukzessives Einsetzen von Gl. (3.33) erhält man die Zustandswahrscheinlichkeiten $x(i) = P(X=i)$, $(i=0,1,\ldots,n)$, des Systems im statistischen Gleichgewicht:

$$x(i) = \frac{\binom{m}{i} a^{*i}}{\sum_{k=0}^{n} \binom{m}{k} a^{*k}}, \tag{3.35}$$

wobei

$$a^* = \frac{\alpha}{\mu} \tag{3.36}$$

das Angebot eines Teilnehmers im ruhenden Zustand ist.

Blockierungswahrscheinlichkeit

Die Zustandswahrscheinlichkeiten in Gl. (3.35) geben lediglich die anteilmäßigen Aufenthaltszeiten des Prozesses im Zustand $[X = i]$ an. Zur Herleitung der Blockierungswahrscheinlichkeit betrachten wir die Abfolge der Zustände, die von einem Teilnehmer S zum Zeitpunkt eines Belegungsversuchs subjektiv registriert wird, als einen neuen Zustandsprozess $\{X_A\}$. Bei dieser Betrachtung befindet sich der Teilnehmer S *außerhalb* des Prozessgeschehens von $\{X_A\}$. Der Teilnehmer S beobachtet genau den Zustandsprozess eines Verlustsystems, das aus einer reduzierten Population von $(m-1)$ Teilnehmern besteht. Man erhält aus Gl. (3.35) für den Prozess $\{X_A\}$:

$$x_A(i) = \frac{\binom{m-1}{i} a^{*i}}{\sum\limits_{k=0}^{n} \binom{m-1}{k} a^{*k}} . \tag{3.37}$$

Die Blockierungswahrscheinlichkeit ergibt sich für den Fall, dass ein Belegungsversuch den Systemzustand $[X_A = n]$ vorfindet. Man erhält schließlich folgende als Engset-Formel bezeichnete Beziehung:

$$p_B = x_A(n) = \frac{\binom{m-1}{n} a^{*n}}{\sum\limits_{k=0}^{n} \binom{m-1}{k} a^{*k}} . \qquad \text{(Engset-Formel)} \tag{3.38}$$

In Abb. 3.21 ist die Blockierungswahrscheinlichkeit nach der Engset-Formel für verschiedene Werte von m aufgetragen. Für $m \to \infty$ geht das Verlustsystem mit endlicher Quellenzahl in das M/M/n-Verlustsystem über. Dies bedeutet, dass die Erlang-Verlustformel den Grenzfall der Engset-Formel für $m \to \infty$ darstellt. In Abb. 3.21 nähern sich mit wachsendem m die Kurven nach der Engset-Formel der Kurve nach der Erlang-Formel für M/M/n-Verlustsysteme an.

Verallgemeinerung auf allgemeine Bedienzeitverteilungsfunktionen

Die in Gl. (3.35) und (3.38) angegebenen Zustandswahrscheinlichkeiten gelten gemäß obiger Herleitung zunächst nur für eine negativ-exponentiell verteilte Bediendauer B. Es kann jedoch gezeigt werden, dass diese Zustandswahrscheinlichkeiten auch für allgemeine Bedienzeitverteilungsfunktionen gelten (vgl. Syski [3.10]).

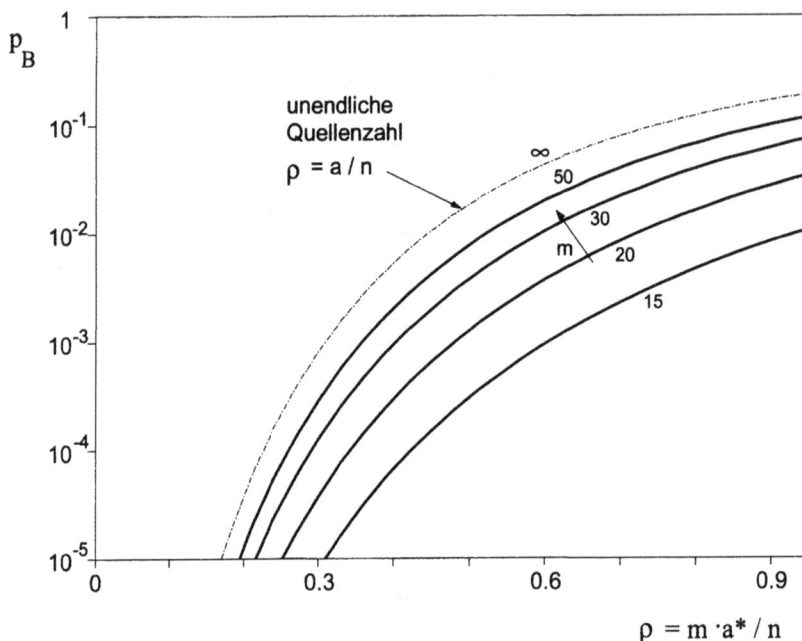

Abb. 3.21: *Blockierungswahrscheinlichkeit nach der Engset-Formel*

3.3.3   Modellierungsbeispiel: Mobilfunkzelle mit endlicher Quellenzahl

In Abschnitt 1.1.2c wurde das Modell einer Zelle in einem Mobilfunksystem, das gemäß des Mobilfunkstandards GSM (*Global System for Mobile Communication*) operiert, vorgestellt. Das Modell ist ein Verlustsystem mit endlicher Quellenzahl, das mithilfe der Analyse im vorherigen Unterabschnitt untersucht wird. Diese Analyse, zusammen mit der hergeleiteten Engset-Formel, wird nun zur Dimensionierung einer GSM-Zelle angewendet. Die Parameter des Modells im nachfolgenden numerischen Beispiel sind wie folgt:

- *Bedienprozess*
  Die Mobilfunkzelle hat n Nutzkanalpaare, d.h. n Bedieneinheiten für das Sprachverkehrsaufkommen. Da aufgrund der Robustheitseigenschaft die Ergebnisse des M/M/n-Verlustsystems mit endlicher Quellenzahl auch für M/GI/n-Verlustsysteme mit endlicher Quellenzahl gültig sind, kann die Gesprächsdauer B beliebig verteilt sein. Die mittlere Gesprächsdauer ist $E[B] = 1/\mu$. Ein akzeptierter Anrufversuch beansprucht ein Nutzkanalpaar für die Dauer B der Sprachverbindung. Steht zum Zeitpunkt des Anrufversuchs kein Kanalpaar zur Verfügung, wird der Versuch abgewiesen.

- *Ankunftsprozess*

  In der Mobilfunkzelle befinden sich m Teilnehmer, die sich in zwei Zuständen befinden können: „ruhend" oder „aktiv" (telefonierend). Die Dauer I des Zustands „ruhend" sei negativ-exponentiell verteilt mit der Rate α (vgl. Gl. (3.32)), welche die Anrufrate eines Teilnehmers im Zustand „ruhend" charakterisiert. Das Angebot eines Teilnehmers im ruhenden Zustand ist $a^* = \alpha \cdot E[B] = \alpha / \mu$ [Erl]. Das gesamte Angebot aller Teilnehmer in der Mobilfunkzelle ist $a = m \cdot a^* = m \cdot \alpha \cdot E[B]$ [Erl]. Für $m \to \infty$ geht der Ankunftsprozess in einen Poisson-Prozess über mit $\lambda = \alpha \cdot m$.

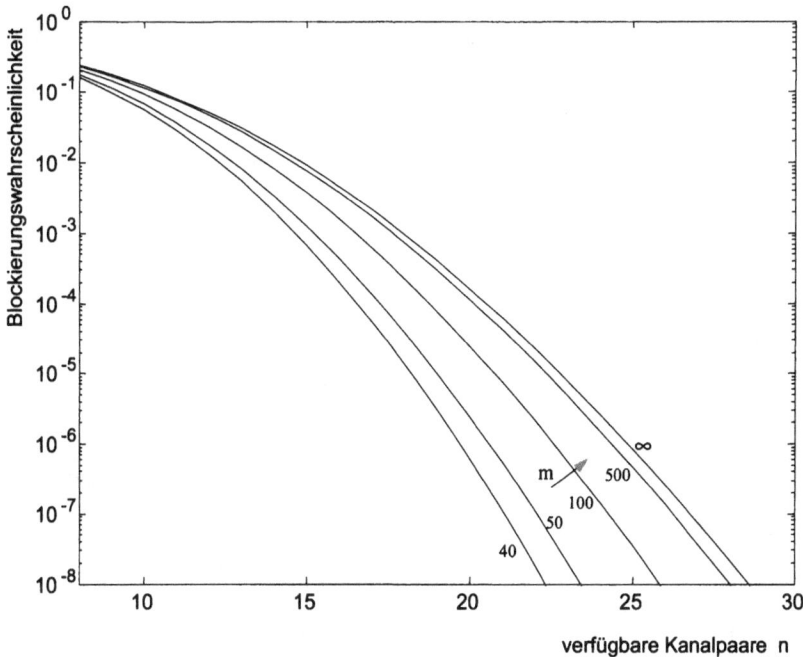

Abb. 3.22: *Blockierwahrscheinlichkeit in Abhängigkeit der Anzahl der Nutzkanäle*

Die Anzahl n der Nutzkanäle (und damit die der erforderlichen Frequenzen) soll so dimensioniert werden, dass bei einem gegebenen Gesamtangebot a die Blockierungswahrscheinlichkeit einen bestimmten Wert nicht übersteigt. Abbildung 3.22 zeigt die Blockierungswahrscheinlichkeit in Abhängigkeit der zur Verfügung stehenden Nutzkanäle. Dabei wird vorausgesetzt, dass das gesamte Angebot aller Teilnehmer in der Mobilfunkzelle $a = m \cdot a^* = 8$ [Erl] ist. Die Blockierungswahrscheinlichkeit nimmt sehr rasch mit zunehmender Anzahl der verfügbaren Kanalpaare ab. Man erkennt ebenfalls, dass bzgl. des Blockierungsverhaltens die vereinfachende Annahme von einer unendlichen Quellenzahl die obere Schranke darstellt. Dies bedeutet, dass für Dimensionierungszwecke die Modellierung mit unendlicher Quellenzahl, d.h. mit dem Verlustsystem M/GI/n und der Erlang-Verlustformel einer pessimistischen Dimensionierung entspricht.

Die Abhängigkeit der Blockierungswahrscheinlichkeit von der Verkehrsintensität der Teilnehmer in der Mobilfunkzelle zeigt Abb. 3.23. In dieser Analyse wird auf der x-Achse mit der Annahme der mittleren Verbindungsdauer $E[B] = 2$ [Minuten] die gesamte Verkehrsintensität in [Verbindungswünsche pro Minute] angegeben. Die Anzahl der verfügbaren Kanalpaare ist $n = 30$, d.h. die Zelle erhält $f = 4$ Frequenzen zugeteilt. Wächst die Anzahl m der Teilnehmer bei bleibender Gesamtverkehrsintensität, steigt die Blockierungswahrscheinlichkeit. Dieser Effekt kann auch so formuliert werden, dass die Blockierungswahrscheinlichkeit mit der Granularität des Verkehrs steigt. Wird der Verkehr von einer großen Anzahl von Teilnehmern erzeugt, wird die Blockierungswahrscheinlichkeit größer. Sie wird am größten mit der Annahme der unendlichen Quellenzahl ($m \rightarrow \infty$).

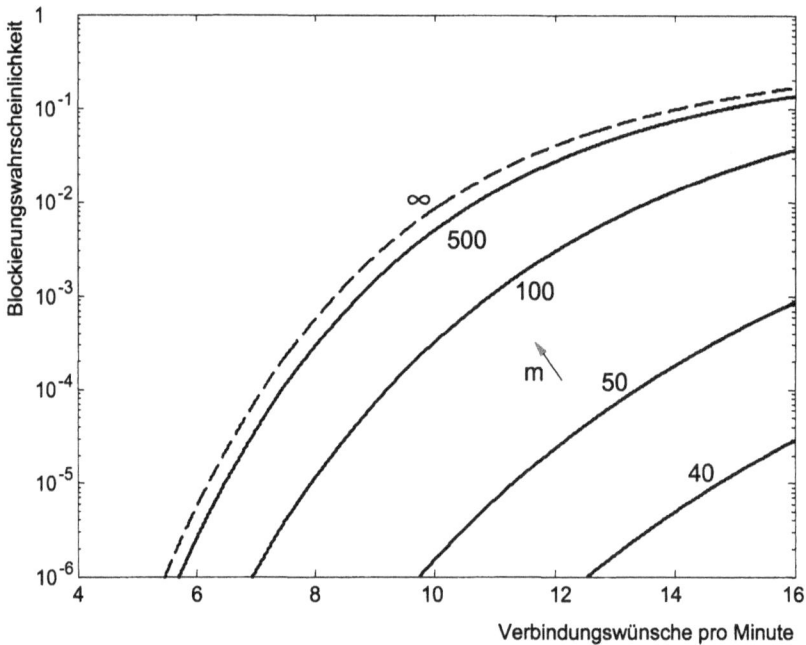

Abb. 3.23: *Blockierwahrscheinlichkeit für ansteigende Last*

3.4 Rufwiederholungsmodell mit endlicher Quellenzahl

Abgewiesene Anforderungen in einem Kommunikationsnetz führen meist zu neuen Wiederholungsversuchen. Vor allem bei Betrachtung von Systemen mit endlicher Quellenzahl wirkt sich dieser Effekt wesentlich auf das Gesamtverkehrsangebot und auf die Leistung des Systems aus. In diesem Abschnitt beschäftigen wir uns mit einer Erweiterung des Verlustsystems mit endlicher Quellenzahl. Das Teilnehmermodell wird dahingehend modifiziert, dass im Falle einer Blockierung der Teilnehmer – nach einer Wartezeit – einen erneuten Versuch startet.

Zunächst wird eine Analyse vorgestellt, in der ein zweidimensionaler Markov-Zustandsprozess mit einem rekursiven Algorithmus berechnet wird. Anschließend wird das Modell zur Untersuchung einer Mobilfunkzelle mit endlicher Anzahl von Teilnehmern und Rufwiederholungseffekt (vgl. Tran-Gia & Mandjes [3.15]) angewendet.

3.4.1 Modellbeschreibung

Teilnehmermodell

In diesem Abschnitt verwenden wir in Anlehnung an Anwendungen in der Telefonie die Begriffe „Verbindungswunsch", „Anrufversuch" und *„Ruf"* äquivalent, um den Versuch, eine Bedieneinheit zu belegen, zu beschreiben. Versucht der Teilnehmer nach einer längeren Pause einen Ruf zu aktivieren, bezeichnen wir diesen als *„Erstruf"*. Handelt es sich um einen nochmaligen Versuch nach einer Blockierung, bezeichnen wir diesen als *„Folgeruf"* oder „Rufwiederholung".

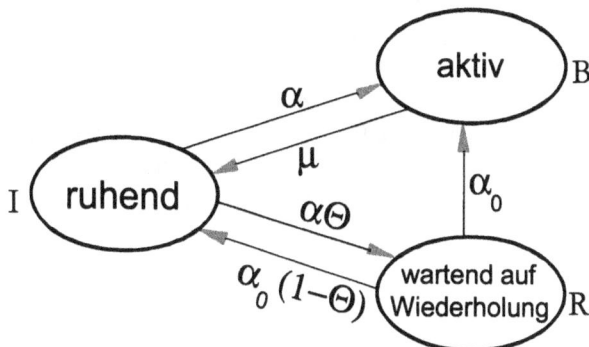

Abb. 3.24: *Modell des Rufwiederholungsverhaltens eines Teilnehmers*

Das in diesem Ansatz benutzte Modell eines Teilnehmers geht aus Abb. 3.24 hervor. Alle Modellkomponenten sollen hier die Markov-Eigenschaft besitzen. Ein Teilnehmer bzw. eine Quelle wird durch folgende Zufallsvariablen charakterisiert:

I   Ruhezeitdauer (idle time); Zeitspanne, in welcher sich die Quelle im Ruhezustand befindet, also gerade nicht telefoniert. Die Ruhezeitdauer wird hier mit einer negativ-exponentiell verteilten ZV mit der Rate α betrachtet, d.h.

$$I(t) = P(I \le t) = 1 - e^{-\alpha t},$$

$$E[I] = \frac{1}{\alpha}.$$

Befindet sich ein Teilnehmer im Zustand „ruhend", so wird ein Ruf mit der Rate α erzeugt.

B   Verbindungsdauer bzw. Rufdauer (**Bedienzeit**). Die Rufdauer wird ebenfalls mit einer negativ-exponentiellen Verteilung beschrieben

$$B(t) = P(B \le t) = 1 - e^{-\mu t},$$

$$E[B] = \frac{1}{\mu}.$$

R   Rufwiederholungsabstand (inter-reattempt time); Zeitspanne zwischen Erstruf und erstem Folgeruf bzw. zwischen aufeinander folgenden Folgerufen. Die Dauer R wird hier als unabhängige Zufallsvariable und mit einer negativ-exponentiellen Verteilung modelliert:

$$R(t) = P(R \le t) = 1 - e^{-\alpha_0 t},$$

$$E[R] = \frac{1}{\alpha_0}.$$

In der Realität ist der mittlere Rufwiederholungsabstand erheblich kleiner als die mittlere Ruhezeitdauer, d.h. $E[R] < E[I]$. Die Übergänge zwischen den drei Grundzuständen einer Quelle sind in Abb. 3.24 dargestellt. Sie sind davon abhängig, ob der Rufversuch (Erstruf oder Rufwiederholung) angenommen wird oder nicht. Der in den Übergangswahrscheinlichkeitsdichten enthaltene Faktor θ ist die Rufwiederholwahrscheinlichkeit. Diese Wahrscheinlichkeit charakterisiert die Geduld der Teilnehmer und ist im Allg. abnehmend mit der Anzahl der Wiederholungen. Für den hier behandelten Modellansatz wird θ als konstant angenommen.

Gesamtmodell

Das Gesamtmodell ist in Abb. 3.25 dargestellt, dessen Komponenten im Folgenden erläutert werden:

- Die endliche Anzahl m von Verkehrsquellen, mit denen Teilnehmer mit dem in Abb. 3.24 beschriebenen Verhalten modelliert werden, erzeugen den Ankunftsverkehr. Die Verkehrsintensität ist von der Anzahl der Teilnehmer im Zustand „ruhend" (freie Teilnehmer bzw. Quellen) abhängig.

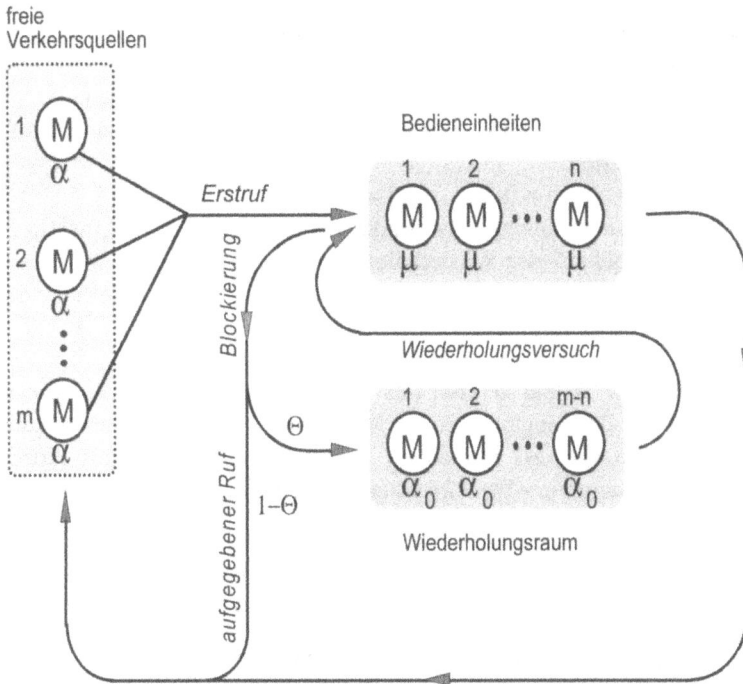

Abb. 3.25: *Verkehrsmodell für Rufwiederholung mit endlicher Quellenzahl*

- Die Anzahl n von Bedieneinheiten, welche die Verbindungsprozesse repräsentieren. Damit werden z.B. Verbindungsleitungen oder verfügbare Kanäle modelliert. Die Bediendauer wird hier als negativ-exponentiell verteilte Zufallsvariable angenommen. Die dazugehörige Bedienrate einer Belegung ist μ. Das System wird als Verlustsystem betrieben, d.h. falls alle Bedieneinheiten belegt sind, werden ankommende Anforderungen bzw. Rufe abgewiesen. Ein abgewiesener Ruf – Erstruf oder Rufwiederholung – wird mit der Wahrscheinlichkeit θ wiederholt oder mit der komplementären Wahrscheinlichkeit $(1-\theta)$ aufgegeben.

- Der Wiederholungsraum, in dem sich die auf eine Wiederholung wartenden Rufe aufhalten. Da die Anzahl der Quellen endlich ist, können maximal $(m-n)$ Rufe gleichzeitig auf eine Wiederholung warten. Gemäß der obigen Definition des Rufwiederholungsabstands R besitzen die Warteplätze des Wiederholungsraumes die Enderate α_0.

Folgende Symbole und Formelzeichen werden in der nachfolgenden Modellanalyse angewendet:

α Anrufrate einer Verkehrsquelle im Zustand „ruhend" bzw. Freizustand

m   Anzahl der Verkehrsquellen

μ Bedienrate einer Bedieneinheit

n   Anzahl der Bedieneinheiten

α_0 Enderate eines Rufes im Wiederholungsraum

θ Rufwiederholwahrscheinlichkeit

X   Zufallsvariable für die aktuelle Anzahl belegter Bedieneinheiten

Z   Zufallsvariable für die aktuelle Anzahl der Rufe (Teilnehmer), die auf eine Wiederholung warten

$x(i,j) = P(X = i, Z = j)$, $i = 0,1,...,n$, $j = 0,1,...,m-n$

Zustandswahrscheinlichkeit dafür, dass i Rufe im Zustand „aktiv" (in Bedienung)
sind und j Rufe auf eine Wiederholung warten.

Zustandsübergang

Mit den Zufallsvariablen X und Z lässt sich der Zustandsprozess des Systems vollständig
beschreiben. Da alle Modellkomponenten die Markov-Eigenschaft aufweisen, kann im stationären Fall der Zustandsprozess mit einem zweidimensionalen Markov-Prozess, dessen
Zustandsübergangsdiagramm in Abb. 3.26 dargestellt wird, beschrieben werden.

Betrachtet wird nun ein Zustand, z.B. $[X = i, Z = j]$ (für $i < n$ und $j=0,1,...,m-n$), bei
dem folgende Ereignisse zu einer Zustandsänderung führen können:

- Ankunft eines Erstrufs: da sich in dem betrachteten Zustand $(m-i-j)$ Quellen im
  Zustand „ruhend" befinden, geht das System mit der Übergangswahrscheinlichkeitsdichte $(m-i-j) \cdot \alpha$ in den Zielzustand $(i+1,j)$ über.

- Rufwiederholung: da sich in dem betrachteten Zustand j Teilnehmer im Wiederholungsraum befinden, wird mit der Übergangswahrscheinlichkeitsdichte $j \cdot \alpha_0$ der Zielzustand $(i+1,j-1)$ erreicht.

- Bedien-Ende: da i Teilnehmer hier im Zustand „aktiv" sind, wird mit der Übergangswahrscheinlichkeitsdichte $i \cdot \mu$ der Zielzustand $(i-1,j)$ erreicht.

Eine Ausnahme bilden die Zustände (n,j), $j = 0,1,...,m-n$ (Blockierungszustände), bei
denen das Eintreffen eines Erstrufs bzw. eines Folgerufs zu folgenden Zustandsänderungen
führt:

- Erstruf: mit der Wiederholungswahrscheinlichkeit θ wird der abgewiesene Ruf in
  den Wiederholungsraum transferiert; die Übergangswahrscheinlichkeitsdichte dafür
  ist $(m-n-j) \cdot \theta \cdot \alpha$.

- Folgeruf: mit der Wahrscheinlichkeit $(1-\theta)$ wird eine abgewiesene Wiederholung
  aufgegeben; die Übergangswahrscheinlichkeitsdichte dafür ist $j \cdot (1-\theta) \cdot \alpha_0$.

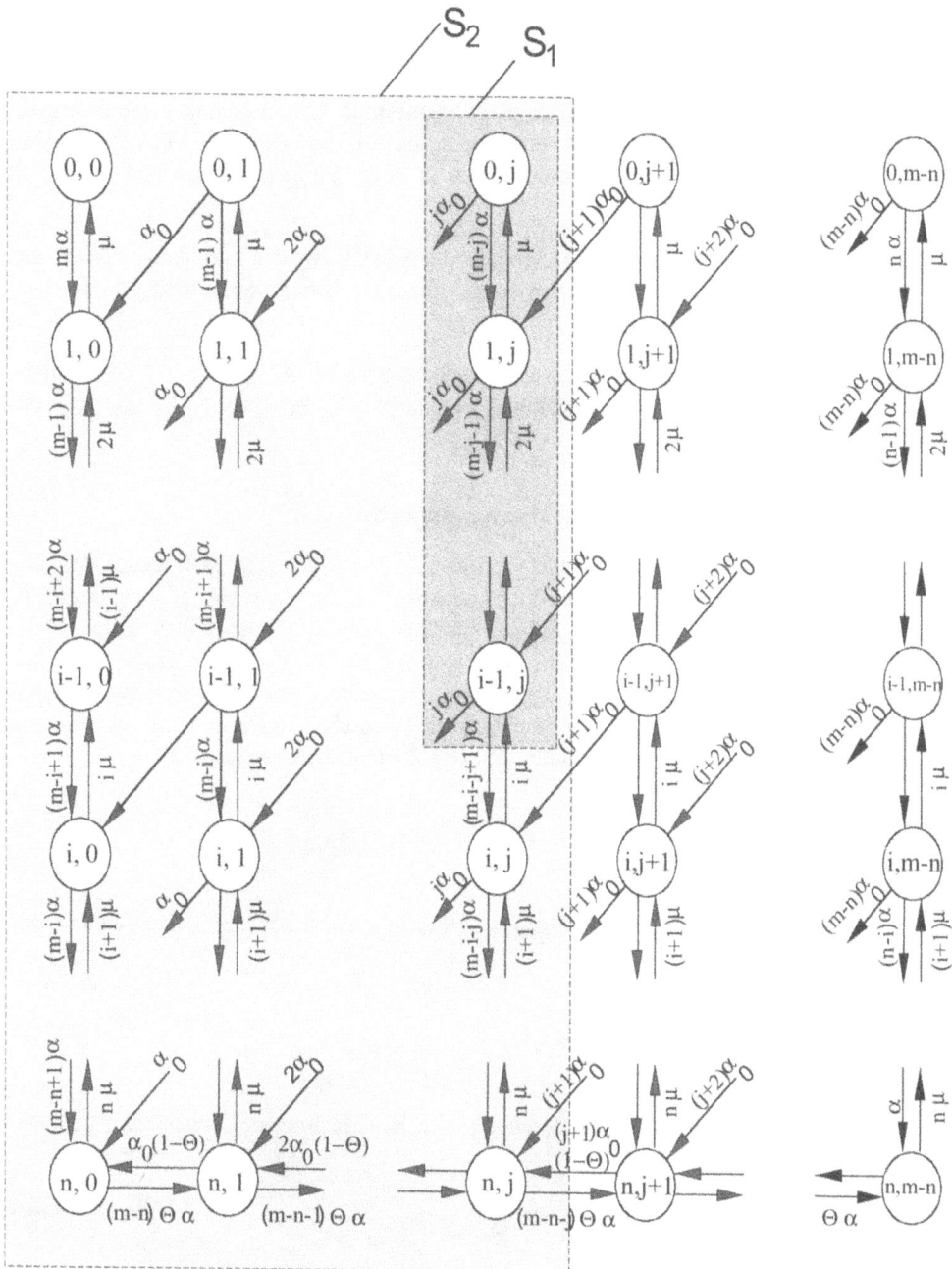

Abb. 3.26: *Zustandsübergangsdiagramm des Rufwiederholungmodells mit endlicher Quellenzahl*

3.4.2   Rekursiver Analysealgorithmus

Prinzipiell hat man mit dem Zustandsübergangsdiagramm in Abb. 3.26 einen zweidimensionalen Markov-Prozess mit einer endlichen Anzahl von $(n+1)\cdot(m-n+1)$ Zuständen. Man kann ein Gleichungssystem von Mikrozuständen (s. Kap. 2.3.2) aufstellen und numerisch lösen.

In diesem Abschnitt wird anhand dieses Modells die Anwendung des Makrozustandkonzepts zur Vereinfachung des Gleichungssystems veranschaulicht, wobei die Auflösung des Gleichungssystems rekursiv erfolgen kann.

Der rekursive Algorithmus benötigt zwei Grundbeziehungen, die aus dem Zustandsübergangsdiagramm gewonnen werden. Betrachtet werden zwei Makrozustände S_1 und S_2, die in Abb. 3.26 gekennzeichnet sind.

Zustandsübergangsgleichung für den Makrozustand S_1

Der Makrozustand S_1 umfasst die Zustände mit $0, \dots, i-1$ belegten Bedieneinheiten und genau j Rufen im Wiederholungsraum. Der Makrozustand S_1 kann von benachbarten Zuständen erreicht werden, z. B. von denjenigen Zuständen der rechts benachbarten Spalte, die mit $j+1$ Rufen im Wiederholungsraum und weniger als $i-1$ belegten Bedieneinheiten korrespondieren. Diese Zustandsübergänge (schräg von rechts oben nach links unten) finden bei einem Folgeruf eines der $j+1$ Teilnehmer im Wiederholungsraum statt. Die Summe aller Übergangswahrscheinlichkeitsdichten für diese Zustandsübergänge sind

$$\sum_{k=0}^{i-2}(j+1)\cdot\alpha_0\cdot x(k,j+1).$$

Insgesamt ergeben sich für die Übergangswahrscheinlichkeitsdichten zum Erreichen des Makrozustands S_1

$$(j+1)\cdot\alpha_0\sum_{k=0}^{i-2} x(k,j+1)+i\cdot\mu\cdot x(i,j). \tag{3.39}$$

Die Übergangswahrscheinlichkeit zum Verlassen von S_1 errechnet sich entsprechend zu

$$j\cdot\alpha_0\sum_{k=0}^{i-1} x(k,j)+(m-(i-1)-j)\cdot\alpha\cdot x(i-1,j). \tag{3.40}$$

Befindet sich der Markozustand S_1 im statistischen Gleichgewicht, d.h. die Summe der gewichteten Wahrscheinlichkeitsdichten zum Erreichen des Zustands ist gleich denen für das Verlassen, so erhält man aus Gl. (3.39) und (3.40) die Zustandsübergangsgleichung für den Makrozustand S_1

$$i\mu \cdot x(i,j) = j\alpha_0 \sum_{k=0}^{i-1} x(k,j) + (m-i-j+1)\alpha \cdot x(i-1,j) - (j+1)\alpha_0 \cdot \sum_{k=0}^{i-2} x(k,j+1),$$

$$j = 0,1,\dots,m-n, \quad i = 0,1,\dots,n, \qquad (3.41)$$

wobei $x(i,j) = 0$ für $j > m-n$.

Es soll hier festgehalten werden, dass mit Gl. (3.41) die Zustandswahrscheinlichkeit $x(i,j)$ berechnet werden kann, wenn alle Zustände der oberen Teilspalte $\left(x(k,j), k = 0,\dots,i-1\right)$ und der rechts stehenden Teilspalte ($x(k,j+1), k = 0,\dots,i-2$) bekannt sind. Anhand dieser Eigenschaft werden im späteren Algorithmus die Zustandswahrscheinlichkeiten spaltenweise von rechts nach links und innerhalb einer Spalte von oben nach unten berechnet.

Zustandsübergangsgleichung für den Makrozustand S_2

Der Makrozustand S_2, wie in Abb. 3.26 gekennzeichnet, umfasst alle Zustände mit beliebiger Anzahl an belegten Bedieneinheiten und $0,\dots,j$ Rufen im Wiederholungsraum. Bezüglich der Übergänge kann der Zustand nur dann verlassen werden, wenn bei n belegten Bedieneinheiten ein Erstruf in den Wiederholungsraum wechselt. Analog zu S_1 erhält man für den Makrozustand S_2

$$(m-n-j) \cdot \theta \cdot \alpha \cdot x(n,j) = (j+1) \cdot \alpha_0 \sum_{k=0}^{n-1} x(k,j+1) + (j+1) \cdot (1-\theta) \cdot \alpha_0 \cdot x(n,j+1),$$

$$j = 0,1,\dots,m-n-1. \qquad (3.42)$$

Analysealgorithmus

Die Gleichungen (3.41) und (3.42) bilden zusammen mit der Normierungsgleichung

$$\sum_{i=0}^{n} \sum_{j=0}^{m-n} x(i,j) = 1 \qquad (3.43)$$

ein lineares Gleichungssystem zur Bestimmung der Zustandswahrscheinlichkeiten.

Zur effizienten numerischen Berechnung auch für größere Systeme wurde ein Algorithmus entwickelt, dessen Anzahl an durchgeführten Operationen im Wesentlichen proportional zur Anzahl der Zustände des zugrunde liegenden Markov-Zutandsprozesses ist. Die Idee hierbei ist, die Zustandswahrscheinlichkeit $x(0,m-n)$ zunächst mit einer Konstanten K_0 zu initialisieren und dann mit Hilfe des Makrozustands S_1 die Wahrscheinlichkeiten für die rechte Spalte in Abb. 3.26 in Abhängigkeit von K_0 zu berechnen. Dies funktioniert insbesondere deswegen, weil diese Spalte nicht von anderen Spalten erreicht werden kann. Sukzessive auf die anderen Spalten von rechts nach links in Abb. 3.26 angewendet, lassen sich deren Wahrscheinlichkeiten zunächst in Abhängigkeit von K_0 und einer weiteren Konstante K_1 ausdrücken, indem man z.B. für die zweite Spalte von rechts $x(0,m-n-1) = K_1$ setzt. Mit Hilfe des Markozustandes S_2 kann dann die zweite Konstante K_1 wieder eliminiert werden.

Dies funktioniert insbesondere deswegen, weil S_2 nur von Zuständen erreicht werden kann, deren Wahrscheinlichkeiten bereits in Abhängigkeit von K_0 berechnet wurden und nur über einen einzigen Pfeil verlassen werden kann. Diese Vorgehensweise veranschaulicht noch einmal die Mächtigkeit der Bildung von Makrozuständen beim Lösen des linearen Gleichungssystems für die Zustandswahrscheinlichkeiten. Der Algorithmus besteht aus folgenden Schritten:

1. $x(0, m-n) = K_0$ setzen

2. Für $x(i, m-n) = c_{i,m-n} \cdot K_0$ die Koeffizienten $c_{i,m-n}$, $i = 1, 2, \ldots, n$, mit Gl. (3.41) rekursiv berechnen. Die Wahrscheinlichkeiten $x(i, m-n)$, $i = 0, 1, \ldots, n$, sind jetzt nur von $x(0, m-n) = K_0$ abhängig.

3. Spaltenindex $j = m - n - 1$
   $x(0, j) = K_1$ setzen.

4. Für $x(i, j) = u_{i,j} \cdot K_0 + v_{i,j} \cdot K_1$ die Koeffizienten $u_{i,j}$ und $v_{i,j}$ für $i = 1, 2, \ldots, n$ mit Gl. (3.41) rekursiv berechnen. Man erhält schließlich die Zustandswahrscheinlichkeit

$$x(n, j) = u_{n,j} \cdot K_0 + v_{n,j} \cdot K_1 . \tag{3.44}$$

Andererseits lässt sich $x(n, j)$ mit Gl. (3.42) bestimmen zu

$$x(n, j) = w_j \cdot K_0 . \tag{3.45}$$

Aus Gl. (3.44) und (3.45) kann eine Beziehung zwischen K_1 und K_0 hergestellt werden

$$K_1 = \frac{w_j - u_{n,j}}{v_{n,j}} \cdot K_0 = \beta_j \cdot K_0 . \tag{3.46}$$

5. Gemäß Gl. (3.46) aus den von K_0 und K_1 abhängigen Wahrscheinlichkeiten $x(i, j)$ (zunächst $j = m - n - 1$) K_1 eliminieren, d.h. sie werden in K_0 wie folgt ausgedrückt:

$$x(i, j) = \left(u_{i,j} + \beta_j \cdot v_{i,j} \right) \cdot K_0 = c_{i,j} \cdot K_0 , \quad i = 0, 1, \ldots, n . \tag{3.47}$$

Nach diesem Schritt sind alle Wahrscheinlichkeiten $x(i, k)$, $i = 0, 1, \ldots, n$, $k = j, j+1, \ldots, m-n$, d.h. zunächst die letzten beiden Spalten $j \in \{ m-n, m-n-1 \}$, nur noch von K_0 abhängig.

6. Die Schritte 3., 4. und 5. für $j = m - n - 2, \ldots, 1, 0$ wiederholen. Alle Zustandswahrscheinlichkeiten sind nun in K_0 ausgedrückt.

7. Zustandswahrscheinlichkeiten normieren. Dafür wird K_0 wie folgt berechnet:

$$\sum_{i=0}^{n} \sum_{j=0}^{m-n} x(i,j) = \sum_{i=0}^{n} \sum_{j=0}^{m-n} c_{i,j} \cdot K_0 = 1$$

$$\text{oder } K_0 = \left[\sum_{i=0}^{n} \sum_{j=0}^{m-n} c_{i,j} \right]^{-1}.$$

(3.48)

3.4.3 Berechnung der Verkehrsflüsse

Aus den Zustandswahrscheinlichkeiten, die mit Hilfe des beschriebenen Algorithmus gewonnen werden, lassen sich charakteristische Größen herleiten, mit denen der Einfluss des Rufwiederholungseffektes auf das Systemverhalten untersucht wird.

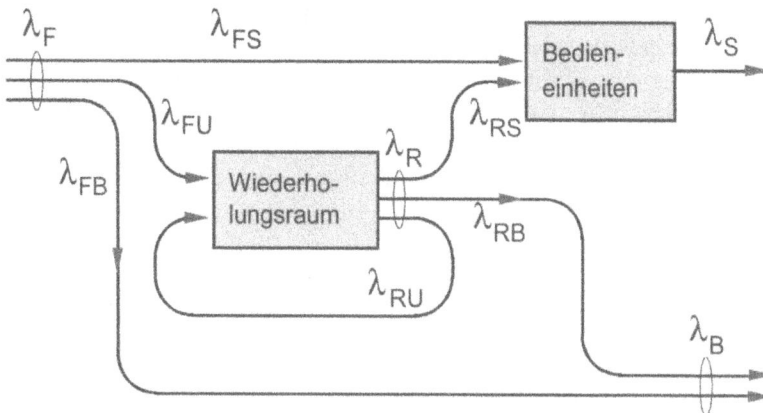

Abb. 3.27: *Verkehrsflüsse im Rufwiederholungsmodell*

Das Verkehrsgeschehen im Modell wird in Abb. 3.27, in dem die Verkehrsströme im Modell illustriert werden, schematisch dargestellt. Folgende Indizierung wird für die Darstellung der mittleren Raten der Rufströme vorgenommen:

F   Erstruf bzw. Erstversuch (fresh call)
R   Folgeruf oder Wiederholung (reattempt)
S   erfolgreicher Ruf (successful call)
U   abgewiesener Ruf, der wiederholt wird (unsuccessful call)
B   abgewiesener Ruf, der aufgegeben wird (blocked call).

Nach dieser Indizierung ist λ_{FS} z.B. die mittlere Rate (in [Anforderungen pro Zeiteinheit]) der Erstrufe, die sofort angenommen und bedient werden.

Die in Abb. 3.27 dargestellten mittleren Verkehrsraten der Erstversuche lassen sich aus den Zustandswahrscheinlichkeiten folgendermaßen bestimmen:

$$
\lambda_{FS} = \alpha \sum_{i=0}^{n-1} \sum_{j=0}^{m-n} (m-i-j) \cdot x(i,j),
$$

$$
\lambda_{FU} = \theta \cdot \alpha \sum_{j=0}^{(m-n)-1} (m-n-j) \cdot x(n,j),
$$

$$
\lambda_{FB} = (1-\theta) \cdot \alpha \sum_{j=0}^{(m-n)-1} (m-n-j) \cdot x(n,j).
$$

(3.49)

Die Rate der erfolgreichen Erstversuche λ_{FS} ist z.B. die Anrufrate einer Quelle α gewichtet mit den Wahrscheinlichkeiten der Zustände, die noch mindestens eine freie Bedieneinheit aufweisen, also ein Wechsel von i nach $i+1$ $(i \le n)$ belegten Bedieneinheiten erfolgen kann, und der Anzahl der ruhenden Quellen in diesem Zustand. In ähnlicher Weise sind die Raten für abgewiesene, aber wiederholte und abgewiesene, aber aufgegebene Erstrufe λ_{FU} und λ_{FB} die Anrufrate α gewichtet mit der Rufwiederholungswahrscheinlichkeit θ bzw. der Aufgabewahrscheinlichkeit $(1-\theta)$, den Wahrscheinlichkeiten der Zustände, die durch n belegte Bedieneinheiten und mindestens einen Teilnehmer, der sich weder in Bedienung noch im Wiederholungsraum befindet, gekennzeichnet sind, und der Anzahl der ruhenden Quellen in diesem Zustand.

Analog erhält man für die Wiederholungsverkehrsströme

$$
\lambda_{RS} = \alpha_0 \cdot \sum_{i=0}^{n-1} \sum_{j=0}^{m-n} j \cdot x(i,j),
$$

$$
\lambda_{RU} = \theta \cdot \alpha_0 \sum_{j=0}^{m-n} j \cdot x(n,j),
$$

$$
\lambda_{RB} = (1-\theta) \cdot \alpha_0 \sum_{j=0}^{m-n} j \cdot x(n,j).
$$

(3.50)

Die gesamte Belastung des Systems setzt sich aus zwei Verkehrsströmen zusammen: die Erstversuche mit der mittleren Rate λ_F und die Rufwiederholungen mit der mittleren Rate λ_R:

$$
\lambda_F = \lambda_{FS} + \lambda_{FU} + \lambda_{FB},
$$
$$
\lambda_R = \lambda_{RS} + \lambda_{RU} + \lambda_{RB}.
$$

(3.51)

Die Wahrscheinlichkeit dafür, dass ein Erstversuch abgewiesen wird, errechnet sich zu

$$
p_{B_F} = \frac{\lambda_{FU} + \lambda_{FB}}{\lambda_F}.
$$

(3.52)

Charakteristisch für den Rufwiederholungseffekt ist die mittlere Anzahl der Versuche – einschließlich des Erstrufs –, die ein Ruf machen muss

$$\eta = \frac{\lambda_R + \lambda_F}{\lambda_F} = 1 + \frac{\lambda_R}{\lambda_F}. \tag{3.53}$$

Betrachtet man nur die erfolgreichen Rufe, so muss ein erfolgreicher Ruf im Mittel η_F Versuche unternehmen:

$$\eta_F = \frac{\lambda_{FU} + \lambda_{FS} + \lambda_{RU} + \lambda_{RS}}{\lambda_{FS} + \lambda_{RS}} = \frac{\lambda_F + \lambda_R - \lambda_B}{\lambda_F - \lambda_B} = 1 + \frac{\lambda_R}{\lambda_F - \lambda_B}. \tag{3.54}$$

Zu beachten ist hierbei, dass der Nenner von Gl. (3.54) im Gegensatz zu Gl. (3.53) nur die Raten berücksichtigt, die von Anrufen herrühren, die entweder beim Erstversuch oder einem der Folgeversuche, angenommen werden.

3.4.4 Modellierungsbeispiel: Mobilfunkzelle mit Rufwiederholung

Nun wird das Anwendungsbeispiel GSM aus Abschnitt 1.1.2 und Abschnitt 3.3.3 durch die Berücksichtigung der Rufwiederholung modifiziert. In den Zellen und vor allem in Mikrozellen moderner Mobilfunknetze ist die Zahl der Teilnehmer stark begrenzt und bedingt somit die Notwendigkeit der Modellierung mit einem endlichen Nutzermodell und der dann nicht zu vernachlässigenden Rufwiederholung.

Wir betrachten eine Mobilfunkzelle mit m Teilnehmern (engl. *MS: mobile station*) und einer Anzahl n verfügbarer Kanalpaare (Bedieneinheiten). Im ruhenden Zustand generiert ein Mobilfunkteilnehmer Rufe mit der Rate α. Die Verbindungsdauer sei eine negativ-exponentiell verteilte ZV mit der Enderate μ. Die Zeitspanne R zwischen dem Erstruf und dem Folgeruf bzw. zwischen zwei Folgerufen sei ebenfalls negativ-exponentiell verteilt mit der Rate α_0. Die Rufwiederholwahrscheinlichkeit ist θ. Die Systembelastung wird mit der normierten Verkehrsintensität (Angebot pro Bedieneinheit) angegeben:

$$\rho_0 = \frac{\alpha \cdot m}{\mu \cdot n}.$$

Abbildung 3.28 zeigt die mittlere Anzahl der Rufversuche, die ein Teilnehmer pro Ruf unternehmen muss, bei verschiedenen Systembelastungen ρ_0 für verschiedene Werte der Rufwiederholwahrscheinlichkeit θ. Die Mobilfunkzelle verfügt über $n = 15$ Kanäle, $m = 100$ Teilnehmer befinden sich in der Zelle. Die Parameter sind dabei: mittlere Bediendauer $E[B] = 1/\mu = 120$ sec und mittlerer Rufwiederholungsabstand $E[R] = 1/\alpha_0 = 6$ sec. Auf diese Weise lässt sich die gewährleistete Dienstgüte (QoS: Quality of Service) bezüglich der Anzahl der Rufversuche überprüfen und die Dimensionierung der Zelle entsprechend anpassen.

Es ist ersichtlich, dass bei steigender Belastung ein Teilnehmer sehr oft Belegungsversuche unternehmen muss. Dieser Sachverhalt kann durch den „Schneeballeffekt" im Überlastfall begründet werden: steigende Belastung führt zu erhöhter Blockierungswahrscheinlichkeit; dies verursacht Rufwiederholungen, d.h. wiederum eine stärkere Systembelastung.

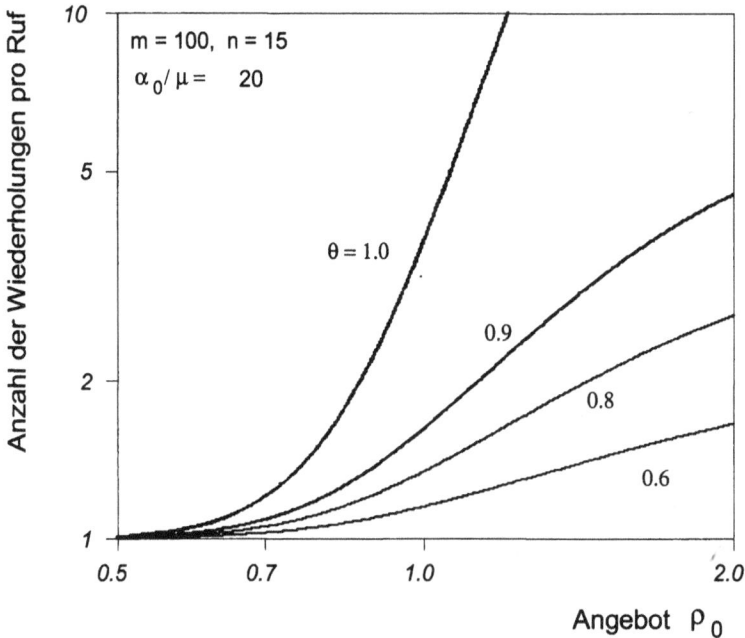

Abb. 3.28: *Erhöhung der Anzahl der Wiederholungen in einer Mobilfunkzelle*

Die Abhängigkeit der Blockierungswahrscheinlichkeit für Erstrufe p_{B_F} von der Anzahl der Teilnehmer im System infolge des Rufwiederholungseffektes zeigt Abb. 3.29. Hier soll die Granularität der Quellenzahl, d.h. die Notwendigkeit, Modelle mit endlicher Quellenzahl zur Leistungsuntersuchung nehmen zu müssen oder nicht, erörtert werden. Für unterschiedliche Werte der Quellenzahl wird in Abb. 3.29 die Blockierungswahrscheinlichkeit für Erstrufe als Funktion des normierten Angebots aufgetragen. In dieser Abbildung ist erkennbar, dass der Fall mit unendlicher Quellenzahl ($m \rightarrow \infty$) dem „Worst-case" bzgl. der Blockierung entspricht. Diese Feststellung rechtfertigt die Modellierungsannahme mit unendlicher Quellenzahl zur Untersuchung von Mobilkommunikationsnetzen in der Literatur.

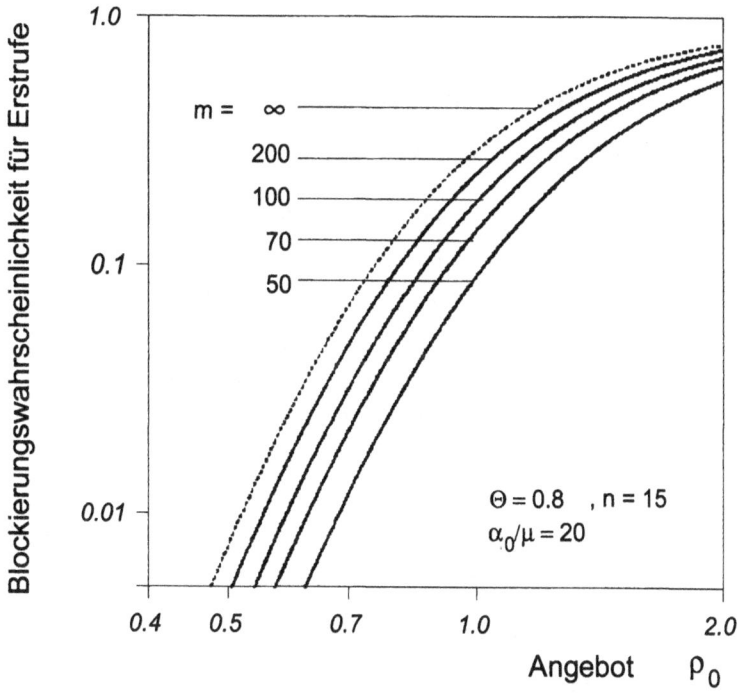

Abb. 3.29: *Einfluss der Granularität der Quellenzahl*

3.5 Dimensionsreduktionsverfahren für Markov-Zustandsprozesse

In der Behandlung Markovscher Zustandsprozesse haben wir bis jetzt vorwiegend eindimensionale Zustandsprozesse besprochen. In Modellen von Kommunikationssystemen, bei denen mehrere Teilnehmerklassen unterschiedliche Ressourcenanteile belegen, hat man häufig Zustandsprozesse mit mehrdimensionalem Zustandsraum. Deren Analyse führt nicht selten zu numerischen Schwierigkeiten hinsichtlich der Laufzeit, da die Anzahl der Zustände exponentiell zur Anzahl der auftretenden Teilnehmerklassen wächst und eine große Zahl verschiedener Dienste somit zu einer Zustandsraumexplosion führt.

Diese Klasse von Modellen mit mehrdimensionalen Zustandsprozessen findet man in Telekommunikationssystemen mit mehreren Diensten, die in der Ausführung der Anwendungen unterschiedliche Ressourcenanforderungen haben. Zur Leistungsbewertung dieser Mehrdienstenetze müssen mithilfe eines mehrdimensionalen Markov-Zustandsprozesses die Blockierungswahrscheinlichkeiten für Anforderungen unterschiedlicher Dienstklassen gemäß eines M/M/n-Verlustsystems mit mehreren Anforderungsklassen berechnet werden.

In diesem Abschnitt wird eine Analysemethode für mehrdimensionale Markov-Prozesse vorgestellt, die auf einer Dimensionsreduktion basiert. Die Methode führt auf Arbeiten von J. Kaufman und J. Roberts zurück und wird in der Literatur als „Kaufman und Roberts Rekursionsmethode" bezeichnet.

Mithilfe des Verfahrens werden nachfolgend Verlustsysteme mit heterogenen Ressourcenanforderungen analysiert, wobei ein Modellierungsbeispiel aus der UMTS-Systemdimensionierung erörtert wird.

3.5.1 Verlustsystem mit mehreren Anforderungsklassen

Zunächst wird das allgemeine Modell beschrieben. Wir betrachten ein System mit C Ressourcen. Ressourcen können beispielsweise die Kapazität einer Verbindung, die Leistung einer CPU oder auch die bei UMTS verfügbaren orthogonalen Codes sein, die in einem Beispiel am Ende dieses Kapitels betrachtet werden. Es existieren S unterschiedliche Klassen von Teilnehmern, die unterschiedliche Anwendungen bzw. Dienste nutzen. Teilnehmer der Klasse s bilden einen Poisson-Ankunftsprozess mit der Ankunftsrate λ_s. Ferner ist die Bedienzeit B_s negativ-exponentiell verteilt mit der Bedienrate μ_s.

Die Ressourcenanforderung eines Teilnehmers der Klasse s ist c_s. Sind zum Ankunftszeitpunkt noch mindestens c_s Ressourcen frei, so belegt der neue Teilnehmer diese Ressourcen. Andernfalls wird der Teilnehmer blockiert und verlässt das System. Nach der Bedienzeit B_s gibt ein Teilnehmer alle von ihm belegten Ressourcen auf einmal wieder frei und verlässt das System.

S unabhängige
Poisson-
Ankunftsprozesse

Blockierung

1   M, λ_1

1   2   C

C Ressourcen

S   M, λ_S

Blockierung

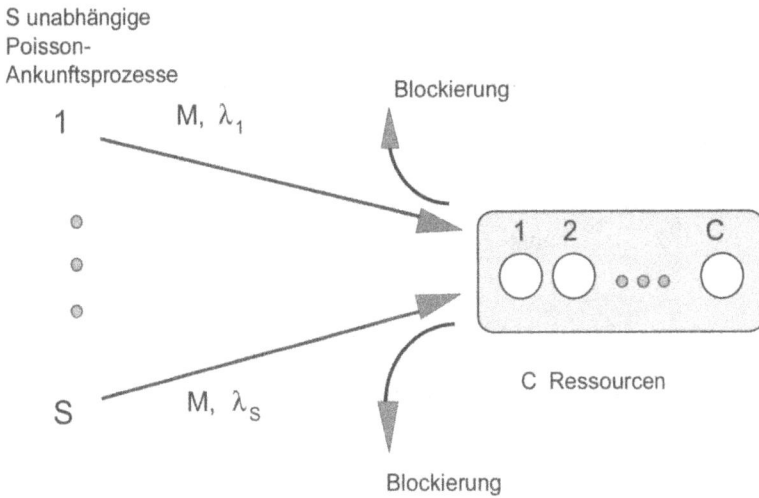

Abb. 3.30: *Verlustsystem mit mehreren Anforderungsklassen*

3.5.2   Mehrdimensionaler Zustandsraum und globale Gleichgewichtsgleichung

In Systemen mit einer Dienstklasse wird der Systemzustand über die Anzahl der Teilnehmer im System beschrieben. Dementsprechend ist der Zustand in einem System mit mehreren Dienstklassen durch die Anzahl der Teilnehmer pro Dienst definiert. Zur Beschreibung der Anzahl Teilnehmer im System und der Anzahl der Ressourcen werden folgende Zufallsvariablen definiert:

N_s :   ZV für die Anzahl der Teilnehmer der Klasse s im System

X :   ZV für die Anzahl der belegten Ressourcen

Damit ist die Zustandsbeschreibung durch zwei Parameter bestimmt:

1. Zustand: $\bar{n} = (n_1, n_2, ..., n_S)$ mit der Anzahl n_s von Teilnehmern der Klasse s im System

2. Belegte Ressourcen im Zustand $\bar{n}$: $C(\bar{n}) = \sum_{s=1}^{S} n_s \cdot c_s$

Der Zustandsraum ist mehrdimensional, wobei die Anzahl der Dimensionen der Anzahl unterschiedlicher Dienste entspricht. Der Zustandsraum Ω umfasst alle Zustände, in denen die belegten Ressourcen die Systemkapazität nicht übersteigen.

$$\Omega = \left\{ \bar{n} \middle| n_s \geq 0 \text{ für alle s und } C(\bar{n}) \leq C \right\}.$$

Die Übergangswahrscheinlichkeitsdichten (Übergangsraten) entsprechen den Ankunftsraten und Abgangsraten im eindimensionalen Fall. Für zwei Zustände $\bar{n}_1, \bar{n}_2 \in \Omega$ ist die Übergangsrate $q_{\bar{n}_1, \bar{n}_2}$ von Zustand $\bar{n}_1$ in den Zustand $\bar{n}_2$ gegeben als

$$q_{\bar{n}_1, \bar{n}_2} = \begin{cases} \lambda_s & \text{, falls} \quad \bar{n}_2 = \bar{n}_1^{+s} \\ n_s \mu_s & \text{, falls} \quad \bar{n}_2 = \bar{n}_1^{-s} \\ 0 & \text{, sonst} \end{cases} \quad , \tag{3.55}$$

wobei:

$$\bar{n}^{+s} = \left(n_1, \ldots, n_{s-1}, n_s + 1, n_{s+1}, \ldots, n_S \right),$$

$$\bar{n}^{-s} = \left(n_1, \ldots, n_{s-1}, n_s - 1, n_{s+1}, \ldots, n_S \right).$$

Die Zustandswahrscheinlichkeit ist

$$x\left(N_1 = n_1, N_2 = n_2, \ldots, N_s = n_S \right) = x\left(n_1, n_2, \ldots, n_S \right) = x(\bar{n}).$$

Mit der Zustandsbeschreibung und den Zustandswahrscheinlichkeiten kann die so genannte „globale Gleichgewichtsgleichung" angegeben werden:

$$\left[\sum_{s=1}^{S} \lambda_s \delta^{+s}(\bar{n}) + \sum_{s=1}^{S} n_s \mu_s \delta^{-s}(\bar{n}) \right] x(\bar{n}) =$$
$$\sum_{s=1}^{S} \lambda_s \delta^{-s}(\bar{n}) x\left(\bar{n}^{-s} \right) + \sum_{s=1}^{S} (n_s + 1) \mu_s \delta^{+s}(\bar{n}) x\left(\bar{n}^{+s} \right) \tag{3.56}$$

für alle Zustände $\bar{n} \in \Omega$, wobei

$$\delta^{+s}(\bar{n}) = \begin{cases} 1 & \text{, falls } \bar{n}^{+s} \in \Omega \\ 0 & \text{, sonst} \end{cases} \quad ,$$

$$\delta^{-s}(\bar{n}) = \begin{cases} 1 & \text{, falls } \bar{n}^{-s} \in \Omega \\ 0 & \text{, sonst} \end{cases} \quad .$$

Die globale Gleichgewichtsgleichung entspricht der stationären Zustandsgleichung (2.33) in Kap. 2.3.2. Die globale Gleichgewichtsgleichung unterscheidet sich von der lokalen Gleichgewichtsgleichung, in der nur die Übergänge zwischen zwei benachbarten Zuständen betrachtet werden. Abbildung 3.31 illustriert die Übergänge in und aus einem zwei-dimensionalen Zustand (n_1, n_2), die die globale Gleichgewichtsgleichung bilden. Weiterhin ist festzustellen, dass die Zustandsübergangsraten in einer Zeile und ebenso in einer Spalte identisch sind. Diese Eigenschaft ermöglicht die Berechnung der Zustandswahrscheinlichkeiten mit der später in diesem Abschnitt eingeführten Produktformlösung.

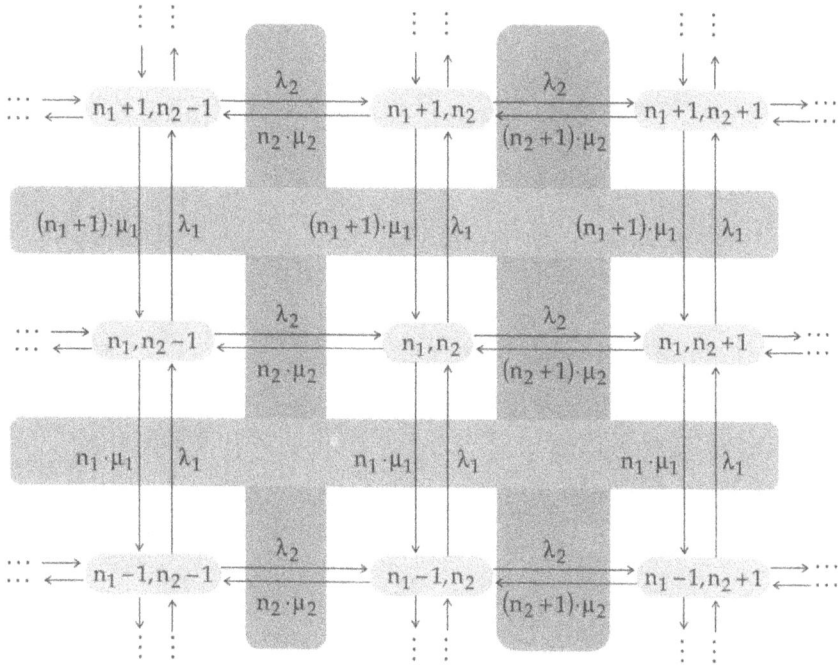

Abb. 3.31:   *Ausschnitt eines zwei-dimensionalen Zustandsraums*

Beispiel eines zweidimensionalen Zustandsraums

Abbildung 3.32 zeigt das Beispiel eines Zustandsübergangsdiagramms für ein System mit einer Kapazität von $C = 4$ Ressourcen und zwei Teilnehmerklassen ($S = 2$).

Teilnehmer der Klasse 1 kommen mit Rate λ_1 an, besitzen eine Abgangsrate μ_1 und belegen $c_1 = 1$ Ressource. Analog kommen Teilnehmer der Klasse 2 mit Rate λ_2 an, besitzen eine Abgangsrate μ_2 und belegen $c_2 = 2$ Ressourcen.

Die diagonalen Linien in Abb. 3.32 verdeutlichen alle Zustände, in denen die gleiche Anzahl von Ressourcen belegt ist. Dementsprechend wird ein Teilnehmer der Klasse 1 abgewiesen, falls 4 Ressourcen belegt sind und ein Teilnehmer der Klasse 2 wird abgewiesen, wenn 3 oder 4 Ressourcen belegt sind.

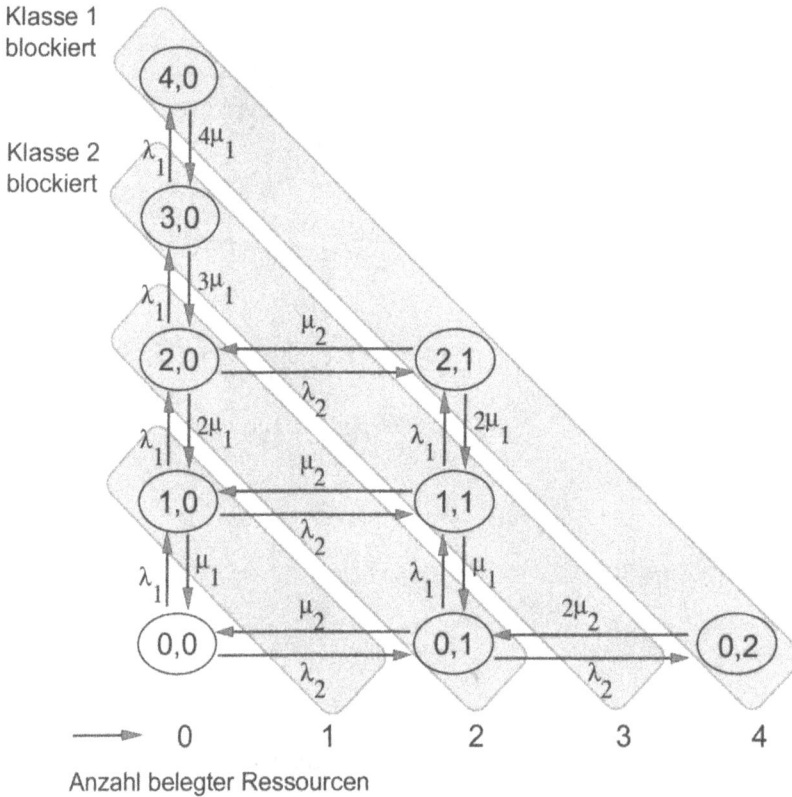

Abb. 3.32: *Beispiel eines zweidimensionalen Zustandsraums*

3.5.3   Lokale Gleichgewichtsgleichung und Produktformlösung

Die so genannte „lokale Gleichgewichtsgleichung" gilt, wenn sich zwei benachbarte Zustände i und j im Gleichgewicht befinden:

$$q_{ij} \cdot x(i) \; = \; q_{ji} \cdot x(j). \tag{3.57}$$

Jede Lösung der lokalen Gleichgewichtsgleichungen ist auch Lösung der globalen Gleichgewichtsgleichung. Dies ergibt sich offensichtlich durch Einsetzen obiger Gleichung in die stationäre Zustandsgleichung (2.33)

$$q_j \cdot x(j) = \sum_{k \neq j} q_{kj} \cdot x(k) = \sum_{k \neq j} q_{kj} \cdot \underbrace{\left[\frac{q_{jk}}{q_{kj}} \cdot x(j) \right]}_{\text{Gl.}(3.57)} = \sum_{k \neq j} q_{jk} \cdot x(j) = q_j \cdot x(j).$$

Umgekehrt gilt dies jedoch nicht, d.h. nicht jede Lösung einer globalen Gleichgewichtsgleichung ist auch Lösung der lokalen Gleichgewichtsgleichung. Die lokalen Gleichgewichtsgleichungen haben nur dann eine Lösung, falls für jede Sequenz von benachbarten Zuständen $i_1, i_2, \ldots, i_N \in \Omega$ gilt (vgl. Kelly [3.5]):

$$q_{i_1,i_2} \cdot \ldots \cdot q_{i_{N-1},i_N} \cdot q_{i_N,i_1} = q_{i_1,i_N} \cdot q_{i_N,i_{N-1}} \cdot \ldots \cdot q_{i_2,i_1}. \tag{3.58}$$

Prozesse, bei denen die lokale Gleichgewichtsgleichung gilt, sind so genannte reversible oder umkehrbare Prozesse. Grundlagen zu reversiblen Prozessen finden sich bei Kelly [3.5].

Im konkreten Fall des S-dimensionalen Zustandsraums lauten die lokalen Gleichgewichtsgleichungen:

$$\lambda_s \cdot \delta^{-s}(\overline{n}) \cdot x\left(\overline{n}^{-s}\right) = n_s \cdot \mu_s \cdot \delta^{-s}(\overline{n}) \cdot x(\overline{n}) \tag{3.59}$$

für alle $\overline{n} \in \Omega$ und $s = 1, \ldots, S$.

Es kann gezeigt werden, dass folgende Lösung für die Zustandswahrscheinlichkeiten existiert, die zunächst noch in Abhängigkeit von der Wahrscheinlichkeit für ein leeres System gegeben sind:

$$x(\overline{n}) = \prod_{s=1}^{S} \frac{a_s^{n_s}}{n_s!} \cdot x(0,0,\ldots,0). \tag{3.60}$$

Aus der Vollständigkeitsbedingung kann die Wahrscheinlichkeit für ein leeres System bestimmt werden

$$x(0,\ldots,0) = \left(\sum_{\overline{n} \in \Omega} \prod_{s=1}^{S} \frac{a_s^{n_s}}{n_s!} \right)^{-1} \tag{3.61}$$

und schließlich die Zustandswahrscheinlichkeiten nach der Produktformlösung berechnet werden

$$x(\overline{n}) = \frac{\displaystyle\prod_{s=1}^{S} \frac{a_s^{n_s}}{n_s!}}{\displaystyle\sum_{\overline{n} \in \Omega} \prod_{s=1}^{S} \frac{a_s^{n_s}}{n_s!}}. \qquad \text{(Produktformlösung)} \tag{3.62}$$

Unnormierte Zustandswahrscheinlichkeit und Normierungskonstante

Wird die Wahrscheinlichkeit für ein leeres System auf $x(0,\ldots,0) = 1$ gesetzt, so spricht man von „unnormierten" Zustandswahrscheinlichkeiten

$$\tilde{x}(\bar{n}) = \prod_{s=1}^{S} \frac{a_s^{n_s}}{n_s!} \, .$$

Das Inverse der Wahrscheinlichkeit für ein leeres System wird in diesem Fall als Normierungskonstante des Zustandsraums bezeichnet:

$$G(\Omega) = \left(\sum_{\bar{n} \in \Omega} \prod_{s=1}^{S} \frac{a_s^{n_s}}{n_s!} \right) = \left(\sum_{\bar{n} \in \Omega} \tilde{x}(\bar{n}) \right). \qquad (3.63)$$

Gleichung (3.62) wird auch als Produktformlösung bezeichnet, da sich die unnormierten Zustandswahrscheinlichkeiten aus dem Produkt der unnormierten Randwahrscheinlichkeiten[1] ergeben:

$$\tilde{x}(\bar{n}) = \tilde{x}(n_1,0,0,\ldots,0) \cdot \tilde{x}(0,n_2,0,\ldots,0) \cdot \ldots \cdot \tilde{x}(0,0,\ldots,0,n_S). \qquad (3.64)$$

3.5.4   Blockierungswahrscheinlichkeit

Blockierung findet statt, wenn eine ankommende Anforderung nicht angenommen werden kann, da nicht ausreichend viele Ressourcen frei sind. Im System mit mehreren Anforderungsklassen ist die Blockierungswahrscheinlichkeit abhängig von der Teilnehmerklasse:

$$p_{B,s} = \sum_{\bar{n} \in B^{+s}} x(\bar{n}) = \frac{\displaystyle\sum_{\bar{n} \in B^{+s}} \prod_{s=1}^{S} \frac{a_s^{n_s}}{n_s!}}{\displaystyle\sum_{\bar{n} \in \Omega} \prod_{s=1}^{S} \frac{a_s^{n_s}}{n_s!}} = \frac{G(B^{+s})}{G(\Omega)}$$

(mehrdimensionale Erlang-Verlustformel)   (3.65)

mit

$$B^{+s} = \left\{ \bar{n} \in \Omega \,\middle|\, \bar{n}^{+s} \notin \Omega \right\}.$$

Die Menge B^{+s} umfasst demgemäß alle Zustände, in denen ein Teilnehmer der Klasse s blockiert wird und $G(B^{+s})$ ist die Summe der unnormierten Zustandswahrscheinlichkeiten.

---

[1] Als Randwahrscheinlichkeiten werden Wahrscheinlichkeiten für alle Zustände bezeichnet, in denen nur Anforderungen einer einzigen Anforderungsklasse vorhanden sind.

Diese Formel wird auch als mehrdimensionale Erlang-Verlustformel (*Erlang-B-Formula*) bezeichnet, da sie die Erweiterung der einfachen Erlang-Verlustformel in Gl. (3.7) auf mehrere Dienste darstellt.

Berechnung der Blockierungswahrscheinlichkeit durch Falten der Randverteilungen

Generell ist die Anzahl der insgesamt belegten Ressourcen die Summe der durch die einzelnen Teilnehmerklassen belegten Ressourcen

$$X = X_1 + \ldots + X_S \,, \tag{3.66}$$

wobei X_s die ZV für die Anzahl der von Teilnehmern der Klasse s belegten Ressourcen darstellt.

In einem System mit nur einer Anforderungsklasse ist die Verteilung der Anzahl der Teilnehmer jedes Dienstes durch die Randverteilung in Gl. (3.64) gegeben. Dementsprechend ist auch die Verteilung der Ressourcen X_s^R, die von den Teilnehmern mit Dienst s belegt werden, durch die Randverteilung bestimmt. Die unnormierte Verteilung der von Dienst s belegten Ressourcen X_s^R ist:

$$x_s^R(c) = \begin{cases} \dfrac{a_s^{n_s}}{n_s!}, \text{falls } c = n_s \cdot c_s \\ 0 \quad \text{, sonst} \end{cases} \text{ für } 0 \le c \le C, \; n_s \in \mathbb{N}_0 \,. \tag{3.67}$$

Da die pro Dienst belegten Ressourcen X_s^R unabhängig sind (vgl. Gl. (3.64)), ergibt sich die Verteilung der insgesamt belegten Ressourcen X^R aus der Faltung der Ressourcenverteilungen $x_s^R(c)$ der einzelnen Dienste:

$$x^R(c) = x_1^R(c) * x_2^R(c) * \ldots * x_S^R(c). \text{ (Faltung der Ressourcenverteilungen)} \tag{3.68}$$

Durch die erste Faltung $x_1^R(c) * x_2^R(c)$ wird die unnormierte Verteilung der durch Dienst 1 und Dienst 2 belegten Ressourcen bestimmt. Der Wertbereich der Verteilung enthält Werte zwischen 0 und $2C$. Da die Systemkapazität aber nur C ist, werden die folgenden Faltungsschritte lediglich mit den unnormierten Wahrscheinlichkeiten für $0 \le c \le C$ Ressourcen durchgeführt.

Um nun die Verteilung der insgesamt belegten Ressourcen zu gewinnen, wird die Verteilung der belegten Ressourcen an der Kapazitätsgrenze C abgeschnitten und normiert:

$$x(c) = \frac{x^R(c)}{G(\Omega)} \quad \text{mit} \quad G(\Omega) = \sum_{c=0}^{C} x^R(c) \,. \tag{3.69}$$

Zur Berechnung der Blockierungswahrscheinlichkeiten ist es nicht notwendig, die Zustandswahrscheinlichkeiten explizit zu bestimmen, da das Verhältnis der Zustandswahrscheinlichkeiten untereinander durch das Abschneiden und Normieren nicht verändert wird. Dadurch können die Blockierungswahrscheinlichkeiten direkt aus der Ressourcenverteilung X^R gewonnen werden:

$$p_{B,s} = \frac{\sum\limits_{c=C-c_s+1}^{C} x(c)}{\sum\limits_{c=0}^{C} x(c)} = \frac{\sum\limits_{c=C-c_s+1}^{C} x^R(c)}{\sum\limits_{c=0}^{C} x^R(c)} \,. \tag{3.70}$$

Komplexitätsabschätzung

Die direkte Berechnung der Blockierungswahrscheinlichkeiten erfordert die Berechnung der Zustandswahrscheinlichkeiten aller Systemzustände. Die Dimensionen des Zustandsraums entsprechen der Anzahl von Anforderungsklassen, so dass die Anzahl der Zustände exponentiell mit der Anzahl der Anforderungsklassen wächst.

Der Faltungsalgorithmus verringert die Berechnungskomplexität, da nicht mehr die Wahrscheinlichkeit jedes einzelnen Zustands berechnet wird. Die Komplexität der Faltungsoperation liegt bei $\mathcal{O}(n \cdot \log n)$, wobei n die Anzahl der zu faltenden Werte ist. In Gl. (3.68) werden $S-1$ Faltungen mit jeweils $C+1$ Werten durchgeführt. Die Normierung der Zustandswahrscheinlichkeiten und ebenso die Berechnung der Blockierungswahrscheinlichkeiten benötigen $C+1$ Rechenschritte. Insgesamt wird die Berechnungskomplexität von $(S-1) \cdot C \cdot \log C$ durch die Faltungsoperationen bestimmt und wächst nur noch linear zur Anzahl der Dienste, dafür aber mit Faktor $C \cdot \log C$ zur Kapazität. Im Folgenden wird ein rekursiver Algorithmus beschrieben, dessen Rechenzeit linear mit der Anzahl der Dienste und linear zur Kapazität ist.

Es sei noch darauf hingewiesen, dass die Berechnung der Zustandswahrscheinlichkeiten durch Faltung der Randverteilungen voraussetzt, dass die Ressourcenanforderungen der einzelnen Dienste ganzzahlige Werte annehmen. Dies kann erreicht werden, indem eine kleinste Ressourceneinheit c_{min} definiert wird, zu der alle Ressourcenanforderungen ganzzahlige Vielfache sind. Im Algorithmus werden dann die Werte $c_s' = c_s / c_{min}$ und $C' = C / c_{min}$ eingesetzt.

3.5.5 Dimensionsreduktion und rekursive Zustandsanalyse

Das Verfahren zur Berechnung der Zustandswahrscheinlichkeit mithilfe einer Rekursion wurde 1981 unabhängig von J. S. Kaufman [3.13] und J. W. Roberts [3.14] entwickelt und veröffentlicht. Die Methode basiert auf einer Reduktion des mehrdimensionalen Zustandsraumes in einen eindimensionalen Zustandsraum, dessen Zustände der Verteilung der belegten Ressourcen entsprechen. Demgemäß werden in einem Zustand alle mehrdimensionalen Zustände zusammengefasst, in denen gleich viele Ressourcen belegt sind. Anstatt die Zustandsverteilung für alle Anforderungsklassen zu berechnen, genügt zur Bestimmung der Blockierungswahrscheinlichkeiten die Berechnung der Verteilung der belegten Ressourcen.

Reduktion des Zustandsraumes auf eine eindimensionale Zustandsbeschreibung

Wir betrachten nun den Zustand c, der alle S-dimensionalen Zustände $\bar{n}$ umfasst, in denen c Ressourcen belegt sind und definieren

$$\bar{n} \in c \quad \Leftrightarrow \quad c = \sum_{s=1}^{S} n_s \cdot c_s . \qquad (3.71)$$

Bei dieser Zustandsbetrachtung sind die Übergangsraten für die Zustandsänderung von c_1 nach c_2, $c_1, c_2 \in \{0, \ldots, C\}$ wie folgt definiert:

$$q_{c_1, c_2} = \begin{cases} \lambda_s & \text{, falls } c_2 = c_1 + c_s \\ \mu_s E\left[n_s \mid c_1\right] & \text{, falls } c_2 = c_1 - c_s , \\ 0 & \text{, sonst} \end{cases} \qquad (3.72)$$

wobei

$$E\left[n_s \mid c_1\right] = \sum_{\bar{n} \in c} n_s \cdot x\left(\bar{n} \mid c_1\right)$$

der Erwartungswert der Anzahl der Anforderungen der Klasse s ist, unter der Bedingung, dass genau c_1 Ressourcen belegt sind. Dabei ist $x\left(\bar{n} \mid c_1\right)$ die Wahrscheinlichkeit für $\bar{n}$, unter der Bedingung, dass c_1 Ressourcen belegt sind.

Die mittlere Anzahl von Teilnehmern der Klasse s wird nicht direkt gegeben und auch nicht zur Berechnung der Zustandswahrscheinlichkeiten benötigt. Sie dient lediglich zur Veranschaulichung des eindimensionalen Zustandsraums. Für die Zustandswahrscheinlichkeiten ergibt sich:

$$x(c) = \sum_{\bar{n} \in c} x(\bar{n}) . \qquad (3.73)$$

Dies entspricht der Summation entlang der Diagonalen im Beispiel in Abb. 3.32. Die Dimensionsreduktion wird anhand des Beispiels in Abb. 3.33 veranschaulicht. Auf der linken Seite ist der bereits aus dem vorigen Beispiel bekannte mehrdimensionale Zustandsraum mit Übergangsrate dargestellt. Zustände, in denen gleich viele Ressourcen belegt sind, werden durch unterschiedliche Füllmuster gekennzeichnet. Auf der rechten Seite ist der entsprechende eindimensionale Zustandsraum zu finden, der die mehrdimensionalen Zustände mit gleicher Ressourcenbelegung zusammenfasst (für zwei Teilnehmerklassen $i = n_1$, $j = n_2$). Demgemäß sind auch die Zustände mit den entsprechenden Füllmustern gekennzeichnet. Die Ankunftsraten im eindimensionalen Zustandsraum entsprechen direkt den Ankunftsraten im mehrdimensionalen Zustandsraum. Die Abgangsraten werden zusammengefasst und als bedingte Erwartungswerte beschrieben.

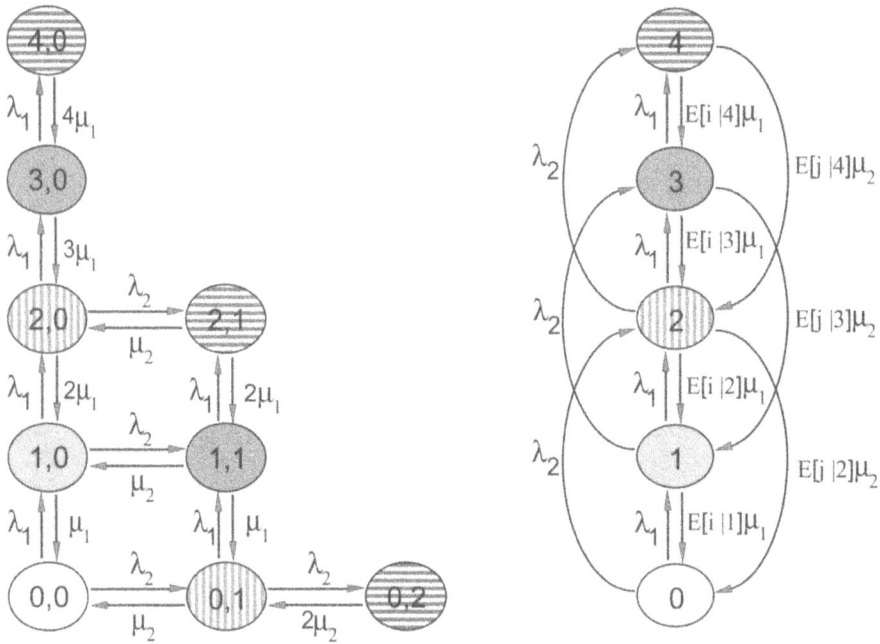

Abb. 3.33: *Beispiel einer Zustandsraumreduktion*

Rekursive Berechnung der Zustandswahrscheinlichkeiten

Nach der lokalen Gleichgewichtsgleichung gilt, dass sich zwei benachbarte Zustände im Gleichgewicht befinden. Die lokale Gleichgewichtsgleichung zwischen einem mehrdimensionalen Zustand $\bar{n}$ und den Zuständen mit jeweils einem Teilnehmer weniger lautet

$$a_s \cdot \delta^{-s}(\bar{n}) \cdot x(\bar{n}^{-s}) = n_s \cdot x(\bar{n})$$

und ist der Ausgangspunkt für die Herleitung einer rekursiven Berechnungsvorschrift für die Zustandswahrscheinlichkeiten des eindimensionalen Zustandsraums. Die Summation über alle Zustände $\bar{n} \in c$, in denen die gleiche Ressourcenzahl belegt ist, ergibt

$$a_s \sum_{\bar{n} \in c} \delta^{-s}(\bar{n}) \cdot x(\bar{n}^{-s}) = \sum_{\bar{n} \in c} n_s \cdot x(\bar{n}).$$

Im Folgenden werden die linke und die rechte Seite der Gleichung unabhängig umgeformt. Für die linke Seite der Gleichung gilt

$$a_s \sum_{\bar{n} \in c} \delta^{-s}(\bar{n}) \cdot x(\bar{n}^{-s}) = a_s \sum_{\bar{n} \in c | n_s \geq 1} x(\bar{n}^{-s}) = a_s \sum_{\bar{n} \in c - c_s} x(\bar{n}) = a_s \cdot x(c - c_s)$$

für $c \geq c_s$ und für die rechte Seite der Gleichung gilt

$$\sum_{\bar{n} \in c} n_s \cdot x(\bar{n}) = \sum_{\bar{n} \in c} n_s \cdot \frac{x(\bar{n})}{x(c)} \cdot x(c) = \left(\sum_{\bar{n} \in c} n_s \cdot x(\bar{n}|c) \right) \cdot x(c) = E[n_s | c] \cdot x(c).$$

Werden nun die rechte und die linke Seite wieder gleichgesetzt, so ergibt sich folgende Gleichung, aus der sich eine rekursive Berechnungsvorschrift für die Zustandswahrscheinlichkeiten herleiten lässt:

$$a_s \cdot x(c - c_s) = E[n_s | c] \cdot x(c).$$

Zusätzlich wird definiert, dass die Wahrscheinlichkeit für negative Ressourcen gleich null ist, d.h. $x(c) = 0$ für $c < 0$. Die Gleichungen für die einzelnen Teilnehmerklassen werden zur späteren Umformung mit den jeweiligen Ressourcenanforderungen c_s multipliziert und über alle Teilnehmerklassen summiert:

$$\sum_{s=1}^{S} c_s \cdot a_s \cdot x(c - c_s) = \sum_{s=1}^{S} E[n_s | c] \cdot c_s \cdot x(c).$$

Die rechte Seite der Gleichung lässt sich zu

$$\sum_{s=1}^{S} E[n_s | c] \cdot c_s \cdot x(c) = \left(\sum_{s=1}^{S} E[n_s | c] \cdot c_s \right) \cdot x(c) = E\left[\sum_{s=1}^{S} n_s \cdot c_s | c \right] \cdot x(c) = c \cdot x(c)$$

vereinfachen. Daraus folgt die rekursive Berechnungsvorschrift für die unnormierten Zustandswahrscheinlichkeiten:

$$\tilde{x}(c) = \begin{cases} 0 & , \text{ für } c < 0 \\ 1 & , \text{ für } c = 0 \\ \sum_{s=1}^{S} a_s \frac{c_s}{c} \tilde{x}(c - c_s) & , \text{ für } 0 < c \leq C \end{cases}$$

$$\text{(rekursive Berechnungsvorschrift)} \quad (3.74)$$

Diese unnormierten Zustandswahrscheinlichkeiten entsprechen den Zustandswahrscheinlichkeiten, die mit dem Faltungsalgorithmus in Gl. (3.68) berechnet werden. Allerdings liegt die Rechenzeit jetzt in $\mathcal{O}(S \cdot C)$, da in jedem der C Rekursionsschritte die Anzahl der Berechnungen proportional zur Anzahl der Dienste ist. Wie beim Faltungsalgorithmus werden die Zustandswahrscheinlichkeiten durch Normierung

$$x(c) = \frac{\tilde{x}(c)}{G(\Omega)} \tag{3.75}$$

mit der Normierungskonstanten

$$G(\Omega) = \sum_{c=0}^{C} \tilde{x}(c) \tag{3.76}$$

gewonnen. Die Normierungskonstanten, die entweder direkt nach Gl. (3.63), über den Faltungsalgorithmus über Gl. (3.69) oder rekursiv nach Gl. (3.76) berechnet werden können, sind identisch.

Die Blockierungswahrscheinlichkeiten ergeben sich aus der Summation der Wahrscheinlichkeiten der Zustände, in denen ein ankommender Teilnehmer abgewiesen wird

$$p_{B,s} = \sum_{c=C-c_s+1}^{C} x(c). \tag{3.77}$$

3.5.6   Modellbeispiel: Code-Blockierungswahrscheinlichkeit in UMTS

Das Mobilfunksystem UMTS (Universal Mobile Telecommunication System) verwendet WCDMA (Wideband Code Division Multiple Access) zum Zugriff auf die Luftschnittstelle. Zur Kommunikation von der Basisstation (dem so genannten NodeB) zu einem Teilnehmer werden Spreizcodes unterschiedlicher Länge verwendet, die zueinander orthogonal sind. Für Literatur zu UMTS siehe beispielsweise Holma und Toskala [3.4]. Zur Erzeugung und Verwaltung dieser orthogonalen Spreizcodes wird ein OVSF-Codebaum (OVSF: orthogonal variable spreading factor) verwendet, wie er in Abb. 3.34 dargestellt ist.

Die Anzahl der orthogonalen Codes mit bestimmter Länge bzw. mit Spreizfaktor (SF) ist genauso groß wie der Spreizfaktor selbst. Es gibt also beispielsweise 4 Codes mit Spreizfaktor 4. Wird einem Teilnehmer ein bestimmter Code zugewiesen, im Beispiel schwarz markiert, so sind alle Codes, die Vorgänger oder Nachfolger dieses Codes sind, nicht orthogonal zu diesem Code und können daher nicht mehr vergeben werden. Im Beispiel sind diese Codes mit einem Kreuz markiert. Alle anderen Codes sind orthogonal zu den vergebenen Codes und können von anderen Nutzern verwendet werden.

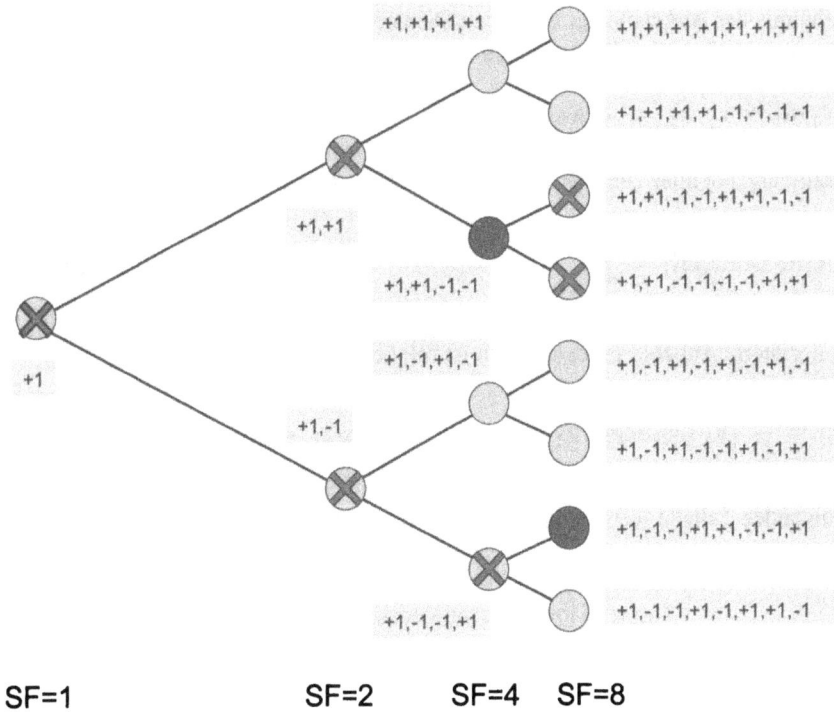

Abb. 3.34: Beispiel eines OVSF-Codebaums

In UMTS werden Spreizcodes mit Spreizfaktoren zwischen SF=4 und SF=512 verwendet. Unterschiedliche Spreizfaktoren entsprechen unterschiedlichen Datenraten, so dass die verschiedenen in UMTS angebotenen Dienste wie Sprachtelefonie, Internetzugang oder Videotelefonie auch Spreizcodes unterschiedlicher Länge benötigen.

Betrachten wir im Folgenden drei Dienste:

- Sprachtelefonie mit 12.2kbps, benötigt einen Code mit Spreizfaktor 128
- Internetzugang mit 144kbps, benötigt einen Code mit Spreizfaktor 16
- Videotelefonie mit 384kbps, benötigt einen Code mit Spreizfaktor 8

Ein Teilnehmer mit Spreizfaktor 8 blockiert seine sämtlichen Nachfolger im Codebaum, er belegt also 128/8=16 Codes mit Spreizfaktor 128 und 16/8=2 Codes mit Spreizfaktor 16. Wir können einen OVSF-Codebaum und damit die Code-Kapazität einer UMTS-Zelle also als ein System mit Kapazität C=128 beschreiben und die einzelnen Dienste haben Ressourcenanforderungen von $c_S=1$, $c_I=8$ und $c_V=16$. Um allerdings die gesamte Kapazität ausnutzen zu können, muss die Codebelegung optimiert werden, wovon in der folgenden Analyse ausgegangen wird.

Das Verhältnis der Angebote der einzelnen Dienste wird so gewählt, dass das mittlere Angebot in Ressourcen für jeden Dienst gleich ist, d.h.

$$c_1 \cdot a_1 \; = \; c_2 \cdot a_2 \; = \; c_3 \cdot a_3 \, .$$

Das Gesamtangebot aller Dienste in Ressourcen ergibt sich zu

$$a \, [\text{Ressourcen}] \; = \; \sum_{s=1}^{S} c_s \cdot a_s \, , \qquad \text{(Angebot in Ressourcen)} \qquad (3.78)$$

und das normierte Angebot in Ressourcen ist folglich

$$\rho \; = \; \frac{a}{C} \, [\text{Ressourcen}] \, . \qquad \text{(normiertes Angebot in Ressourcen)} \qquad (3.79)$$

In der folgenden Tabelle werden die drei Dienste noch einmal zusammengefasst:

	Spreizfaktor	Ressourcenanforderung	Verhältnis der Angebote
Sprachtelefonie	128	1	16
Internetzugang	16	8	2
Videotelefonie	8	16	1

In Abb. 3.35 sind die Blockierungswahrscheinlichkeiten für die unterschiedlichen Dienste gegen das normierte Angebot aufgetragen. Die Blockierungswahrscheinlichkeiten für Dienste mit größeren Ressourcenanforderungen übertreffen die Blockierungswahrscheinlichkeiten mit kleineren Ressourcen.

Abbildung 3.36 zeigt die Verteilung der belegten Ressourcen für verschiedene normierte Angebote zwischen 0,2 und 0,8. Auf der x-Achse sind die Anzahl der belegten Codes mit Spreizfaktor 128 aufgetragen. Die Kurven repräsentieren die entsprechenden Zustandswahrscheinlichkeiten des reduzierten, eindimensionalen Zustandsraums. Da auf der x-Achse diskrete Werte aufgetragen sind, handelt es sich bei den Kurven eigentlich um einzelne Punkte, die nur zur Verdeutlichung der Zusammengehörigkeit verbunden sind. Die Zustandswahrscheinlichkeiten für 128 belegte Codes entsprechen den Blockierungswahrscheinlichkeiten für den Sprachdienst. Die Blockierungswahrscheinlichkeit steigt von $4,7 \cdot 10^{-7}$ für ein normiertes Angebot von 0,2 auf fast ein Prozent für ein normiertes Angebot von 0,8.

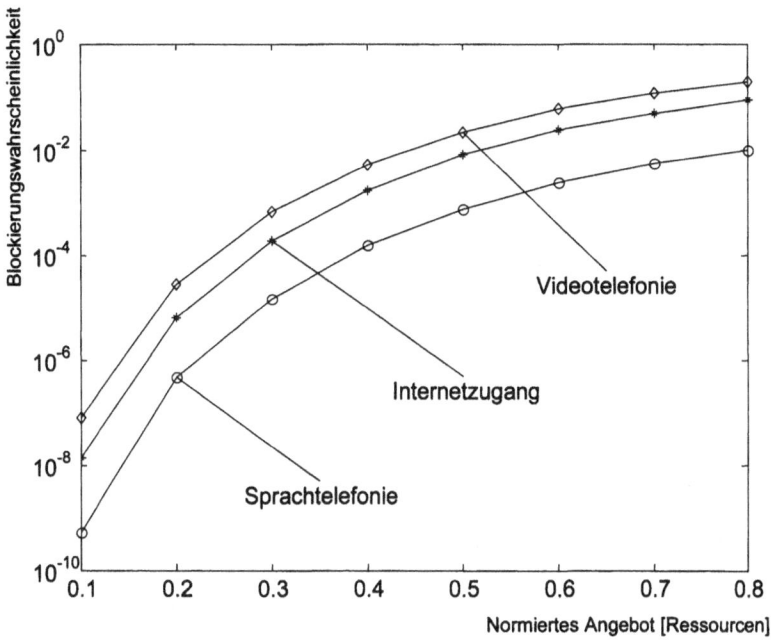

Abb. 3.35: *Code-Blockierungswahrscheinlichkeiten in UMTS*

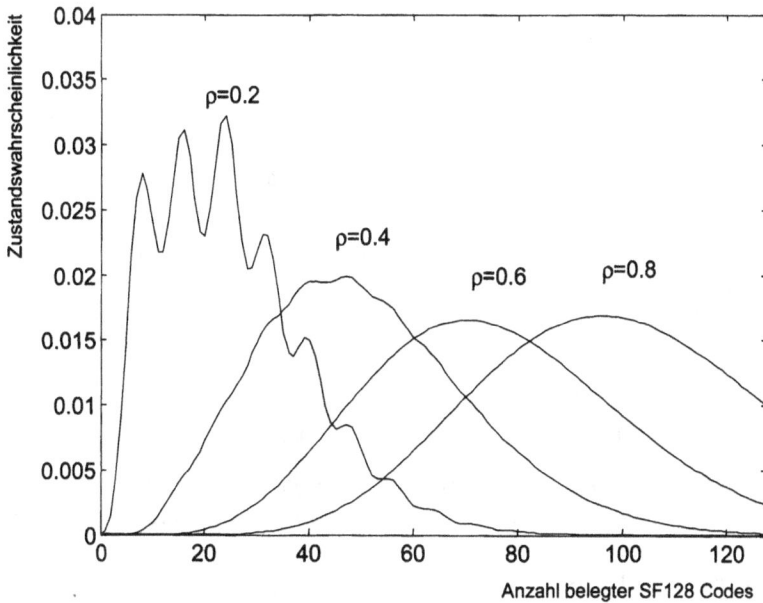

Abb. 3.36: *Zustandswahrscheinlichkeiten im eindimensionalen Zustandsraum*

Literatur zu Kapitel 3

Bücher:

[3.1]   Akimaru, H., Kawashima, K., *Teletraffic – Theory and Applications*, 1. Auflage, Springer, New York 1993

[3.2]   Cooper, R. B., *Introduction to Queueing Theory*, 2. Auflage, North – Holland, New York 1981

[3.3]   Gross, D., Harris, C. M., *Fundamentals of Queueing Theory*, 2. Auflage, Wiley, New York 1985

[3.4]   Holma H., Toskala, A., *WCDMA for UMTS*, John Wiley & Sons, 2004

[3.5]   Kelly, F. P., *Reversibility and Stochastic Networks*, John Wiley & Sons, 1979

[3.6]   Kleinrock, L., *Queueing Systems, Band 1: Theory*, Wiley, New York 1975

[3.7]   Kleinrock, L., *Queueing Systems, Band 2: Computer Applications*, Wiley, New York 1976

[3.8]   Kühn, P., *Tables on Delay Systems*, Institut für Nachrichtenvermittlung und Datenverarbeitung der Universität, Stuttgart 1976

[3.9]   Seelen, L. P., Tijms, H. C. , Van Hoorn, M. H., *Tables for Multi-Server Queues*, North-Holland, Amsterdam 1985

[3.10] Syski, R., *Introduction to Congestion Theory in Telephone Systems*, North-Holland, Amsterdam 1986

[3.11] Takagi, H., *Queueing Analysis: A Foundation of Performance Evaluation*, Band 1, North-Holland, Amsterdam 1991

[3.12] Tijms, H. C., *Stochastic Models - An Algorithmic Approach*, Wiley, Chichester 1994

Aufsätze:

[3.13] Kaufman, J. S., *Blocking in a shared resource environment*, IEEE Transaction on Communications, Vol. 29, No. 10, 1474-1481 (1981)

[3.14] Roberts, J. W., *A Service system with heterogeneous user requirements - application to multi-service telecommunications systems*, International Conference on Performance Data Communication Systems and Their Applications, Amsterdam, Niederlande, 423-431 (1981)

[3.15]   Tran-Gia, P., Mandjes, M., *Modeling of customer retrial phenomenon in cellular mobile networks*, IEEE JSAC special issue on Personal Communication - Services, architecture and performance issues, 1406-1414 (1997)

[3.16]   Wolff, R., *Poisson arrivals see time averages*, Operat. Res. 30:223-231 (1982)

Übungsaufgaben zu Kapitel 3

Aufgabe 3.1:

Gegeben sei eine Werkstatt, in der N ausfallanfällige Maschinen von einem Mechaniker betreut werden. Aufgabe des Mechanikers ist es, ausgefallene Maschinen in der Reihenfolge ihres Ausfalls instandzusetzen. Fällt eine Maschine aus und ist der Mechaniker gerade beschäftigt, muss diese Maschine warten, bevor sie wieder in Betrieb genommen wird. Als Ausfallzeit A einer Maschine bezeichnet man gewöhnlich die Zeit zwischen dem Zeitpunkt der Instandsetzung und dem darauffolgenden Ausfall. Die Zeit zum Instandsetzen B entspricht der Bedienzeit des Mechanikers und wird als Reparaturzeit bezeichnet. Die vom Mechaniker benötigte Reparaturzeit ist für alle Maschinen gleich und folgt einer negativ-exponentiellen Verteilungsfunktion mit Mittelwert $E[B] = \mu^{-1}$. Die Ausfallzeiten aller Maschinen sind ebenfalls identisch und negativ-exponentiell verteilt, der Mittelwert der Ausfallzeit ist $E[A] = \lambda^{-1}$.

1. Zwei alternative eindimensionale Zustandsbeschreibungen des Systems sollen angegeben werden.
2. Man entwerfe den Zustandsraum inklusive aller Übergangswahrscheinlichkeitsdichten.
3. Wie lauten die Gleichungssysteme der Zustandswahrscheinlichkeiten im statistischen Gleichgewicht für beide Zustandsbeschreibungen? Die Zustandswahrscheinlichkeiten sind jeweils in Abhängigkeit von λ, μ und N anzugeben.
4. Eine der beiden in Aufgabenteil 3 erhaltenen Gleichungen soll so umgeformt werden, dass die Erlang-Formel für Verlustsysteme entsteht.
5. Wie groß ist die Auslastung des Mechanikers?

Aufgabe 3.2:

Bisher konnte in einer Ortschaft das von den Telefonkunden erzeugte Verkehrsangebot mit einem Bündel aus 90 Leitungen bei einer Blockierungswahrscheinlichkeit von $p_B = 10^{-3}$ genau befriedigt werden. Aus technischen Gründen muss das Bündel durch zwei voneinander getrennte Trassen mit 30er-Bündeln (PCM-Multiplexleitung) ersetzt werden. Dabei werden die Anrufversuche so auf die Trassen verteilt, dass das gesamte Verkehrsangebot zu gleichen Teilen auf die Leitungsbündel aufgeteilt wird. Die Dienstgüte, in diesem Fall die Blockierungswahrscheinlichkeit, soll nach der Bündeltrennung gleich bleiben. Folgende Aufgaben sollen mit den Diagrammen in diesem Kapitel gelöst werden.

1. Wieviele 30er-Bündel werden pro Trasse benötigt?
2. Wie hoch ist die Auslastung pro Leitung vor und nach der Bündeltrennung?

Aufgabe 3.3:

Betrachtet werde das Warteverlustsystem M/M/n – S mit n Bedieneinheiten und S Speicherplätzen.

1. Der Zustandsraum einschließlich aller Übergänge und Übergangswahrscheinlichkeitsdichten soll entwickelt werden.
2. Wie lauten die Zustandsgleichungen für die Mikrozustände und die zugehörigen Zustandswahrscheinlichkeiten im stationären Fall, wenn die Auslastung $\rho < 1$ ist?
3. Man definiere die für die Analyse geeigneten Makrozustände. Wie lauten die Zustandsgleichungen für diese Makrozustände und die zugehörigen Zustandswahrscheinlichkeiten im stationären Fall?
4. Man berechne folgende Verkehrsgrößen: die Blockierungswahrscheinlichkeit p_B, die Wartewahrscheinlichkeit p_W, den Verkehrswert Y und die mittlere Warteschlangenlänge Ω.
5. Herzuleiten ist die Verteilungsfunktion von W_1, d.h. die Wartezeit bzgl. der wartenden Anforderungen, bei FIFO-Abfertigung.

Aufgabe 3.4:
Gegeben seien $n = 5$ identische Prozessoren, die eine Folge von Anforderungen abarbeiten sollen. Die Zeit A zwischen den Ankünften zweier Anforderungen sowie die Bedienzeit B einer Anforderung durch einen Prozessor sind negativ-exponentiell verteilt mit den Mittelwerten $E[A] = 0,25$ sec bzw. $E[B] = 1$ sec. Der Speicherbedarf einer Anforderung sei konstant ein Speicherplatz. Unter der Annahme, dass insgesamt $S = 10$ Speicherplätze zur Verfügung stehen, vergleiche man die beiden folgenden Alternativen:

1. Zentraler Speicher, d.h eine Warteschlange mit S Warteplätzen.
2. Lokaler Speicher, d.h. n Warteschlangen mit je $\tilde{S} = S / n$ Warteplätzen (hierbei wird jede Warteschlange mit der gleichen Wahrscheinlichkeit $p = 1 / n$ aufgesucht).

Für beide Fälle soll die Blockierungswahrscheinlichkeit p_B berechnet werden. Wie groß müsste $\tilde{S}$ gewählt werden, um für den Fall 2 etwa die gleiche Blockierungswahrscheinlichkeit zu erhalten wie für den Fall 1?

Aufgabe 3.5:
Betrachtet werde das Warteschlangensystem $M / M^{[2,2]} / 2 - 3$, das sich z.B. zur Modellierung eines Produktionssystems eignet. Der Poisson-Ankunftsstrom von Aufträgen (Ankunftsrate λ) wird von zwei Bedieneinheiten, die jeweils eine negativ-exponentiell verteilte Bediendauer (Bedienrate μ) zur Bearbeitung von zwei Aufträgen benötigen, verarbeitet. Es werden immer zwei Aufträge zusammen bearbeitet. Ist nur ein Auftrag in der Warteschlange, die 3 Warteplätze enthält, so wird auf das Eintreffen eines weiteren Auftrags gewartet.

1. Man gebe eine geeignete Zustandsbeschreibung dieses Warteschlangensystems an.
2. Zu entwickeln ist der Zustandsraum mit seinen Übergängen und seinen Übergangswahrscheinlichkeitsdichten.
3. Mit einer geeigneten Wahl der Makrozustände soll die Verlustwahrscheinlichkeit eines Auftrags für den Parametersatz $\lambda = \mu = 1$ sec^{-1} bestimmt werden.

Aufgabe 3.6:

Betrachtet werde ein M/M/n-Verlustsystem mit einer endlichen Anzahl von $q \geq n$ Quellen. Die Quellen seien identisch verteilt mit einer Anrufrate α pro Quelle. Die Bedienrate jeder der n identischen Bedieneinheiten sei μ.

1. Man definiere geeignete Zustände und gebe den Zustandsraum mit seinen Übergängen sowie die Übergangswahrscheinlichkeiten an.
2. Man definiere geeignete Makrozustände und bestimme die stationären Zustandswahrscheinlichkeiten.
3. Man zeige, dass aus der Lösung nach 2. durch den Grenzübergang

$$\lim_{\substack{q \to \infty \\ \alpha \to 0}} (q\alpha) = \lambda$$

die Erlangsche Formel für Verlustsysteme entsteht.

Aufgabe 3.7:

Betrachtet werde folgendes M/M/1-1 Warteverlustsystem mit Prioritäten: Die Anforderungen hoher Priorität kommen mit der Rate λ_H an, diejenigen niedriger Priorität mit der Rate λ_N. Die Bedieneinheit arbeitet mit einer Rate $\mu = 1\text{sec}^{-1}$ unabhängig von der Priorität einer Anforderung.

Wenn bei der Ankunft einer Anforderung hoher Priorität der Warteplatz noch frei ist und eine Anforderung niedriger Priorität gerade bedient wird, so wird letztere aus der Bedieneinheit verdrängt. D.h. die Anforderung hoher Priorität belegt die Bedieneinheit, und diejenige mit niedriger Priorität muss zurück auf den Warteplatz. Nachdem die Bedienung der Anforderung hoher Priorität vollendet ist, wird die Bedienung der verdrängten Anforderung erneut begonnen, wofür wieder eine volle Bedienphase mit $\mu = 1\text{sec}^{-1}$ benötigt wird („Preemptive-Repeat" Strategie).

Befinden sich bei der Ankunft einer Anforderung hoher Priorität zwei Anforderungen niedriger Priorität im System, so verdrängt erstere wie oben beschrieben die Anforderung, die sich in der Bedieneinheit befindet. Diese verdrängt ihrerseits die wartende Anforderung, die dadurch völlig aus dem System verdrängt wird.

In allen anderen Fällen findet keine Verdrängung statt. Anforderungen, bei deren Ankunft der Warteplatz bereits besetzt ist, werden mit Ausnahme des oben beschriebenen Falles abgewiesen.

1. Man definiere eine geeignete Zustandsbeschreibung und gebe das Zustandsübergangsdiagramm mit den Übergangsraten an. Man gebe die Zustandsgleichungen für den stationären Fall in Abhängigkeit von λ_H und λ_N an.
2. Für die folgenden Berechnungen sei $\lambda_H = 0,5\text{sec}^{-1}$ und $\lambda_N = 0,5\text{sec}^{-1}$. Man berechne die Zustandswahrscheinlichkeiten.
3. Man gebe die Abweisewahrscheinlichkeit für Anforderungen mit hoher bzw. niedriger Priorität, B_H bzw. B_N, bei deren Ankunft an. Wie groß ist die Wahrscheinlichkeit B_{Sys},

dass eine Anforderung niedriger Priorität aus dem System verdängt wird? Wie groß ist die Wahrscheinlichkeit B, dass eine beliebige Anforderung bei ihrer Ankunft abgewiesen oder später aus dem System verdrängt wird? Man bestimme die Wahrscheinlichkeit, dass Anforderungen mit hoher bzw. niedriger Priorität unmittelbar nach ihrer Ankunft warten müssen, W_H bzw. W_N.

4. Die Zufallsvariable K gebe die Anzahl der Verdrängungen einer Anforderung niedriger Priorität, bevor diese erfolgreich vollständig bedient werden kann, an.

   Man bestimme die Wahrscheinlichkeit V_{Bed}, dass eine Anforderung niedriger Priorität aus der Bedieneinheit verdrängt wird, d.h. dass während ihrer Bedienung mindestens eine Anforderung mit hoher Priorität ankommt.

   Man gebe die Verteilung, die erzeugende Funktion $G_k(z)$ und den Erwartungswert von K an.

5. Die Zufallsvariable T_V sei die virtuelle Bedienzeit für eine Anforderung niedriger Priorität, d.h. die Zeit vom Beginn des ersten Bedienversuchs bis zum Ende der erfolgreichen vollständigen Bedienung. Man gebe T_V in Abhängigkeit von der Bedienzeit T_H (neg. exp. mit $\mu = 1$) und K an. Man berechne die Laplace-Transformation $\Phi_V(z)$ und den Mittelwert von T_V.

Aufgabe 3.8:

Im Folgenden sei ein so genanntes *zelluläres Mobilfunknetzwerk* betrachtet. Ein solches Netzwerk besteht aus aneinandergrenzenden Flächen, die idealisiert als hexagonale Zellen angesehen werden. An die sich im Netzwerk befindlichen mobilen Telefonteilnehmer werden Anrufe gerichtet bzw. gehen von ihnen aus. Hierbei ist zwischen Anrufen aus derselben Zelle i und solchen aus benachbarten Zellen zu unterscheiden, die über ein Übergabeverfahren (Handover) an Zielteilnehmer in Zelle i gerichtet sind. Die Kapazität C einer Zelle ist die Anzahl der insgesamt verfügbaren Frequenzkanäle und wird hier mit $C = 90$ angenommen.

Der Ankunftsverkehrsstrom pro Zelle genüge einer Poisson-Verteilung mit λ als Ankunftsrate für neue Anrufe (zelleigener Verkehr) und γ als Ankunftsrate für Handover-vermittelte Anrufe aus Nachbarzellen. Hierbei gelte $\gamma = \gamma_{in} = \gamma_{out}$ für ankommende bzw. ausgehende Handovers von Zelle i. Es sei weiterhin unrealistischerweise Stationarität der Verkehrsströme unterstellt. Die Bedienzeit für Handover-vermittelte Anrufe sei negativ-exponentiell verteilt mit Rate ξ. Die Bedienzeit der *neuen* Anrufe aus Zelle i genüge der Verteilung der Verweilzeiten, d.h. der Zeit, die eine mobile Einheit in einer Zelle verbringt und dabei bedient wird. Diese sei ebenfalls negativ-exponentiell verteilt mit Rate μ. Das Verkehrsangebot A ist gegeben durch

$$A = \frac{\lambda + \gamma}{\mu + \xi}.$$

1. Man betrachte nun <u>eine</u> Zelle mit ihren Nachbarn und definiere die Zelle als blockiert, wenn bei Ankunft neuer Anrufe alle Kanäle belegt sind und der Anruf dann verloren geht. Man gebe B_n und B_h, die Blockierwahrscheinlichkeiten für neue Anrufe bzw. während eines einzigen Handover, an.

2. Es seien folgende Wahrscheinlichkeiten gegeben: Mit Wahrscheinlichkeit $1 - B_n$ wird ein neuer Ruf begonnen. Dann wird mit Wahrscheinlichkeit $P_c = \xi / (\mu + \xi)$ ein Anruf beendet, bevor die Zelle verlassen wird. Mit Wahrscheinlichkeit $\overline{P}_c = \mu / (\mu + \xi)$ wird ein Anruf während seines ersten Handoverversuchs abgewiesen. Mit welcher Wahrscheinlichkeit wird der erste Handover erfolgreich durchgeführt <u>und</u> die Zelle verlassen?

3. Man gebe die Wahrscheinlichkeit $P_{h,c}^{(k)}$ für k-fachen Handover und Beendigung des Anrufs sowie $\overline{P}_h^{(k)}$ die Wahrscheinlichkeit für k-fachen Handover und Blockierung beim nächsten Handover-Versuch an. $\left(k = 0, 1, 2, 3, \ldots \right)$

4. Wie lauten die Wahrscheinlichkeiten $P_h^{(\geq k+1)}$, dass für einen Anruf <u>wenigstens</u> $k + 1$, sowie $P_h^{(k)}$, dass <u>exakt</u> k Handovers durchgeführt werden? Welcher Verteilung genügen dann die Anrufbedienzeiten mit k erfolgreichen Handovers?

5. Wie lautet die Wahrscheinlichkeit B_p, dass ein Anruf bei irgendeinem Handover-Versuch blockiert wird?

6. Wie lautet die totale Blockierwahrscheinlichkeit B_t für einen beliebigen Anruf?

Aufgabe 3.9:

Betrachtet werde ein modifiziertes M/M/1-Wartesystems. Im Gegensatz zu herkömmlichen Systemen gibt es S bevorzugte Warteplätze $(S \geq 0)$. (Beispiel: Bratwurststand im Hochsommer mit einigen Warteplätzen im Schatten. Die Lust auf Bratwurst schwindet schnell, wenn man in der prallen Sonne anstehen muss.) Die Bedienrate sei μ, die Ankunftsrate sei abhängig vom Systemzustand: solange keiner wartet oder bevorzugte Warteplätze vorhanden sind, sei die Ankunftsrate λ; sobald andere Warteplätze eingenommen werden müssen, halbiere sich die Ankunftsrate.

1. Man gebe den Zustandsraum einschließlich aller Übergänge und Übergangswahrscheinlichkeitsdichten an.

2. Man definiere geeignete Makrozustände. Wie lauten die Zustandsgleichungen für diese Makrozustände und die zugehörigen Zustandswahrscheinlichkeiten im stationären Fall?

3. Wie hoch ist die Auslastung der Bedieneinheit in Abhängigkeit von S? Man gebe die mittlere Warteschlangenlänge an.

4. Wie hoch ist die Wahrscheinlichkeit, dass ein ankommender Kunde
   a) sofort bedient wird $(p_{sorfort})$
   b) einen bevorzugten Warteplatz im Schatten vorfindet $(p_{Schatten})$
   c) oder einen Platz an der Sonne bekommt (p_{Sonne})?

4 Analyse nicht-Markovscher Systeme

Im vorherigen Kapitel wurden Verkehrsmodelle mit Markov-Eigenschaft behandelt. Bei diesen Modellen besitzen sämtliche Modellkomponenten die Eigenschaft der Gedächtnislosigkeit. Ist eine Komponente dagegen gedächtnisbehaftet, z.B. wenn der Ankunfts- oder der Bedienprozess allgemein verteilt ist, können die vorgestellten Analysemethoden für Markov-Systeme nicht angewandt werden.

In diesem Kapitel werden einige wichtige nicht-Markovsche Verkehrsmodelle behandelt. Es handelt sich hier um Modelle, die jeweils eine gedächtnisbehaftete Modellkomponente enthalten. Zunächst wird die Methode der eingebetteten Markov-Kette erörtert. Anschließend werden Modelle vom Typ M/GI/1 und GI/M/1 sowie ein komplexeres Modell aus der Fertigungssteuerung mit Gruppenbedienung exemplarisch vorgestellt.

4.1 Methoden der eingebetteten Markov-Kette

Wir betrachten einen zustandsdiskreten stochastischen Prozess $\{X(t),\ t > 0\}$, der den Zustandsprozess eines verkehrstheoretischen Modells darstellt. Zu den Zeitpunkten $\{t_n,\ n = 0, 1, 2, ...\}$ soll der Prozess die Markov-Eigenschaft haben, d.h.

$$P\left(X(t_{n+1}) = x_{n+1} \middle| X(t_n) = x_n, ..., X(t_0) = x_0\right)$$
$$= P\left(X(t_{n+1}) = x_{n+1} \middle| X(t_n) = x_n\right), \qquad t_0 < t_1 < ... < t_n < t_{n+1}. \tag{4.1}$$

Die zukünftige Entwicklung des eingebetteten Prozesses hängt also nur vom gegenwärtigen Prozesszustand ab. Die komplette Vergangenheit des eingebetteten Prozesses $X(t_0), X(t_1), ..., X(t_n)$ bis zum Zeitpunkt t_n ist in der Zustandsinformation $\left[X(t_n) = x_n\right]$ enthalten. Ist der Zustand zum Zeitpunkt t_n bekannt, so kann die zukünftige Entwicklung des eingebetteten Prozesses $X(t_{n+1}), X(t_{n+2}), ...$ aus $X(t_n)$ berechnet werden.

Da der Prozess zustandsdiskret ist, bildet $\{X(t_n)\}$ eine *Kette*. Aufgrund der Markov-Eigenschaft zu den Zeitpunkten t_n, $n = 0, 1, ...$, ist $\{X(t_n) = x_n\}$ ferner eine *Markov-Kette*, die zu den Zeitpunkten t_n eingebettet wird. Die hier beschriebene Analysemethode wird deshalb

Methode der eingebetteten Markov-Kette genannt. Als *Regenerationszeitpunkte* bezeichnet man die Einbettungszeitpunkte t_n, zu denen die Markov-Eigenschaft gegeben ist.

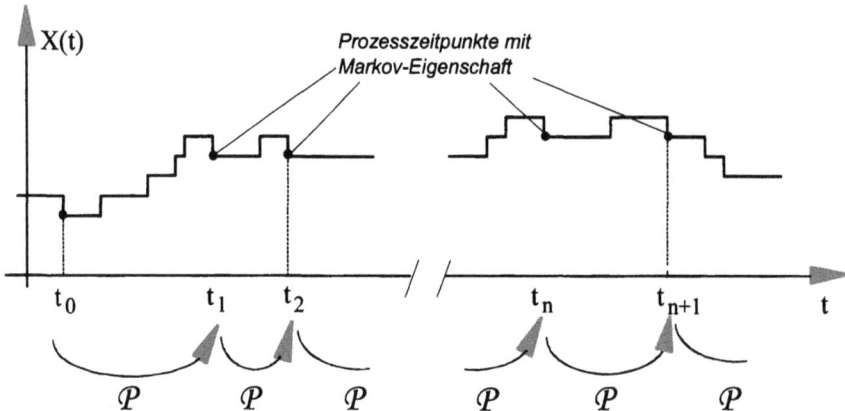

Abb. 4.1: *Einbettungszeitpunkte und Markov-Kette*

Zu jedem Einbettungszeitpunkt t_n bilden die Zustandswahrscheinlichkeiten einen Wahrscheinlichkeitsvektor:

$$\mathcal{X}_n = \left\{ x(i,n),\ i = 0,1,\ldots \right\}, \tag{4.2}$$

$$x(i,n) = P\left(X(t_n) = i \right).$$

Lässt sich eine Übergangswahrscheinlichkeitsmatrix $\mathcal{P}$ finden, die die Beziehung zwischen den Zustandswahrscheinlichkeitsvektoren zweier beliebiger aufeinanderfolgender Einbettungszeitpunkte t_n und t_{n+1} herstellt, d.h.

$$\mathcal{P} = \left\{ p_{ij} \right\} \tag{4.3}$$

mit

$$p_{ij} = P\left(X(t_{n+1}) = j \,\middle|\, X(t_n) = i \right), \qquad i,j = 0,1,\ldots, \tag{4.4}$$

so erhält man eine rekursive Berechnungsvorschrift

$$\mathcal{X}_{n+1} = \mathcal{X}_n \cdot \mathcal{P} . \tag{4.5}$$

Bei den Elementen der Matrix $\mathcal{P}$ handelt es sich um Übergangs*wahrscheinlichkeiten*. Diese Übergangswahrscheinlichkeitsmatrix ist eine stochastische Matrix[1]. Die Matrix $\mathcal{P}$ unterscheidet sich in dieser Eigenschaft von der Matrix Q der Übergangs*wahrscheinlichkeitsdichten* bzw. der Ratenmatrix im vorherigen Kapitel, die zur Analyse von zeitkontinuierlichen Markovschen Zustandsprozessen herangezogen wurde.

Anhand Gl. (4.5) können Markov-Ketten-Wahrscheinlichkeitsvektoren sukzessiv berechnet werden, falls ein Anfangsvektor, z.B. X_0 bekannt ist. Im stationären Zustand des Prozesses, d.h. wenn der Wahrscheinlichkeitsvektor nicht mehr vom Zeitindex abhängt,

$$X_{n+1} = X_n = X,$$

lässt sich die Systemanalyse auf ein Eigenwertproblem zurückführen:

$$X = X \cdot \mathcal{P}. \tag{4.6}$$

Der gesuchte Wahrscheinlichkeitsvektor der eingebetteten Markov-Kette im stationären Zustand ist gemäß Gl. (4.6) der Links-Eigenvektor der Übergangswahrscheinlichkeitsmatrix $\mathcal{P}$ zum Eigenwert 1.

Die Methode der eingebetteten Markov-Kette eignet sich insbesondere zur Analyse von Verkehrsmodellen, bei denen nur eine Modellkomponente gedächtnisbehaftet ist (vgl. Bolch [4.1], Cooper [4.2]). Die Einbettungszeitpunkte werden dort festgelegt, wo genau diese Modellkomponente gedächtnislos wird.

In einem M/GI/1-System ist die Bedienzeit die einzige nicht-Markovsche Modellkomponente. Der Zustandsprozess hat jeweils am Ende einer Bedienphase die Markov-Eigenschaft. Die entsprechende Markov-Kette kann an den Bedien-Ende-Zeitpunkten eingebettet werden.

In einem GI/M/1-System ist der Ankunftsprozess gedächtnisbehaftet. Zweckmäßigerweise sind die Ankunftszeitpunkte als Einbettungszeitpunkte einer eingebetteten Markov-Kette zu wählen.

---

[1] Eine Matrix $\mathcal{P}$ mit nicht-negativen Elementen heißt *stochastisch*, wenn $\mathcal{P} \cdot e = e$ gilt. Wenn bei einem komponentenweisen Vergleich $\mathcal{P} \cdot e \leq e$ zutrifft, dann wird $\mathcal{P}$ *substochastisch* genannt. Dabei ist e der Spaltenvektor entsprechender Dimension, der nur Einsen enthält.

4.2   Das Wartesystem M/GI/1

4.2.1   Modell und Zustandsprozess

Abbildung 4.2 zeigt die Struktur des M/GI/1-Wartesystems (M/GI/1-∞). Nach der Kendall-Notation ist der Ankunftsprozess ein Poisson-Prozess, d.h. die Zwischenankunftszeit A ist negativ-exponentiell verteilt:

$$A(t) = P(A \leq t) = 1 - e^{-\lambda t}, \quad E[A] = \frac{1}{\lambda}.$$

Die Ankunftsrate λ gibt die mittlere Anzahl eintreffender Anforderungen pro Zeiteinheit an. Die Bedienzeit B kann beliebig verteilt sein. Das Verkehrsangebot bzw. die Auslastung der Bedieneinheit ergibt sich zu

$$\rho = \frac{E[B]}{E[A]} = \lambda \cdot E[B]. \qquad\qquad \text{(Auslastung)} \qquad (4.7)$$

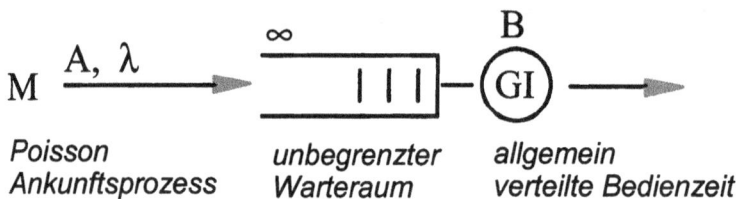

Abb. 4.2:   *M/GI/1-Warteystem*

Der Warteraum wird als unendlich groß angenommen, d.h. es handelt sich um den reinen Wartebetrieb. Eine Anforderung, die zum Ankunftszeitpunkt die Bedieneinheit belegt vorfindet, muss warten, bis diese frei wird. Die Bedieneinheit bearbeitet wartende Anforderungen aus der Warteschlange nach einer Warteschlangendisziplin, z.B. FIFO (first-in, first-out) bzw. FCFS (first-come, first-served), LIFO (last-in, first-out), RANDOM etc.

Abbildung 4.3 zeigt einen Verlauf des Zustandsprozesses. Die n-te Anforderung trifft auf eine belegte Bedieneinheit und wartet in der ersten Position der Warteschlange, bis sie zum Zeitpunkt t_{n-1} bedient wird. Die Wartezeit und die Bedienzeit dieser Anforderung sind in Abb. 4.3 markiert.

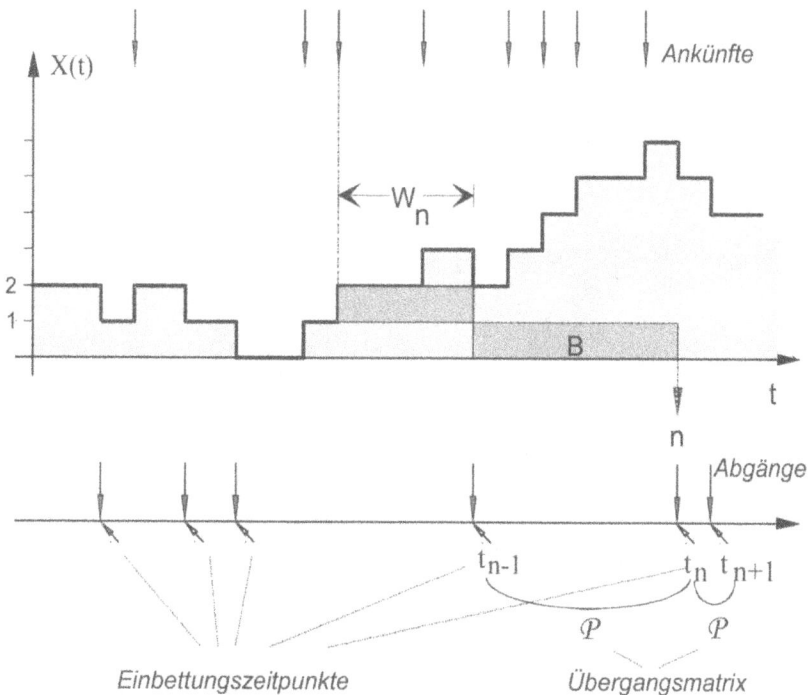

Abb. 4.3: *Zustandsprozess des M/GI/1-Wartesystems (Abfertigungsdisziplin FIFO)*

4.2.2 Markov-Kette und Übergangsverhalten

Einbettungszeitpunkte

Im M/GI/1-System ist der Bedienprozess die einzige Modellkomponente, die die Markov-Eigenschaft *nicht* besitzt. Dies bedeutet, dass der Zustandsprozess am Ende eines Bedienvorganges gedächtnislos wird. Daher kann an den Bedien-Ende-Zeitpunkten eine Markov-Kette eingebettet werden, wie in Abb. 4.3 illustriert wird. Die gewählten Einbettungszeitpunkte liegen jeweils unmittelbar *nach* den Abgängen.

Der Zeitpunkt der n-ten Einbettung korrespondiert also mit dem *n*-ten Abgang und wird mit t_n bezeichnet. Die Folge $\{X(t_0), X(t_1), \ldots, X(t_n), X(t_{n+1}), \ldots\}$ der Systemzustände zu diesen Zeitpunkten bildet damit eine eingebettete Markov-Kette, deren Zustandswahrscheinlichkeiten im Folgenden analysiert werden sollen.

Für die nachfolgende Analyse ist es zweckmäßig, die ZV Γ für die Anzahl der Ankunftsereignisse während einer Bediendauer B und deren Verteilung zu betrachten:

$$\gamma(i) = P(\Gamma = i) \tag{4.8}$$

mit der erzeugenden Funktion

$$\Gamma_{EF}(z) = \sum_{i=0}^{\infty} \gamma(i) \cdot z^i \, , \tag{4.9}$$

wobei

$$E[\Gamma] = \left. \frac{d\Gamma_{EF}(z)}{dz} \right|_{z=1} = \lambda \cdot E[B] = \rho \, . \tag{4.10}$$

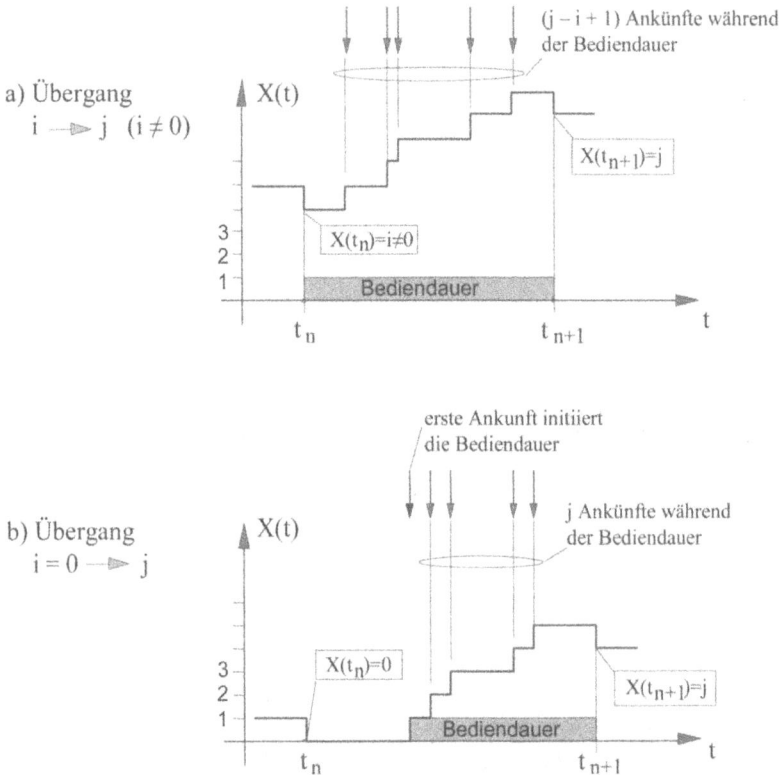

Abb. 4.4: *Übergangsverhalten des M/GI/1-Wartesystems*

Zustandsübergänge

Wir betrachten den Übergang zwischen zwei aufeinander folgenden Einbettungszeitpunkten und die zugehörige Übergangswahrscheinlichkeit

$$p_{ij} = P\big(X(t_{n+1}) = j \big| X(t_n) = i\big). \qquad \text{(Übergangswahrscheinlichkeit)} \tag{4.11}$$

Während der Zeitspanne (t_n, t_{n+1}) können folgende Zustandsübergänge stattfinden (vgl. Abb. 4.4):

- $i \neq 0$

  Das System ist nicht leer zum Zeitpunkt t_n (Abb. 4.4a). Die Zustandsentwicklung ist wie folgt: Zum Einbettungszeitpunkt t_n sind i Anforderungen im System. Unmittelbar danach fängt ein Bedienvorgang an. Damit unmittelbar nach Verstreichen dieser Bediendauer noch j Anforderungen im System verbleiben, müssen während dieser Zeit $(j - i + 1)$ Anforderungen angekommen sein, d.h.

$$p_{ij} = \gamma(j - i + 1), \quad i = 1, \ldots, \quad j = i - 1, i, \ldots . \tag{4.12}$$

- $i = 0$

  Das System ist leer zum Zeitpunkt t_n. Mit dem Eintreffen der ersten Anforderung beginnt, wie in Abb. 4.4b verdeutlicht, ein neuer Bedienvorgang. Damit unmittelbar nach dem Verstreichen der Bediendauer noch j Anforderungen im System sind, müssen diese j Anforderungen während der betrachteten Bediendauer angekommen sein, d.h.

$$p_{0j} = \gamma(j), \quad j = 0, \ldots . \tag{4.13}$$

Die Zustandsübergangsmatrix lautet schließlich:

$$\mathcal{P} = \{p_{ij}\} = \begin{pmatrix} \gamma(0) & \gamma(1) & \gamma(2) & \gamma(3) & \cdots \\ \gamma(0) & \gamma(1) & \gamma(2) & \gamma(3) & \cdots \\ 0 & \gamma(0) & \gamma(1) & \gamma(2) & \cdots \\ 0 & 0 & \gamma(0) & \gamma(1) & \cdots \\ \vdots & \vdots & \vdots & \vdots & \ddots \end{pmatrix} . \tag{4.14}$$

4.2.3 Zustandsgleichungen

Allgemeine Zustandsübergangsgleichung

Die Zustandswahrscheinlichkeiten des Systems zu den Einbettungszeitpunkten t_n

$$x(j, n) = P(X(t_n) = j), \quad j = 0, 1, \ldots, \tag{4.15}$$

bilden die Komponenten des Vektors $\mathcal{X}_n$

$$\mathcal{X}_n = \{x(0, n), x(1, n), \ldots, x(j, n), \ldots\} . \tag{4.16}$$

Der Zustandswahrscheinlichkeitsvektor zum Einbettungszeitpunkt t_{n+1} kann aus dem Vektor zum vorausgegangenen Zeitpunkt t_n mit der folgenden Zustandsübergangsgleichung bestimmt werden:

$$X_n \cdot \mathcal{P} = X_{n+1} \, . \qquad \text{(allgemeine Zustandsübergangsgleichung)} \qquad (4.17)$$

Gleichung (4.17) gilt allgemein sowohl für stationäre als auch für instationäre Systemzustände. Aus einem Startvektor X_0 können sukzessiv alle zukünftigen anforderungsabhängigen Zustandswahrscheinlichkeitsvektoren X_n, $n = 1, 2, \ldots$, ermittelt werden. Somit sind Verläufe instationärer Zustandsprozesse analysierbar, die z.B. in Untersuchungen von Überlastverhalten und von Ein- und Ausschwingvorgängen in Kommunikationsnetzen von Bedeutung sind.

Stationäre Zustandsübergangsgleichung

Aus Gl. (4.17) erhält man für den stationären Systemzustand mit dem Zustandswahrscheinlichkeitsvektor

$$X_n = X_{n+1} = \ldots = X \, , \qquad (4.18)$$

$$X = \{x(0), x(1), \ldots, x(j), \ldots\} \qquad (4.19)$$

die stationäre Zustandsübergangsgleichung

$$X \cdot \mathcal{P} = X \, . \qquad \text{(stationäre Zustandsübergangsgleichung)} \qquad (4.20)$$

4.2.4 Zustandswahrscheinlichkeiten

Nach Gl. (4.20) ist der gesuchte stationäre Zustandswahrscheinlichkeitsvektor der Links-Eigenvektor der Übergangsmatrix $\mathcal{P}$ zum Eigenwert 1. Diese Feststellung wurde bereits bei der Behandlung der Methode der eingebetteten Markov-Kette erörtert. Die Berechnung der Zustandswahrscheinlichkeiten reduziert sich auf ein Eigenwertproblem einer unendlichen Matrix.

Für den allgemeinen Fall instationärer Prozesse können, ausgehend von einem Anfangsvektor für Zustandswahrscheinlichkeiten X_0, mit Hilfe der allgemeinen Zustandsübergangsgleichung (4.17) die Zustandsvektoren $X_1, \ldots, X_n, X_{n+1}$ an den Einbettungszeitpunkten $t_1, \ldots, t_n, t_{n+1}$ numerisch bestimmt werden, und zwar solange, bis der stationäre Zustand erreicht ist. Praktisch kann das Erreichen des statistischen Gleichgewichts durch eine Abbruchbedingung (z.B. wenn $\left| E\left[X(t_{n+1})\right] - E\left[X(t_n)\right] \right| < \varepsilon = 10^{-6}$) nach jedem Iterationsschritt überprüft werden. Diese multiplikative Methode (engl. *power method*) ist ein numerisch robustes Verfahren zur Analyse von Zustandswahrscheinlichkeiten.

Analyse mittels erzeugender Funktion

Die Zustandsübergangsgleichung (4.20) kann wie folgt ausgeschrieben werden:

$$x(j) = x(0)\,\gamma(j) + \sum_{i=1}^{j+1} x(i)\cdot\gamma(j-i+1)\,, \qquad j=0,1,\dots\,. \tag{4.21}$$

Wir betrachten nun die Summation

$$\underbrace{\sum_{j=0}^{\infty} x(j)\,z^j}_{X_{EF}(z)} = x(0)\underbrace{\sum_{j=0}^{\infty}\gamma(j)\,z^j}_{\Gamma_{EF}(z)} + \sum_{j=0}^{\infty}\sum_{i=1}^{j+1} x(i)\cdot\gamma(j-i+1)\,z^j \tag{4.22}$$

mit den erzeugenden Funktionen

$$\Gamma_{EF}(z) = \sum_{j=0}^{\infty}\gamma(j)\,z^j\,,$$

$$X_{EF}(z) = \sum_{j=0}^{\infty} x(j)\,z^j\,. \tag{4.23}$$

Die Doppelsumme aus Gl. (4.22) kann weiter umgeformt werden in

$$\begin{aligned}
\sum_{j=0}^{\infty}\sum_{i=1}^{j+1} x(i)\,\gamma(j-i+1)z^j &= \sum_{i=1}^{\infty} x(i)\sum_{j=i-1}^{\infty}\gamma(j-i+1)z^j \\
&\overset{j^*=j-i+1}{=} \sum_{i=1}^{\infty} x(i)\underbrace{\sum_{j^*=0}^{\infty}\gamma(j^*)z^{j^*}}_{\Gamma_{EF}(z)}z^{i-1} \\
&= \Gamma_{EF}(z)\sum_{i=1}^{\infty} x(i)z^{i-1} \\
&= \Gamma_{EF}(z)\cdot\frac{1}{z}\cdot\big(X_{EF}(z)-x(0)\big).
\end{aligned} \tag{4.24}$$

Schließlich erhalten wir aus Gl. (4.22)

$$X_{EF}(z) = x(0)\cdot\Gamma_{EF}(z) + \Gamma_{EF}(z)\cdot\frac{1}{z}\cdot(X_{EF}(z)-x(0))$$

oder

$$X_{EF}(z) = x(0)\frac{\Gamma_{EF}(z)(1-z)}{\Gamma_{EF}(z) - z}\,. \tag{4.25}$$

Zur Bestimmung von x(0) betrachtet man den Grenzübergang $z \to 1$ dieser Gleichung

$$X_{EF}(z)\big|_{z \to 1} = \frac{0}{0},$$

der sich mit der de l'Hospitalschen Regel wie folgt ermitteln lässt:

$$1 = \sum_{j=0}^{\infty} x(j) = X_{EF}(z)\big|_{z \to 1} = x(0) \cdot \frac{\dfrac{d}{dz}\Gamma_{EF}(z) \cdot (1-z) - \Gamma_{EF}(z)}{\dfrac{d}{dz}\Gamma_{EF}(z) - 1}\Bigg|_{z \to 1}$$

$$= x(0) \cdot \frac{-1}{\dfrac{d}{dz}\Gamma_{EF}(z)\bigg|_{z \to 1} - 1},$$

wobei

$$\frac{d}{dz}\Gamma_{EF}(z)\bigg|_{z \to 1} = \sum_{j=1}^{\infty} \gamma(j) \, j \, z^{j-1}\bigg|_{z \to 1} = E[\Gamma] = \lambda \, E[B] = \rho,$$

d.h.

$$x(0) = 1 - \rho \tag{4.26}$$

und somit

$$X_{EF}(z) = \frac{(1-\rho)(1-z)\Gamma_{EF}(z)}{\Gamma_{EF}(z) - z}. \tag{4.27}$$

Die Funktion $\Gamma_{EF}(z)$ ist die erzeugende Funktion der Poisson-Ankünfte während einer Bediendauer, d.h. eines Intervalls mit der Verteilungsfunktion $B(t)$ und LST $\Phi_B(s)$. Nach Gl. (1.130) kann $\Gamma_{EF}(z)$ angegeben werden:

$$\Gamma_{EF}(z) = \sum_{j=0}^{\infty} \gamma(j) z^j = \sum_{j=0}^{\infty} \int_0^{\infty} \frac{(\lambda t)^j}{j!} \, e^{-\lambda t} \, b(t) \, dt \, z^j$$

$$= \Phi_B(s)\big|_{s = \lambda(1-z)} = \Phi_B(\lambda(1-z)). \tag{4.28}$$

Aus Gl. (4.27) und (4.28) erhält man die erzeugende Funktion der Zustandsverteilung der eingebetteten Markov-Kette

$$X_{EF}(z) = \frac{(1-\rho) \cdot (1-z) \cdot \Phi_B(\lambda(1-z))}{\Phi_B(\lambda(1-z)) - z}.$$

(Pollaczek-Khintchine-Formel für Zustandswahrscheinlichkeiten) \hfill (4.29)

4.2.5   Wartezeitverteilungsfunktion

Aus der Pollaczek-Khintchine-Formel für Zustandswahrscheinlichkeiten kann die Wartezeit-verteilungsfunktion von Anforderungen in einem M/GI/1-Modell hergeleitet werden. Die nachfolgende Herleitung setzt voraus, dass die Abfertigungsdisziplin für die Warteschlange vom Typ FIFO (first-in, first-out) bzw. FCFS (first-come, first-served) ist.

Wir betrachten die Durchlaufzeit D einer Testanforderung mit der Verteilungsdichtefunktion $d(t)$, der Verteilungsfunktion $D(t)$ und der Laplace-Stieltjes-Transformierten $\Phi_D(s)$.

Die Durchlaufzeit D setzt sich aus der Wartezeit W und der Bedienzeit B der Testanforderung zusammen:

$$
\begin{aligned}
D &= W + B, \\
d(t) &= w(t) * b(t), \\
\Phi_D(s) &= \Phi_W(s) \cdot \Phi_B(s).
\end{aligned}
\tag{4.30}
$$

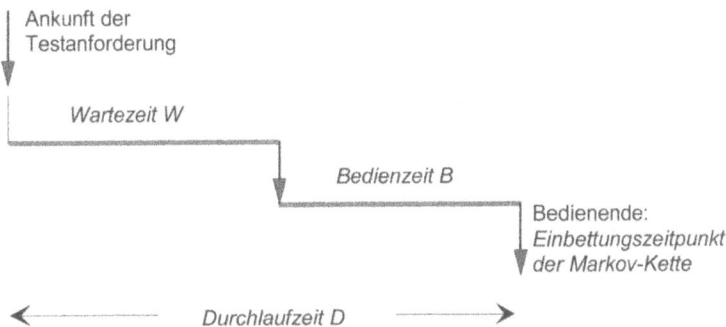

Abb. 4.5: *Durchlaufzeit einer Anforderung*

Zum Abgangszeitpunkt der Testanforderung seien noch $X = k$ Anforderungen im System. Nach der Festlegung der Einbettungszeitpunkte ist $X = k$ auch der Systemzustand zu einem Einbettungszeitpunkt der Markov-Kette. Gemäß der Abfertigungsdisziplin FIFO sind diese k von der Testanforderung zurückgelassenen Anforderungen während der Durchlaufzeit D eingetroffen, d.h.

$$
\begin{aligned}
x(k) &= P(\text{Testanforderung läßt } X = k \text{ Anforderungen im System zurück}) \\
&= P(k \text{ Ankünfte während der Durchlaufzeit der Testanforderung}).
\end{aligned}
$$

Dieser Beziehung zufolge ist $X = k$ die Anzahl der Poisson-Ankünfte während einer Durchlaufzeit D, d.h. eines Intervalls mit der Verteilungsfunktion $D(t)$ und LST $\Phi_D(s)$. Nach Gl. (1.130) kann die entsprechende erzeugende Funktion $X_{EF}(z)$ angegeben werden:

$$
\begin{aligned}
X_{EF}(z) &= \sum_{k=0}^{\infty} x(k) z^k = \sum_{k=0}^{\infty} \int_0^{\infty} \frac{(\lambda t)^k}{k!} e^{-\lambda t} d(t) \, dt \, z^k \\
&= \Phi_D(s)\big|_{s=\lambda(1-z)} = \Phi_D(\lambda(1-z)).
\end{aligned} \tag{4.31}
$$

Nach Einsetzen der Gl. (4.31) in Gl. (4.29) erhält man

$$
\Phi_D(\lambda(1-z)) = \frac{(1-\rho)\cdot(1-z)\cdot\Phi_B(\lambda(1-z))}{\Phi_B(\lambda(1-z)) - z}
$$

oder mit $s = \lambda(1-z)$

$$
\Phi_D(s) = \frac{s(1-\rho)}{s - \lambda + \lambda \, \Phi_B(s)} \cdot \Phi_B(s). \tag{4.32}
$$

Aus Gl. (4.30) und (4.32) erhält man schließlich die Laplace-Stieltjes-Transformierte der Wartezeit im M/GI/1-System:

$$
\Phi_W(s) = \frac{s(1-\rho)}{s - \lambda + \lambda \, \Phi_B(s)}.
$$

(Pollaczek-Khintchine-Formel für Wartezeitverteilungsfunktion)   (4.33)

In Abb. 4.6 wird die komplementäre Wartezeitverteilungsfunktion in einem M/GI/1-System gezeigt, wobei verschiedene Werte für die Systemauslastung ρ sowie unterschiedliche Typen von Bedienzeit-Verteilungsfunktionen betrachtet werden. Für Bedienzeiten mit höheren Variationskoeffizienten c_B hat die Wartezeit auch eine größere Varianz, die durch flach verlaufende Verteilungsfunktionen zu erkennen ist.

4.2.6   Weitere Systemcharakteristiken

Wartewahrscheinlichkeit

Mit der Laplace-Transformierten der Wartezeitverteilungsfunktion

$$
W(t) \quad \circ\!\!-\!\!\bullet \quad \frac{\Phi_W(s)}{s}
$$

und dem Grenzwertsatz der Laplace-Transformation (vgl. Gl. (1.86)) erhält man aus der Pollaczek-Khintchine-Formel (4.33) die Wahrscheinlichkeit, dass eine Anforderung nicht warten muss:

$$P\big(W=0\big) \; = \; \lim_{t\to 0} W(t) \; = \; \lim_{s\to\infty} s\cdot\frac{\Phi_W(s)}{s} \; = \; 1-\rho\,. \qquad\qquad (4.34)$$

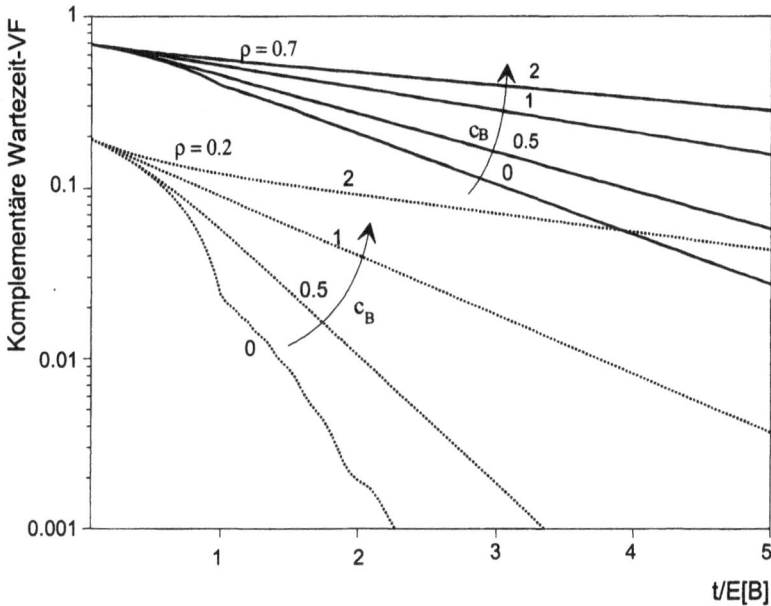

Abb. 4.6: *Komplementäre Wartezeitverteilungsfunktion im M/GI/1-Wartesystem*

Für die Wartewahrscheinlichkeit ergibt sich

$$\begin{aligned}
p_W \; &= \; P\big(W>0\big) \; = \; 1-P\big(W=0\big) \\
&= \; 1-W(t)\big|_{t\to 0} \; = \; \rho\,. \qquad\qquad \text{(Wartewahrscheinlichkeit)} \qquad (4.35)
\end{aligned}$$

Mittlere Wartezeiten

Es wird unterschieden zwischen

- der mittleren Wartezeit $E[W]$ bzgl. aller Anforderungen und

- der mittleren Wartezeit $E[W_1]$ von wartenden Anforderungen, d.h. von Anforderungen mit nicht-verschwindender Wartezeit.

Die mittlere Wartezeit bzgl. aller Anforderungen kann aus Gl. (4.33) ermittelt werden:

$$E[W] \; = \; E[B] \cdot \frac{\rho \left(1 + c_B^2\right)}{2(1-\rho)} \; = \; \frac{\lambda \, E\left[B^2\right]}{2(1-\rho)}, \tag{4.36}$$

während die mittlere Wartezeit bzgl. wartender Anforderungen wie folgt lautet:

$$E[W_1] \; = \; \frac{E[W]}{p_W} \; = \; E[B] \cdot \frac{1 + c_B^2}{2(1-\rho)}. \tag{4.37}$$

Nach obiger Formel hängt die mittlere Wartezeit eines M/GI/1-Systems nur von der Ankunftsrate λ und von den ersten zwei Momenten der Bediendauer B ab.

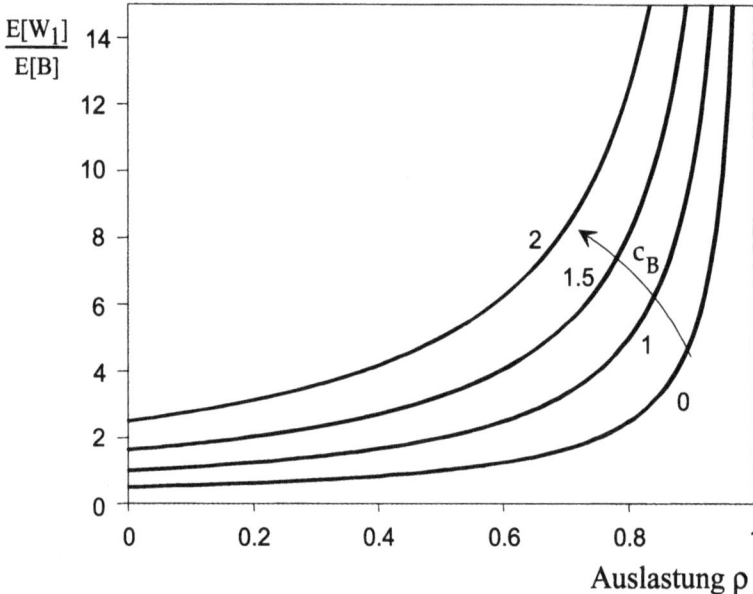

Abb. 4.7:   *Mittlere Wartezeit wartender Anforderungen des M/GI/1-Systems*

In Abb. 4.7 ist die mittlere Wartezeit als Funktion der Systemauslastung dargestellt. Der Kurvenscharparameter ist der Variationskoeffizient c_B der Bedienzeit. Mit steigenden Werten von c_B ist in diesem Diagramm ersichtlich, dass der Mittelwert der Wartezeit größer wird. Bei größeren Werten der Systemauslastung ρ kann eine relativ kleine Erhöhung von c_B zu einer Vervielfachung der Wartezeit führen. Das M/GI/1-Wartesystem ist bei höherer Systemauslastung sehr sensitiv gegenüber Belastungsschwankungen. Dieser Sachverhalt erklärt die Dimensionierung von Wartesystemen in niedrigeren Lastbereichen (z.B. $\rho < 0.7$).

Höhere Momente der Wartezeit

Höhere gewöhnliche Momente der Wartezeit bzgl. aller Anforderungen lassen sich prinzipiell aus der Pollaczek-Khintchine-Formel (4.33) (vgl. Takagi [4.6]) herleiten. Diese Momente können jedoch einfacher mit Hilfe der Takács-Rekursionsformel ermittelt werden (vgl. Kleinrock [4.5] bzw. Takács [4.8]):

$$E[W^k] = \frac{\lambda}{1-\rho} \sum_{i=1}^{k} \binom{k}{i} \frac{E[B^{i+1}]}{i+1} E[W^{k-i}], \qquad \text{(Takács-Rekursionsformel)} \qquad (4.38)$$

$$E[W^0] = 1.$$

Speziell für die ersten beiden Momente erhält man

$$E[W] = \frac{\lambda E[B^2]}{2(1-\rho)}, \qquad (4.39)$$

$$E[W^2] = 2 E[W]^2 + \frac{\lambda E[B^3]}{3(1-\rho)}. \qquad (4.40)$$

4.2.7   Zustandswahrscheinlichkeiten zu zufälligen Zeitpunkten

Die in der Pollaczek-Khintchine-Formel angegebenen Zustandswahrscheinlichkeiten $\{x(i), \; i=0,1,...\}$ (Gl. (4.29)) gelten zunächst nur an den Einbettungszeitpunkten des Zustandsprozesses. Für das M/GI/1-Wartesystem kann jedoch gezeigt werden, dass diese Zustandswahrscheinlichkeiten auch zu jedem von einem unabhängigen Beobachter zufällig ausgewählten Zeitpunkt t* gültig sind.

Sind $\{x*(i), \; i=0,1,...\}$ die Zustandswahrscheinlichkeiten zum zufälligen Beobachtungszeitpunkt und $\{x_A(i), \; i=0,1,...\}$ die Zustandswahrscheinlichkeiten zu den Ankunftszeitpunkten, so gilt für das M/GI/1-Wartesystem

$$x(i) = x*(i) = x_A(i), \qquad i=0,1,.... \qquad (4.41)$$

Diese Eigenschaft soll im Folgenden nachgewiesen werden.

Der Zustandsprozess wird während eines Intervalls der Länge T beobachtet. In Abb. 4.8 wird der Zustand $[X=i]$ gesondert beobachtet, wobei folgende Übergänge markiert sind:

-   Übergang von i nach i+1 (Ankunftsereignis). Die Anzahl der Ereignisse während T ist $n_A(i,T)$.
-   Übergang von i+1 nach i (Abgangsereignis). Die Anzahl der Ereignisse während T ist $n_D(i,T)$.

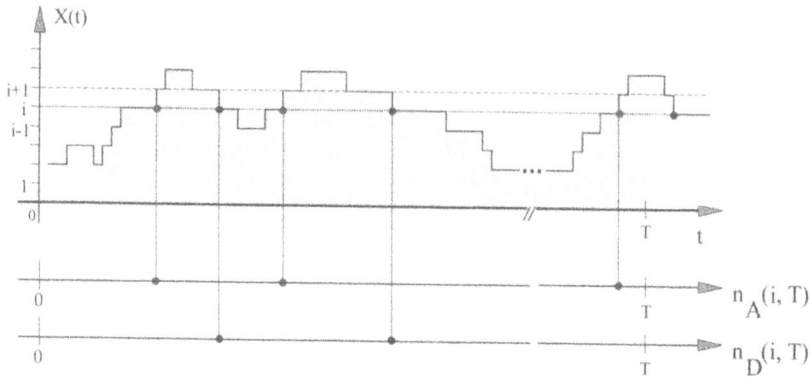

Abb. 4.8: *Zustandswahrscheinlichkeit zum zufälligen Beobachtungszeitpunkt*

Da diese zwei Arten von Ereignissen abwechselnd während der Zustandsprozessentwicklung auftreten, gilt für ein beliebig gewähltes Beobachtungsintervall T folgende Ungleichung

$$|n_A(i,T) - n_D(i,T)| \leq 1. \tag{4.42}$$

Die Anzahl sämtlicher Ankunfts- bzw. Abgangsereignisse während T ergeben sich zu:

$$n_A(T) = \sum_{i=0}^{\infty} n_A(i,T), \tag{4.43}$$

$$n_D(T) = \sum_{i=0}^{\infty} n_D(i,T). \tag{4.44}$$

Sind $X(0)$ und $X(T)$ jeweils der Anfangs- und der Endzustand des Beobachtungsintervalls T, so liefert eine Bilanzierung von Ankunfts- und Abgangsereignissen

$$n_D(T) = X(0) + n_A(T) - X(T). \tag{4.45}$$

Für die stationären Zustandswahrscheinlichkeiten zu den Einbettungszeitpunkten des M/GI/1-Systems gilt[1]:

$$x(i) = \lim_{T\to\infty} \frac{n_D(i,T)}{n_D(T)} = \lim_{T\to\infty} \frac{n_A(i,T)+n_D(i,T)-n_A(i,T)}{n_A(T)+X(0)-X(T)}$$

$$= \lim_{T\to\infty} \frac{\dfrac{n_A(i,T)}{n_A(T)}+\dfrac{n_D(i,T)-n_A(i,T)}{n_A(T)}}{1+\dfrac{X(0)-X(T)}{n_A(T)}} \qquad i=0,1,\ldots . \tag{4.46}$$

Da

$$\lim_{T\to\infty} \frac{n_A(i,T)}{n_A(T)} = x_A(i), \qquad i=0,1,\ldots , \tag{4.47}$$

sowie aus Gl. (4.42)

$$\lim_{T\to\infty} \frac{\left|n_D(i,T)-n_A(i,T)\right|}{n_A(T)} = 0 \tag{4.48}$$

und wegen der Stationarität des Systems

$$\lim_{T\to\infty} \frac{\left|X(0)-X(T)\right|}{n_A(T)} = 0 , \tag{4.49}$$

ergibt sich schließlich

$$x(i) = x_A(i), \qquad i=0,1,\ldots . \tag{4.50}$$

Da der Ankunftsprozess ein Poisson-Prozess ist, sind aufgrund der Gedächtnislosigkeit die Positionen der Ankunftszeitpunkte auf der Zeitachse rein zufällig. Dies bedeutet, dass eine ankommende Anforderung zum Ankunftszeitpunkt den Zustandsprozess aus derselben Sicht wie von einem unabhängigen Beobachter observiert, d.h.

$$x^*(i) = x_A(i), \qquad i=0,1,\ldots . \tag{4.51}$$

Diese Feststellung beruht auf der im vorherigen Kapitel erläuterten PASTA-Eigenschaft (PASTA: Poisson Arrivals See Time Averages, vgl. Wolff [4.9]). Mit Gl. (4.50) und (4.51) ist die Gültigkeit von Gl. (4.41) bewiesen.

---

[1] Die Herleitung dieses Sachverhaltes beruht auf *dem starken Gesetz der großen Zahlen* für Markov-Ketten (s. Fisz [4.3]).

4.3   Das Wartesystem GI/M/1

4.3.1   Modell und Zustandsprozess

In Abb. 4.9 wird die Struktur des GI/M/1-Wartesystems gezeigt. Der Ankunftsprozess ist
ein Erneuerungsprozess. Die Zufallsvariable A für die Zwischenankunftszeit kann beliebig
verteilt sein. Die Bedienzeit ist negativ-exponentiell verteilt, d.h. sie hat die Markov-Eigenschaft:

$$B(t) = P(B \le t) = 1 - e^{-\mu t}, \quad E[B] = \frac{1}{\mu}. \tag{4.52}$$

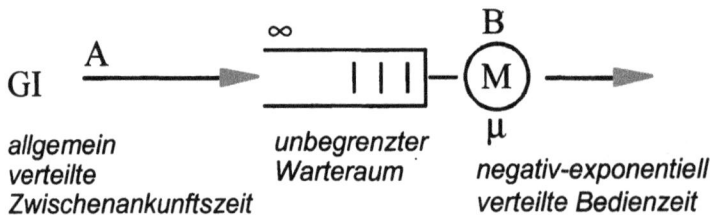

$GI \xrightarrow{\text{A}}$ allgemein verteilte Zwischenankunftszeit — unbegrenzter Warteraum — (M) μ negativ-exponentiell verteilte Bedienzeit

Abb. 4.9:   *GI/M/1-Wartesystem*

Die Auslastung des Systems bzw. das Angebot wird definiert durch:

$$\rho = \frac{E[B]}{E[A]} = \frac{1}{\mu E[A]} . \qquad \text{(Auslastung)} \tag{4.53}$$

Wir bezeichnen den Systemzustand, d.h. die Anzahl von Anforderungen im System, mit der
Zufallsvariablen X. Abbildung 4.10 zeigt einen Verlauf des GI/M/1-Zustandsprozesses,
wobei der zeitabhängige Systemzustand X(t) illustriert wird.

4.3.2 Übergangsverhalten

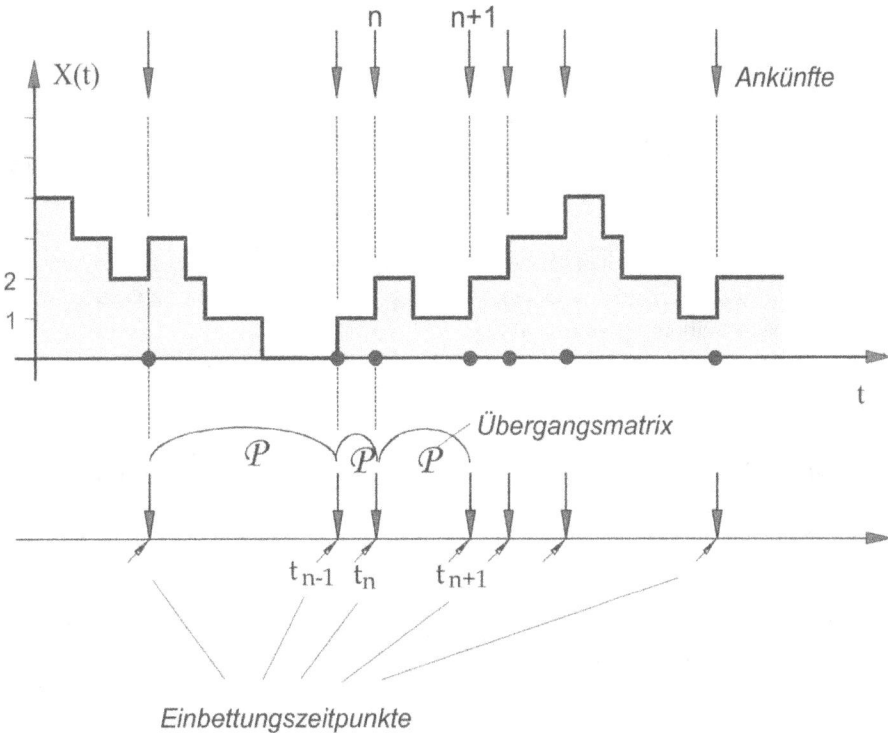

Abb. 4.10: *Zustandsprozess des GI/M/1-Wartesystems*

Die einzige Modellkomponente im GI/M/1-System, die die Markov-Eigenschaft *nicht* besitzt, ist die Zwischenankunftszeit. Dies bedeutet, dass genau zu den Ankunftszeitpunkten der Zustandsprozess gedächtnislos wird. Diese bilden infolgedessen die Einbettungszeitpunkte des Zustandsprozesses. Die zukünftige Prozessentwicklung hängt lediglich vom Systemzustand zu den Einbettungszeitpunkten ab (s. Abb. 4.10). Definiert man mit $X(t_n)$ den Zustand unmittelbar vor dem Ankunftszeitpunkt t_n der n-ten Anforderung, so bildet $\{X(t_0), X(t_1), ..., X(t_n), X(t_{n+1}), ...\}$ eine eingebettete Markov-Kette. Der Begriff *Kette* bezieht sich auf die zustandsdiskrete Eigenschaft des Zustandsprozesses.

Für die nachfolgende Analyse ist es zweckmäßig, die ZV Γ für die Anzahl der Anforderungen einzuführen, die während eines Zwischenankunftsintervalls A bedient werden können. Dabei wird von der Vorstellung ausgegangen, dass sich die Bedieneinheit in einer Betriebsperiode befindet, d.h. sie hat stets Anforderungen zu bearbeiten. Es gilt entsprechend

$$\gamma(i) = P(\Gamma = i) \tag{4.54}$$

mit der erzeugenden Funktion

$$\Gamma_{EF}(z) = \sum_{i=0}^{\infty} \gamma(i) z^i, \tag{4.55}$$

wobei

$$E[\Gamma] = \left.\frac{d\Gamma_{EF}(z)}{dz}\right|_{z=1} = \mu \cdot E[A] = \frac{1}{\rho}. \tag{4.56}$$

Die Zustandswahrscheinlichkeiten zu den Einbettungszeitpunkten sollen im Folgenden bestimmt werden. Dazu betrachtet man die Übergangswahrscheinlichkeit zwischen zwei aufeinander folgenden Einbettungszeitpunkten:

$$p_{ij} = P\big(X(t_{n+1}) = j \big| X(t_n) = i\big). \tag{4.57}$$

Da während der Zeitspanne (t_n, t_{n+1}) keine Ankunftsereignisse, sondern nur Bedienereignisse stattfinden können, ist der Prozess während dieser Zeitspanne ein reiner Sterbeprozess. Folgende Übergänge werden unterschieden:

- $j \neq 0$
  Das System ist nicht leer zum Zeitpunkt t_{n+1}. Unmittelbar vor dem Ankunftszeitpunkt der n-ten Anforderung sind i Anforderungen im System; unmittelbar nach diesem Zeitpunkt sind $i + 1$ Anforderungen im System. Damit unmittelbar vor der Ankunft der $(n+1)$-ten Anforderung noch j Anforderungen im System verbleiben, müssen $(i + 1 - j)$ Anforderungen während der betrachteten Zwischenankunftszeit bedient werden, d.h.

$$p_{ij} = \gamma(i + 1 - j), \quad i = 0, 1, \ldots, \quad j = 1, \ldots, i + 1. \tag{4.58}$$

- $j = 0$
  Das System ist leer zum Zeitpunkt t_{n+1}. Da unmittelbar nach der Ankunft der n-ten Anforderung $i + 1$ Anforderungen im System sind, ist p_{i0} die Wahrscheinlichkeit dafür, dass während (t_n, t_{n+1}) *mindestens* $(i + 1)$ Anforderungen während eines Zwischenankunftsintervalls bedient werden können, d.h.

$$p_{i0} = \sum_{k=i+1}^{\infty} \gamma(k) = 1 - \sum_{k=0}^{i} \gamma(k), \quad i = 0, 1, \ldots. \tag{4.59}$$

Die Zustandsübergangsmatrix lautet schließlich

$$\mathcal{P} = \{p_{ij}\} = \begin{pmatrix} 1-\gamma(0) & \gamma(0) & 0 & 0 & \cdots \\ 1-\sum_{k=0}^{1}\gamma(k) & \gamma(1) & \gamma(0) & 0 & \cdots \\ 1-\sum_{k=0}^{2}\gamma(k) & \gamma(2) & \gamma(1) & \gamma(0) & \cdots \\ \vdots & \vdots & \vdots & \vdots & \ddots \end{pmatrix}. \tag{4.60}$$

4.3.3   Zustandsgleichungen

Mit der Definition der Zustandswahrscheinlichkeit $x(j,n)$ des Systems zum Einbettungszeitpunkt t_n

$$x(j,n) = P\big(X(t_n)=j\big) \tag{4.61}$$

und des Zustandswahrscheinlichkeitsvektors X_n,

$$X_n = \{x(0,n), x(1,n),...,x(j,n),...\}, \tag{4.62}$$

erhält man die allgemeine Zustandsübergangsgleichung

$$X_n \cdot \mathcal{P} = X_{n+1}. \qquad \text{(instationäre Zustandsgleichung)} \tag{4.63}$$

Gleichung (4.63) gilt sowohl für den stationären als auch für den instationären Systemzustand. Ist ein Startvektor X_0 bekannt, so kann der anforderungsabhängige Zustandswahrscheinlichkeitsvektor X_n sukzessiv ermittelt werden. Somit sind Ein- und Ausschwingvorgänge analysierbar.

Befindet sich das System im stationären Zustand $(\rho < 1)$, d.h.

$$X_n = X_{n+1} = ... = X = \{x(0),x(1),...,x(j),...\},$$

liefert Gl. (4.63) die Beziehung

$$X \cdot \mathcal{P} = X. \qquad \text{(stationäre Zustandsgleichung)} \tag{4.64}$$

Der Zustandswahrscheinlichkeitsvektor ist demgemäß der Links-Eigenvektor der Übergangsmatrix $\mathcal{P}$ zum Eigenwert 1, wie wir bei der Behandlung der Methode der eingebetteten Markov-Kette erörtert haben.

4.3.4   Zustandsanalyse mit geometrischem Ansatz

Gleichung (4.64) lautet in Komponentenschreibweise:

$$x(0) = \sum_{i=0}^{\infty} x(i) \left(1 - \sum_{k=0}^{i} \gamma(k) \right) = \sum_{i=0}^{\infty} x(i) \sum_{k=i+1}^{\infty} \gamma(k), \qquad (4.65)$$

$$x(j) = \sum_{i=j-1}^{\infty} x(i)\, \gamma(i+1-j) = \sum_{i=0}^{\infty} x(i+j-1)\, \gamma(i), \quad j=1,2,\dots . \qquad (4.66)$$

Für die Bestimmung der Zustandswahrscheinlichkeiten der eingebetteten Markov-Kette benutzen wir den sog. *geometrischen Ansatz* (s. Gross & Harris [4.4], Seite 306, und Klein-rock [4.5], Seite 246ff.). Mit der geometrischen Annahme

$$x(j+1) = \sigma \cdot x(j), \qquad j=0,1,\dots$$

oder

$$x(j+1) = \sigma^{j+1} \cdot x(0) \qquad \text{(geometrischer Ansatz)} \qquad (4.67)$$

erhalten wir aus Gl. (4.66) für $j \geq 1$

$$x(j) - \big[x(j-1)\gamma(0) + x(j)\gamma(1) + x(j+1)\,\gamma(2) + \dots \big] = 0$$

$$\sigma x(j-1) - x(j-1)\gamma(0) - \sigma x(j-1)\gamma(1) - \sigma^2 x(j+1)\gamma(2) - \dots = 0$$

$$x(j-1) \big[\sigma - \big(\gamma(0) + \sigma\gamma(1) + \sigma^2\gamma(2) + \dots \big) \big] = 0$$

$$x(j-1)\left[\sigma - \sum_{i=0}^{\infty} \gamma(i)\sigma^i \right] = 0 . \qquad (4.68)$$

Eine nicht-triviale Lösung der Gl. (4.68) ist identisch mit einer nicht-trivialen Lösung $z = \sigma$ der Gleichung

$$z = \Gamma_{EF}(z). \qquad (4.69)$$

Da die triviale Lösung $1 = \Gamma_{EF}(1)$ ausgeschlossen wird und $\Gamma_{EF}(z)$ den Konvergenzbereich $|z| \leq 1$ besitzt, suchen wir die Lösung σ für Gl. (4.69) im Intervall $]0,1[$. Zunächst gilt für reellwertige z $(z \geq 0)$

$$\frac{d}{dz}\Gamma_{EF}(z) = \sum_{i=1}^{\infty} i\,\gamma(i)\,z^{i-1} \geq 0, \qquad (4.70)$$

$$\frac{d^2}{dz^2}\Gamma_{EF}(z) = \sum_{i=2}^{\infty} i(i-1)\gamma(i)z^{i-2} \geq 0,\tag{4.71}$$

d.h. die Funktion $\Gamma_{EF}(z)$ ist im reellwertigen Intervall $]0,1[$ konkav und monoton ansteigend.

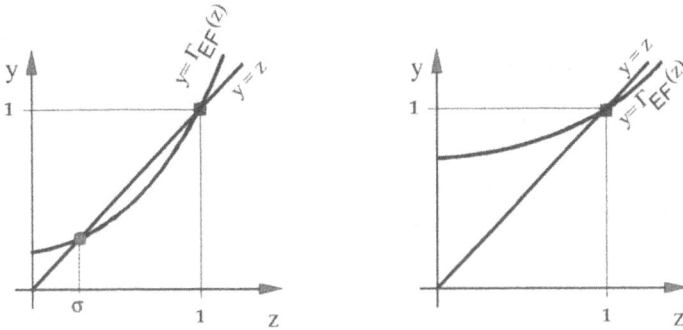

a) $\quad \frac{d}{dz}\Gamma_{EF}(z)\Big|_{z=1} > 1 \qquad\qquad$ b) $\quad \frac{d}{dz}\Gamma_{EF}(z)\Big|_{z=1} \leq 1$

Abb. 4.11: *Analyse mit dem geometrischen Ansatz*

Wie in Abb. 4.11 illustriert, kann σ anhand des Schnittpunktes der beiden Funktionen $y = z$ und $\Gamma_{EF}(z)$ ermittelt werden. Während es für den Fall b) keine nichttriviale Lösung gibt, existiert genau eine Lösung σ für den Fall a) (s. Abb. 4.11), wenn

$$\frac{d}{dz}\Gamma_{EF}(z)\Big|_{z\to 1} = E[\Gamma] = \frac{1}{\rho} > 1 \quad \text{oder} \quad \rho < 1.\tag{4.72}$$

Die Bedingung in Gl. (4.72) zeigt an, dass eine Lösung existiert, wenn das System stabil und infolgedessen ein statistisches Gleichgewicht des Zustandsprozesses erreichbar ist.

Die Zustandswahrscheinlichkeiten lassen sich schließlich aus Gl. (4.67) und der Normierungsbedingung berechnen:

$$x(j) = \sigma^j x(0).$$

$$\sum_{j=0}^{\infty} x(j) = 1,$$

d.h.

$$x(j) = (1-\sigma)\sigma^j, \quad j \geq 0, \rho < 1 \, . \qquad \text{(Zustandswahrscheinlichkeit)} \qquad (4.73)$$

Dabei wird σ in der Regel gemäß Gl. (4.69) numerisch ermittelt.

4.3.5   Wartezeitverteilungsfunktion

Die Wartezeitverteilungsfunktion des GI/M/1-Wartesystems wird analog zur Wartezeitana-lyse des M/M/n-Wartesystems hergeleitet (vgl. Kap. 3.2.4). Wir betrachten zunächst die bedingte Wahrscheinlichkeit, dass eine eintreffende Anforderung eine positive Wartezeit erfährt:

$$P(W > t \mid W > 0) = \frac{P(W > t, W > 0)}{P(W > 0)} = \frac{P(W > t)}{P(W > 0)}, \qquad (4.74)$$

wobei

$$P(W > 0) = \sum_{i=1}^{\infty} x(i) = 1 - x(0) = \sigma \, . \qquad (4.75)$$

Der Warteprozess einer beliebig ausgewählten Testanforderung wird analysiert. Die Test-anforderung findet zum Ankunftszeitpunkt X Anforderungen im System vor. Eine positive Wartezeit existiert nur für $X > 0$, d.h.

$$P(W > t) = \sum_{i=1}^{\infty} P(W > t \mid X = i) \cdot P(X = i)$$

$$= \sum_{i=1}^{\infty} P(W > t \mid X = i) \cdot (1-\sigma)\sigma^i \, . \qquad (4.76)$$

Aus den Gl. (4.75) und (4.76) erhält man

$$P(W > t \mid W > 0) = \sum_{i=1}^{\infty} P(W > t \mid X = i) \cdot (1-\sigma)\,\sigma^{i-1} \, . \qquad (4.77)$$

Setzt man die Warteschlangendisziplin FIFO (first-in, first-out) voraus, lässt sich die be-dingte Wahrscheinlichkeit $P(W > t \mid X = i)$ ermitteln. Die Testanforderung trifft zum An-kunftszeitpunkt $X = i$ Anforderungen im System an. Es sind $i - 1$ Anforderungen in der Warteschlange, die noch vor der Testanforderung zu bearbeiten sind.

Die Wartezeit der Testanforderung besteht aus zwei Anteilen:

- der Zeitspanne vom Ankunftszeitpunkt der Testanforderung bis zur ersten Endigung einer Bedienung. Diese Zeitspanne entspricht der Vorwärts-Rekurrenzzeit der Bedienzeit B, die aufgrund der Markov-Eigenschaft dieselbe Verteilungsfunktion wie B hat, und
- der Zeitspanne von der ersten Endigung bis alle $i-1$ Anforderungen in den Bedienprozess übernommen worden sind. Diese Zeitspanne enthält $i-1$ Bediendauern B.

Insgesamt setzt sich infolgedessen die Wartezeit der Testanforderung aus i Bediendauern B zusammen. Die bedingte Wartezeitverteilungsfunktion ist deshalb eine Erlang-Verteilungsfunktion der Ordnung i :

$$P\left(W > t \,|\, X = i\right) = e^{-\mu t} \sum_{k=0}^{i-1} \frac{(\mu t)^k}{k!}$$

oder aus Gl. (4.77)

$$
\begin{aligned}
P\left(W > t \,|\, W > 0\right) &= e^{-\mu t} \sum_{i=1}^{\infty} \sum_{k=0}^{i-1} \frac{(\mu t)^k}{k!} (1-\sigma)\sigma^{i-1} \\
&= e^{-\mu t} \sum_{k=0}^{\infty} \frac{(\mu t)^k}{k!} \sum_{i=k+1}^{\infty} (1-\sigma)\sigma^{i-1} \\
&= e^{-\mu t} \sum_{k=0}^{\infty} \frac{(\sigma\mu t)^k}{k!} = e^{-(1-\sigma)\mu t},
\end{aligned}
$$
(4.78)

d.h.

$$
\begin{aligned}
P\left(W > t\right) &= P\left(W > t \,|\, W > 0\right) \cdot P\left(W > 0\right) \\
&= \sigma \cdot e^{-(1-\sigma)\mu t} = 1 - W\left(t\right).
\end{aligned}
$$

Schließlich erhält man die Wartezeitverteilungsfunktion $W(t)$ von Anforderungen im GI/M/1-Wartesystem:

$$W\left(t\right) = 1 - \sigma \cdot e^{-(1-\sigma)\mu t}.$$
(4.79)

4.4   Ein Gruppenbediensystem mit Startschwelle

In diesem Abschnitt wird ein Verkehrsmodell zur Leistungsbewertung eines Fertigungs-
systems vorgestellt. Es handelt sich hierbei um die Untersuchung einer Produktionsmaschine, die mehrere Aufträge bzw. Rohteile gleichzeitig bearbeiten kann. Die Modellierung
erfolgt mit Hilfe einer Gruppenbedieneinheit. Die Durchlaufzeit und die Auslastung der
Maschine sollen durch die Dimensionierung einer Startschwelle optimiert werden (vgl. Gold
& Tran-Gia [4.7]). Die Analyse basiert auf der Methode der eingebetteten Markov-Kette.

4.4.1   Modell und Zustandsprozess

In Abb. 4.12 wird die Modellstruktur gezeigt. Die Produktionsmaschine, die durch eine
Gruppenbedieneinheit modelliert wird, hat K Bedienplätze, die in einem Bedienvorgang
nicht alle belegt sein müssen. Die Bedienzeit B ist allgemein verteilt mit der Verteilungsfunktion B(t) und unabhängig von der Größe der Gruppe, die während eines Bedienvorgangs bedient wird. Sämtliche Anforderungen in einer Gruppe, die gleichzeitig in die Bedieneinheit übernommen werden, erfahren exakt dieselbe Bediendauer. Während einer Bediendauer ist kein Nachladen möglich. Die hier beschriebenen Bedieneinheiten kommen z.B.
in der Halbleiterfertigung häufig vor.

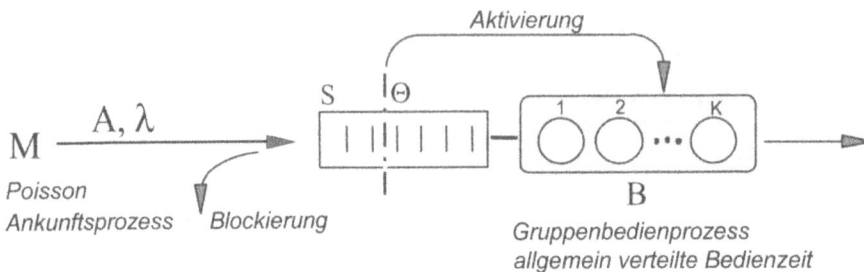

Abb. 4.12:   *Gruppenbedieneinheit mit Startschwelle (M/GI[Θ, K]/1-S)*

Rohteile bzw. Anforderungen, die von der Maschine bearbeitet werden, treffen gemäß eines
Poisson-Prozesses ein, d.h. für die Zwischenankunftszeit gilt

$$A(t) = P(A \le t) = 1 - e^{-\lambda t}, \qquad E[A] = \frac{1}{\lambda}.$$

Der Warteraum für Rohteile hat eine Kapazität von S Warteplätzen. Anforderungen, die den Warteraum voll belegt vorfinden, werden abgewiesen.

Die Maschine wird mit Hilfe eines Triggerungsmechanismus durch eine Startschwelle Θ wie folgt gesteuert: Am Ende eines Bedienvorgangs wird die Maschine sofort beladen und gestartet, wenn mindestens Θ Anforderungen auf Bearbeitung warten. Sind weniger als Θ Anforderungen in der Warteschlange, wartet die Maschine, bis die Startschwelle Θ erreicht wird, bevor der nächste Bedienvorgang gestartet wird.

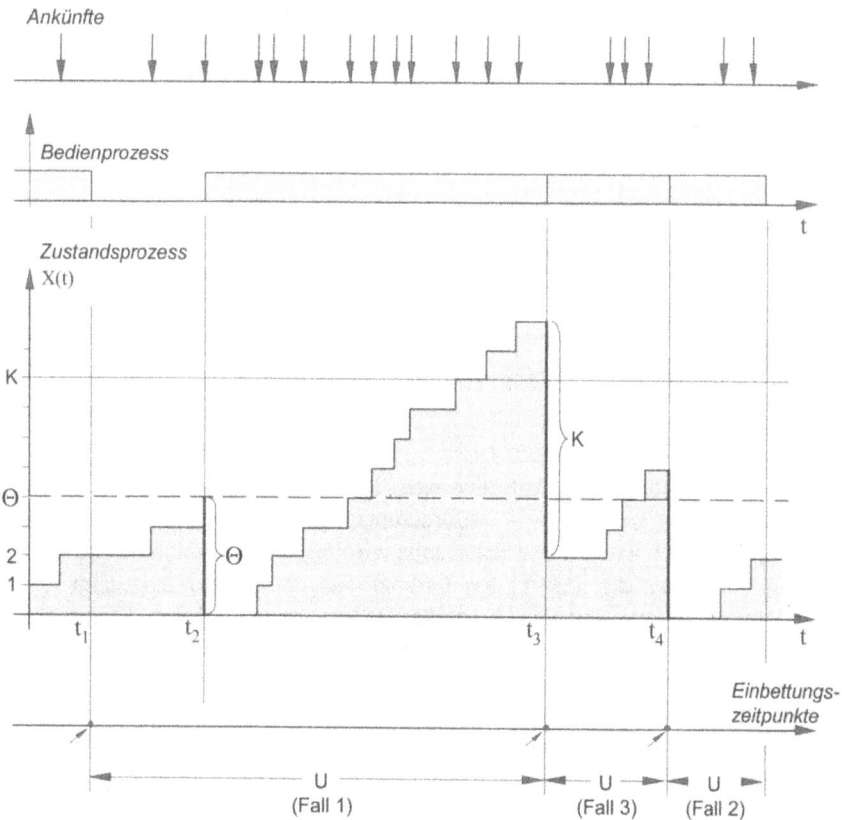

Abb. 4.13: *Zustandsprozess des M/GI$[\Theta, K]$/1-S-Systems*

Für das System wird die Kurznotation M/GI$[\Theta, K]$/1-S verwendet. Wir bezeichnen mit der Zufallsvariablen $X(t)$ die Anzahl von Anforderungen in der Warteschlange zum Zeitpunkt t. Die ZV $X(t)$ wird auch Systemzustand genannt. Abbildung 4.13 zeigt einen Verlauf des Zustandsprozesses, wobei der zeitabhängige Systemzustand $X(t)$ illustriert wird.

4.4.2   Markov-Kette und Übergangsverhalten

Die einzige Modellkomponente, die die Markov-Eigenschaft nicht besitzt, ist die Bedienzeit. Dies bedeutet, dass zu den Enden der Bedienzeiten der Zustandsprozess gedächtnislos wird. Diese bilden infolgedessen die Einbettungszeitpunkte des Zustandsprozesses. Die zukünftige Prozessentwicklung hängt lediglich vom Systemzustand zu den Einbettungszeitpunkten ab (s. Abb. 4.13).

Für die nachfolgende Analyse wird die Verteilung $\gamma(k)$, $k = 0,1,\ldots$, der Anzahl Γ von Anforderungen, die während einer Bediendauer B eintreffen, benötigt.

Bezeichnet man mit $X(t_n)$ den Systemzustand unmittelbar *vor* dem n-ten Bedien-Ende-Zeitpunkt t_n, so bildet $\{X(t_0), X(t_1), \ldots, X(t_n), X(t_{n+1}), \ldots\}$ eine eingebettete Markov-Kette. Die Zustandswahrscheinlichkeiten an den Einbettungszeitpunkten sollen im Folgenden bestimmt werden. Dazu betrachtet man die Übergangswahrscheinlichkeiten zwischen zwei aufeinanderfolgenden Einbettungszeitpunkten:

$$p_{ij} = P\big(X(t_{n+1}) = j \big| X(t_n) = i\big).\tag{4.80}$$

Die Dauer des Intervalls U zwischen den sukzessiven Einbettungszeitpunkten t_n und t_{n+1} und die Übergangswahrscheinlichkeit p_{ij} können vom Zustand $\big[X(t_n) = i\big]$ abgeleitet werden:

- $i < \Theta$ *(Fall 1, Zeitpunkt t_1 in Abb. 4.13)*
  Da die Mindestanzahl Θ der Anforderungen für einen Bedienvorgang noch nicht vorhanden ist, muss auf weitere $\Theta - i$ Anforderungen gewartet werden, bis ein Bedienvorgang gestartet werden kann. Diese Zeitspanne wird mit $E_{\Theta-i}$ bezeichnet und ist durch eine Erlang-Verteilung der $(\Theta - i)$-ten Ordnung gegeben. Sind insgesamt Θ Anforderungen in der Warteschlange, wird die Bedieneinheit aktiviert (Zeitpunkt t_2 in Abb. 4.13). Während dieser Bediendauer (Zeitspanne von t_2 bis t_3) treffen j Anforderungen ein. Die Transitionszeit U setzt sich aus $U = E_{\Theta-i} + B$ zusammen, und die Übergangswahrscheinlichkeit lautet:

$$p_{ij} = \gamma(j), \qquad j = 0, \ldots, S-1,\tag{4.81}$$

$$p_{iS} = \sum_{k=S}^{\infty} \gamma(k), \qquad j = S.\tag{4.82}$$

- $\Theta \le i \le K$ *(Fall 2, Zeitpunkt t_4 in Abb. 4.13)*
  Die Mindestanzahl Θ ist vorhanden. Unmittelbar nach dem Bedien-Ende wird die Warteschlange entleert. Eine neue Bediendauer beginnt, während der j Anforderungen eintreffen. Die Transitionszeit U ist identisch mit der Bediendauer, d.h. $U = B$, und die Übergangswahrscheinlichkeit ist identisch mit der im Fall 1.

- $K < i \le S$ *(Fall 3, Zeitpunkt t_3 in Abb. 4.13)*
  Unmittelbar nach dem Bedien-Ende werden K Anforderungen aus der Warteschlange in die Bedieneinheit übernommen. Die Bedieneinheit wird anschließend erneut gestartet. Die Transitionszeit U ist identisch mit der Bediendauer, d.h. $U = B$. Nach dem Beginn der Bedienzeit sind noch $i - K$ Anforderungen in der Warteschlange. Damit zum nächsten Einbettungszeitpunkt j Anforderungen in der Warteschlange vorhanden sind, müssen während der Bediendauer $j - i + K$ Anforderungen eintreffen. Die Übergangswahrscheinlichkeit lautet:

$$p_{ij} = \gamma(j - i + K), \quad j = 0, \ldots, S-1, \tag{4.83}$$

$$p_{iS} = \sum_{k=S-i+K}^{\infty} \gamma(k), \quad j = S. \tag{4.84}$$

Die Zustandsübergangsmatrix lautet schließlich

$$
\mathcal{P} =
\begin{array}{c}
\begin{array}{ccccc}
0 \quad\; & 1 \quad\; & 2 \quad\;\; & S-1 \qquad\;\; & S \qquad\quad
\end{array}\\
\left(
\begin{array}{ccccc}
\gamma(0) & \gamma(1) & \gamma(2) & \cdots\;\; \gamma(S-1) & \sum_{k=S}^{\infty}\gamma(k) \\
\gamma(0) & \gamma(1) & \gamma(2) & \cdots\;\; \gamma(S-1) & \sum_{k=S}^{\infty}\gamma(k) \\
\vdots & \vdots & \vdots & \ddots \qquad\vdots & \vdots \\
\gamma(0) & \gamma(1) & \gamma(2) & \cdots\;\; \gamma(S-1) & \sum_{k=S}^{\infty}\gamma(k) \\
0 & \gamma(0) & \gamma(1) & \cdots\;\; \gamma(S-2) & \sum_{k=S-1}^{\infty}\gamma(k) \\
0 & 0 & \gamma(0) & \cdots\;\; \gamma(S-3) & \sum_{k=S-2}^{\infty}\gamma(k) \\
\vdots & \vdots & \vdots & \vdots \qquad\quad\vdots & \vdots \\
0 & 0 & 0 & \cdots\;\; \gamma(K-1) & \sum_{k=K}^{\infty}\gamma(k)
\end{array}
\right)
\begin{array}{c}
0 \\ 1 \\ \vdots \\ K \\ K+1 \\ K+2 \\ \vdots \\ S
\end{array}
\end{array}
\tag{4.85}
$$

4.4.3 Zustandswahrscheinlichkeiten und Systemcharakteristiken

Mit der Definition der Zustandswahrscheinlichkeit des Systems zum Einbettungszeitpunkt t_n

$$x(j,n) = P\big(X(t_n) = j\big) \tag{4.86}$$

und des Zustandswahrscheinlichkeitsvektors X_n

$$X_n = \big\{x(0,n), x(1,n), \ldots x(S,n)\big\}, \tag{4.87}$$

erhält man die allgemeine Zustandsgleichung

$$X_n \cdot \mathcal{P} = X_{n+1}. \qquad \text{(allgemeine Zustandsgleichung)} \tag{4.88}$$

Die allgemeine Zustandsübergangsgleichung (4.88) gilt sowohl für den stationären als auch für den instationären Systemzustand. Ist ein Startvektor X_0 bekannt, so kann der Zustandswahrscheinlichkeitsvektor X_n sukzessiv ermittelt werden.

Befindet sich das System im stationären Zustand, d.h.

$$X_n = X_{n+1} = \ldots = X = \big\{x(0), x(1), \ldots, x(S)\big\},$$

so liefert Gl. (4.88):

$$X \cdot \mathcal{P} = X. \qquad \text{(stationäre Zustandsgleichung)} \tag{4.89}$$

Der Zustandswahrscheinlichkeitsvektor ist damit der Links-Eigenvektor der Übergangsmatrix $\mathcal{P}$ zum Eigenwert 1.

Leistungsgrößen

Aus dem Wahrscheinlichkeitsvektor der eingebetteten Markov-Kette kann der Vektor

$$X^* = \big\{x^*(0), x^*(1), \ldots, x^*(S)\big\}$$

der Zustandswahrscheinlichkeiten zu beliebigen Beobachtungszeitpunkten berechnet werden. Die Herleitung findet sich in Gold & Tran-Gia [4.7]. Aus dem Vektor X^* können Systemcharakteristiken gewonnen werden. Die Blockierungswahrscheinlichkeit erhält man als

$$p_B = x^*(S). \tag{4.90}$$

Die mittlere Wartezeit einer Anforderung lautet

$$E[W] = \frac{E[X^*]}{\lambda(1-p_B)} \quad \text{mit} \quad E[X^*] = \sum_{k=0}^{S} k \cdot x^*(k). \tag{4.91}$$

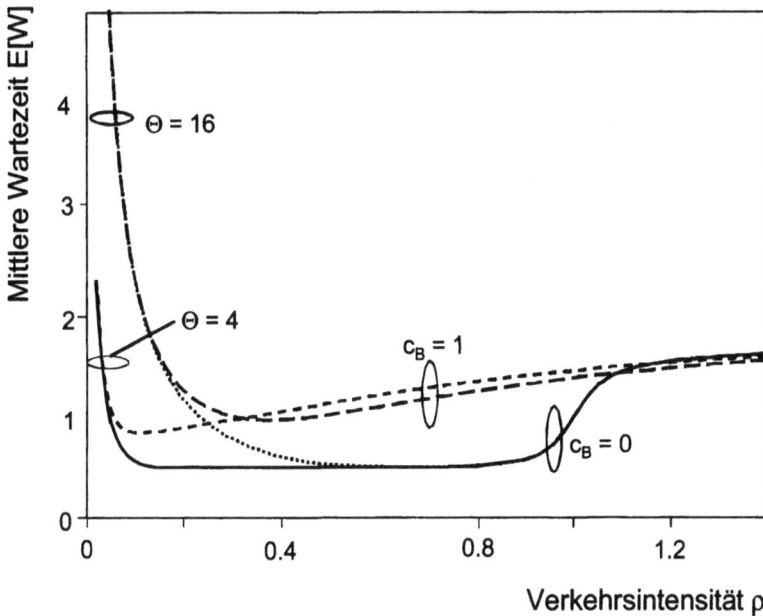

Abb. 4.14: *Einfluss der Startschwelle auf die mittlere Wartezeit*

Numerische Ergebnisse

Für die im Folgenden präsentierten numerischen Ergebnisse betrachten wir ein System vom Typ $M/GI[\Theta,K]/1$-S mit $K = 32$ Bedienplätzen und $S = 64$ Warteplätzen.

In Abb. 4.14 ist die mittlere Wartezeit als Funktion des Angebots $\rho = \lambda E[B]/K$ aufgetragen. Die Kurvenscharparameter sind die Startschwelle Θ und der Variationskoeffizient c_B der Bedienzeit, wobei deterministische ($c_B = 0$) und negativ-exponentiell verteilte Bediendauern ($c_B = 1$) gewählt werden. Bei niedriger Verkehrsintensität ρ ist die Wartezeit lang, da das System auf Θ Anforderungen warten muss, bevor eine Bedienung gestartet werden kann. Die Ausprägung dieses Effekts hängt allerdings von der Wahl der Startschwelle Θ ab. Bei höherem Verkehrsangebot hängt die mittlere Wartezeit mehr vom Typ der Bediendauer ab. Bedienzeiten mit größerem Variationskoeffizienten c_B korrespondieren mit längerer Wartezeit.

Die Wahl der Startschwelle Θ wird mit dem numerischen Beispiel in Abb. 4.15 illustriert, wobei die mittlere Wartezeit als Funktion von Θ aufgetragen wird. Obwohl eine optimale Wahl der Startschwelle hinsichtlich der mittleren Wartezeit existiert, ist das jeweilige Minimum sehr parametersensitiv. Eine genaue Berechnung der optimalen Startschwelle muss für jedes System individuell durchgeführt werden.

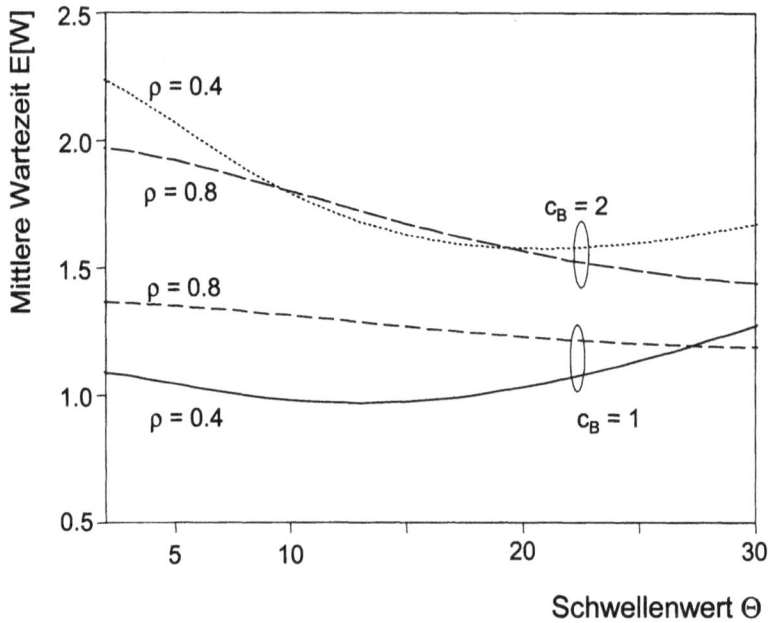

Abb. 4.15: *Dimensionierung der Startschwelle* Θ

Literatur zu Kapitel 4

Bücher:

[4.1]   Bolch, G., *Leistungsbewertung von Rechensystemen mittels analytischer Warte-schlangenmodelle*, Teubner, Stuttgart 1989

[4.2]   Cooper, R. B., *Introduction to Queueing Theory*, 2. Auflage, North-Holland, New York 1981

[4.3]   Fisz, M., *Wahrscheinlichkeitsrechnung und mathematische Statistik*, 10. Auflage, VEB Deutscher Verlag der Wissenschaften, Berlin 1980

[4.4]   Gross, D., Harris, C. M., *Fundamentals of Queueing Theory*, 2. Auflage, Wiley, New York 1985

[4.5]   Kleinrock, L., *Queueing Systems, Band 1: Theory*, Wiley, New York 1975

[4.6]   Takagi, H., *Queueing Analysis: A Foundation of Performance Evaluation*, Band 1, North-Holland, Amsterdam 1991

Aufsätze:

[4.7]   Gold, H., Tran-Gia, P., *Performance analysis of a batch service queue arising out of manufacturing system modelling*, Queueing Systems 14:413-426 (1993)

[4.8]   Takács, L., *A single server queue with Poisson input*, Operat. Res. 10:388-397 (1962)

[4.8]   Wolff, R., *Poisson arrivals see time averages*, Operat. Res. 30:223-231 (1982)

Übungsaufgaben zu Kapitel 4

Aufgabe 4.1:

Betrachtet werde eine Fertigungszelle mit unendlichem Warteraum. Die Ankunftsabstände der zu bearbeitenden Rohteile seien negativ-exponentiell mit Parameter λ verteilt. Die Maschine kann jeweils nur ein Teil bearbeiten und benötigt dazu eine negativ-exponentiell verteilte Zeit B mit Parameter μ. Mit der Wahrscheinlichkeit p ist das Teil nicht ordnungsgemäß bearbeitet und muss sofort nochmals die gleiche Bearbeitung durchlaufen. Nach dieser zweiten Bearbeitung verlässt das Teil *auf jeden Fall* die Fertigungszelle.

1. Um welches Modell handelt es sich?
2. Wie lautet die Laplace-Transformierte $\Phi_H(s)$ der Gesamtbearbeitungszeit H? Daraus sollen die mittlere Gesamtbearbeitungszeit $E[H]$ und der Variationskoeffizient der Gesamtbearbeitungszeit c_H ermittelt werden.
3. Gegeben sei nun $\lambda = 1/3\ \text{sec}^{-1}$ und $\mu = 1\ \text{sec}^{-1}$. Berechnet werden sollen die mittlere Wartezeit $E[W_1]$ und die mittlere Durchlaufzeit $E[D]$ eines Rohteils durch die Fertigungszelle in Abhängigkeit von p.
4. Wie lauten die zwei Verkehrsmodelle für die beiden Grenzfälle $p = 0$ und $p = 1$?

Aufgabe 4.2:

Betrachtet werde eine Datenübertragungsstrecke, bei der die Fehlerbehandlung mit dem „*go-back-n*"-Prinzip arbeitet. Der Sender startet nach dem Absenden eines jeden Datenpaketes eine Zeitüberwachung in Form eines Timers. Der Empfänger beantwortet korrekt übertragene Datenpakete mit einer positiven Quittung (ACK). Falls der Timer für Paket i die Zeit T_{out} für den Erhalt der entsprechenden Quittung überschreitet, werden alle Datenpakete ab Paket i erneut übertragen. Die Paketfehlerwahrscheinlichkeit p_P werde als konstant angenommen. Mit T_V wird die Zufallsvariable für die virtuelle Übertragungszeit bezeichnet

$$T_V = T_N + X(T_N + T_{out}),$$

wobei T_N die Zufallsvariable für die Übertragungsdauer eines Pakets ist und X die ZV der Anzahl erneuter Übertragungen bezeichnet.

1. Man berechne die erzeugende Funktion $X_{EF}(z)$ der ZV X.
2. Wie lauten die Laplace-Transformierten $\Phi_{T_{out}}(s)$ und $\Phi_{T_V}(s)$ sowie der Mittelwert und die Varianz der virtuellen Übertragungszeit T_V?

Das Gesamtsystem wird nun als M/GI/1-Wartesystem mit $\rho = \lambda \cdot E[T_V]$ betrachtet.

3. Die mittlere Wartezeit $E[W_1]$ wartender Anforderungen und die mittlere Durchlaufzeit $E[D]$ sollen in Abhängigkeit von p_P angegeben werden.

Aufgabe 4.3:

An einem Pufferspeicher mit der endlichen Kapazität von S Warteplätzen treffen Anforderungen gemäß einem Poisson-Prozess mit der Ankunftsrate λ ein. Anforderungen, die den Pufferspeicher bei Ankunft vollbelegt antreffen, werden abgewiesen und verlassen das System.

Die zwischengespeicherten Anforderungen werden in konstanten Zeitabständen τ zu einer weiterführenden Verarbeitungseinheit transportiert. Die Transferzeit soll vernachlässigt werden.

1. Wie lautet die Verteilung $x(k) = P(X = k)$, $k = 0,1,\ldots$, für die Anzahl X von eintreffenden Anforderungen während einer Zwischentransferzeit τ? Um welche Verteilung handelt es sich?
2. Mit welcher Wahrscheinlichkeit P_0 werden keine Anforderungen zum Taktzeitpunkt transferiert? Mit welcher Wahrscheinlichkeit P_S werden genau S Anforderungen zum Taktzeitpunkt transferiert? Mit welcher Wahrscheinlichkeit Q_0 wird keine Anforderung während einer Taktperiode abgewiesen? Wie groß ist die Wahrscheinlichkeit $Q_{\geq 1}$, dass mindestens eine Anforderung während einer Taktperiode abgewiesen werden muss?
3. Wie lautet die Verteilung der Anzahl Y von Anforderungen, die zu einem Taktzeitpunkt transferiert werden?
4. Zu berechnen ist die Wahrscheinlichkeit p_B des Abweisens einer bestimmten Anforderung.
5. Der bisher betrachtete Anforderungsstrom am Pufferspeicher (mit der Rate λ) werde nun von einem zweiten Ankunftsstrom mit paketierten Sprachproben überlagert. Dieser zweite Strom liefert periodisch 2 Anforderungen pro Transferperiode. Wie lautet nun die Verteilung der Gesamtanzahl X_{ges} von eintreffenden Anforderungen während einer Transferperiode τ? Wie verändert sich die Verteilung von Y?

Aufgabe 4.4:

An einer Bedienstation mit unendlichem Warteraum treffen Anforderungen in exponentiell verteilten Abständen A ein. Der mittlere Zwischenankunftsabstand ist λ^{-1}. Die Übertragungszeit B folgt einer *verallgemeinerten exponentiellen Verteilungsfunktion*, die wie folgt definiert ist:

$$B(t) = \begin{cases} 1-e^{-\mu t} & \text{mit Wahrscheinlichkeit p,} \\ 0 & \text{mit Wahrscheinlichkeit } 1-p \end{cases} \tag{4.92}$$

wobei $0 < p < 1$ ist.

1. Wie lautet die Verteilungsfunktion $B(t)$ ohne Fallunterscheidung?
2. Die Phasendarstellung der verallgemeinerten exponentiellen Verteilungsfunktion soll skizziert werden. Welche kontinuierliche Verteilungsfunktion hat eine ähnliche Phasendarstellung?

3. Mit welchem bekannten elementaren Warteschlangensystem lässt sich dieses Bedien-system modellieren?

4. Man berechne den Mittelwert $E[W]$ und die Varianz $VAR[W]$ der Wartezeit mit dem in der vorhergehenden Teilaufgabe ausgewählten elementaren Warteschlangensystem.

5. Wie lautet der Mittelwert $E[X]$ der Anzahl von Anforderungen im System?

Aufgabe 4.5:

Man berechne die Formel für die mittlere Wartezeit w_1 bezüglich aller Anforderungen in einem M/GI/1-System direkt mit Hilfe der aus der Pollaczek-Khintchine-Formel für die Zustandswahrscheinlichkeiten abgeleiteten mittleren Warteschlangenlänge $E[N_q]$.

Hinweis: Ein neuer Kunde muss für jeden Kunden, der vor ihm in der Warteschlange steht, eine Bedienzeit warten. Zudem muss er noch die Restbedienzeit des Kunden ab-warten, der sich bei seiner Ankunft gerade in der Bedieneinheit befindet. Es ist zu beachten, dass die Restbedienzeit eine Rekurrenzzeit darstellt.

5 Analyse zeitdiskreter Systeme

In diesem Kapitel werden Analyseverfahren für zeitdiskrete Verkehrsmodelle behandelt. Es handelt sich um Modelle, bei denen die Zeitkomponente in äquidistanten Abständen diskretisiert wird. Die Betrachtung zeitdiskreter Systeme und deren Modellbildung gewinnen zunehmend an Bedeutung in Hochgeschwindigkeitskommunikationssystemen, in denen Dateneinheiten konstanter Länge übermittelt werden.

Zunächst werden wichtige Voraussetzungen zeitdiskreter Modelle erörtert. Anschließend werden benötigte Transformationsmethoden behandelt, die in der zeitdiskreten Analyse angewendet werden. Als Analysebeispiele werden zeitdiskrete Verkehrsmodelle vom Typ GEOM(1)/GI/1 und GI/GI/1 vorgestellt.

5.1 Zeitdiskrete Zufallsprozesse

Bei den Verkehrsmodellen in diesem Kapitel nehmen wir an, dass die Zeitachse in Intervalle der konstanten Länge Δt diskretisiert wird. Die so entstehenden äquidistanten Zeitpunkte bilden die Indexmenge der zu untersuchenden stochastischen Prozesse. Die Zustandsprozesse in dieser Modellumgebung sind daher *zeit- und zustandsdiskret*.

5.1.1 Voraussetzungen und Parameter

In den zeitdiskreten Modelluntersuchungen werden zur Beschreibung von zufallsabhängigen Modellkomponenten Zufallsvariablen (z.B. Zwischenankunfts- oder Bedienzeiten) betrachtet, deren Realisierungen ganzzahlige Vielfache einer modelleinheitlichen Zeiteinheit Δt betragen. Durch diese Annahme können Ereignisse im Modell (z.B. Ankunftsereignis, Bedien-Ende etc.) nur zu den diskreten Zeitpunkten auf der diskretisierten Zeitachse auftreten. Wenn zu einem Zeitpunkt Ankunfts- und Bedien-Ende-Ereignisse gleichzeitig eintreffen, wird vorausgesetzt, dass die Bedien-Ende-Ereignisse zuerst behandelt werden. Die Reihenfolge der Abarbeitung innerhalb eines Ereignistyps ist abhängig vom jeweiligen Modell festzulegen.

Bei der Modellbildung realer Systeme wird die Wahl der Zeitdiskretisierungskonstanten Δt häufig durch systemeigene Parameter motiviert bzw. vorbestimmt. In Modellen von modernen Kommunikationsnetzen, die mit Paketen konstanter Länge (Zellen bzw. Slots) operieren, ist es zweckmäßig, die Übertragungsdauer eines Slots bzw. einer Zelle als Diskretisie-rungskonstante Δt zu wählen.

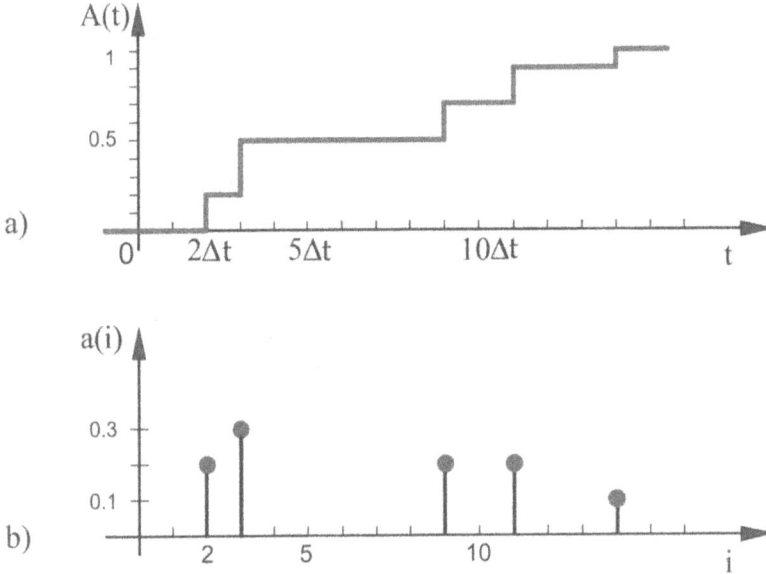

Abb. 5.1:   *Beschreibungsformen diskreter Zufallsvariablen*
a) Verteilungsfunktion
b) Verteilung

Einige in den vorherigen Kapiteln bereits diskutierte Erläuterungen zu diskreten Zufallsvari-ablen sollen hier wiederholt werden. Wie in Abb. 5.1 an einem Beispiel illustriert wird, kann eine derartige zeitdiskrete Zufallsvariable (ZV) A in unterschiedlichen Formen beschrieben werden:

- *Verteilungsfunktion*: Die Funktion (Abb. 5.1a)

$$A(t) = P(A \le t) \tag{5.1}$$

verläuft treppenförmig. Die Stufenhöhen entsprechen den Verteilungswerten.

- *Verteilung*: Da die Realisierungen von A ganzzahlige Vielfache von Δt sind, kann die ZV A mit der Verteilung

$$a(k) = P(A = k \cdot \Delta t), \quad k = -\infty, ..., +\infty \tag{5.2}$$

charakterisiert werden. Zur Vereinfachung der Notation werden im Folgenden alle zeit-bezogenen Größen auf Δt normiert angegeben. Es wird beispielsweise die normierte Form $A = k$ an Stelle von $A = k \cdot \Delta t$ geschrieben.

5.1.2   Zeitdiskrete Erneuerungsprozesse

a)   Definition und Beispiel

Ein zeitdiskreter Punktprozess ist eine Folge von Ereigniszeitpunkten, die auf der diskreti-sierten Zeitachse liegen. Die Zwischenankunftsabstände A_i (Zeitintervall zwischen den Er-eigniszeitpunkten t_{i-1} und t_i) sind dementsprechend zeitdiskreter Natur mit den zuge-hörigen Verteilungen $a_i(k)$, $k = 0, 1, \dots$.

Ein zeitdiskreter Punktprozess wird als gewöhnlicher, zeitdiskreter Erneuerungsprozess be-zeichnet, falls die Intervalle A_i unabhängig voneinander und identisch verteilt sind, d.h.

$$a_i(k) \;=\; a(k), \quad i = 1, 2, \dots, \quad k = 0, 1, \dots . \tag{5.3}$$

Da $a(0)$ nicht-verschwindende Werte annehmen kann, sind in der hier diskutierten Betrach-tungsweise Fälle enthalten, in denen mehrere Ereignisse zu einem diskreten Zeitpunkt ein-treffen. Die Klasse der hier betrachteten Prozesse umfasst daher auch Gruppenankunftspro-zesse mit geometrisch verteilter Gruppengröße. Es kann z.B. gezeigt werden, dass die fol-genden zeitdiskreten Erneuerungsprozesse P_1 und P_2 identisch sind:

- *Prozess* P_1 :
  Erneuerungsprozess mit Einzelankünften und folgender Verteilung des Zwischenan-kunftsabstands A_1 :

$$a_1(k) \;=\; P(A_1 = k), \quad k = 0, 1, \dots . \tag{5.4}$$

- *Prozess* P_2 :
  Gruppenankunftsprozess mit der folgenden, modifizierten Verteilung des Zwischen-ankunftsabstands A_2 :

$$a_2(k) \;=\; P(A_2 = k) \;=\; \frac{a_1(k)}{1 - a_1(0)}, \quad k = 1, 2, \dots \tag{5.5}$$

und der geometrisch verteilten Gruppengröße G :

$$g(i) \;=\; P(G = i) \;=\; \big(1 - a_1(0)\big) \cdot \big(a_1(0)\big)^{i-1}, \quad i = 1, 2, \dots . \tag{5.6}$$

b)   Rekurrenzzeit zeitdiskreter Erneuerungsprozesse

Analog der Definition im kontinuierlichen Zeitbereich wird die Vorwärtsrekurrenzzeit R im diskreten Zeitbereich als die Zeitspanne von einem zufälligen Beobachtungszeitpunkt t^* bis zum nächsten Ereigniszeitpunkt definiert. Konform zur Betrachtung im zeitdiskreten Bereich darf der Prozess auch nur zu den diskreten Zeitpunkten observiert werden.

Prinzipiell sind für die Konstruktion der Vorwärts- und der Rückwärtsrekurrenzzeit im diskreten Zeitbereich beide Festlegungen zulässig: Der Beobachtungszeitpunkt kann unmittelbar *vor* oder *nach* einem diskreten Zeitpunkt liegen. Diese beiden alternativen Betrachtungsweisen führen zu unterschiedlichen Rekurrenzzeitverteilungen, die je nach Anwendung zutreffen und eingesetzt werden.

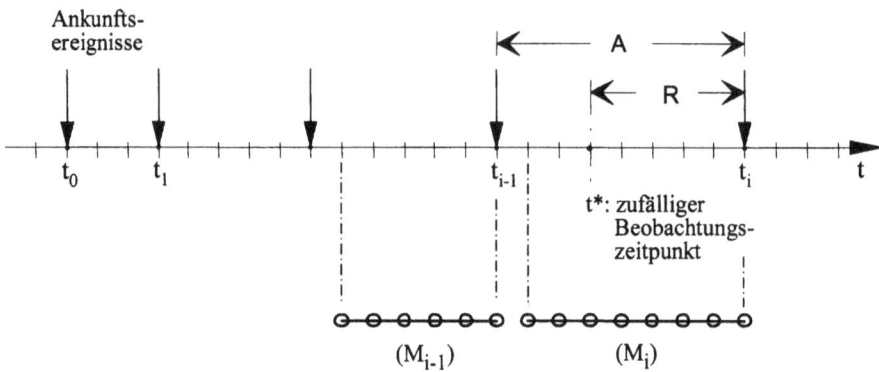

Abb. 5.2:   *Zeitdiskrete Erneuerungsprozesse*
t^* zufälliger Beobachtungszeitpunkt
M_i : Menge möglicher Beobachtungszeitpunkte,
für die das nächste Ereignis zum Zeitpunkt t_i eintrifft

Beobachtung vor den diskreten Zeitpunkten

Abbildung 5.2 zeigt einen zeitdiskreten Erneuerungsprozess, der zu einem zufälligen Zeitpunkt t^* von einem außenstehenden, unabhängigen Beobachter betrachtet wird. Es wird vorausgesetzt, dass der Beobachtungszeitpunkt t^* unmittelbar vor einem diskreten Zeitpunkt liegt. Trifft zum gleichen Zeitpunkt ein Ereignis des zu beobachtenden Prozesses ein, so ist die Vorwärtsrekurrenzzeit Null.

Die Verteilung $r(k)$ der Vorwärtsrekurrenzzeit wird nachfolgend hergeleitet. Zunächst wird $r(k)$ mit Hilfe des Gesetzes der totalen Wahrscheinlichkeit dargestellt:

$$r(k) = \sum_{n=k+1}^{\infty} r(k|n)p(n), \tag{5.7}$$

mit

$p(n)$ Wahrscheinlichkeit, dass ein Zwischenankunftsintervall der Länge n beobachtet wird,

$r(k|n) = P\left(R = k \middle| t^* \text{ liegt in einem Zwischenankunftsintervall der Länge n}\right).$

Die Wahrscheinlichkeit $p(n)$ lässt sich aus folgenden Überlegungen ermitteln:

- $p(n)$ ist proportional zur Auftrittswahrscheinlichkeit $a(n)$ des Zwischenankunftsintervalls der Länge n
- $p(n)$ ist proportional zur Länge n, da aus der Sicht eines außenstehenden, unabhängigen Beobachters ein langes Intervall wahrscheinlicher angetroffen wird als ein kurzes.

Dies führt zu

$$p(n) = K \cdot n \cdot a(n), \tag{5.8}$$

wobei K eine anhand der Normierungsbedingung zu ermittelnde Konstante ist:

$$1 = \sum_{n=0}^{\infty} p(n) = K \sum_{n=0}^{\infty} n \cdot a(n) = K \cdot E[A], \quad \text{d.h.} \quad K = \frac{1}{E[A]}$$

oder

$$p(n) = \frac{n \cdot a(n)}{E[A]}. \tag{5.9}$$

Unter der Bedingung, dass das Zwischenankunftsintervall n Zeiteinheiten lang ist, existieren genau n Beobachtungszeitpunkte (vgl. Menge M_i in Abb. 5.2), die gleichwahrscheinlich angetroffen werden, d.h.

$$r(k|n) = \begin{cases} \dfrac{1}{n} & k = 0, 1, ..., n-1 \\ 0 & \text{sonst}. \end{cases} \tag{5.10}$$

Schließlich erhält man aus den Gl. (5.7), (5.9) und (5.10) für die Verteilung der Vorwärtsrekurrenzzeit

$$r(k) = \frac{1}{E[A]}\left(1 - \sum_{i=0}^{k} a(i)\right), \quad k = 0, 1, ..., \tag{5.11}$$

oder nach der Z-Transformation

$$R_{ZT}(z) = \frac{1-A_{ZT}(z)}{E[A]\cdot\left(1-z^{-1}\right)}.$$ (5.12)

Der Mittelwert ergibt sich zu

$$E[R] = \frac{E[A]}{2}\cdot\left(c_A^2+1\right)-\frac{1}{2}.$$ (5.13)

Ein Vergleich mit der Beziehung für den Mittelwert der Vorwärtsrekurrenzzeit kontinuierlicher Erneuerungsprozesse (Gl. (2.6)) zeigt eine normierte Differenz von $1/2$. Dieser Unterschied kommt dadurch zustande, dass die Dauer der Vorwärtsrekurrenzzeit bei einem angetroffenen Zwischenankunftsintervall der Länge n zwischen $0\cdot\Delta t$ und $(n-1)\cdot\Delta t$ gleichverteilt mit dem Mittelwert $(n-1)\cdot\Delta t/2$ variiert (s. Abb. 5.2). Die Verteilung $r(k)$ zeitdiskreter Erneuerungsprozesse kann folgendermaßen rekursiv berechnet werden:

$$r(0) = \frac{1}{E[A]}\cdot\left(1-a(0)\right),$$

$$r(k) = r(k-1)-\frac{1}{E[A]}a(k),\quad k=1,2,\dots.$$ (5.14)

Beobachtung nach den diskreten Zeitpunkten

Für die Konstruktion der Vorwärtsrekurrenzzeit wird nun festgelegt, dass der Beobachtungszeitpunkt t^* unmittelbar *nach* einem diskreten Zeitpunkt liegt. Die Herleitung der Verteilung der Vorwärtsrekurrenzzeit erfolgt analog dem vorausgegangenen Abschnitt.

Die bedingte Verteilung aus Gl. (5.10) lautet

$$r(k\,|\,n) = \begin{cases} \dfrac{1}{n} & k=1,\dots,n \\ 0 & \text{sonst}. \end{cases}$$ (5.15)

Man erhält für die Vorwärtsrekurrenzzeit

$$r(k) = \sum_{n=k}^{\infty} r(k\,|\,n)\cdot p(n) = \frac{1}{E[A]}\left(1-\sum_{i=0}^{k-1}a(i)\right),\quad k=1,2,\dots$$ (5.16)

oder nach der Z-Transformation

$$R_{ZT}(z) = \frac{z^{-1}(1 - A_{ZT}(z))}{E[A] \cdot (1 - z^{-1})} . \tag{5.17}$$

Der Mittelwert errechnet sich zu

$$E[R] = \frac{E[A]}{2} \cdot (c_A^2 + 1) + \frac{1}{2} . \tag{5.18}$$

Ein Vergleich von Gl. (5.16) mit (5.11) zeigt, dass die Vorwärtsrekurrenzzeit nach Gl. (5.16) die um Δt verschobene Verteilung nach Gl. (5.11) ist.

c)   Zeitdiskrete Erneuerungsprozesse mit Gedächnislosigkeit

Ein Erneuerungsprozess ist gedächtnislos, wenn die Zwischenankunftszeit A dieselbe Verteilung wie die Vorwärtsrekurrenzzeit R hat. Dies gilt auch für zeitdiskrete Erneuerungsprozesse. Abhängig davon, ob der Beobachtungszeitpunkt unmittelbar *vor* oder *nach* einem diskreten Zeitpunkt liegt, können zwei Prozesstypen mit der Eigenschaft der Gedächtnislosigkeit (Markov-Eigenschaft) angegeben werden.

- *Beobachtung vor den diskreten Zeitpunkten*:
  Aus Gl. (5.12) kann gezeigt werden, dass Erneuerungsprozesse mit GEOM(0)-Zwischenankunftsverteilung die Eigenschaft der Gedächtnislosigkeit aufweisen:

$$R_{ZT}(z) = \frac{1 - A_{ZT}(z)}{E[A] \cdot (1 - z^{-1})} = \frac{1 - \dfrac{1-q}{1-qz^{-1}}}{\dfrac{q}{1-q}(1 - z^{-1})} = A_{ZT}(z) . \tag{5.19}$$

- *Beobachtung nach den diskreten Zeitpunkten*:
  In diesem Fall erhält man aus Gl. (5.17) als gedächtnislosen Erneuerungsprozess den Bernoulli-Ankunftsprozess (vgl. Kap. 1.3.3), dessen Zwischenankunftsabstände GEOM(1)-verteilt sind:

$$R_{ZT}(z) = \frac{z^{-1}(1 - A_{ZT}(z))}{E[A](1 - z^{-1})} = \frac{z^{-1}\left(1 - \dfrac{1-q}{1-qz^{-1}}\right)}{\dfrac{q}{1-q}(1 - z^{-1})} = A_{ZT}(z) . \tag{5.20}$$

Der Bernoulli-Ankunftsprozess wir häufig zur Charakterisierung gedächtnisloser Verkehrsströme angewendet.

5.2 Transformationsmethoden für zeitdiskrete Analyse

Bei der numerischen Auswertung von analytischen Ergebnissen für zeitdiskrete Verkehrsmodelle spielen Transformationsmethoden für diskrete Zeitfunktionen, z.B. die Diskrete Fourier-Transformation (DFT) und die zugehörige schnelle Fourier-Transformation (FFT: Fast Fourier Transform) sowie das Cepstrum-Konzept, eine ausgezeichnete Rolle. Diese Methoden werden nachfolgend zusammenfassend dargestellt.

5.2.1 Diskrete Fourier-Transformation

a) Definition der diskreten Fourier-Transformation

Die diskrete Fourier-Transformation (DFT) einer endlichen Folge $x(k)$, $k = 0, 1, ..., N-1$, wird definiert durch

$$X_{DFT}(n) = DFT\{x(k)\} = \sum_{k=0}^{N-1} x(k)\, e^{-\left(i\frac{2\pi}{N}n\right)k},$$

$$n = 0, ..., N-1, \quad i^2 = -1. \tag{5.21}$$

Obwohl die Folge $x(k)$ im Zeitbereich und die transformierte Folge $X_{DFT}(n)$ prinzipiell komplexwertig sein können, sind die hier betrachteten Zeitfolgen oft Wahrscheinlichkeitsverteilungen und dementsprechend reellwertig. Die Rücktransformation lautet

$$x(k) = DFT^{-1}\{X_{DFT}(n)\} = \frac{1}{N}\sum_{n=0}^{N-1} X_{DFT}(n)\, e^{+\left(i\frac{2\pi}{N}k\right)n},$$

$$k = 0, ..., N-1, \quad i^2 = -1. \tag{5.22}$$

Analog zu Gl. (1.79) gilt für eine Summe X von zwei voneinander unabhängigen, diskreten Zufallsvariablen X_1 und X_2:

$$\begin{aligned} X_{DFT}(n) &= DFT\{x(k)\} = DFT\{x_1(k) * x_2(k)\} \\ &= X_{1,DFT}(n) \cdot X_{2,DFT}(n). \end{aligned} \tag{5.23}$$

b)   Zusammenhang zwischen DFT und Z-Transformation

Betrachtet werde eine endliche Verteilung $x(k)$, $k = 0,\ldots,N-1$. Es kann gezeigt werden (s. Oppenheim & Schafer [5.3]), dass sich die Z-Transformation

$$X_{ZT}(z) = \sum_{k=0}^{N-1} x(k)\,z^{-k}$$

mittels der folgenden, auf dem Einheitskreis liegenden Abtastwerte vollständig beschreiben lässt:

$$X_{ZT}(z_n) = X_{ZT}\left(e^{n\frac{2\pi i}{N}}\right), \qquad n = 0,1,\ldots,N-1, \quad i^2 = -1. \tag{5.24}$$

Ein Vergleich mit der Definition der diskreten Fourier-Transformation zeigt, dass für die Klasse endlicher Verteilungen die diskrete Fourier-Transformation anstelle der Z-Transformation eingesetzt werden kann.

Entsprechend kann die inverse Z-Transformation durch die diskrete Fourier-Rücktransformation (DFT^{-1}) ersetzt werden. Dies erlaubt den Einsatz effizienter Verfahren und Algorithmen zur Auswertung der diskreten Fourier-Transformation, die in der Signalverarbeitung entwickelt wurden.

c)   Schnelle Fourier-Transformation und Algorithmen

Aus den Definitionen der diskreten Fourier-Transformation DFT bzw. DFT^{-1} geht hervor, dass der numerische Aufwand zur Auswertung einer DFT der Größenordnung $O(N^2)$ entspricht, wobei N^2 auf die Anzahl der komplexwertigen Multiplikationen hinweist. Zur Reduzierung dieses Aufwands wurden durch geeignete Zusammenfassung von mehrfach verwendeten Teilsummen effektive Algorithmen zur Auswertung der DFT und der inversen DFT entwickelt. Diese Klasse von Algorithmen, die ihren Anfang in der bahnbrechenden Arbeit von J.W. Cooley und J.W. Tukey [5.6] finden und den numerischen Aufwand von $O(N^2)$ auf $O(N \cdot \log N)$ reduzieren, wird unter dem Begriff „schnelle Fourier-Transformation" (FFT : Fast Fourier Transform) zusammengefasst (s. Oppenheim & Schafer [5.3]). Eine Übersicht über Anwendungen von FFT-Algorithmen findet man z.B. in Henrici [5.7].

5.2.2   Das Konzept des komplexen Cepstrums

In der Analyse zeitdiskreter Systeme im transformierten Bereich, z.B. bei Systemen vom Typ GI/GI/1, wird u.a. das aus der Theorie der Signalverarbeitung stammende Konzept des komplexen Cepstrums angewendet (vgl. Ackroyd [5.5], Tran-Gia [5.10]). Dieses Konzept lässt sich mit Elementen der homomorphen Systemtheorie (s. Oppenheim & Schafer [5.3]) systematisch beschreiben. Vor der Einführung und Erläuterung des Cepstrum-Konzeptes werden deshalb einige Eigenschaften homomorpher Transformationen und Systeme diskutiert.

a)   Homomorphe Systeme und Transformation

Definition

Betrachtet werde ein System, das eine Transformation T ausführt (s. Abb. 5.3a). Die Verknüpfungen [I] und [O] werden jeweils für die Menge der Eingangssignale $\{x_i\}$ bzw. der Ausgangssignale $\{y_i\}$ definiert. Ferner wird eine skalare Größe c mit den Eingangssignalen durch den Operator [i] und mit den Ausgangssignalen durch den Operator [o] verknüpft. Das System bzw. die Transformation wird als homomorph bezeichnet, falls gilt

$$T\{x_1[I]x_2\} = T\{x_1\}[O]T\{x_2\} = y_1[O]y_2, \tag{5.25}$$

$$T\{c[i]x_1\} = c[o]T\{x_1\} = c[o]y_1. \tag{5.26}$$

Wie aus den Gleichungen (5.25) und (5.26) zu ersehen, ist die homomorphe Eigenschaft eine Verallgemeinerung des Linearitätsbegriffes in der Systemtheorie.

Werden homomorphe Systeme in Serie geschaltet, so ist das gesamte System ebenfalls homomorph. Diese Eigenschaft spielt eine bedeutende Rolle in der Signalverarbeitung und führt zu kanonischen Strukturen homomorpher Systeme.

Homomorphe Systeme und Faltungsoperation

Ein spezielles homomorphes System für die Faltungsoperation wird in Abb. 5.3b gezeigt, wobei gilt:

- *Eingangs- und Ausgangssignale*:
  $\{x_i\}$ bzw. $\{y_i\}$ sind Vektoren von komplexen Zahlen.

- *Transformation* T :
  Diskrete Fourier-Transformation (DFT , vgl. Gl. (5.21)).

- *Eingangsverknüpfung*:
  [I] ist die diskrete Faltung mit dem Operator ∗ .

- *Ausgangsverknüpfung*:
  [O] ist die elementweise Multiplikation von Vektoren.

- *Eingangs- und Ausgangsverknüpfung mit skalaren Größen*:
  [i] und [o] sind die Multiplikation.

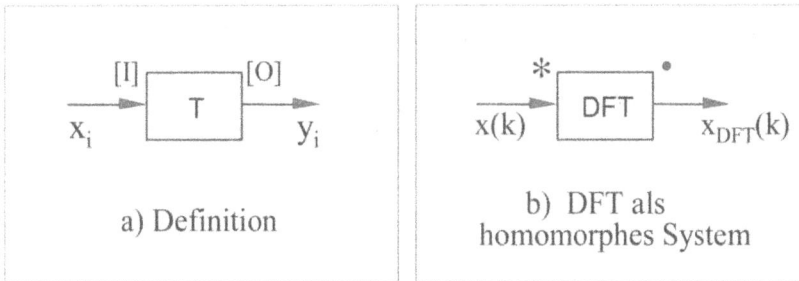

a) Definition   b) DFT als homomorphes System

Abb. 5.3: *Homomorphe Systeme*

Dieses homomorphe System hat die Aufgabe, eine Faltung im Eingangssignalbereich in eine einfache Multiplikation im Ausgangssignalbereich umzuwandeln.

b)   Das komplexe Cepstrum

Homomorphe Systeme und Cepstrum

Mit den Transformationsmethoden LT (Laplace-Transformation), EF (Erzeugende Funktion), ZT (Z-Transformation) und DFT (Diskrete Fourier-Transformation) lässt sich die aufwendige Faltungsoperation am Eingang eines homomorphen Systems in eine simple Multiplikation am Ausgang transformieren.

Mit dem Konzept des komplexen Cepstrums geht man einen Schritt weiter: Die Faltungsoperation am Eingang eines homomorphen Systems soll in eine Addition vereinfacht werden. Betrachtet wird dazu die in Abb. 5.4 dargestellte kanonische Struktur homomorpher Systeme mit den folgenden Merkmalen:

- Die Klasse $\{x(k)\}$ zeitdiskreter Eingangssignale sowie die Klasse $\{y(k)\}$ zeitdiskreter Ausgangssignale (z.B. Abtastwerte in Übertragungssystemen, Wahrscheinlichkeitsverteilungen etc.) werden mit der diskreten Faltungsoperation verknüpft.

- Durch die homomorphe Transformation T werden Faltungsoperationen in Additionen umgewandelt. Dabei wird aus einem Eingangssignal $x(k)$ das zugehörige so genannte *komplexe Cepstrum* $X_{CEP}(k)$ gebildet.

- Das innere System führt im Cepstrum-Bereich Transformationen durch, bei denen die Addition als Verknüpfungsvorschrift erhalten bleibt.

- Die Rücktransformation T^{-1} führt die inverse Abbildung vom Cepstrum-Bereich zum Zeitbereich durch.

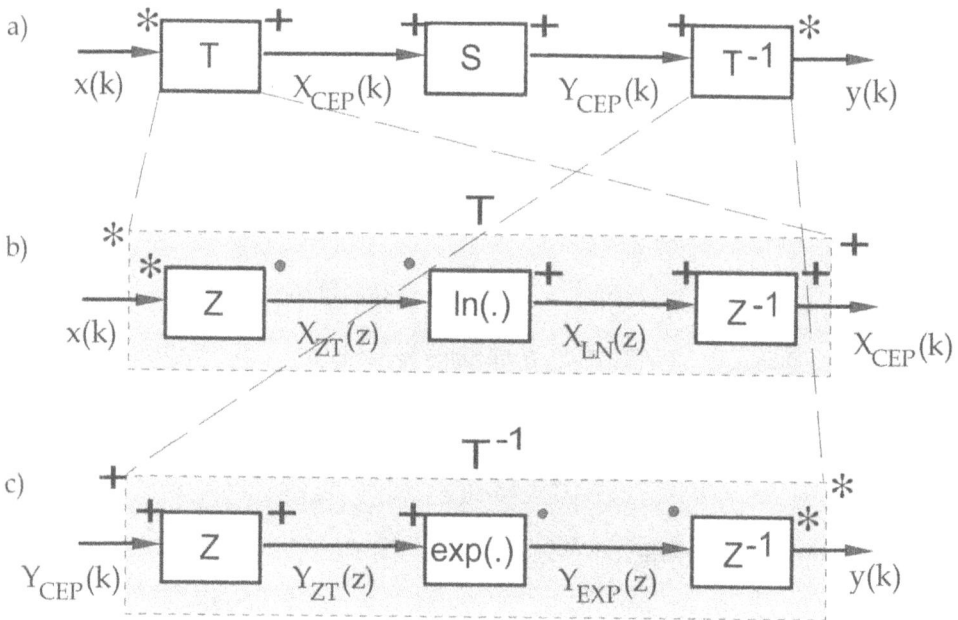

Abb. 5.4: *Kanonische Form eines homomorphen Systems für gefaltete Signale*
a) Das gesamte System
b) Teilsystem zur Transformation
c) Teilsystem zur Rücktransformation

Wie zu erkennen ist, besteht das Ziel der vorgestellten Struktur darin, mittels homomorpher Transformationen faltungsbehaftete Operationen im Ursprungsbereich (diskreter Zeitbereich) durch Additionen im transformierten Bereich (Cepstrum-Bereich) zu ersetzen.

Bildung des komplexen Cepstrums

Die Bildung des komplexen Cepstrums (Transformation T) und die zugehörige inverse Transformation T^{-1} sind in Abb. 5.4b und Abb. 5.4c schematisch dargestellt. Dabei setzen sich die Transformation T und die Rücktransformation T^{-1} aus jeweils drei Teiltransformationen zusammen.

Die Cepstrum-Bildung T erfolgt in drei Schritten:

- Z-Transformation (Umwandlung der Faltungsoperation in Multiplikation)

$$X_{ZT}(z) = ZT\{x(k)\}. \tag{5.27}$$

- Bildung des komplexen Logarithmus (Umwandlung der Multiplikation in Addition)

$$X_{LN}(z) = \ln(X_{ZT}(z)). \tag{5.28}$$

Das Attribut „komplex" des Cepstrums bezieht sich auf die Anwendung des komplexen Logarithmus und besagt nicht, dass das komplexe Cepstrum prinzipiell komplexwertig sein muss.

- inverse Z-Transformation

$$X_{CEP}(k) = ZT^{-1}\{X_{LN}(z)\}. \tag{5.29}$$

Gleichung (5.29) setzt voraus, dass $X_{LN}(z)$ eine gültige Z-Transformierte ist.

Die *inverse Cepstrum-Bildung* T^{-1} besteht ebenfalls aus drei Schritten:

- Z-Transformation

$$Y_{ZT}(z) = ZT\{Y_{CEP}(k)\}, \tag{5.30}$$

- komplexe Exponentialfunktion

$$Y_{EXP}(z) = e^{Y_{ZT}(z)}, \tag{5.31}$$

- inverse Z-Transformation

$$y(k) = ZT^{-1}\{Y_{EXP}(z)\}. \tag{5.32}$$

Komplexes Cepstrum von Minimal- und Maximalphasen

Im Folgenden werden einige Eigenschaften des komplexen Cepstrums erläutert, die für die spätere Analyse wichtig sind. Dabei wird speziell die häufig anzutreffende Klasse von Signalen bzw. Zeitfolgen betrachtet, die rationale Funktionen als Z-Transformierte haben. Für diese Klasse lautet die Transformierte im Z-Bereich (vgl. Oppenheim & Schafer [5.3]):

$$X_{ZT}(z) = \frac{A\,z^r\,\prod\limits_{n=1}^{n_i}\left(1-z^{-1}q_{in}\right)\cdot\prod\limits_{n=1}^{n_0}\left(1-\dfrac{z}{q_{0n}}\right)}{\prod\limits_{n=1}^{m_i}\left(1-z^{-1}p_{in}\right)\cdot\prod\limits_{n=1}^{m_0}\left(1-\dfrac{z}{p_{0n}}\right)}, \tag{5.33}$$

wobei

- q_{in} und q_{0n} Nullstellen innerhalb bzw. außerhalb des Einheitskreises und
- p_{in} und p_{0n} Pole innerhalb bzw. außerhalb des Einheitskreises

sind. Die Berechnung gemäß Gl. (5.27), (5.28) und (5.29) ergibt für das komplexe Cepstrum

$$X_{CEP}(k) = \begin{cases} \sum\limits_{n=1}^{n_0}\dfrac{q_{0n}^k}{k} - \sum\limits_{n=1}^{m_0}\dfrac{p_{0n}^k}{k} & k<0 \\[2mm] \ln|A| & k=0 \\[2mm] \sum\limits_{n=1}^{m_i}\dfrac{p_{in}^k}{k} - \sum\limits_{n=1}^{n_i}\dfrac{q_{in}^k}{k} & k>0 \end{cases} \tag{5.34}$$

Aus Gl. (5.34) lassen sich folgende Eigenschaften des komplexen Cepstrums ableiten:

- Ist $x(k)$ eine so genannte *Minimalphasen*-Folge, d.h. liegen alle Pole und Nullstellen von $X_{ZT}(z)$ innerhalb des Einheitskreises, dann existiert $X_{CEP}(k)$ nur für $k \geq 0$.
- Ist $x(k)$ eine so genannte *Maximalphasen-Folge*, d.h. liegen alle Pole und Nullstellen von $X_{ZT}(z)$ außerhalb des Einheitskreises, dann existiert $X_{CEP}(k)$ nur für $k \leq 0$.
- Das komplexe Cepstrum nimmt mit steigendem k mindestens so schnell wie die Funktion $1/k$ ab.
- Das komplexe Cepstrum endlicher Folgen im Zeitbereich ist nicht notwendigerweise endlich.

Die oben aufgezeigten Eigenschaften erlauben eine räumliche Separation von Minimal- und Maximalphasenanteilen im Cepstrum-Bereich und spielen eine wichtige Rolle in der zeitdiskreten Analyse des GI/GI/1-Systems. Sie werden daher näher erörtert.

Separation von Maximal- und Minimalphasenfolgen

Betrachtet man das Faltungsprodukt einer Maximalphasenfolge $x_{MAX}(k)$ und einer Minimalphase $x_{MIN}(k)$

$$x(k) = x_{MAX}(k) * x_{MIN}(k), \tag{5.35}$$

d.h.

$$X_{ZT}(z) = X_{MAX,ZT}(z) \cdot X_{MIN,ZT}(z), \tag{5.36}$$

so kann im Cepstrum-Bereich die entsprechende Transformierte separiert werden:

$$X_{CEP}(k) = \begin{cases} X_{MAX,CEP}(k) & k < 0 \\ X_{MAX,CEP}(0) + X_{MIN,CEP}(0) & k = 0 \\ X_{MIN,CEP}(k) & k > 0. \end{cases} \qquad (5.37)$$

Aus Gl. (5.37) ist ersichtlich, dass die Cepstren der Maximal- und Minimalphasenfolgen getrennt liegen. Eine Überlappung existiert nur am Nullpunkt, wobei die überlappenden Anteile lediglich Multiplikationsfaktoren sind. Diese Eigenschaft kann daher zur Separation von Maximal- und Minimalphasenfolgen benutzt werden. Der Algorithmus wird in Abb. 5.5 schematisch dargestellt, wobei die Trennung einer Minimalphasenfolge aus einer Faltung von Maximal- und Minimalphasenfolgen illustriert wird.

Wie in Abb. 5.5 gezeigt wird, bleibt nach der Separation im Cepstrum-Bereich und der anschließenden Rücktransformation in den Zeitbereich der Faktor K übrig, der durch die Überlappung der Cepstren am Nullpunkt entsteht. Falls $x_{MIN}(k)$ beispielsweise die Verteilung einer zeitdiskreten Zufallsvariablen darstellt, kann der Faktor K mit der Vollständigkeitsrelation ermittelt werden.

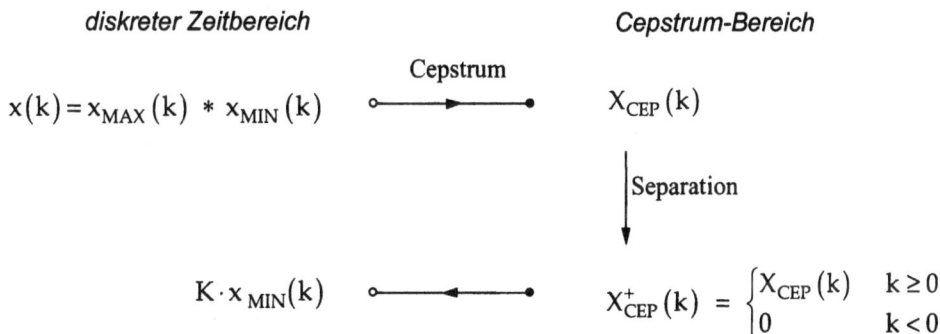

diskreter Zeitbereich   *Cepstrum-Bereich*

Cepstrum

$x(k) = x_{MAX}(k) * x_{MIN}(k)$ o——————• $X_{CEP}(k)$

Separation

$K \cdot x_{MIN}(k)$ o——————• $X_{CEP}^{+}(k) = \begin{cases} X_{CEP}(k) & k \geq 0 \\ 0 & k < 0 \end{cases}$

Abb. 5.5:   *Cepstrum-Separation von Maximal- und Minimalphasenfolgen*

Die hier beschriebene Separationsmethode wird später bei der Analyse des GI/GI/1-Systems mit Hilfe des Cepstrum-Konzepts verwendet.

5.3   Das zeitdiskrete Wartesystem GEOM(1)/GI/1

Ähnlich wie im kontinuierlichen Zeitbereich kann bei zeitdiskreten Warteschlangensyste-
men, bei denen der Zustandsprozess an bestimmten Zeitpunkten die Eigenschaft der Gedächtnislosigkeit aufweist, die Methode der eingebetteten Markov-Kette zur Modellanalyse
herangezogen werden. Dies ist zutreffend bei folgenden Modellen, bei denen nur eine Komponente die Markov-Eigenschaft nicht hat, z. B.

- GEOM(0)/GI/1 bzw. GEOM(1)/GI/1 (Bernoulli-Ankunftsprozess),

- GI/GEOM(0)/1 bzw. GI/GEOM(1)/1 (Bernoulli-Bedienprozess).

In diesem Abschnitt wird am GEOM(1)/GI/1-System diese Analysemethode näher erläutert.

5.3.1   Modellbeschreibung

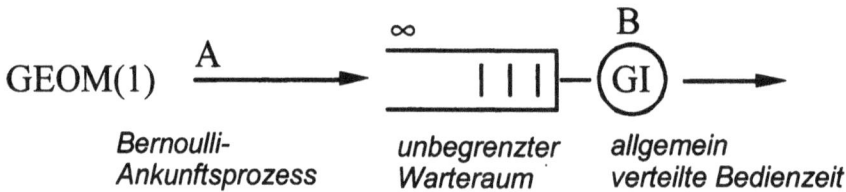

Abb. 5.6:   *Das zeitdiskrete Wartesystem GEOM(1)/GI/1*

Abbildung 5.6 zeigt die Struktur des Wartesystems $GEOM(1)/GI/1$. Der Ankunftsprozess
ist ein Bernoulli-Prozess mit Parameter $(1-\alpha)$, d.h. zu jedem Zeitpunkt auf der diskreten
Zeitachse trifft ein Ankunftsereignis mit der Wahrscheinlichkeit $(1-\alpha)$ ein. Die Zwischenankunftszeit A ist infolgedessen GEOM(1)-verteilt:

$$a(k) = (1-\alpha)\alpha^{k-1}, \quad k=1,2,\dots,$$
$$E[A] = \frac{1}{1-\alpha},$$

(5.38)

wobei $E[A]$ auf Δt normiert angegeben wird. Die Z-Transformierte lautet

$$A_{ZT}(z) = \frac{1-\alpha}{z-\alpha}.$$

(5.39)

Der Warteraum wird als unendlich groß angenommen, d.h. es handelt sich um den reinen Wartebetrieb. Eine Anforderung, die zum Ankunftszeitpunkt die Bedieneinheit belegt vorfindet, muss warten, bis die Bedieneinheit frei wird. Die Bedienzeit B kann beliebig verteilt sein. Das Verkehrsangebot bzw. die Auslastung der Bedieneinheit lautet

$$\rho = \frac{E[B]}{E[A]} = (1-\alpha)\,E[B]. \qquad\qquad \text{(Auslastung)} \qquad (5.40)$$

5.3.2   Markov-Kette und Zustandsübergänge

Eine Realisierung des Prozessverlaufs zeigt Abb. 5.7. Zur Zustandsbeschreibung dient die Anzahl $X(t)$ der Anforderungen im System zum Beobachtungszeitpunkt t auf der diskretisierten Zeitachse. Unmittelbar nach einem Bedien-Ende hat der Prozess die Eigenschaft der Gedächtnislosigkeit, da der Bernoulli-Ankunftsprozess gedächtnislos ist und zum Bedien-Ende-Zeitpunkt die gedächtnisbehaftete Bediendauer gerade beendet ist.

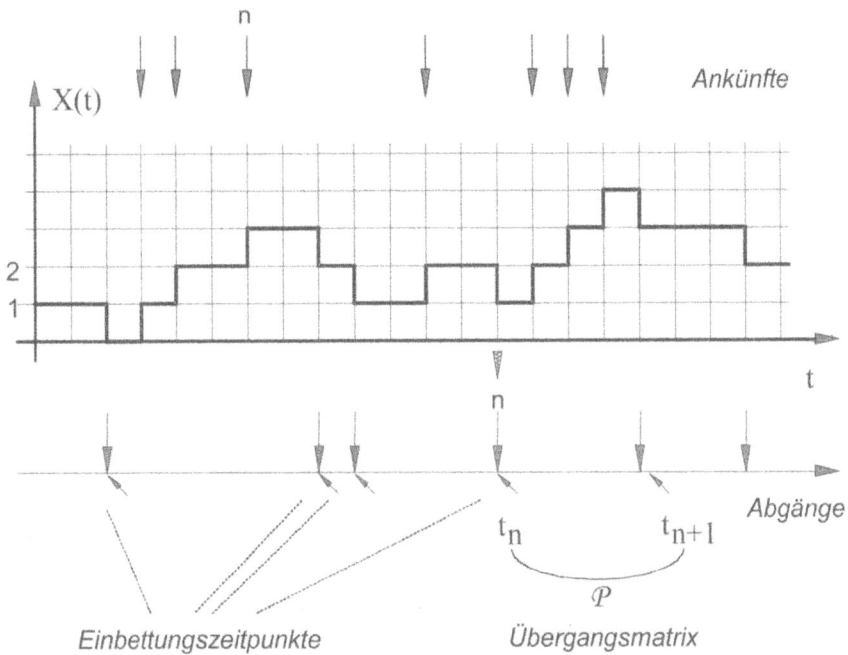

Abb. 5.7:   *Prozessverlauf im GEOM(1)/GI/1-Wartesystem*

Zu den Zeitpunkten t_n wird eine Markov-Kette eingebettet, wobei X_n die ZV für die Anzahl von Anforderungen nach dem n-ten Bedien-Ende ist (s. Abb. 5.7). Die folgende Analyse der Markov-Kette erfolgt analog zum zeitkontinuierlichen M/GI/1-System im vorherigen Kapitel.

5.3.3   Zustandswahrscheinlichkeit

Zur weiteren Berechnung wird die Verteilung $\gamma(k)$ der Anzahl Γ von eingetroffenen Anforderungen während einer Bedienzeit B mit der Verteilung $b(k)$ benötigt. Unter Berücksichtigung der Eigenschaften des Bernoulli-Ankunftsprozesses erhält man

$$\gamma(k) = \sum_{m=k}^{\infty} b(m) \binom{m}{k} (1-\alpha)^k \, \alpha^{m-k}, \quad k = 0,1,\dots \tag{5.41}$$

oder nach der Z-Transformation

$$\Gamma_{ZT}(z) = B_{ZT}\left(\frac{z}{1-\alpha+\alpha z}\right) = B_{ZT}\left(\frac{E[A]\cdot z}{1+(E[A]-1)z}\right). \tag{5.42}$$

Ferner erhält man nach der Ableitung von Gl. (5.42)

$$E[\Gamma] = \frac{-d\Gamma_{ZT}(z)}{dz}\bigg|_{z=1} = \rho. \tag{5.43}$$

Betrachtet man zwei aufeinanderfolgende Systemzustände X_n und X_{n+1} mit den Zustandswahrscheinlichkeiten

$$x(j,n) = P(X_n = j),$$
$$x(j,n+1) = P(X_{n+1} = j), \quad j = 0,1,\dots,$$

so kann das Übergangsverhalten des Systems durch die Übergangsmatrix

$$\mathcal{P} = \{p_{ij}\}, \quad i,j = 0,1,\dots, \tag{5.44}$$

$$p_{ij} = P(X_{n+1} = j | X_n = i) \tag{5.45}$$

vollständig beschrieben werden. Die Übergangswahrscheinlichkeiten p_{ij} können mit den in Gl. (5.41) berechneten Wahrscheinlichkeiten $\gamma(k)$ wie folgt angegeben werden:

$$p_{ij} = \begin{cases} \gamma(j) & i = 0 \\ \gamma(j-i+1) & i > 0, \ j \geq i-1 \\ 0 & \text{sonst} \end{cases} \tag{5.46}$$

Die Zustandswahrscheinlichkeiten $\{x(j,n+1), j=0,1,...\}$ können demgemäß aus den Zustandswahrscheinlichkeiten am vorausgegangenen Einbettungszeitpunkt anhand folgender Zustandsgleichungen berechnet werden:

$$x(j,n+1) = x(0,n) \cdot \gamma(j) + \sum_{i=1}^{j+1} x(i,n) \cdot \gamma(j-i+1), \quad j=0,1,... \tag{5.47}$$

Für ein im eingeschwungenen Zustand befindliches System $(\rho < 1)$ mit den stationären Zustandswahrscheinlichkeiten

$$x(j) = \lim_{n \to \infty} x(j,n), \quad j=0,1,... \tag{5.48}$$

erhält man aus Gl. (5.47) das Gleichungssystem zur Bestimmung der Zustandswahrscheinlichkeiten des GEOM(1)/GI/1-Systems an den Einbettungszeitpunkten der Markov-Kette:

$$x(j) = x(0) \cdot \gamma(j) + \sum_{i=1}^{j+1} x(i) \cdot \gamma(j-i+1), \quad j=0,1,... \tag{5.49}$$

Lösung im Z-Bereich

Die Z-Transformation der Gl. (5.49) lautet

$$X_{ZT}(z) = x(0) \frac{\Gamma_{ZT}(z)(1-z)}{1-z \cdot \Gamma_{ZT}(z)}. \tag{5.50}$$

Der verbleibende unbekannte Term $x(0)$ errechnet sich durch Einsetzen von $z=1$ in Gl. (5.50) und unter Berücksichtigung des Mittelwerts $E[\Gamma] = \rho$ in Gl. (5.43):

$$x(0) = 1-\rho. \tag{5.51}$$

Aus den Gleichungen (5.42), (5.50) und (5.51) ergeben sich die Zustandswahrscheinlichkeiten der eingebetteten Markov-Kette im Z-Bereich:

$$X_{ZT}(z) = (1-\rho) \frac{(1-z) \cdot B_{ZT}\left(\dfrac{z}{1-\alpha+\alpha z}\right)}{1-z \cdot B_{ZT}\left(\dfrac{z}{1-\alpha+\alpha z}\right)}. \tag{5.52}$$

Gleichung (5.52) entspricht einer zeitdiskreten Form der Pollaczek-Khintchine-Formel für Zustandswahrscheinlichkeiten des zeitkontinuierlichen M/GI/1-Systems.

Zunächst gilt diese Beziehung nur an den Einbettungszeitpunkten der Markov-Kette (s. Abb. 5.7). Es kann jedoch speziell für das GEOM(1)/GI/1-System nachgewiesen werden (vgl. Kobayashi [5.2]), dass die in Gl. (5.52) angegebenen stationären Zustandswahrscheinlichkeiten für beliebige Beobachtungszeitpunkte gelten, die unmittelbar nach den diskreten Zeitpunkten liegen.

5.3.4   Wartezeitverteilung

Die Wartezeitverteilung wird aus den Zustandswahrscheinlichkeiten hergeleitet. Bezeichnet man W und D als Zufallsvariablen für die Wartezeit bzw. Durchlaufzeit von Anforderungen im System, so gilt:

$$D = W + B, \tag{5.53}$$

$$d(k) = w(k) * b(k), \tag{5.54}$$

$$D_{ZT}(z) = W_{ZT}(z) \cdot B_{ZT}(z). \tag{5.55}$$

Setzt man die Abfertigungsdisziplin FIFO (first-in, first-out) voraus, so entspricht die Anzahl der eintreffenden Anforderungen während der Durchlaufzeit einer zufällig beobachteten Testanforderung exakt der Systempopulation unmittelbar nach dem Bedien-Ende dieser Testanforderung, d.h. diese Anzahl entspricht dem Systemzustand an den Einbettungszeitpunkten. Dies bedeutet, dass die Verteilung der Anzahl der während einer Durchlaufzeit eintreffenden Anforderungen den Markov-Ketten-Zustandswahrscheinlichkeiten entspricht oder analog zu Gl. (5.41)

$$x(k) = \sum_{m=k}^{\infty} d(m) \binom{m}{k} (1-\alpha)^k \alpha^{m-k}, \quad k = 0,1,\dots , \tag{5.56}$$

oder nach der Z-Transformation

$$X_{ZT}(z) = D_{ZT}\left(\frac{z}{1-\alpha+\alpha z}\right). \tag{5.57}$$

Vergleicht man Gl. (5.57) mit Gl. (5.52), so ergibt sich

$$D_{ZT}(z) = (1-\rho) \frac{(1-z)B_{ZT}(z)}{1-\alpha z - (1-\alpha) \cdot z \cdot B_{ZT}(z)}. \tag{5.58}$$

Aus Gl. (5.55) und (5.58) erhält man die Z-Transformierte der Wartezeitverteilung von Anforderungen in einem GEOM(1)/GI/1-System:

$$W_{ZT}(z) = \frac{(1-\rho) \cdot (1-z)}{1-\alpha z - (1-\alpha) \cdot z \cdot B_{ZT}(z)}. \tag{5.59}$$

Gleichung (5.59) kann als eine zeitdiskrete Form der Pollaczek-Khintchine-Formel für die Wartezeitverteilungsfunktion des zeitkontinuierlichen M/GI/1-Systems interpretiert werden.

5.4   Das zeitdiskrete Wartesystem GI/GI/1

5.4.1   Modellbeschreibung

Abbildung 5.8 zeigt die Struktur des Wartesystems GI/GI/1 (bzw. $GI/GI/1-\infty$). Die Zwischenankunftszeit A und die Bedienzeit B können beliebig verteilt sein:

$$a(k) = P(A = k \cdot \Delta t) \quad k = 0, 1, \ldots ,$$
$$b(k) = P(B = k \cdot \Delta t) \quad k = 0, 1, \ldots ,$$

wobei zeitdiskrete, nicht-negative Zwischenankunfts- und Bedienzeiten vorausgesetzt werden. Das Verkehrsangebot bzw. die Auslastung der Bedieneinheit lautet

$$\rho = \frac{E[B]}{E[A]} . \qquad\qquad\qquad \text{(Auslastung)} \qquad (5.60)$$

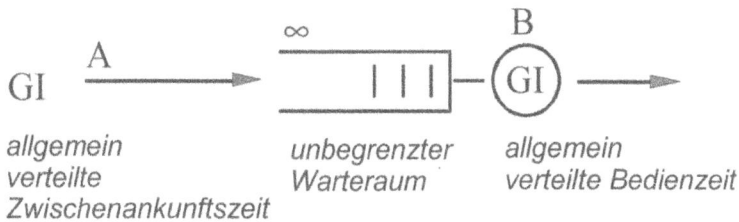

Abb. 5.8:   *Das zeitdiskrete Wartesystem GI/GI/1*

Der Warteraum wird als unendlich groß angenommen, d.h. der reine Wartebetrieb wird vorausgesetzt. Eine Anforderung, die zum Ankunftszeitpunkt die Bedieneinheit belegt vorfindet, muss warten, bis die Bedieneinheit frei wird. Die Bedieneinheit bearbeitet wartende Anforderungen aus der Warteschlange nach einer Warteschlangendisziplin, z.B. FIFO (first-in first-out) bzw. FCFS (first-come first-served), LIFO (last-in first-out), RANDOM etc.

5.4.2 Die Lindley-Integralgleichung für zeitkontinuierliche GI/GI/1-Systeme

Für diese Klasse von GI/GI/1-Modellen existiert keine geschlossene analytische Lösung. In der Analyse dieses Systemtyps wird häufig zur Charakterisierung des Zustandsprozesses die Restarbeit im System benutzt. Dies führt im Allgemeinen zu einer von Lindley [5.9] eingeführten Integralgleichung, die in der Analyse des GI/GI/1-Wartesystems im kontinuierlichen Zeitbereich eine zentrale Rolle spielt.

Wir betrachten im Folgenden die kontinuierlichen, nicht-negativen Zufallsvariablen A für die Zwischenankunftszeit und B für die Bedienzeit. Die zugehörigen Verteilungsfunktionen sind $A(t)$ bzw. $B(t)$, die Verteilungsdichtefunktionen $a(t)$ bzw. $b(t)$. Setzt man ein stationäres GI/GI/1-System voraus, so gilt für die stationäre Wartezeitverteilungsfunktion $W(t)$ die funktionale Beziehung

$$W(t) = \begin{cases} 0 & t < 0 \\ W(t) * c(t) & t \geq 0 \end{cases},$$
(Lindley-Integralgleichung)   (5.61)

wobei

$$c(t) = a(-t) * b(t)$$
(5.62)

und „ $*$ " den Faltungsoperator im kontinuierlichen Zeitbereich kennzeichnet. Da in $c(t)$ alle zufallsabhängigen Prozesse des Systems GI/GI/1 parametrisch enthalten sind, wird diese Funktion häufig als Systemfunktion bezeichnet. Die Bedeutung der Systemfunktion findet sich in Abschnitt 5.4.3.

Gleichung (5.61) gibt die Lindleysche Integralgleichung zur Bestimmung der Wartezeitverteilungsfunktion des GI/GI/1-Wartesystems im kontinuierlichen Zeitbereich wieder. Sie ist eine leicht modifizierte Form der in der mathematischen Physik und der stochastischen Systemtheorie bekannten und oft angewendeten Wiener-Hopf-Integralgleichung. Bildet man die Ableitung beider Seiten der Gl. (5.61), so ergibt sich für die Verteilungsdichtefunktion der Wartezeit:

$$w(t) = \begin{cases} 0 & t < 0 \\ \delta(t) \int\limits_{-\infty}^{0+} (w(u) * c(u)) \, du & t = 0 \\ w(t) * c(t) & t > 0 \end{cases}$$
(5.63)

oder in einer kompakteren Notation (s. Kleinrock [5.1])

$$w(t) = \pi_0 (w(t) * c(t)),$$
(5.64)

wobei der Operator π_0 im kontinuierlichen Zeitbereich wie folgt definiert wird:

$$\pi_0\big(f(t)\big) = \begin{cases} 0 & t < 0 \\ \delta(t)\int\limits_{-\infty}^{0+} f(u)\,du & t = 0 \\ f(t) & t > 0 \end{cases} \tag{5.65}$$

Die Lindley-Integralgleichung wird nachfolgend für zeitdiskrete GI/GI/1-Systeme modifiziert.

5.4.3 Modifizierte Lindley-Integralgleichung für zeitdiskrete GI/GI/1-Systeme

Prinzipiell lassen sich aus der für zeitkontinuierliche Systeme angegebenen Form nach Gl. (5.61) entsprechende Ausdrücke für zeitdiskrete GI/GI/1-Systeme herleiten. Zur Erläuterung der Zusammenhänge in der zeitdiskreten Analyse wird die modifizierte Form der Lindley-Integralgleichung in diesem Abschnitt direkt hergeleitet.

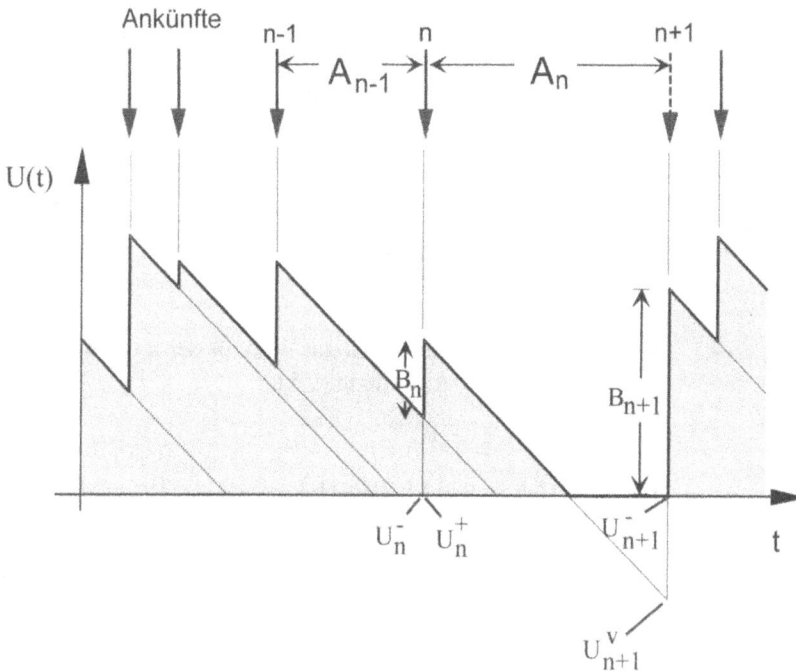

Abb. 5.9: *Prozessverlauf der Restarbeit im GI/GI/1-System*

Abbildung 5.9 zeigt eine Realisierung des Prozessverlaufs der Restarbeit im System GI/GI/1. Unter Restarbeit versteht man die Summe von Bedien- und Restbedienzeiten aller zum betrachteten Zeitpunkt im System befindlichen Anforderungen. Da die Bedienzeitverteilung als zeitdiskret vorausgesetzt wird, ist die Restarbeit ebenfalls diskreter Natur, bestehend aus einer ganzzahligen Anzahl von Arbeitseinheiten. Ist die Bedieneinheit belegt, so wird pro diskretisierter Zeiteinheit Δt genau eine Arbeitseinheit abgefertigt. Dies führt zu einem stufenförmig abfallenden Verlauf der Restarbeit im System, der aus Gründen der Übersichtlichkeit in Abb. 5.9 geradlinig dargestellt wird.

Wir betrachten folgende zeitdiskrete Zufallsvariablen (ZV) (vgl. Abb. 5.9):

A_n ZV für die Zeitdauer zwischen den Ankunftszeitpunkten der n-ten und der $(n+1)$-ten Anforderung.

B_n ZV für die Bedienzeit der n-ten Anforderung.

U_n^- ZV für die Restarbeit im System unmittelbar *vor* dem Ankunftszeitpunkt der n-ten Anforderung.

U_n^+ ZV für die Restarbeit im System unmittelbar *nach* dem Ankunftszeitpunkt der n-ten Anforderung.

U_{n+1}^v ZV für die *virtuelle Restarbeit* im System unmittelbar *vor* dem Ankunftszeitpunkt der $(n+1)$-ten Anforderung

Die virtuelle Restarbeit U_{n+1}^v dient hier lediglich zur Vereinfachung der Herleitung. Für die virtuelle Restarbeit nimmt man an, dass die Bedieneinheit während eines Zwischenankunftsintervalls stetig weiter bedienen würde, selbst wenn keine Anforderungen im System vorhanden sind. Demgemäß kann die virtuelle Restarbeit negative Werte annehmen (s. Abb. 5.9).

Die Restarbeit U_{n+1}^- soll nun aus der Restarbeit U_n^- ermittelt werden. Dies geschieht in folgenden drei Schritten $U_n^- \rightarrow U_n^+ \rightarrow U_{n+1}^v \rightarrow U_{n+1}^-$.

$U_n^- \rightarrow U_n^+$:   Die Restarbeit erhöht sich nach der Ankunft der n-ten Anforderung um die Bedienzeit dieser Anforderung, d.h.

$$U_n^+ = U_n^- + B_n, \tag{5.66}$$

$$u_n^+(k) = u_n^-(k) * b_n(k) \tag{5.67}$$

wobei die in den Grundlagenkapiteln hergeleitete Beziehung für die Verteilung der Summe zweier unabhängiger Zufallsvariablen benutzt wird.

$U_n^+ \to U_{n+1}^v$: Nach Abb. 5.9 gilt

$$U_{n+1}^v = U_n^+ - A_n,$$ (5.68)

$$u_{n+1}^v(k) = u_n^+(k) * a_n(-k)$$ (5.69)

wobei die Beziehung für die Verteilung der Differenz zweier unabhängiger Zufallsvariablen benutzt wird.

$U_{n+1}^v \to U_{n+1}^-$: Eine Beziehung zwischen der Restarbeit und der virtuellen Restarbeit ergibt sich dadurch, dass in einem leeren System die virtuelle Restarbeit weiter abnimmt, während die reale Restarbeit den Wert Null behält, d.h.

$$U_{n+1}^- = \max\left(0, U_{n+1}^v\right),$$ (5.70)

$$u_{n+1}^-(k) = \pi_0\left(u_{n+1}^v(k)\right),$$ (5.71)

wobei π_m hier ein im diskreten Zeitbereich definierter Operator ist, der analog zur Definition aus Gl. (5.65) lautet:

$$\pi_m\left(x(k)\right) = \begin{cases} 0 & k < m \\ \sum\limits_{i=-\infty}^{m} x(i) & k = m \\ x(k) & k > m \end{cases}$$ (5.72)

Aus diesen Gleichungen erhält man die allgemeine diskrete Form der in Gl. (5.61) angegebenen Lindley-Integralgleichung:

$$\begin{aligned} u_{n+1}^-(k) &= \pi_0\left(u_n^-(k) * a_n(-k) * b_n(k)\right) \\ &= \pi_0\left(u_n^-(k) * c_n(k)\right), \end{aligned}$$ (5.73)

wobei

$$c_n(k) = a_n(-k) * b_n(k)$$ (5.74)

die so genannte *zeitdiskrete Systemfunktion* darstellt.

Setzt man die Warteschlangendisziplin FIFO (first-in, first-out) voraus, ist die Restarbeit U_n^- identisch mit der Wartezeit W_n der n-ten Anforderung. Damit ergibt sich aus der obigen Gleichung eine rekursive Beziehung zur Analyse der Wartezeit eines GI/GI/1-Systems

$$w_{n+1}(k) = \pi_0\left(w_n(k) * c_n(k)\right).$$ (5.75)

Es sei darauf hingewiesen, dass die Beziehung in Gl. (5.75) zwischen den Wartezeitverteilungen zweier aufeinander folgender Anforderungen für GI/GI/1-Systeme mit weitgehend allgemeinen Ankunfts- und Bedienprozessen gilt. Dabei können Zwischenankunfts- und Bedienzeiten in beliebiger Weise anforderungsabhängig sein. Der sich aus diesem Sachverhalt ergebende Algorithmus im Zeitbereich wird im übernächsten Abschnitt diskutiert.

Setzt man nun voraus, dass Zwischenankunftsabstände sowie Bedienzeiten statistisch unabhängig und identisch verteilt sind, d.h.

$$A_n = A, \quad B_n = B \quad \text{für alle } n, \tag{5.76}$$

und ferner, dass sich das System im eingeschwungenen Zustand befindet, mit

$$W = \lim_{n \to \infty} W_n, \tag{5.77}$$

so ergibt sich aus Gl. (5.75), (5.76) und (5.77) eine der Lindey-Integralgleichung ähnliche Beziehung für stationäre, zeitdiskrete GI/GI/1-Systeme:

$$w(k) = \pi_0 \big(w(k) * c(k) \big) \quad \text{mit} \quad c(k) = a(-k) * b(k). \tag{5.78}$$

Aus Gl. (5.78), die für die Wartezeitverteilung angegeben wird, kann durch Summenbildung eine Beziehung für die Wartezeitverteilungsfunktion gewonnen werden. Für $k \geq 0$ gilt:

$$W(k) = \sum_{i=0}^{k} w(i) = \sum_{i=-\infty}^{k} c(i) * w(i) = \sum_{i=-\infty}^{k} \sum_{j=-\infty}^{\infty} c(j) \cdot w(i-j)$$

$$= \sum_{j=-\infty}^{\infty} c(j) \sum_{i=-\infty}^{k} w(i-j) = \sum_{j=-\infty}^{\infty} c(j) \cdot W(i-j), \quad k = 0,1,\dots$$

oder

$$W(k) = \begin{cases} 0 & k < 0 \\ c(k) * W(k) & k \geq 0 \end{cases}. \tag{5.79}$$

Die Wartewahrscheinlichkeit p_W für Anforderungen im System lautet

$$p_W = P(\text{eine Anforderung muss vor der Bedienphase warten})$$
$$p_W = P(W > 0) = 1 - W(0) = 1 - w(0). \tag{5.80}$$

5.4.4 Charakteristische Gleichung im transfomierten Bereich

Abbildung 5.10 illustriert die Beziehung für $W(k)$ in Gl. (5.79): Die Wartezeitverteilung $W(k)$ entsteht durch die diskrete Faltung $c(k) * W(k)$, nach der die Anteile im negativen Zeitbereich weggelassen werden. Führt man den Störterm $W^-(k)$, $k < 0$, für diese Anteile ein, so ergibt sich

$$W^-(k) + W(k) = c(k) * W(k).$$ (5.81)

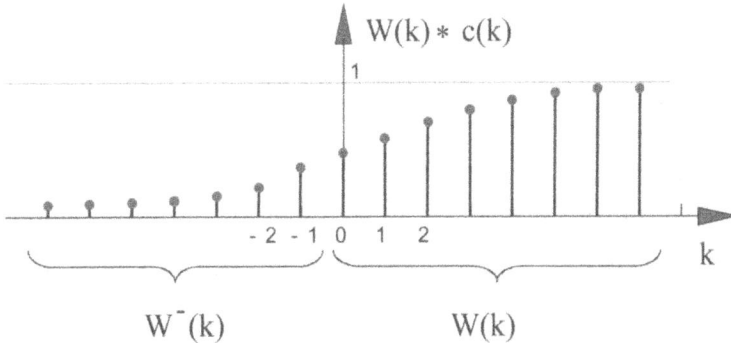

Abb. 5.10: *Struktur der Wartezeitfunktion* $W(k)$ *und des Strörterms* $W^-(k)$

Im Folgenden werden die Z-Transformierten $W_{ZT}(z)$ der Verteilung $w(k)$, $\mathbf{W}_{ZT}(z)$ der Verteilungs*funktion* $W(k)$ und $\mathbf{W}_{ZT}^-(z)$ des Störterms $W^-(k)$ näher betrachtet. Diese Terme hängen wie folgt zusammen:

$$w(k) \quad \circ\!\!\!-\!\!\!\overset{ZT}{-}\!\!\!-\!\!\bullet \quad W_{ZT}(z) = \sum_{k=0}^{\infty} w(k)z^{-k}$$

$$\downarrow \Sigma$$

$$W(k) = \sum_{i=0}^{k} w(i), \quad k = 0,1,\ldots \quad \circ\!\!\!-\!\!\!\overset{ZT}{-}\!\!\!-\!\!\bullet \quad \mathbf{W}_{ZT}(z) = \sum_{k=0}^{\infty} W(k)z^{-k}$$

$$W^-(k), \quad k = -\infty,\ldots,-1 \quad \circ\!\!\!-\!\!\!\overset{ZT}{-}\!\!\!-\!\!\bullet \quad \mathbf{W}_{ZT}^-(z) = \sum_{k=-\infty}^{-1} W^-(k)z^{-k}$$

Zunächst ergibt sich für die Z-Transformierte

$$\mathbf{W}_{ZT}(z) = \sum_{k=0}^{\infty} W(k) z^{-k} = \sum_{k=0}^{\infty} \sum_{i=0}^{k} w(i) z^{-k} = \frac{W_{ZT}(z)}{1-z^{-1}}.$$ (5.82)

Aus Gl. (5.81) und (5.82) erhält man

$$\mathbf{W}_{ZT}^-(z) + \mathbf{W}_{ZT}(z) = C_{ZT}(z)\cdot\mathbf{W}_{ZT}(z)$$

und schließlich die charakteristische Gleichung zur Analyse der Wartezeit des zeitdiskreten GI/GI/1-Systems:

$$\mathbf{W}_{ZT}^-(z) \cdot \frac{1}{W_{ZT}(z)} = \frac{C_{ZT}(z)-1}{1-z^{-1}}. \qquad \text{(charakteristische Gleichung)} \qquad (5.83)$$

Die rechte Seite der Gl. (5.83) wird im Folgenden als charakteristische Funktion bezeichnet:

$$S_{ZT}(z) = \frac{C_{ZT}(z)-1}{1-z^{-1}}. \qquad \text{(charakteristische Funktion)} \qquad (5.84)$$

Die charakteristische Gleichung nach Gl. (5.83), die häufig auch im Bereich der erzeugenden Funktionen (vgl. Kobayashi [5.2]) angegeben wird, spielt bei den meisten Algorithmen und Analyseverfahren zur Auflösung der zeitdiskreten Form der Lindley-Integralgleichung eine zentrale Rolle. Einige wichtige Eigenschaften der charakteristischen Gleichung sind:

- Der Störterm $\mathbf{W}_{ZT}^-(z)$ ist die Z-Transformierte einer Folge mit positiven, auf der negativen Zeitachse nicht ansteigenden Koeffizienten. Nach dem Eneström-Kakeya-Theorem (vgl. Ackroyd [5.5]) liegen alle Nullstellen dieser Funktion außerhalb des Einheitskreises. Da $W^-(k)$ eine linksseitige Folge ist (s. Abb. 5.10) mit endlichen, nicht-negativen Werten $0 \le W^-(k) < 1$, $k < 0$, kann ferner gezeigt werden (s. Oppenheim & Schafer [5.3]), dass der Konvergenzbereich der Funktion $\mathbf{W}_{ZT}^-(z)$ sich innerhalb des Einheitskreises und auf dem Einheitskreis erstreckt, d.h. alle ihre Pole müssen außerhalb des Einheitskreises liegen. Die Funktion $\mathbf{W}_{ZT}^-(z)$ ist daher die Z-Transformierte einer Maximalphasen-Folge.

- Die Funktion $W_{ZT}(z)$ ist die Z-Transformierte einer Verteilung. Infolgedessen konvergiert diese Funktion außerhalb des Einheitskreises und auf dem Einheitskreis, d.h. alle Pole von $W_{ZT}(z)$ bzw. alle Nullstellen des Terms $1/W_{ZT}(z)$ der charakteristischen Gleichung liegen innerhalb des Einheitskreises.

- Es gilt nach der Stabilitätsbedingung $\rho < 1$ und dem Grenzwertsatz der Z-Transformation

$$0 < \lim_{z \to \infty} W_{ZT}(z) \le 1. \qquad (5.85)$$

Auflösung am Beispiel des Systems GEOM(m)/GEOM(m)/1

Bei einigen Systemen kann die Wartezeitverteilung direkt aus der charakteristischen Gleichung hergeleitet werden. Anhand des Systems GEOM(m)/GEOM(m)/1 wird dieser Lösungsweg aufgezeigt.

Bei den verschobenen geometrischen Verteilungen der Zwischenankunftsabstände und Bedienzeiten wird die Verschiebung m einheitlich für beide Prozesse gewählt, d.h.

$$a(k) = (1-\alpha)\alpha^{k-m}, \quad k \geq m, \quad E[A] = m + \frac{\alpha}{1-\alpha},$$

$$b(k) = (1-\beta)\beta^{k-m}, \quad k \geq m, \quad E[B] = m + \frac{\beta}{1-\beta},$$

bzw. im Z-Bereich

$$A_{ZT}(z) = \frac{(1-\alpha)z^{-m}}{1-\alpha z^{-1}},$$

$$B_{ZT}(z) = \frac{(1-\beta)z^{-m}}{1-\beta z^{-1}}.$$

Die Stabilitätsbedingung lautet

$$\rho = \frac{E[B]}{E[A]} < 1 \quad \text{oder} \quad \frac{\beta}{\alpha} < 1.$$

Aus Gl. (5.74) ergibt sich für die Systemfunktion

$$C_{ZT}(z) = A_{ZT}(z^{-1}) \cdot B_{ZT}(z) = \frac{(1-\alpha)(1-\beta)}{(1-\alpha z)(1-\beta z^{-1})}. \tag{5.86}$$

Die charakteristische Funktion des Systems lautet gemäß Gl. (5.84)

$$S_{ZT} = \frac{\alpha z - \beta}{(1-\alpha z)(1-\beta z^{-1})} \tag{5.87}$$

oder in einer nach Gl. (5.33) für die Erkennung der Lage von Polen und Nullstellen günstigeren Form

$$S_{ZT} = \alpha \frac{z\left(1-\frac{\beta}{\alpha}z^{-1}\right)}{(1-\alpha z)(1-\beta z^{-1})} = \mathbf{W}_{ZT}^-(z) \cdot \frac{1}{W_{ZT}(z)}. \tag{5.88}$$

Somit ist $1/\alpha$ der außerhalb des Einheitskreises liegende Pol von $\mathbf{W}_{ZT}^-(z)$, der Z-Transformierten der Maximalphasen-Folge $W^-(k)$. Aus Gl. (5.88) kann die Wartezeitverteilung angegeben werden:

$$W_{ZT}(z) = K_0 \frac{1}{\alpha} z^{K_1-1} \frac{1-\beta z^{-1}}{1-\frac{\beta}{\alpha}z^{-1}}. \tag{5.89}$$

Aufgrund der Normierungsbedingung $W_{ZT}(1) = 1$ errechnet sich K_0 zu

$$K_0 = \frac{\alpha - \beta}{1 - \beta}, \tag{5.90}$$

und aus Gl. (5.85)

$$\lim_{z \to \infty} W_{ZT}(z) > 0$$

ergibt sich

$$K_1 = 1. \tag{5.91}$$

Aus Gl. (5.89), (5.90) und (5.91) erhält man die Wartezeitverteilung für das System GE-OM(m)/ GEOM(m)/1 im Z-Bereich:

$$W_{ZT}(z) = \frac{\alpha - \beta}{1 - \beta} \cdot \frac{z - \beta}{z\,\alpha - \beta}. \tag{5.92}$$

5.4.5   Analysealgorithmus im Zeitbereich

Aus der allgemeinen Form der Lindleyschen Integralgleichung im diskreten Zeitbereich gemäß Gl. (5.74) und (5.75)

$$w_{n+1}(k) = \pi_0\big(w_n(k) * a_n(-k) * b_n(k)\big) = \pi_0\big(w_n(k) * c_n(k)\big) \tag{5.93}$$

kann die Wartezeitverteilung der $(n+1)$-ten Anforderung aus der Wartezeitverteilung der n-ten Anforderung sukzessiv berechnet werden. Dabei können die Zwischenankunftsverteilung und die Bedienzeitverteilung anforderungsindividuell gewählt werden. Dies führt zu einem iterativen Algorithmus zur Berechnung der Wartezeitverteilung des GI/GI/1-Systems im Zeitbereich (s. Ackroyd [5.5]).

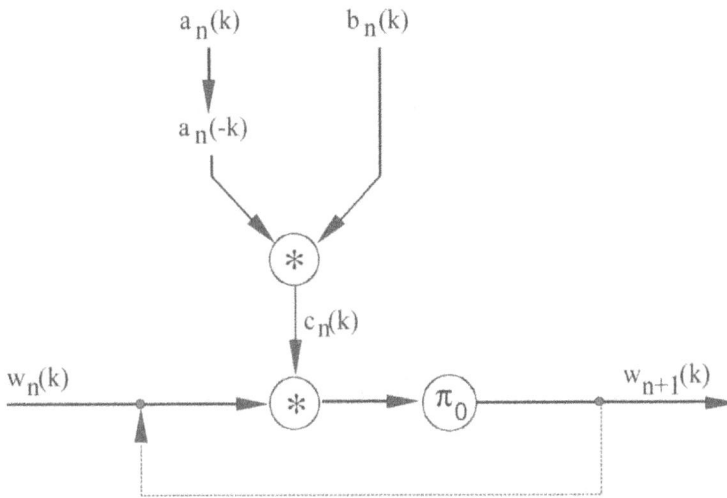

Abb. 5.11: *Analysealgorithmus eines zeitdiskreten GI/GI/1-Systems im Zeitbereich*

Der Algorithmus wird Abb. 5.11 schematisch dargestellt:

(i)   Initialisierung der Wartezeitverteilung $w_0(k)$. Dies kann im Prinzip mit einer beliebigen Verteilung geschehen. Zweckmäßigerweise wird die Iteration mit einem leeren System beim Eintreffen der 0-ten Anforderung initiiert:

$$w_0(k) = \delta(k) = \begin{cases} 1 & k = 0 \\ 0 & \text{sonst} \end{cases}$$

(ii)   Berechnung der Systemfunktion $c_n(k)$

(iii)   Durchführung der Faltungsoperation zur Berechnung der Wartezeitverteilung der $(n+1)$-ten Anforderung aus der n-ten Anforderung gemäß Gl. (5.93)

(iv)   Durchführung der π_0-Operation (Gl. (5.72)).

(v)   Wiederholung der Schritte ii), iii) und iv) bis zur Konvergenz der Wartezeitverteilung. Als Konvergenzkriterium kann z.B. die Differenz zwischen den Mittelwerten zweier sukzessiv ermittelter Wartezeitverteilungen genommen werden.

Die im Algorithmus enthaltenen Faltungsoperationen können z.B. mit Hilfe der diskreten Fourier-Transformation (DFT) bzw. der entsprechenden Algorithmen der schnellen Fourier-Transformation (FFT) effizient durchgeführt werden.

Sind die Zwischenankunftsabstände und Bedienzeiten anforderungsabhängig, werden pro Iterationszyklus zwei Faltungsoperationen benötigt. Dagegen muss bei GI/GI/1-Systemen mit anforderungsunabhängigen Zwischenankunfts- und Bedienzeiten die Systemfunktion

$c(k)$ nur einmal berechnet werden. In diesem Fall wird pro Iterationsschritt nur eine Faltungsoperation benötigt.

Im Vergleich zu den Algorithmen im transformierten Bereich ist der hier vorgestellte Algorithmus im diskreten Zeitbereich relativ rechenzeitintensiv, falls die Systemfunktion eine große Anzahl von Verteilungswerten umfasst. Ein Vorteil dieses Algorithmus liegt jedoch darin, dass das Konvergenzverhalten hinsichtlich der verschiedenen Typen von Verteilungsfunktionen sehr robust ist. Wie erwähnt, kann der Algorithmus im Zeitbereich, im Gegensatz zu den Methoden im transformierten Bereich, für Systeme mit anforderungsabhängigen Zwischenankunfts- und Bedienzeiten angewendet werden.

5.4.6   Analysealgorithmus im transformierten Bereich

a)   Grundprinzip

Algorithmen für die Berechnung der Wartezeitverteilung von zeitdiskreten GI/GI/1-Systemen im transformierten Bereich basieren fast ausschließlich auf der charakteristischen Gleichung gemäß Gl. (5.83) für Z-Transformierte

$$\mathbf{W}_{ZT}^{-}(z) \cdot \frac{1}{W_{ZT}(z)} = \frac{C_{ZT}(z) - 1}{1 - z^{-1}} \tag{5.94}$$

bzw. für erzeugende Funktionen

$$\mathbf{W}_{EF}^{-}(z) \cdot \frac{1}{W_{EF}(z)} = \frac{C_{EF}(z) - 1}{1 - z}. \tag{5.95}$$

Unter Berücksichtigung der Lage von Polen und Nullstellen der Terme auf der rechten Seite der charakteristischen Gleichung kann die Wartezeitverteilung $W_{ZT}(z)$ vom Störterm $\mathbf{W}_{ZT}^{-}(z)$ (bzw. $W_{EF}(z)$ von $\mathbf{W}_{EF}^{-}(z)$) extrahiert werden. Zwei prinzipielle Möglichkeiten zur Separation im transformierten Bereich sind

* *Polynom-Faktorisierung*:
  Separationsmethode durch explizite Berechnung von Nullstellen bzw. Polen mit Hilfe der Polynom-Faktorisierung (vgl. Konheim [5.8], Tijms [5.4]);

* *Cepstrum-Separation*:
  unter Berücksichtigung der Phaseneigenschaften werden die Terme der charakteristischen Funktion mit Hilfe des Cepstrum-Konzepts getrennt (vgl. Ackroyd [5.5], Tran-Gia [5.10]).

Bei den nachfolgenden Algorithmen wird vorausgesetzt, dass die Zwischenankunfts- und Bedienzeitverteilungen *eine endliche Länge* haben, d.h.

$$a(k) = P(A = k), \quad k = 0,1,...,n_A - 1, \quad n_A < \infty, \tag{5.96}$$

$$b(k) = P(B = k), \quad k = 0,1,...,n_B - 1, \quad n_B < \infty, \tag{5.97}$$

b)   Algorithmus mit Polynom-Faktorisierung

Die erzeugende Funktion der charakteristischen Gleichung wird betrachtet. Der Algorithmus nach Konheim [5.8] setzt ferner voraus, dass der Ankunftsprozess ein Einzelankunftsprozess ist, d.h. $a(0) = 0$. Mit

$$C_{EF}(z) - 1\big|_{z=1} = 0,$$

$$\frac{d}{dz}(C_{EF}(z) - 1)\big|_{z=1} = E[B] - E[A] < 0$$

ist die Nullstelle $z = 1$ des Zählerpolynoms der charakteristischen Funktion

$$S_{EF}(z) = \mathbf{W}_{EF}^-(z) \cdot \frac{1}{W_{EF}(z)} = \frac{C_{EF}(z) - 1}{1 - z} \tag{5.98}$$

eine einfache Nullstelle. Da die Verteilungen $\{a(k)\}$ und $\{b(k)\}$ endlich sind, kann die charakteristische Funktion als Polynom geschrieben werden. Dies führt zum Faktorisierungsansatz

$$S_{EF}(z) = S_{EF}^+(z) \cdot S_{EF}^-(z) \tag{5.99}$$

mit

$$S_{EF}^+(z) = K_1 \prod_{n=1}^{n_0}(z - q_{0n}), \qquad |q_{0n}| > 1 \tag{5.100}$$

und

$$S_{EF}^-(z) = K_2 \, z^{-K_3} \prod_{n=1}^{n_i}(z - q_{in}), \quad |q_{in}| < 1, \tag{5.101}$$

wobei q_{in}, $n = 1,...,n_i$, und q_{0n}, $n = 1,...,n_0$, die Nullstellen des Polynoms $S_{EF}(z)$ innerhalb bzw. außerhalb des Einheitskreises sind.

Die Konstanten K_1 und K_2 müssen der Normierungsbedingung genügen:

$$S_{EF}^+(1) = 1$$

In Konheim [5.8] wird gezeigt, dass sich die erzeugende Funktion der Wartezeitverteilung angeben lässt:

$$W_{EF}(z) = \frac{1}{S_{EF}^+(z)}. \tag{5.102}$$

Die Anwendung dieser Methode setzt eine explizite Berechnung von Nullstellen der charakteristischen Funktion voraus, z.B. mit Hilfe von Algorithmen zur Polynom-Faktorisierung. Für GI/GI/1-Systeme mit relativ langen Zwischenankunfts- und Bedienzeitverteilungen ist der damit verbundene numerische Aufwand hoch. Ein weiterer Nachteil des Verfahrens besteht darin, dass die Lösung gemäß Gl. (5.102) im transformierten Bereich angegeben wird. Benötigt man die Wartezeitverteilung im Zeitbereich oder den Mittelwert bzw. den Variationskoeffizienten der Verteilung, müssen weitere Algorithmen zur Rücktransformation bzw. Differentiation (vgl. Henrici [5.7]) herangezogen werden.

Für Systeme mit geringerer Anzahl von Verteilungswerten bietet der Algorithmus mit Polynom-Faktorisierung jedoch eine effiziente Möglichkeit zur Analyse des GI/GI/1-Systems.

c)   **Algorithmus mit Cepstrum-Bildung**

Die Separationsmethode im Cepstrum-Bereich geht von der charakteristischen Gleichung im Z-Bereich aus:

$$S_{ZT}(z) = \mathbf{W}_{ZT}^-(z) \cdot \frac{1}{W_{ZT}(z)} = \frac{C_{ZT}(z)-1}{1-z^{-1}}. \tag{5.103}$$

Die Wartezeitverteilung $W_{ZT}(z)$ soll nun aus der charakteristischen Funktion $S_{ZT}(z)$ extrahiert werden. Für den Separationsansatz im Cepstrum-Bereich wird zunächst gezeigt, dass die beiden in der charakteristischen Funktion enthaltenen Terme $\mathbf{W}_{ZT}^-(z)$ und $1/W_{ZT}(z)$ jeweils die Z-Transformierte einer Maximalphasen- bzw. einer Minimalphasenfolge sind.

- $C_{ZT}(z)$ ist ein Polynom in z^{-1}:

  Wenn die Verteilungen der Zwischenankunfts- und der Bedienzeit endlicher Länge sind, können diese Verteilungen sowie die Systemfunktion im Z-Bereich als Polynome geschrieben werden:

$$A_{ZT}(z) = \sum_{k=0}^{n_A-1} a(k)z^{-k}, \quad B_{ZT}(z) = \sum_{k=0}^{n_B-1} b(k)z^{-k} \tag{5.104}$$

$$C_{ZT}(z) = A_{ZT}\left(z^{-1}\right) \cdot B_{ZT}(z) = \sum_{k=-(n_A-1)}^{n_B-1} c(k)z^{-k}. \tag{5.105}$$

- $S_{ZT}(z)$ ist ein Polynom in z^{-1}:

  Ähnlich wie bei der Polynom-Faktorisierung im vorausgegangenen Abschnitt kann gezeigt werden, dass die Funktion $C_{ZT}(z)-1$ eine einfache Nullstelle an der Stelle $z=1$

besitzt. Die charakteristische Funktion $S_{ZT}(z)$ hat keine Pole und kann deshalb als Polynom in z^{-1} formuliert werden.

- $W_{ZT}^-(z)$ ist die Z-Transformierte einer Maximalphasenfolge:
  Mit Gl. (5.81) (vgl. Abb. 5.10)

$$W^-(k) + W(k) = c(k) * W(k)$$

und unter Berücksichtigung der endlichen Länge der Systemfunktion $c(k)$ nach Gl. (5.105) lässt sich die Z-Transformierte $W_{ZT}^-(z)$ ebenfalls als Polynom der Form

$$W_{ZT}^-(z) = \sum_{k=-(n_A-1)}^{-1} W^-(k)z^{-k} = \sum_{k=1}^{n_A-1} W^-(-k)z^k \tag{5.106}$$

angeben. Dies bedeutet, dass $W_{ZT}^-(z)$ keine Pole hat.
Da $W^-(-k)$ in Gl. (5.81) eine Folge mit nicht-abnehmenden Koeffizienten ist (vgl. Abb. 5.10), kann ferner nachgewiesen werden (vgl. Ackroyd [5.5]), dass alle Nullstellen von $W_{ZT}^-(z)$ außerhalb des Einheitskreises liegen. Dies bedeutet, dass $W_{ZT}^-(z)$ die Z-Transformierte einer Maximalphasenfolge ist.

- $\dfrac{1}{W_{ZT}(z)}$ ist die Z-Transformierte einer Minimalphasenfolge:
  Da $W_{ZT}(z)$ die Z-Transformierte einer Verteilung ist und für $|z| > 1$ konvergiert, liegen alle Pole von $W_{ZT}(z)$ innerhalb des Einheitskreises. Dies bedeutet, dass der Term $1/W_{ZT}(z)$ nur Nullstellen innerhalb des Einheitskreises hat.
  Wie oben gezeigt, haben $S_{ZT}(z)$ und $W_{ZT}^-(z)$ keine Pole. Nach Gl. (5.103) ist daher ersichtlich, dass $1/W_{ZT}(z)$ ebenfalls keine Pole besitzt. Der Term $1/W_{ZT}(z)$ ist deshalb die Z-Transformierte einer Minimalphasenfolge.

Zur Berechnung der Wartezeitverteilung $w(k)$ kann nun die Separationsmethode von Maximal- und Minimalphasenfolgen durch die Cepstrum-Bildung (vgl. Gl. (5.35), (5.36) und (5.37)) auf die charakteristische Funktion in Gl. (5.103) angewendet werden. Die für die Cepstrum-Berechnung benötigte Z-Transformation und -Rücktransformation kann mit der Diskreten Fourier-Transformation (DFT) bzw. der schnellen Fourier-Transformation (FFT) bewerkstelligt werden.

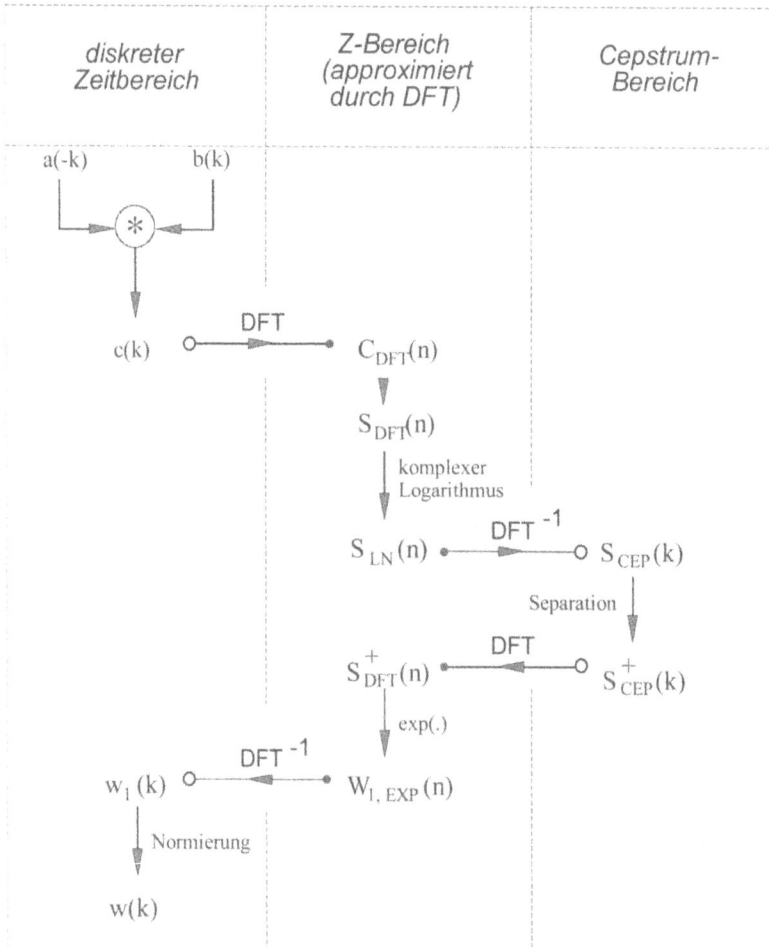

Abb. 5.12: *Schematische Darstellung des Analysealgorithmus für das zeitdiskrete GI/GI/1-System mittels Cepstrum-Bildung*

Wie in Abb. 5.12 schematisch dargestellt, können die einzelnen Schritte des Algorithmus mit Cepstrum-Bildung (vgl. Ackroyd [5.5]) wie folgt zusammengefasst werden:

(i)   Berechnung der diskreten Fourier-Transformation (DFT) der charakteristischen Funktion $S_{DFT}(n)$.

(ii) Berechnung des komplexen Logarithmus

$$S_{LN}(n) = \ln S_{DFT}(n)$$

und des komplexen Cepstrums der charakteristischen Funktion

$$S_{CEP}(k) = DFT^{-1}\{S_{LN}(n)\}.$$

(iii) Separation der Maximal- und Minimalphasenanteile von $S_{CEP}(k)$. Das Teil-Cepstrum

$$S_{CEP}^+(k) = \begin{cases} S_{CEP}(k) & k \geq 0 \\ 0 & k < 0 \end{cases}$$

ist der zum Term $1/W_{ZT}(z)$ gehörende Anteil, der jedoch wegen der Überlappung von Amplitudenanteilen von Maximal- und Minimalphasenfolgen an der Stelle $k = 0$ noch unnormiert ist.

(iv) Berechnung der unnormierten Wartezeitverteilung $w_1(k)$ mittels inverser Cepstrum-Bildung nach Gl. (5.30), (5.31) und (5.32):

$$S_{DFT}^+(n) = DFT\{S_{CEP}^+(k)\},$$

$$W_{1,EXP}(n) = e^{S_{DFT}^+(n)},$$

$$w_1(k) = DFT^{-1}\{W_{1,EXP}(n)\}.$$

(v) Berechnung der Wartezeitverteilung $w(k)$ durch Normierung von $w_1(k)$.

Bei diesem Algorithmus müssen einige numerische Probleme, die bei der Berechnung des komplexen Cepstrums auftreten, z.B. die Überlappung von Cepstrum-Komponenten (aliasing) oder die Entflechtung von Phasenverläufen des Cepstrums (phase unwrapping, s. Oppenheim & Schafer [5.3]), berücksichtigt werden.

Der hier vorgestellte Algorithmus mit der Cepstrum-Bildung ist eine effiziente Methode zur Berechnung der Wartezeitverteilung des zeitdiskreten GI/GI/1-Systems. Der Algorithmus ist besonders gut geeignet für Systeme, bei denen die Anzahl von Verteilungswerten der Zwischenankunfts- und Bedienzeiten groß ist. Dies ist durch die Anwendung von effizienten Algorithmen zur schnellen Fourier-Transformation (FFT) begründet.

5.4.7   Numerische Beispiele

Beispiel 1: System mit beliebig verteilten Zwischenankunfts- und Bedienzeiten

In den meisten Anwendungen zeitdiskreter Analyseverfahren liegen Verteilungsfunktionen in der Form von Histogrammen vor, die z.B. aus Messungen gewonnen werden. Zur Illustration werden folgende einfache Verteilungen für die Zwischenankunfts- und Bedienzeiten betrachtet:

$$a(2) = \frac{25}{72}, \quad a(5) = \frac{22}{72}, \quad a(8) = \frac{25}{72}, \quad a(k) = 0 \text{ sonst},$$

$$b(1) = \frac{1}{2}, \quad b(2) = \frac{1}{3}, \quad b(8) = \frac{1}{6}, \quad b(k) = 0 \text{ sonst},$$

d.h.:

$$E[A] = 5, \quad E[B] = 2,5 \ (\rho = 0,5), \quad c_A = 0,5, \quad c_B = 1.$$

Abbildung 5.13 zeigt die Verteilungsfunktionen der Zwischenankunftszeit und der Bediendauer sowie die komplementäre Verteilungsfunktion der Wartezeit bezüglich wartender Anforderungen, wobei der treppenförmige Funktionsverlauf zu erkennen ist.

Beispiel 2: NEGBIN/D/1-Wartesystem

Betrachtet wird im folgenden ein NEGBIN/D/1-System. Die Zwischenankunftsverteilung ist die zweiparametrische negativ-binomiale Verteilung (NEGBIN), und die Bedienzeit ist deterministisch. In den numerischen Berechnungen werden die eingesetzten negativ-binomialen Verteilungen begrenzt; typischerweise werden Verteilungswerte kleiner als $\varepsilon = 10^{-9}$ vernachlässigt und die verbliebenen Verteilungswerte normiert. Damit hat die Verteilung $a(k)$ eine begrenzte Länge.

Die komplementären, stationären Wartezeitverteilungsfunktionen bzgl. wartender Anforderungen des zeitdiskreten NEGBIN/D/1-Systems sind in Abb. 5.14 dargestellt. Die Variationskoeffizienten sind hier so gewählt, dass die betrachtete Zwischenankunftszeit den zeitkontinuierlichen Verteilungstypen Erlang 4-ter Ordnung $E_4 (c_A = 0,5)$, negativ-exponentiell M $(c_A = 1)$ und hyperexponentiell $H_2 (c_A = 1,5)$ entspricht.

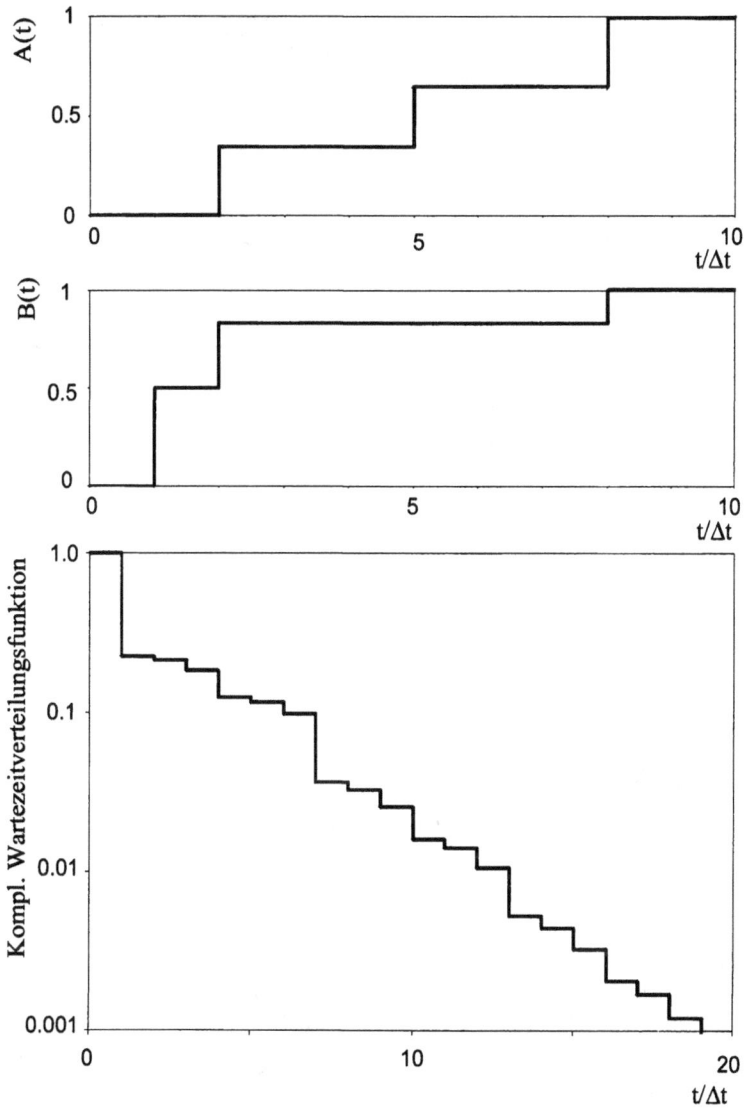

Abb. 5.13: *Komplementäre Wartezeitverteilungsfunktion eines zeitdiskreten GI/GI/1-Systems*

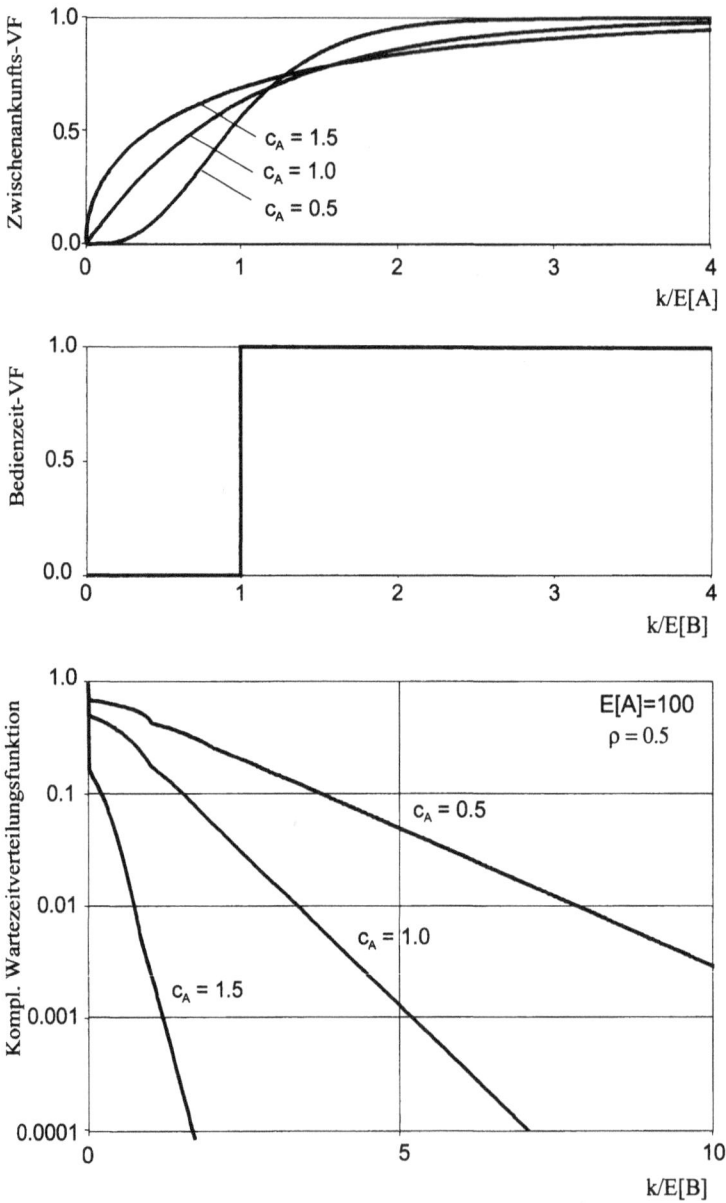

Abb. 5.14: *Komplementäre Wartezeitverteilungsfunktionen eines zeitdiskreten NEGBIN/D/1-Systems*

5.4.8 Weitere Systemcharakteristiken

Wartewahrscheinlichkeit

Wie anhand von Gl. (5.80) bereits diskutiert, ist die Wahrscheinlichkeit dafür, dass eine ankommende Anforderung warten muss, d.h. eine positive Wartezeit erfährt, identisch mit der Wahrscheinlichkeit, dass unmittelbar vor dem Ankunftszeitpunkt der Anforderung die Bedieneinheit belegt ist

$$p_W = \sum_{k=1}^{\infty} u^-(k) = 1 - u^-(0) = 1 - w(0). \quad \text{(Wartewahrscheinlichkeit)} \quad (5.107)$$

Wartezeit bezüglich wartender Anforderungen

Die Verteilung $w_1(k)$ der Wartezeit W_1 von Anforderungen, die warten müssen, lässt sich aus der Wartezeitverteilung $w(k)$ der ZV W für die Wartezeit einer beliebigen Anforderung berechnen:

$$w_1(k) = P(W_1 = k) = \begin{cases} 0 & k \leq 0 \\ \dfrac{w(k)}{p_W} & k > 0 \end{cases}. \quad (5.108)$$

Systembelegung und mittlere Warteschlangenlänge

Aus den mittleren Wartezeiten können durch Anwendung des Littleschen Theorems die Mittelwerte der Warteschlangenlänge Ω und der Systembelegung $E[X]$ berechnet werden. Für das gesamte GI/GI/1-System mit der mittleren Aufenthaltsdauer $E[W] + E[B]$ und der mittleren Zwischenankunftszeit $E[A]$ ergibt sich für die mittlere Systembelegung $E[X]$ gemäß der Little-Formel:

$$E[X] = \frac{E[W] + E[B]}{E[A]} = \frac{E[W]}{E[A]} + \rho. \quad (5.109)$$

Nun wird bei der Anwendung der Little-Formel nur die Warteschlange als System betrachtet. Dieses System hat die mittlere Aufenthaltsdauer $E[W_1]$ und die mittlere Zwischenankunftszeit $E[A]/p_W$. Die mittlere Warteschlangenlänge errechnet sich zu

$$\Omega = \frac{E[W_1] \cdot p_W}{E[A]} = \frac{E[W]}{E[A]}. \quad (5.110)$$

5.5 Zeitdiskretes GI/GI/1-System mit Wartezeitbegrenzung

In diesem Abschnitt wird die Analyse des GI/GI/1-Systems mit begrenzter Wartezeit behandelt. Das hier vorgestellte zeitdiskrete Warteverlustsystem unterscheidet sich vom zeitdiskreten Wartesystem GI/GI/1 in Kapitel 5.4 dadurch, dass neue Anforderungen den Warteraum nicht betreten bzw. abgewiesen werden, wenn zum Ankunftszeitpunkt die zu erwartende Wartezeit eine maximal zulässige Wartezeit überschreitet.

Wir werden zunächst die allgemeine Analyse des GI/GI/1-Systems mit Wartezeitbegrenzung erörtern, gefolgt von einer Anwendung dieses Systems bei der Modellierung eines Spacers, der zur Überlastabwehr in Kommunikationsnetzen wie IP- oder ATM-Netzen häufig eingesetzt wird.

5.5.1 Das GI/GI/1-System mit Wartezeitbegrenzung

Das Modell ist ein GI/GI/1-Wartesystem mit FIFO-Abfertigungsdisziplin und folgender Modifikation. Anforderungen werden angenommen – oder dürfen in den Warteraum eintreten –, wenn zum Ankunftszeitpunkt die zu erwartende Wartezeit kleiner als ein Schwellwert

$$W_{MAX} = L \cdot \Delta t$$

ist, d.h. wenn die Restarbeit im System zum Ankunftszeitpunkt den Schwellwert W_{MAX} nicht überschreitet.

Das GI/GI/1-System mit Wartezeitbegrenzung wird auch gemäß der Kendall-Notation als GI/GI/1-L-Warteverlustsystem bezeichnet. Es handelt sich hierbei *nicht* um ein System mit begrenztem Speicher. Das Kriterium für eine Blockierung ist hier die Überschreitung einer maximal zulässigen Wartezeit, *nicht* einer maximalen Anzahl von Anforderungen im System zum Ankunftszeitpunkt.

Die Analyse erfolgt analog zum vorherigen Kapitel. Die Zeitachse ist diskretisiert in Intervalle der Länge Δt. Ähnlich wie bei der Analyse des GI/GI/1-Systems im vorherigen Abschnitt betrachten wir folgende Zufallsvariablen:

A_n ZV für die Zwischenankunftszeit, d.h. die Zeitdauer zwischen der n-ten und der (n+1)-ten Anforderung,

B_n ZV für die Bedienzeit der n-ten Anforderung,

U_n ZV für die Restarbeit im System unmittelbar vor dem Ankunftszeitpunkt der n-ten Anforderung.

Blockierung tritt auf, falls die Restarbeit den Schwellwert übersteigt ($U_n \geq L$).

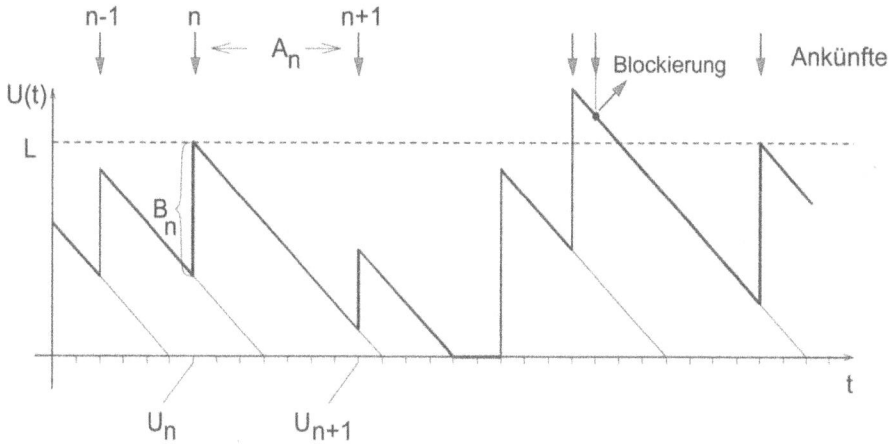

Abb. 5.15:   *Prozessverlauf der Restarbeit im GI/GI/1-System mit Wartezeitbegrenzung*

Einen typischen Prozessverlauf der Restarbeit im GI/GI/1-System mit begrenzter Wartezeit zeigt Abb. 5.15. Betrachtet man eine ankommende Anforderung, welche die Restarbeit U_n im System antrifft, so können zwei Fälle unterschieden werden:

Fall 1: Akzeptanz der Anforderung ($U_n < L$)

Die Restarbeit in diesem Fall wird mit der bedingten ZV $U_{n,0} = U_n | U_n < L$ definiert

$$u_{n,0}(k) = \frac{\sigma^{L-1}[u_n(k)]}{P(U_n < L)} = \frac{\sigma^{L-1}[u_n(k)]}{\sum_{i=0}^{L-1} u_n(i)}, \qquad (5.111)$$

wobei $\sigma^m[x(k)]$ ein Operator ist, der den unteren Teil $(k \leq m)$ einer Verteilung $x(k)$ übernimmt und den Rest ausblendet :

$$\sigma^m[x(k)] = \begin{cases} x(k) & k \leq m \\ 0 & k > m \end{cases}. \qquad (5.112)$$

Die Division durch $P(U_n < L)$ in Gl. (5.111) entspricht einer Normierung der entstandenen Verteilung der bedingten ZV $U_{n,0} = U_n | U_n < L$.

Man erhält folgende Beziehungen für die Zustandsentwicklung im Akzeptanzfall $(U_n < L)$:

$$U_{n+1,0} = U_{n,0} + B_n - A_n \, ,$$

$$u_{n+1,0}(k) = \pi_0 \left[u_{n,0}(k) * b_n(k) * a_n(-k) \right].$$

(5.113)

Fall 2: Blockierung der Anforderung ($U_n \geq L$)

Ähnlich wird die Restarbeit in diesem Fall mit der bedingten ZV $U_{n,1} = U_n | U_n \geq L$ definiert. Die Verteilung dieser ZV lautet

$$u_{n,1}(k) = \frac{\sigma_L \left[u_n(k) \right]}{P(U_n \geq L)} = \frac{\sigma_L \left[u_n(k) \right]}{\sum\limits_{i=L}^{\infty} u_n(i)} \, ,$$

(5.114)

wobei $\sigma_m \left[x(k) \right]$ ein Operator ist, der den oberen Teil ($k \geq m$) einer Verteilung $x(k)$ durchlässt und den Rest ausblendet:

$$\sigma_m \left[x(k) \right] = \begin{cases} 0 & k < m \\ x(k) & k \geq m \end{cases}.$$

(5.115)

Die Division durch $P(U_n \geq L)$ in Gl. (5.114) ist wieder die Normierung der entstandenen Verteilung der bedingten ZV $U_{n,1} = U_n | U_n \geq L$.

Die entsprechenden Beziehungen für die Zustandsentwicklung im Blockierungsfall ($U_n \geq L$) lautet:

$$U_{n+1,1} = U_{n,1} - A_n \, ,$$

$$u_{n+1,1}(k) = \pi_0 \left[u_{n,1}(k) * a_n(-k) \right].$$

(5.116)

Kombination der Fälle 1 & 2:

Die Kombination des Akzeptanzfalls mit dem Blockierungsfall liefert die Entwicklung der Restarbeit von der n-ten Anforderung zur (n+1)-ten Anforderung:

$$u_{n+1}(k) = P(U_n < L) \cdot u_{n+1,0}(k) + P(U_n \geq L) \cdot u_{n+1,1}(k).$$

(5.117)

Mithilfe dieser Gleichung kann schließlich eine rekursive Gleichung aufgestellt werden, um die Restarbeit unmittelbar vor den Ankunftszeitpunkten der Anforderungen zu berechnen:

$$u_{n+1}(k) = \pi_0 \left[\sigma^{L-1} \left[u_n(k) \right] * b_n(k) * a_n(-k) \right] + \pi_0 \left[\sigma_L \left[u_n(k) \right] * a_n(-k) \right]$$

$$= \pi_0 \left[\left(\sigma^{L-1} \left[u_n(k) \right] * b_n(k) + \sigma_L \left[u_n(k) \right] \right) * a_n(-k) \right].$$

(5.118)

Diese Gleichung führt zu einem Algorithmus (s. Abb. 5.16), der die Verteilung der Restarbeit unmittelbar vor den Ankünften von Anforderungen berechnet. Der Algorithmus kann für stationäre und instationäre Verkehrsbedingungen angewandt werden. Unter stationären Bedingungen kann der Index n und (n+1) in der obigen Gleichung weggelassen werden.

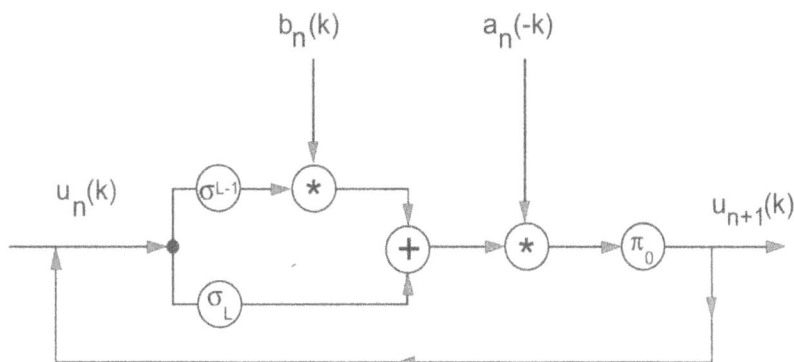

Abb. 5.16: *Analysealgorithmus eines GI/GI/1-Systems mit Wartezeitbegrenzung*

Für ein stationäres System kann die Blockierungswahrscheinlichkeit wie folgt berechnet werden:

$$p_B = \sum_{k=L}^{\infty} u(k). \tag{5.119}$$

5.5.2   Modellierungsbeispiel: Analyse eines Spacers

Spacing in Kommunikationsnetzen

Das Spacing-Konzept findet man häufig in der Verkehrssteuerung und Zugangskontrolle der Teilnehmer-Netz-Schnittstelle (engl. *UNI: User Network Interface*) in Kommunikationsnetzen. Der Spacer dient zur Glättung von burst-artigen Verkehrsströmen. Das Konzept des Spacers wurde im Kontext von ATM-Netzen (engl. *ATM: Asynchronous Transfer Mode*) intensiv untersucht. In IP-Netzen (engl. *IP: Internet Protocol*) findet man die Grundidee des Spacers auch in neuen QoS-Lösungsvorschlägen (engl. *QoS: Quality of Service*) wieder.

Die Hauptfunktion eines Spacers ist, dafür zu sorgen, dass zwei aufeinander folgende Anforderungen eines Ankunftsprozesses mindestens um eine Zeitspanne T auseinander liegen. Dies entspricht einer maximalen (momentanen) Ankunftsrate von $1/T$. Diese Spitzenankunftsrate wird z.B. in Dienstvereinbarungen (SLA: Service Level Agreement) zwischen Nutzern und Netzoperatoren bzw. Dienstanbietern ausgehandelt. Hier wird der Eingangsver-

kehr vom Spacer so geformt bzw. geglättet, dass die Einhaltung der vereinbarten SLA ge-
währleistet wird. Der Spacer funktioniert dabei wie ein „Abstandhalter" für Ankünfte, bevor
diese das Kommunikationsnetz betreten.

Abbildung 5.17 zeigt einen Spacer mit dem Parameter T, der den minimalen Abstand zwischen zwei Ankünften charakterisiert. Der Eingangsprozess A_1 wird so geglättet, dass beim
Ausgangsprozess A_2 der Minimalabstand T eingehalten wird.

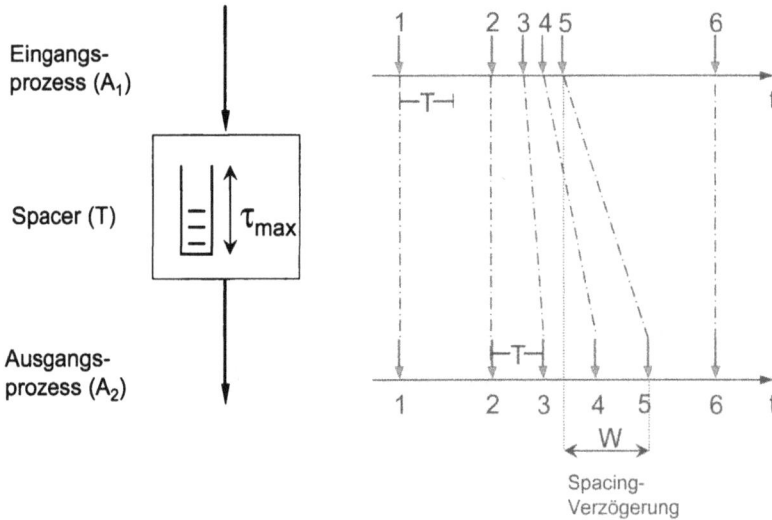

Abb. 5.17: *Arbeitsweise und Struktur eines Spacers*

Die Ankünfte 1, 2 und 6 passieren ungehindert den Spacer. Die Anforderungen 3, 4 und 5
treffen zu früh ein, halten den minimalen Zwischenankunftsabstand T nicht ein und müssen
zwischengespeichert werden. Damit Anforderungen nicht zu lange verzögert werden, wird
ferner eine maximale Spacer-Verzögerung τ_{max} definiert. Der Spacer weist Anforderungen
ab, deren Durchlaufzeit im Spacer voraussichtlich den Schwellwert τ_{max} überschreitet.

Spacer-Modell als GI/D/1-System mit Wartezeitbegrenzung

Zusammenfassend sind die Parameter für eine zeitdiskrete Analyse, wobei die Zeitachse in Δt diskretisiert wird, wie folgt:

A_1 ZV für die Zwischenankunftszeit des Eingangsprozesses bzw. Ankunftsprozesses,

A_2 ZV für die Zwischenabgangszeit des Ausgangsprozesses bzw. des Abgangsprozesses,

T   minimaler Zwischenankunftsabstand (in Δt), d.h. die maximal zulässige Ankunftsrate beträgt $1/T$,

τ_{max} maximale Verzögerungszeit im Spacer (in Δt).

Nun soll gezeigt werden, dass die Analyse des Spacers ersatzweise mittels eines zeitdiskreten GI/D/1-Systems mit Wartezeitbegrenzung durchgeführt werden kann. Dies wäre der Fall, wenn die Reaktion beider Modelle auf denselben Eingangsprozess bzgl. Blockierungswahrscheinlichkeit und Ausgangsprozess identisch ist.

Wir werden nachfolgend zeigen, dass für denselben Eingangsprozess i) beide Modelle dasselbe Blockierungsverhalten aufweisen und ii) die Ausgangsprozesse bis auf eine Verzögerung um T identisch sind. Dazu werden in Abb. 5.18 die Zustandsentwicklungen im Spacer und im GI/D/1-τ_{max}-Warteverlustsystem (mit Bedienzeit T und maximaler Wartezeit τ_{max}) verglichen, wobei das Blockierungsverhalten und die Abgangsprozesse gegenübergestellt werden.

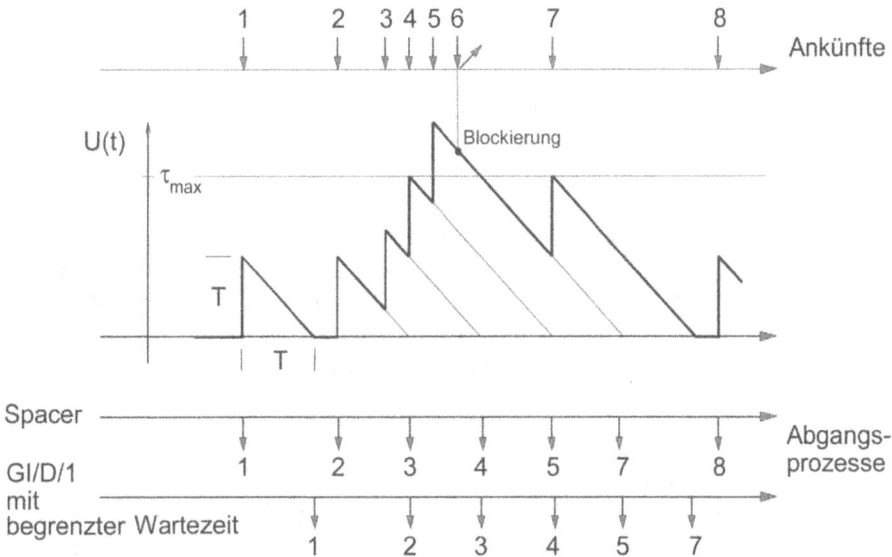

Abb. 5.18: *Vergleich der Abgangsprozesse eines Spacers und eines äquivalenten GI/D/1-Systems mit Wartezeitbegrenzung*

Für die zwei Modelle wird die Restarbeit U(t) aus Abb. 5.18 wie folgt interpretiert:

1. Spacer:
   Hier ist U(t) die Zeitspanne bis zur Ankunft der nächsten Anforderung, die noch akzeptiert wird, da der minimale Zwischenankunftsabstand eingehalten wird. Die Anforderungen 1 und 2 in Abb. 5.18 finden einen leeren Spacer vor und passieren ihn ohne Verzögerung. Die Anforderungen 3, 4 und 5 treffen bei ihrer Ankunft auf einen Spacer mit positiver Restarbeit U(t) und werden um die Zeitdauer U(t) verzögert, ehe sie den Spacer verlassen können. Angenommene Anforderungen inkrementieren die Restarbeit U(t) im Spacer um den minimalen Zwischenankunftsabstand T. Die Anforderung 6 müsste länger als τ_{max} warten. Sie wird deswegen vom Spacer verworfen und erhöht somit auch die Restarbeit nicht.

2. GI/D/1-System mit Wartezeitbegrenzung:
   U(t) beschreibt die Restarbeit im System, ähnlich wie beim GI/GI/1-System im vorherigen Abschnitt.

Die Wartezeit der Anforderungen in beiden Systemen ist identisch. Der einzige Unterschied ist, dass im Spacer keine zusätzliche Bedienzeit benötigt wird. Der Vergleich der Ausgangsprozesse zeigt, dass aufgrund dieser fehlenden Bedienzeit (der Länge T) die Ausgangsprozesse sich um die Bedienzeit T unterscheiden. Das Blockierungsverhalten ist identisch. Damit ist es möglich, einen Spacer mittels eines GI/D/1-Systems mit Wartezeitbegrenzung zu untersuchen.

Spacer-Dimensionierungsbeispiel

Im Folgenden wird ein Dimensionierungsbeispiel des Spacers diskutiert. Zwei gegenläufige Dimensionierungsziele müssen dabei betrachtet werden: i) kleine Blockierungswahrscheinlichkeit (d.h. große Puffergröße des Spacers bzw. τ_{max}) und ii) kleine Spacer-Verzögerung, die bestimmte im Netz vordefinierte Grenzwerte nicht überschreiten sollen (kleine Puffergröße).

Abbildung 5.19 vergleicht die Verteilungsfunktionen des Eingangs- und des Ausgangsprozesses eines Spacers mit $T = 15$, wobei zwei Fälle aufgetragen werden: i) keine Puffer im Spacer $\tau_{max} = 0$ und ii) maximale Spacer-Verzögerung von $\tau_{max} = 60$. Wie erwartet haben wir beim Abgangsprozess einen Sprung an der Stelle T, da die Zwischenabgangsintervalle durch den Spacing-Vorgang mindestens T sein müssen.

Abbildung 5.20 verdeutlicht die Hauptfunktion des Spacers, die Glättung des Eingangsprozesses, d.h. der Spacer soll eine Reduktion der Varianz des burstartigen Eingangsverkehrs bewirken, um dadurch das Kommunikationsnetz vor Überlastung zu schützen. Die Formung des Verkehrsstroms wird sichtbar, indem der Variationskoeffizient c_{A_2} des Abgangsprozesses aufgetragen wird in Abhängigkeit des Variationskoeffizienten c_{A_1} des Eingangsprozesses. Wie erwartet ist $c_{A_2} < c_{A_1}$, d.h. der Eingangsverkehr wird durch den Spacer geglättet. Diese Reduktion hängt jedoch von der Wahl der maximalen Spacer-Verzögerung sehr stark ab, wie Abb. 5.20 illustriert.

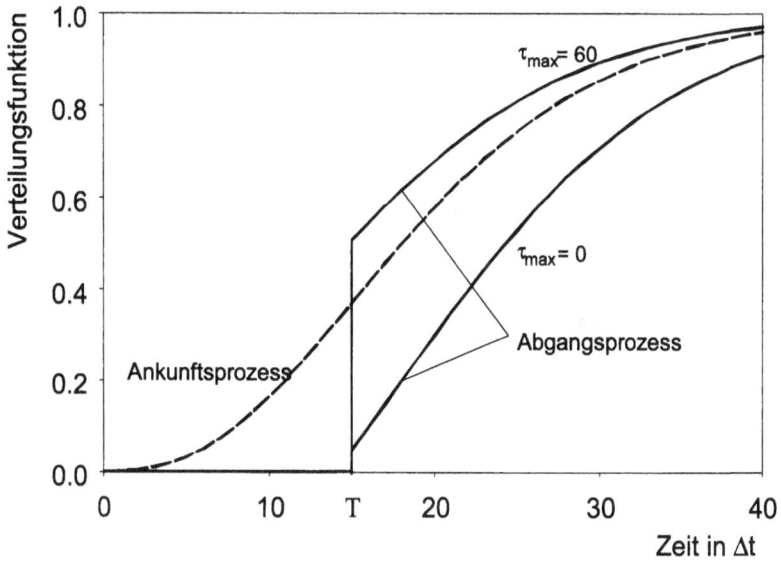

Abb. 5.19: *Veränderung des Verkehrsstroms durch Spacing*

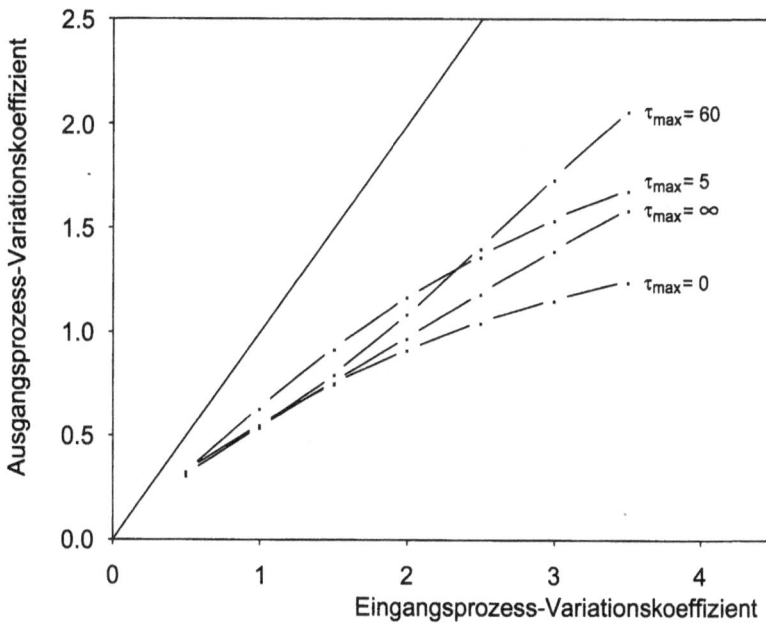

Abb. 5.20: *Einfluss der maximalen Spacer-Verzögerung*

Literatur zu Kapitel 5

Bücher:

[5.1]   Kleinrock, L., *Queueing Systems, Band 1: Theory*, Wiley, New York 1975

[5.2]   Kobayashi, H., *Stochastic Modelling: Queueing Models*; *Discrete-Time Queueing Systems*, Academic Press, New York 1983

[5.3]   Oppenheim, A., Schafer, R., *Digital Signal Processing*, Prentice-Hall, Englewood Cliffs, NJ 1975

[5.4]   Tjims, H. C., *Stochastic Models – An Algorithmic Approach*, Wiley, Chichester 1994

Aufsätze:

[5.5]   Ackroyd, M., *Computing the waiting time distribution for G/G/1 queue by signal processing methods*, IEEE Trans. Comm. 28:52-58 (1980)

[5.6]   Cooley, J., Tukey, J., *An algorithm for the machine calculation of complex Fourier series*, Math. Comput. 19:297-301 (1965)

[5.7]   Henrici, P., *Fast Fourier methods in computational complex analysis*, Siam Rev. 21:481-527 (1979)

[5.8]   Konheim, A., *An elementary solution of the queueing system GI/G/1*, SIAM J. Comp. 4:540-545 (1975)

[5.9]   Lindley, D. V., *The theory of queues with a single server*, Proc. Of the Cambridge Philosophical Society, Band 48, 277-289 (1952)

[5.10]   Tran-Gia, P., *Discrete-Time analysis for the interdeparture distribution of GI/G/1 queues*, Proc. Seminar of Teletraffic Analysis and Computer Performance Evaluation, Amsterdam 1986

[5.11]   Tran-Gia, P., *Discrete-time analysis technique and application to usage parameter control modelling in ATM systems*, in Proc. of Proceedings of the 8th Australian Teletraffic Research Seminar, Melbourne, Australia, December 1993

Übungsaufgaben zu Kapitel 5

Aufgabe 5.1:
Einem Vermittlungsknoten eines Kommunikationsnetzes, das mit Speichervermittlungstechnik und virtuellen Verbindungen arbeitet, stehen 8 Ausgangskanäle zur Verfügung. Während eines Slots der Länge Δt kommt auf jedem der 8 Eingangskanäle mit Wahrscheinlichkeit $q = 0,8$ ein Paket an. Die Wahrscheinlichkeit, dass die zugehörige virtuelle Verbindung einen bestimmten Ausgangskanal benutzt, ist für alle Ausgangskanäle gleich.

1. Wie groß ist die Wahrscheinlichkeit, dass in einem Slot mehrere Pakete ankommen, die für virtuelle Verbindungen des gleichen Ausgangskanals bestimmt sind?

Im Folgenden wird nun ein Ausgangskanal des Knotens betrachtet. Dazu wird vereinfachend angenommen, dass der Ankunftsstrom von Paketen, die für diesen Ausgangskanal bestimmt sind, einen Poisson-Strom mit der Rate von $0,5$ Paketen$/\Delta t$ bildet. In jedem Slot kann auf dem Ausgangskanal ein Paket übertragen werden. Für die Zwischenspeicherung von Paketen wird ein unbeschränkter Speicher angenommen.

1. Mit welchem elementaren verkehrstheoretischen Modell kann der Ausgangskanal mit seinem Paketpuffer modelliert werden? Wie lautet seine Kendallsche Notation?
2. Wie lange muss ein Paket im Mittel gespeichert werden? Wie viele Pakete befinden sich im Mittel in dem Puffer?

Aufgabe 5.2:
Betrachtet werde die zeitdiskrete Zwischenankunftszeit A eines zeitdiskreten Erneuerungsprozesses mit der Verteilung $a(k)$ und der Verteilungsfunktion $A(k)$. Mit der Notation $EF\{f(k)\}$ bezeichnet man die erzeugende Funktion einer diskreten Funktion $f(k)$, d.h $EF\{f(k)\} := \sum_{k=0}^{\infty} f(k) z^k$

1. Zu zeigen ist, dass die folgenden Äquivalenzen gelten:

$$EF\{A(k)\} = EF\{a(k)\}\frac{1}{1-z}$$

$$EF\{1-a(k)\} = \frac{1}{1-z} - EF\{f(k)\}.$$

2. Es soll nun der Bernoulli-Prozess betrachtet werden, d.h. zu jedem Zeitpunkt der diskretisierten Zeitachse trifft ein Ereignis mit der Wahrscheinlichkeit α ein. Man berechne die Verteilung $\gamma(k)$ der Anzahl der Ereignisse in einem Intervall der Länge Γ. Wie lauten die Verteilung $a(k)$ der Zeitspanne A zwischen zwei aufeinander folgenden Ereignissen, der Mittelwert $E[A]$ und der Variationskoeffizient c_A?
3. Es soll ein Bernoulli-Prozess mit der Auftrittswahrscheinlichkeit α_1 mit einem anderen Bernoulli-Prozess mit der Auftrittwahrscheinlichkeit α_2 überlagert werden. Anzugeben

ist die Verteilung $a_R(k)$ der Zwischenankunftszeit des resultierenden Prozesses. Man zeige, dass der überlagerte Prozess wieder ein Bernoulli-Prozess ist und gebe die resultierende Auftrittswahrscheinlichkeit an.

Aufgabe 5.3:

Im Folgenden wird das zeitdiskrete GEOM(n)/D/n-Wartesystem untersucht. Die Zwischenankunftszeit A hat die Verteilung $a(k)$ mit dem Mittelwert $E[A]$. Die Bediendauer beträgt β Zeiteinheiten.

1. Wie lautet die Stabilitätsbedingung des Systems?
2. Wie ist die Anzahl Γ von Ankünften während einer Bediendauer B verteilt?
3. Man betrachte den Zustandsprozess des Systems zu einem beliebigen Zeitpunkt t_n. Der Zeitpunkt t_{n+1} liegt β Zeiteinheiten später. Die Anzahl der Anforderungen im System zu diesen Zeitpunkten seien X_n und X_{n+1} mit der Verteilung $x_n(k)$ und $x_{n+1}(k)$. Wie hängen X_n und X_{n+1} zusammen?
4. Man gebe die Beziehung zwischen den Verteilungen $x_n(k)$ und $x_{n+1}(k)$ an.
5. Mit der in der letzten Teilaufgabe formulierten Beziehung kann die stationäre Zustandsverteilung des Systems iterativ berechnet werden. Man entwerfe den iterativen Analysealgorithmus im Zeitbereich.

Aufgabe 5.4:

Wir betrachten einen zeitdiskreten Ankunftsprozess, bei dem nur zu Zeitpunkten $k \cdot \Delta t$ Anfragen eintreffen können. Die Zwischenankunftszeit kann durch folgende Konstruktion modelliert werden. Mit Wahrscheinlichkeit $1-q$ findet keine Ankunft zu einem Zeitpunkt $k \cdot \Delta t$ statt und die nächste Entscheidung über eine Ankunft wird zum nächsten Zeitpunkt $(k+1) \cdot \Delta t$ durchgeführt. Mit Wahrscheinlichkeit q findet eine Ankunft statt und die nächste Entscheidung über eine Ankunft wird

a) erst zum nächsten Zeitpunkt $(k+1) \cdot \Delta t$

b) gleich noch mal zum Zeitpunkt $k \cdot \Delta t$

ausgewürfelt. Man löse die folgenden Teilaufgaben für die beiden Fälle a) und b).

1. Wie lauten die Verteilungen für

    – Zwischenankunftszeit A ,
    – Anzahl X von Ankünften zu einem möglichen Ankunftszeitpunkt $k \cdot \Delta t$,
    – Anzahl der Gesamtankünfte Y in einem Intervall mit n möglichen Ankunftszeitpunkten?

    Wie lauten die Mittelwerte und Variationskoeffizienten für die Leistungsgrößen A, X und Y ?

2. Im Folgenden indizieren wir die Parameter q und die Leistungsgrößen A, X, Y entsprechend der Teilaufgaben a) und b). Wie muss der Parameter q_b in Abhängigkeit des Parameters q_a gewählt werden, damit die Mittelwerte $E[Y_a] = E[Y_b]$ übereinstimmen?

3. Man vergleiche die Mittelwerte und Variationskoeffizienten für die entsprechenden Leistungsgrößen mit den aus 2. gewonnenen Parametern q_b und q_a.

Hinweis: Man forme hierzu die Definitionsgleichung der Binomialverteilung geeignet um und benutze

$$\lim_{n \to \infty}\left(1 - \frac{\mu}{n}\right)^n = e^{-\mu}.$$

6 Matrixanalytische Methode

Gegenstand dieses Kapitels ist eine kurze Einführung in die wichtigsten Eigenschaften der Matrixanalytischen Methode (engl. *Matrix Geometric Method* bzw. *Matrix Analytic Method*). Diese Methode stellt eine bedeutende methodische Neuentwicklung zur Modellanalyse dar. Die Theorie geht auf Arbeiten von M. Neuts zurück. Eingehende Behandlungen der Methode finden sich in Neuts [6.2, 6.3], Lucantoni [6.7].

Die Entwicklung dieser Verallgemeinerungen der Analysemethode Markovscher Prozesse beginnt mit der bereits behandelten Phasendarstellung und führt über die Phasenverteilung (engl. *PH: Phase Type Distribution*) zu den Markov-Ankunftsprozessen (engl. *MAP: Markovian Arrival Process*). Aufgrund der matrizenorientierten Prozessbeschreibung und der entsprechenden Analyseverfahren mit Hilfe der Matrizenrechnung wird diese Klasse von Verfahren „Matrixanalytische Methode" genannt.

Dieses Kapitel soll interessierten Lesern als Zusatzlektüre dienen und setzt vertiefte Kenntnisse der Matrizenrechnung voraus. Der Inhalt gehört nicht zum regulären Stoff der an der Universität Würzburg angebotenen Vorlesung „Leistungsbewertung verteilter Systeme".

6.1 Die Phasenverteilung (PH)

Bei der Modellierung realer Systeme entstehen häufig Modelle mit nicht-Markovschen Komponenten. Diese Modelle sind oft keiner exakten Analyse zugänglich und mit klassischen Methoden nur approximativ zu untersuchen. Da nicht-Markovsche Analyseverfahren im Allg. komplexer sind als Methoden für Markovsche Modelle, werden zur Umgehung dieser Schwierigkeit Konzepte entwickelt, mit denen sich nicht-Markovsche Modellkomponenten mit Hilfe zusammengesetzter Markovscher *Phasen* beschreiben lassen. Nach dieser Umsetzung erfolgt die Analyse mittels verallgemeinerter Analyseverfahren gedächtnisloser Systeme.

Die hier erörterte *Phasenverteilung* ist eine Verallgemeinerung des Konzeptes zur Phasendarstellung, das in Abschnitt 1.3.4 eingeführt wurde.

6.1.1 Von der Erlang-k-Phasendarstellung zur Phasenverteilung

Sowohl bei der Phasendarstellung von Zufallsvariablen als auch bei der Phasenverteilung wird eine allgemein verteilte Zufallsvariable durch zusammengesetzte Strukturen von negativ-exponentiell verteilten Phasen beschrieben. Um diesen Zusammenhang aufzuzeigen, betrachten wir im Folgenden als Beispiel die Erlang-k-Verteilungsfunktion.

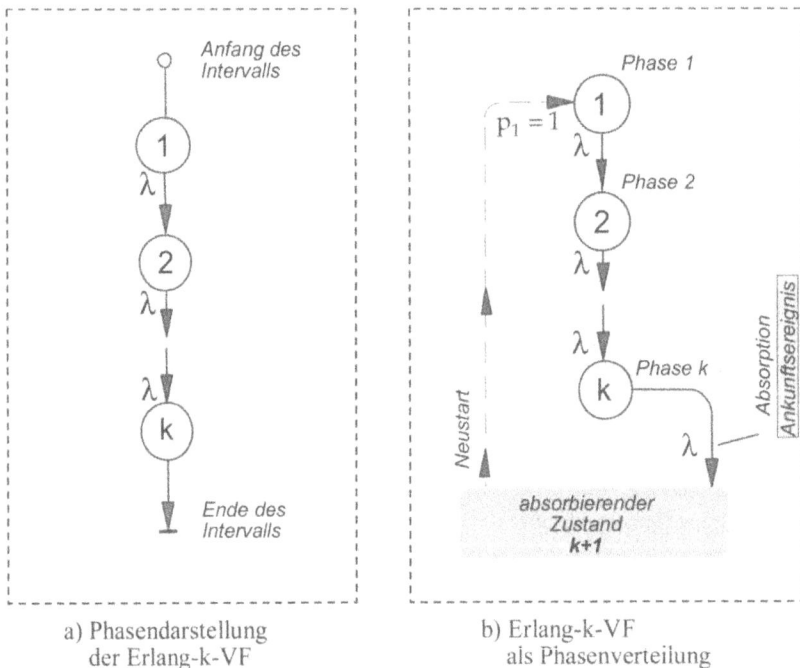

a) Phasendarstellung
der Erlang-k-VF

b) Erlang-k-VF
als Phasenverteilung

Abb. 6.1: *Phasendarstellung und Phasenverteilung im Fall* E_k

In Abb. 6.1 sind zwei Beschreibungsformen einer Erlang-k-verteilten Zufallsvariablen A gezeigt.

- *Phasendarstellung* (Abb. 6.1a):
  Der Prozess wird in Phase 1 gestartet und durchläuft nacheinander die k negativ-exponentiell verteilten Phasen mit Parameter λ. Das Ende der Verweildauer in Phase k korrespondiert mit einem Ereignis, z.B. mit der Ankunft einer Anforderung oder mit dem Ende einer Bediendauer. Der Prozess wird stets in Phase 1 gestartet. Befindet sich der Prozess in Phase j, so ist die Zeit bis zum Eintritt in die Phase $j+1$ negativ-exponentiell verteilt mit Parameter λ.

- *Phasenverteilung* (Abb. 6.1b):
  Nach dem Ablauf der Phase k tritt der Prozess in den sog. *absorbierenden Zustand*
  k + 1 ein. Zum Zeitpunkt der Absorption findet ein Ereignis statt. Das Verlassen des absorbierenden Zustands k + 1 bedeutet einen Neustart des Prozesses. Bei der Erlang-k-
  Verteilung startet der Prozess stets in Phase 1 ($p_1 = 1$, $p_i = 0$ sonst).

6.1.2 Definition der Phasenverteilung

Übergangsverhalten

Abbildung 6.2 zeigt die allgemeine Struktur einer Phasendarstellung. Das Zustandsübergangsdiagramm setzt sich aus zwei Typen von Prozesszuständen bzw. Phasen zusammen:
den *transienten Phasen* $1, 2, \ldots, k$ und der *absorbierenden Phase* $k + 1$.

Dem Prozess liegt eine endliche, irreduzible Markov-Kette mit stetiger Zeit zugrunde, die
steuernde Markov-Kette genannt wird. Der Übergang zwischen zwei transienten Phasen i
und j wird mit der Übergangswahrscheinlichkeitsdichte (bzw. Rate) q_{ij} $\left(i, j \in \{1, \ldots, k\}\right)$
charakterisiert. Aus einer transienten Phase i geht der Prozess in den absorbierenden Zustand mit der Absorptionsrate ω_i über. Die Absorptionsraten ω_i, $i = 1, \ldots, k$, werden in dem
Absorptionsvektor Ω mit nicht-negativen Komponenten zusammengefasst:

$$\Omega = \begin{pmatrix} \omega_1 \\ \omega_2 \\ . \\ . \\ \omega_k \end{pmatrix}. \qquad \text{(Absorptionsvektor)} \qquad (6.1)$$

Das wichtigste neue Element beim Konzept der Phasenverteilung ist die Einführung des
absorbierenden Zustands. Zum Zeitpunkt der Absorption terminiert der Prozess, und es findet ein Ereignis (z.B. Ankunftsereignis oder Bedien-Ende) statt. Ein Übergang aus der absorbierenden Phase kann nur mit einem Neustart des Prozesses erfolgen. Unabhängig von der
Phase vor der Absorption startet der Prozess in der Phase i $(i = 1, \ldots, k)$ mit der Neustart-
wahrscheinlichkeit p_i.

Die Aufenthaltsdauer des Prozesses im absorbierenden Zustand hängt von der Art des Prozesses bzw. der zu beschreibenden Zufallsvariablen ab. Soll die Phasenverteilung eine Bediendauer charakterisieren, wird der Neustart mit dem Beginn eines Bedienvorganges initiiert. Die Dauer der Absorptionsphase ist in diesem Fall die Freiperiode der Bedieneinheit.
Beschreibt die Phasenverteilung die Zwischenankunftsintervalle eines Ankunftsprozesses,
erfolgt ein Neustart unmittelbar nach einer Absorption. Der Absorptionsvorgang und der
anschließende Neustart erfolgen zeitlos.

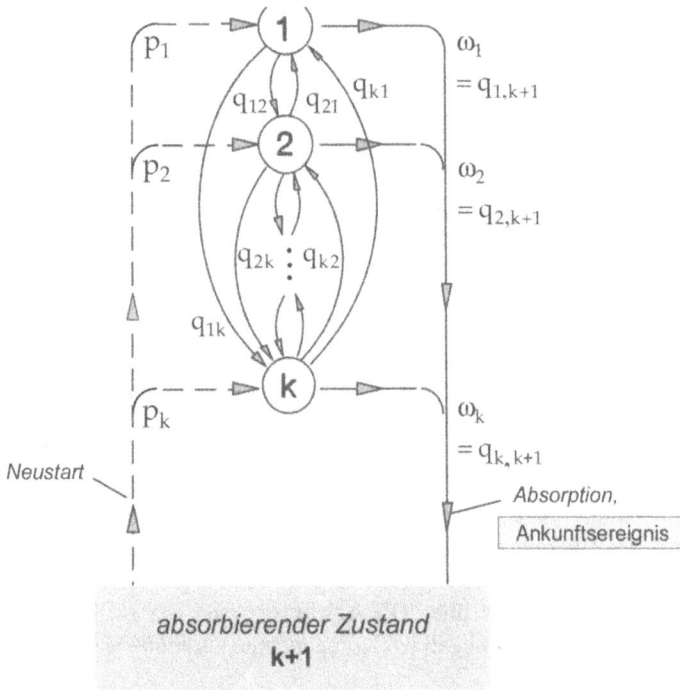

Abb. 6.2: *Phasenverteilung (PH)*

Im allgemeinen Fall wird der Neustartvektor wie folgt definiert:

$$\Pi = \{p_1,...,p_k,p_{k+1}\}. \qquad\qquad\text{(Neustartvektor)} \qquad (6.2)$$

Dieser Vektor umfasst die Wahrscheinlichkeitsverteilung für den Neustart, wobei die Vollständigkeitsrelation

$$\sum_{i=1}^{k+1} p_i = 1 \quad\text{oder}\quad \Pi \cdot e = 1 \qquad\qquad (6.3)$$

gilt.[1]

Die Wahrscheinlichkeit p_{k+1} für einen Start direkt in die absorbierende Phase $k+1$ wird
bei zusammengesetzten Zufallsvariablen zur Beschreibung der Übergänge zwischen den
Komponenten benutzt. Dieser Fall wird später in diesem Abschnitt erläutert. In der Regel

---

[1] $e \in (k+1)\times 1$ ist der Spaltenvektor entsprechender Dimension, der nur Einsen enthält.

wird p_{k+1} jedoch gleich Null gesetzt. Dies führt zur Definition des modifizierten Neustart-vektors:

$$\Pi = \{p_1,...,p_k\}, \tag{6.4}$$

$$\sum_{i=1}^{k} p_i = 1. \tag{6.5}$$

Die Übergangswahrscheinlichkeitsdichte für das Verbleiben in derselben Phase i wird wie folgt definiert:

$$q_{ii} = -\sum_{\substack{j=1 \\ j \neq i}}^{k} q_{ij} - \omega_i = -\lambda_i. \tag{6.6}$$

Die mittlere Verweildauer in der Phase i ist demgemäß λ_i^{-1}.

Ähnlich wie bei der Behandlung von Markov-Zustandsprozessen wird das Übergangsver-halten des steuernden Markov-Prozesses durch die Infinitesimal-Generatormatrix Q mit

$$Q = \left(\begin{array}{c|c} Q_0 & \Omega \\ \hline 0 & 0 \end{array}\right) \in \left(\begin{array}{c|c} k \times k & k \times 1 \\ \hline 1 \times k & 1 \times 1 \end{array}\right) = (k+1) \times (k+1) \tag{6.7}$$

beschrieben. Dabei entsprechen der Zeilenindex eines Elements der Ordnungszahl der An-fangsphase und der Spaltenindex der Ordnungszahl der Endphase eines Übergangs. Die letzte Zeile von Q ist der absorbierenden Phase zugeordnet und enthält daher nur Nullen.

Da vorausgesetzt wird, dass die steuernde Markov-Kette irreduzibel ist, gilt $q_{ii} < 0$ für alle i, und die inverse Matrix Q_0^{-1} existiert. Der Absorptionsvektor Ω kann aus der Matrix Q_0 eindeutig bestimmt werden:

$$Q_0 e + \Omega = 0 \quad \text{bzw.} \quad \Omega = -Q_0 e. \tag{6.8}$$

Zur vollständigen Parametrisierung der Phasenverteilung genügt die Angabe von Π und Q_0. Das Paar (Π, Q_0) wird daher die *irreduzible Repräsentation der Phasenverteilung* genannt. Die entsprechende Phasenverteilung wird mit der Kurznotation $PH(\Pi, Q_0)$ ange-geben.

Verteilungsfunktion einer phasenverteilten Zufallsvariablen

Betrachtet werde eine Zufallsvariable A, die mit $PH(\Pi, Q_0)$ phasenverteilt ist. Die ZV A entspricht der Zeitspanne vom Neustart des Prozesses bis zur Absorption. Beschreibt A die Zwischenankunftszeit eines Ankunftsprozesses, so ist A das Intervall zwischen zwei aufeinander folgenden Absorptionszeitpunkten.

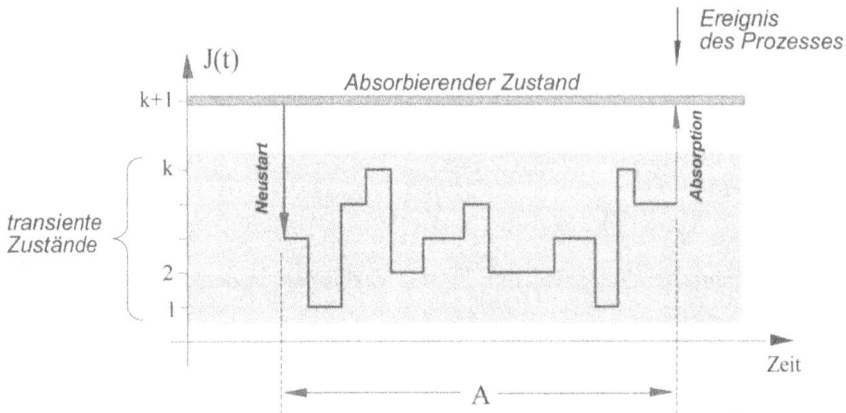

Abb. 6.3: *Realisierung einer phasenverteilten Zufallsvariablen*

Der Zustand des Prozesses wird nun mit $J(t)$ bezeichnet, $J(t) = 1, \ldots, k, k+1$. Der Zustand $J(t)$ zeigt an, in welcher Phase sich der Prozess zum Zeitpunkt t befindet. Wird zum Zeitpunkt $t = 0$ ein Neustart initiiert, so kann die Verteilungsfunktion der ZV A wie folgt ermittelt werden:

$$A(t) = P(A \leq t)$$
$$= P(\text{Phasenprozess zum Zeitpunkt t bereits im absorbierenden Zustand})$$
$$= P(J(t) = k+1).$$

$$(6.9)$$

Wie in Abb. 6.3 illustriert, kann ein Pfad zur Realisierung der ZV A über beliebige Folgen von transienten Zuständen verlaufen, bevor der absorbierende Zustand erreicht wird. Um die Verteilungsfunktion zu bestimmen, müssen wir das zeitliche Übergangsverhalten des Prozesses vom Neustart bis zur Absorption analysieren. Dabei wird vorausgesetzt, dass der Prozess $\{J(t), t\}$ bzgl. der Zeit homogen ist. Wir bedienen uns derselben Argumentation wie bereits im Abschnitt 2.3.2 für Zustandsgleichungen und -wahrscheinlichkeiten (vgl. Kleinrock [6.1], Abschnitt 2.4, Syski [6.4]).

Bezeichnet man mit $\mathcal{P}(t)$ die Matrix der Übergangswahrscheinlichkeitsdichte für das Zeitintervall $(0, t)$ zwischen zwei aufeinander folgenden Absorptionen, so kann $\mathcal{P}(t)$ mit der Kolmogorov-Rückwärtsgleichung bestimmt werden:

$$\frac{d\mathcal{P}(t)}{dt} = Q \cdot \mathcal{P}(t). \qquad \text{(Kolmogorov-Rückwärtsgleichung)} \qquad (6.10)$$

Unter Berücksichtigung der Bedingung $\mathcal{P}(0) := I$ erhält man die Lösung[1]:

$$\mathcal{P}(t) = \exp(Qt) = I + Qt + Q^2\frac{t^2}{2!} + Q^3\frac{t^3}{3!} + \dots \qquad (6.11)$$

Aus der Blockstruktur von Q in Gl. (6.7) und aus $\Omega = -Q_0 e$ folgt

$$\exp(Qt) = \left(\begin{array}{c|c} \exp(Q_0 t) & e - \exp(Q_0 t)e \\ \hline 0 & 1 \end{array}\right). \qquad (6.12)$$

Die Komponenten des Vektors

$$\begin{pmatrix} e - \exp(Q_0 t)e \\ 1 \end{pmatrix} \in (k+1) \times 1 \qquad (6.13)$$

geben die bedingten Wahrscheinlichkeiten dafür an, dass sich nach dem Start im Zustand i zum Zeitpunkt 0 der Prozess zum Zeitpunkt t bereits im absorbierenden Zustand befindet. Durch Linksmultiplikation dieses Vektors mit dem Vektor der Neustartwahrscheinlichkeiten Π erhält man die Verteilungsfunktion der ZV A :

$$A(t) = 1 - \Pi \cdot \exp(Q_0 t) \cdot e. \qquad \text{(PH-Verteilungsfunktion)} \qquad (6.14)$$

Durch Differentiation ergibt sich die Verteilungsdichtefunktion der Phasenverteilung:

$$\begin{aligned} a(t) &= \frac{dA(t)}{dt} = -\Pi \cdot \exp(Q_0 t) \cdot Q_0 \cdot e \\ &= \Pi \cdot \exp(Q_0 t) \cdot \Omega. \qquad \text{(PH-Verteilungsdichtefunktion)} \end{aligned} \qquad (6.15)$$

Die Laplace-Transformierte von $a(t)$ errechnet sich zu

$$\Phi_A(s) = \int_0^\infty a(t)e^{-st}dt = p_{k+1} + \Pi(sI - Q_0)^{-1}\Omega \quad \text{mit } \operatorname{Re}(s) \geq 0.$$

$$\text{(Laplace-Transformierte einer PH-VF)} \qquad (6.16)$$

Erneuerungseigenschaft

Da die Neustartwahrscheinlichkeit unabhängig von der Phase vor der Absorption ist, besitzt ein phasenverteilter Ankunftsprozess zu den Absorptionszeitpunkten die Erneuerungseigen-

---

[1] $I \in (k+1) \times (k+1)$ ist die Einheitsmatrix entsprechender Dimension.

schaft. Die Zwischenankunftsintervalle, d.h. die Zeitintervalle zwischen aufeinander folgenden Absorptionen, sind voneinander unabhängig und identisch verteilt. Die Abfolge der Absorptionszeitpunkte bildet einen Erneuerungsprozess.

6.1.3   Beispiele für Phasenverteilungen

Negativ-exponentielle Verteilungsfunktion

Die negativ-exponentielle Verteilungsfunktion hat als Phasenverteilung die Repräsentation

$$\Pi = \{1\} \text{ und } Q_0 = (-\lambda). \tag{6.17}$$

Der zugehörige Ankunftsprozess ist ein gewöhnlicher Poisson-Prozess. Werden diese Parameter in Gl. (6.16) eingesetzt, ergibt sich die Transformierte der negativ-exponentiellen Verteilungsfunktion:

$$\Phi_A(s) = \frac{\lambda}{\lambda + s}.$$

Erlang-k-Verteilungsfunktion

Eine Erlang-k-verteilte Zufallsvariable lässt sich als Phasenverteilung darstellen (vgl. Abb. 6.1):

$$\Pi = \{1, 0, \ldots, 0\} \tag{6.18}$$

$$Q_0 = \begin{pmatrix} -\lambda & \lambda & 0 & \ldots & 0 & 0 \\ 0 & -\lambda & \lambda & \ldots & 0 & 0 \\ 0 & 0 & -\lambda & \ddots & 0 & 0 \\ \vdots & \vdots & \vdots & \ddots & \vdots & \vdots \\ 0 & 0 & 0 & 0 & -\lambda & \lambda \\ 0 & 0 & 0 & 0 & 0 & -\lambda \end{pmatrix} \in k \times k. \tag{6.19}$$

Hyperexponentielle Verteilungsfunktion H_k

Nach Abschnitt 1.3.4 kann eine hyperexponentiell-verteilte ZV durch eine Parallelschaltung von k unterschiedlichen negativ-exponentiell verteilten Phasen dargestellt werden. Dabei hat die Phase j den Parameter λ_j und wird mit einer gegebenen Wahrscheinlichkeit p_j ausgewählt.

Daraus ergibt sich folgende Repräsentation durch die Phasenverteilung:

$$\Pi = \{p_1, \ldots, p_k\}, \tag{6.20}$$

$$Q_0 = \begin{pmatrix} -\lambda_1 & 0 & \cdots & 0 \\ 0 & -\lambda_2 & \cdots & 0 \\ \vdots & \vdots & \ddots & \vdots \\ 0 & 0 & \cdots & -\lambda_k \end{pmatrix} = \mathrm{diag}\left(-\lambda_1, -\lambda_2, \ldots, -\lambda_k\right). \tag{6.21}$$

Wie man an der Matrix erkennen kann, finden keine Übergänge zwischen den transienten Phasen statt. Nach dem Ende der Verweilzeit in einer transienten Phase erfolgt stets die Absorption.

Der unterbrochene Poisson-Prozess

Man betrachte im Folgenden einen Poisson-Prozess mit der Rate λ_2, der mit einem anderen unabhängigen Prozess vom Typ „On-Off" moduliert wird. Die Off-Phase V_1 und die On-Phase V_2 des modulierenden Prozesses sind negativ-exponentiell verteilt mit Parameter γ_1 und γ_2, d.h.

$$V_1(t) = 1 - e^{-\gamma_1 t}, \quad V_2(t) = 1 - e^{-\gamma_2 t}.$$

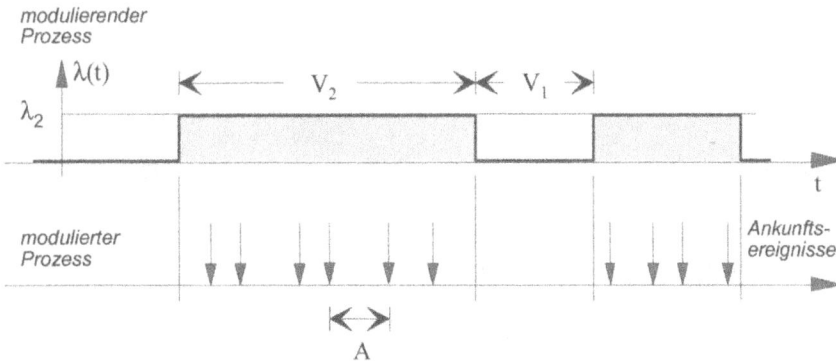

Abb. 6.4: *Der unterbrochene Poisson-Prozess*

Während der On-Phasen werden Ereignisse gemäß dem Poisson-Prozess mit der Rate λ_2 erzeugt, in den Off-Phasen werden keine Ereignisse generiert (s. Abb. 6.4). Der resultierende modulierte Prozess wird unterbrochener Poisson-Prozess genannt (engl. *IPP: Interrupted Poisson Process*).

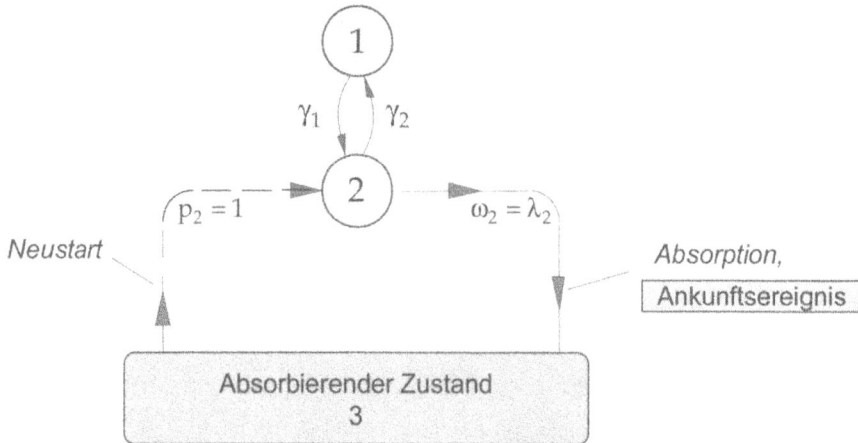

Abb. 6.5: *Phasenverteilung des unterbrochenen Poisson-Prozesses*

Der IPP ist ein Erneuerungsprozess und kann mit einer Phasenverteilung charakterisiert werden (vgl. Abb. 6.5):

$$\Pi = \{0,1\}, \tag{6.22}$$

$$Q = \left(\begin{array}{c|c} Q_0 & \Omega \\ \hline 0 & 0 \end{array}\right) = \left(\begin{array}{cc|c} -\gamma_1 & \gamma_1 & 0 \\ \gamma_2 & -\gamma_2-\lambda_2 & \lambda_2 \\ \hline 0 & 0 & 0 \end{array}\right). \tag{6.23}$$

Die transiente Phase 1 entspricht der Off-Phase des modulierenden Prozesses. Die Wahrscheinlichkeitsdichte für das Verlassen dieses Zustandes hängt nur von der negativ-exponentiell verteilten Phasendauer mit dem Parameter γ_1 ab. Die transiente Phase 2 repräsentiert die On-Phase. In dieser Phase können zwei Übergänge auftreten: die Absorption mit der Erzeugung eines Ereignisses mit der Rate λ_2 oder das Ende der laufenden On-Phase mit der Rate γ_2. Da es sich hier um einen Ankunftsprozess handelt, folgt sofort nach der Absorption ein Neustart, wobei der Prozess stets in der Phase 2 anfängt.

6.1.4   Funktionen von phasenverteilten Zufallsvariablen

Die Klasse der Phasenverteilungen ist bzgl. einiger Verknüpfungen von Zufallsvariablen abgeschlossen, d.h. die resultierende ZV dieser Verknüpfungen ist auch phasenverteilt. Dies erlaubt eine einfache analytische Behandlung von Phasenverteilungen in Modellen, bei denen Kompositionen und Mischungen von phasenverteilten Zufallsvariablen vorkommen.

Summe von phasenverteilten Zufallsvariablen

A sei die Summe zweier unabhängiger ZV A_1 und A_2, die mit $PH(\Pi_1, Q_{10})$ der Ordnung k_1 und dem Absorptionsvektor Ω_1 und $PH(\Pi_2, Q_{20})$ der Ordnung k_2 verteilt sind. Es kann gezeigt werden, dass A ebenfalls mit einer Phasenverteilung $PH(\Pi, Q_0)$ der Ordnung $(k_1 + k_2)$ beschrieben werden kann, wobei

$$\Pi = \{\Pi_1, p_{1,k_1+1}\Pi_2\},\tag{6.24}$$

$$Q_0 = \begin{pmatrix} Q_{10} & \Omega_1\Pi_2 \\ 0 & Q_{20} \end{pmatrix} \in \begin{pmatrix} k_1 \times k_1 & k_1 \times k_2 \\ k_2 \times k_1 & k_2 \times k_2 \end{pmatrix} = (k_1 + k_2) \times (k_1 + k_2).\tag{6.25}$$

Überlagerung von phasenverteilten Zufallsvariablen

Betrachtet wird eine endliche Anzahl N von phasenverteilten Zufallsvariablen A_i, $i = 1, 2, \ldots, N$. Die Repräsentation von A_i ist $PH(\Pi_i, Q_{i0})$ der Ordnung k_i. Die Überlagerung (bzw. Mischung, engl. *mixture*, s. Neuts [6.2]) durch die Verknüpfung

$$A = A_i \text{ mit Wahrscheinlichkeit } \alpha_i, \quad i = 1, \ldots, N,\tag{6.26}$$

$$\sum_{i=1}^{N} \alpha_i = 1,$$

ist ebenfalls phasenverteilt mit $PH(\Pi, Q_0)$ der Ordnung $k = k_1 + k_2 + \ldots + k_N$, wobei

$$\Pi = \{\alpha_1\Pi_1, \alpha_2\Pi_2, \ldots, \alpha_N\Pi_N\},\tag{6.27}$$

$$Q_0 = \begin{pmatrix} Q_{10} & 0 & \ldots & 0 \\ 0 & Q_{20} & \ldots & 0 \\ \ldots & \ldots & \ddots & \ldots \\ 0 & 0 & \ldots & Q_{N0} \end{pmatrix} \in k \times k.\tag{6.28}$$

6.1.5   Die zeitdiskrete Phasenverteilung (D-PH)

Bei der Leistungsbewertung von Komponenten moderner Kommunikationsnetze hat man oft die Aufgabe, Verkehrsströme von Datenpaketen in Verkehrsprozesse abzubilden, wobei die Pakete von konstanter Dauer sind. Für die Modellierung dieser Verkehrsströme ist eine zeitdiskrete Variante der Phasenverteilung, die *zeitdiskrete Phasenverteilung* D-PH, gut geeignet.

Definition

Die Zeitachse wird nun in konstante Intervalle der Länge Δt diskretisiert. Die Zeitdiskretisierung Δt wird auch als Zeittakt bezeichnet. Alle Ereignisse können nur zu den diskretisierten Zeitpunkten auftreten. Die Dauer einer transienten Phase des D-PH-Prozesses beträgt Δt. Das Übergangsverhalten der steuernden Markov-Kette wird nunmehr durch Übergangswahrscheinlichkeiten charakterisiert und nicht, wie im zeitkontinuierlichen Fall, durch Übergangsraten. Folglich haben die Parameter von D-PH-Verteilungen eine teilweise andere Struktur als im kontinuierlichen Fall.

Die Übergangswahrscheinlichkeitsmatrix Q der steuernden Markov-Kette hat die Form

$$Q = \left(\begin{array}{c|c} Q_0 & \Omega \\ \hline 0 & 1 \end{array} \right) \in \left(\begin{array}{c|c} k \times k & k \times 1 \\ \hline 1 \times k & 1 \times 1 \end{array} \right) = (k+1) \times (k+1) \tag{6.29}$$

und ist eine stochastische Matrix[1], da am Ende eines Diskretisierungsintervalls Δt stets ein Übergang stattfindet. Dies bedeutet, dass eine Summation einer Zeile dieser Matrix stets Eins ergibt.

Die Matrix Q_0, deren Komponenten die Übergänge zwischen den transienten Phasen beschreiben, ist substochastisch. Der Neustartvektor Π ist ein Zeilenvektor und enthält wie im kontinuierlichen Fall die Wahrscheinlichkeitsverteilung für die Phase beim Neustart. Außerdem gilt

$$\Omega = e - Q_0 e = \left(\begin{array}{c} 1 - \sum_{i=1}^{k} Q_0[1i] \\ \vdots \\ 1 - \sum_{i=1}^{k} Q_0[ki] \end{array} \right). \tag{6.30}$$

Verteilung des Intervalls bis zur Absorption

Das Intervall vom Neustart bis zur Absorption wird mit einer diskreten Zufallsvariablen X bezeichnet. Wird die diskrete Phasenverteilung zur Beschreibung eines Ankunftsprozesses verwendet, so erfolgt ein Neustart unmittelbar nach der Absorption. Die Zeitspanne X ist identisch mit der Länge des Zwischenankunftsintervalls. Im Falle einer Bedienzeit wird der Neustartzeitpunkt vom Bedienprozess bestimmt, und X beschreibt die Bediendauer.

Die Verteilung der ZV X bzw. die Wahrscheinlichkeit, dass die Absorption i Zeittakte nach dem Neustart des Prozesses erfolgt, ist gegeben durch

---

[1] Eine Matrix Q mit nicht-negativen Elementen heißt *stochastisch*, wenn $Q e = e$ gilt. Wenn bei einem komponentenweisen Vergleich $Q e \leq e$ zutrifft, dann wird Q *substochastisch* genannt.

$$x(i) = P(X = i) = \Pi Q_0^{i-1} \Omega, \; i > 0, \tag{6.31}$$

$$x(0) = p_{k+1}. \tag{6.32}$$

6.2 Der Markovsche Ankunftsprozess (MAP)

Der Markovsche Ankunftsprozess (MAP, engl. *Markovian Arrival Process*) ist eine Verallgemeinerung des Konzeptes der Phasenverteilung. Dieses Konzept ist auf Arbeiten von Neuts [6.9, 6.10] und Lucantoni [6.6, 6.7] zurückzuführen und umfasst nicht nur die vorgestellte Phasenverteilung, sondern auch allgemeine korrelierte Ankunftsprozesse ohne Erneuerungseigenschaft. Die Beschreibung von Punktprozessen mit MAP führt zu einer Vereinheitlichung der Repräsentationen verschiedener Prozesstypen. So wurden für MAP mathematische Analysemethoden entwickelt, die für ein breites Spektrum von Warteschlangenmodellen mit unterschiedlichen Zufallsprozessen verwendet werden können.

6.2.1 Definition

Ähnlich wie bei der Phasenverteilung ist beim Markov-Ankunftsprozess der steuernde Prozess eine endliche, irreduzible Markov-Kette. Es wird neben der steuernden Markov-Kette in stetiger Zeit noch eine eingebettete Markov-Kette in diskreter Zeit betrachtet, die die Phase jeweils zu Sprungzeitpunkten beschreibt.

In Abb. 6.6 wird die eingebettete steuernde Markov-Kette mit den Übergangswahrscheinlichkeiten veranschaulicht. Anders als bei der Phasenverteilung ist die Neustart-Wahrscheinlichkeit bei MAP abhängig von der Phase unmittelbar vor der Absorption. Dadurch können MAP zur Modellierung von segmentweise abhängigen oder korrelierten Prozessen verwendet werden. Die Erneuerungseigenschaft ist dann nicht mehr gegeben.

Übergangsverhalten

Der Zustandsraum der eingebetteten steuernden Markov-Kette besteht aus k transienten Phasen und einem Absorptionszustand. Die Dauer der transienten Phase i, $i = 1, ..., k$, ist negativ-exponentiell verteilt mit Parameter λ_i. Es wird zwischen zwei Arten von Zustandsübergängen mit folgenden Übergangswahrscheinlichkeiten unterschieden:

- *transienter Übergang*:
  Mit der Übergangswahrscheinlichkeit $p_{ij}(0)$, $i \neq j$, erfolgt ein Übergang zwischen zwei transienten Phasen i und j $(i, j \in \{1, ..., k\})$, ohne ein Ankunftsereignis zu generieren.

- *Übergang mit Absorption und Neustart*:
  Mit der Übergangswahrscheinlichkeit $p_{ij}(1)$ findet ein Übergang von einer transienten Phase i über eine Absorption zu einem Neustart in der Phase j statt $(i, j \in \{1, ..., k\})$, wobei ein Ankunftsereignis erzeugt wird.

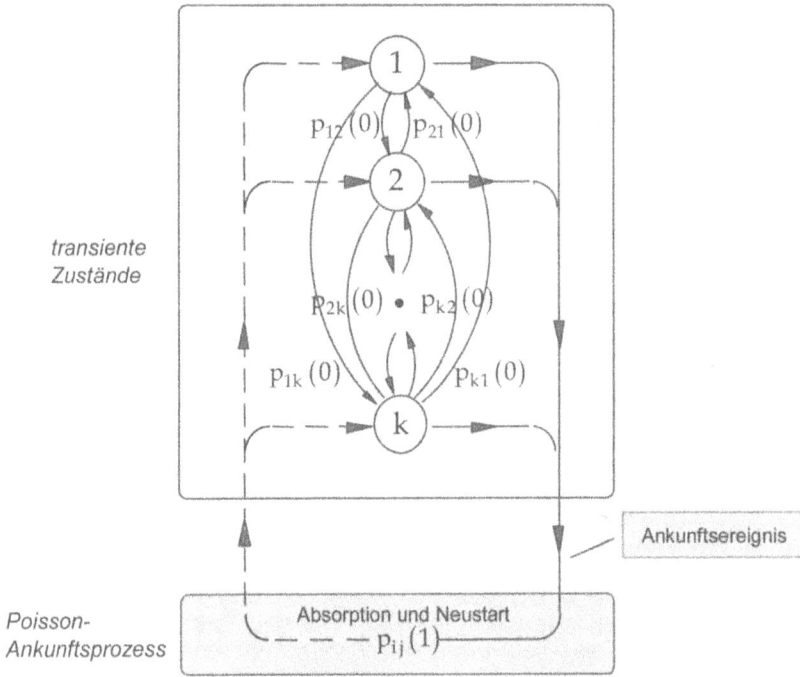

Abb. 6.6: *Zustandsübergänge des Markov-Ankunftsprozesses (MAP)*

Diese Übergangswahrscheinlichkeiten erfüllen die Vollständigkeitsrelation

$$\sum_{\substack{j=1\\j\neq i}}^{k} p_{ij}(0) + \sum_{j=1}^{k} p_{ij}(1) = 1, \quad \text{für } 1 \leq i \leq k,$$

und bilden die Elemente der *Ankunftsmatrizen* $\mathcal{D}_0$ und $\mathcal{D}_1$ des Markov-Ankunftsprozesses:

$$\mathcal{D}_0 = \begin{pmatrix} -\lambda_1 & \lambda_1 p_{12}(0) & \dots & \lambda_1 p_{1k}(0) \\ \lambda_2 p_{21}(0) & -\lambda_2 & \dots & \lambda_2 p_{2k}(0) \\ \dots & \dots & & \dots \\ \lambda_k p_{k1}(0) & \lambda_k p_{k2}(0) & \dots & -\lambda_k \end{pmatrix} \in k \times k, \qquad (6.33)$$

$$\mathcal{D}_1 = \begin{pmatrix} \lambda_1 p_{11}(1) & \lambda_1 p_{12}(1) & \dots & \lambda_1 p_{1k}(1) \\ \lambda_2 p_{21}(1) & \lambda_2 p_{22}(1) & \dots & \lambda_2 p_{2k}(1) \\ \dots & \dots & & \dots \\ \lambda_k p_{k1}(1) & \lambda_k p_{k2}(1) & \dots & \lambda_k p_{kk}(1) \end{pmatrix} \in k \times k. \qquad (6.34)$$

Die Ankunftsmatrix $\mathcal{D}_0$ ist dem Fall zugeordnet, dass ein Phasenübergang ohne gleichzeitige Ankunft eines Ereignisses erfolgt, und $\mathcal{D}_1$ dem Fall, dass sich zum Zeitpunkt des Phasenübergangs eine Ankunft ereignet. Es wird vorausgesetzt, dass die Inverse $\mathcal{D}_0^{-1}$ existiert. Die Summenmatrix

$$\mathcal{D} = \mathcal{D}_0 + \mathcal{D}_1 \tag{6.35}$$

ist die Infinitesimal-Generatormatrix der steuernden Markov-Kette mit stetiger Zeit. Die Kurznotation $(\mathcal{D}_0, \mathcal{D}_1)$ wird *Repräsentation des Markov-Ankunftsprozesses* genannt.

Ähnlich wie bei Wahrscheinlichkeitsverteilungen kann eine erzeugende Funktion für die Ankunftsmatrizen des Ankunftsprozesses definiert werden:

$$\mathcal{D}_{EF}(z) = \sum_{k=0}^{\infty} \mathcal{D}_k z^k = \mathcal{D}_0 + z\mathcal{D}_1. \qquad \text{(erzeugende Funktion des MAP)} \tag{6.36}$$

6.2.2 Wichtige Eigenschaften des Markov-Ankunftsprozesses

Semi-Markov-Prozess und Markov-Erneuerungsprozess

Die Zeitintervalle zwischen aufeinander folgenden Absorptionen in einem Markov-Ankunftsprozess sind nicht notwendigerweise identisch verteilt, denn die Wahrscheinlichkeitsverteilung für die Phase beim Neustart hängt von der letzten Phase vor der Absorption ab. Der Markov-Ankunftsprozess MAP kann daher als *Semi-Markov-Prozess* aufgefasst werden.

Betrachtet man die Folge $\{(A_n, J_n), n \geq 0\}$ von Tupeln, die aus dem Zeitintervall A_n zwischen der $(n-1)$-ten und der n-ten Absorption und der Phase J_n unmittelbar nach der n-ten Absorption bestehen, so erhält man einen *Markov-Erneuerungsprozess*. Ähnlich wie bei der eingebetteten Markov-Kette sind die Zeitpunkte unmittelbar nach der n-ten Absorption die Einbettungszeitpunkte des Markov-Erneuerungsprozesses. Die Vergangenheit des gesamten Prozesses ist zu den Einbettungszeitpunkten in der Zustandsbeschreibung $[A_n, J_n]$ vollständig enthalten. $\{[A_n, J_n], n \geq 0\}$ bildet eine Markov-Kette.

Beispiel 1: Phasenverteilung als Sonderfall des MAP

Eine Phasenverteilung mit der Repräsentation $PH(\Pi, Q_0)$ lässt sich durch einen Markov-Ankunftsprozess darstellen, indem die Ankunftsmatrizen wie folgt gewählt werden:

$$\mathcal{D}_0 := Q_0, \tag{6.37}$$

$$\mathcal{D}_1 := -Q_0 \cdot e \cdot \Pi = \Omega \cdot \Pi. \qquad \text{(Repräsentation von PH durch MAP)} \tag{6.38}$$

Die Klasse von Phasenverteilungen bzw. Erneuerungsprozessen mit phasenverteilten Zwischenankunftszeiten im vorherigen Abschnitt bildet somit eine Teilmenge der Markovschen Ankunftsprozesse.

Beispiel 2: Der Markov-Modulierte Poisson-Prozess (MMPP)

Die Klasse der Markov-Modulierten Poisson-Prozesse (engl. *MMPP: Markov-Modulated Poisson Processes*) wird häufig zur Modellierung von korrelierten Verkehrsströmen in Kommunikationsnetzen verwendet.

Der MMPP ist ein doppelt-stochastischer Prozess, bei dem die momentane Ankunftsrate durch eine Markov-Kette gesteuert wird. Der modulierende Prozess des MMPP besteht aus k transienten Phasen. Die Dauer einer transienten Phase i ist negativ-exponentiell verteilt mit der Rate γ_i. Befindet sich der modulierende Prozess in der Phase i, $i = 1, \ldots, k$, werden Ankunftsereignisse mit Hilfe eines Poisson-Prozesses mit der Rate λ_i erzeugt.

Der steuernde, modulierende Prozess liegt somit einer zeitkontinuierlichen Markov-Kette mit der Infinitesimal-Generatormatrix Γ zugrunde. Der MMPP kann infolgedessen mit der Matrix Γ und der Ratenmatrix Λ charakterisiert werden:

$$\Lambda \;=\; \mathrm{diag}\left(\lambda_1, \lambda_2, \ldots, \lambda_k\right). \tag{6.39}$$

Der MMPP ist, anders als im Sonderfall des unterbrochenen Poisson-Prozesses (IPP) im vorherigen Abschnitt, kein Erneuerungsprozess. Betrachtet man die oben erwähnten Phasen als transiente Phasen eines Markov-Zustandsprozesses, so kann ein Markov-Modulierter Poisson-Prozess als MAP mit folgender Repräsentation dargestellt werden (vgl. Fischer & Meier-Hellstern [6.5], Lucantoni [6.6]):

$$\mathcal{D}_0 \;=\; \Gamma - \Lambda, \tag{6.40}$$

$$\mathcal{D}_1 \;=\; \Lambda. \tag{6.41}$$

Für den Spezialfall des unterbrochenen Poisson-Prozesses (IPP) mit

$$\Gamma \;=\; \begin{pmatrix} -\gamma_1 & \gamma_1 \\ \gamma_2 & -\gamma_2 \end{pmatrix} \quad \text{und} \quad \Lambda \;=\; \begin{pmatrix} 0 & 0 \\ 0 & \lambda_2 \end{pmatrix} \tag{6.42}$$

erhält man mit Gl. (6.40) die MAP-Repräsentation

$$\mathcal{D}_0 \;=\; \Gamma - \Lambda \;=\; \begin{pmatrix} -\gamma_1 & \gamma_1 \\ \gamma_2 & -\gamma_2 - \lambda_2 \end{pmatrix}, \quad \mathcal{D}_1 \;=\; \Lambda \;=\; \begin{pmatrix} 0 & 0 \\ 0 & \lambda_2 \end{pmatrix}. \tag{6.43}$$

Diese Repräsentation lässt sich ebenfalls mittels der Phasenverteilung des IPP

$$\Pi = \{0,1\} \ , \quad Q_0 = \begin{pmatrix} -\gamma_1 & \gamma_1 \\ \gamma_2 & -\gamma_2 - \lambda_2 \end{pmatrix}, \tag{6.44}$$

und der Phasenverteilungsäquivalenz des MAP aus Gl. (6.37) herleiten:

$$\mathcal{D}_0 = Q_0 = \begin{pmatrix} -\gamma_1 & \gamma_1 \\ \gamma_2 & -\gamma_2 - \lambda_2 \end{pmatrix}, \quad \mathcal{D}_1 = -Q_0 e\,\Pi = \begin{pmatrix} 0 & 0 \\ 0 & \lambda_2 \end{pmatrix}. \tag{6.45}$$

Markov-Ankunftsprozess mit Gruppenankünften (BMAP)

Mit den Ankunftsmatrizen $\mathcal{D}_0$ und $\mathcal{D}_1$ werden Übergänge ohne bzw. mit einem Ankunftsereignis beschrieben. Analog können weitere Ankunftsmatrizen $\mathcal{D}_n$ definiert werden, um den allgemeinen Fall einer Ankunft mit n Ereignissen zu beschreiben.

Wir definieren mit $p_{ij}(n)$, $i \neq j$, die Übergangswahrscheinlichkeit für den Übergang von einer transienten Phase i über eine Absorption zu einem Neustart in der Phase j, wobei n Anforderungen gleichzeitig eintreffen ($n = 0,1,\dots$). Diese Wahrscheinlichkeiten erfüllen die Vollständigkeitsrelation

$$\sum_{\substack{j=1 \\ j\neq i}}^{k} p_{ij}(0) + \sum_{n=1}^{\infty}\sum_{j=1}^{k} p_{ij}(n) = 1, \quad \text{für} \quad 1 \le i \le k.$$

Die entsprechenden Ankunftsmatrizen $\mathcal{D}_0$ und $\mathcal{D}_n$ $(n > 0)$ sind wie folgt strukturiert:

$$\mathcal{D}_0 = \begin{pmatrix} -\lambda_1 & \lambda_1 p_{12}(0) & \cdots & \lambda_1 p_{1k}(0) \\ \lambda_2 p_{21}(0) & -\lambda_2 & \cdots & \lambda_2 p_{2k}(0) \\ \vdots & \vdots & \ddots & \vdots \\ \lambda_k p_{k1}(0) & \lambda_k p_{k2}(0) & \cdots & -\lambda_k \end{pmatrix} \in k \times k, \tag{6.46}$$

$$\mathcal{D}_n = \begin{pmatrix} \lambda_1 p_{11}(n) & \lambda_1 p_{12}(n) & \cdots & \lambda_1 p_{1k}(n) \\ \lambda_2 p_{21}(n) & \lambda_2 p_{22}(n) & \cdots & \lambda_2 p_{2k}(n) \\ \vdots & \vdots & \ddots & \vdots \\ \lambda_k p_{k1}(n) & \lambda_k p_{k2}(n) & \cdots & \lambda_k p_{kk}(n) \end{pmatrix} \in k \times k, \quad n > 0. \tag{6.47}$$

Der so definierte Prozess heißt Markovscher Gruppenankunftsprozess (BMAP: *Batch Markovian Arrival Process*). Durch die Möglichkeit von Gruppenankünften ist die Klasse BMAP abgeschlossen bezüglich der Überlagerung mehrerer Ankunftsströme, wie sie etwa in der Modellierung von Eingangspuffern von Multiplexern in Kommunikationssystemen vorkommt.

Die mathematische Behandlung von MAP und BMAP beruht auf denselben Argumenten und Beziehungen. Eine detaillierte Erörterung des BMAP findet sich z.B. in Lucantoni [6.6, 6.7].

6.2.3   Der zeitdiskrete Markov-Ankunftsprozess (D-MAP)

Bei der zeitdiskreten Version des MAP, D-MAP genannt (engl. *Discrete-Time Markov Arrival Process*), wird eine mit Δt diskretisierte Zeitachse betrachtet. Die Dauer einer transienten Phase ist identisch mit Δt, da eine Transition innerhalb eines diskretisierten Intervalls Δt abgeschlossen sein muss. Ankunftsereignisse können daher bei einer Absorption am Ende einer transienten Phase nur zu den diskretisierten Zeitpunkten auftreten. Ebenso wie bei D-PH treten bei D-MAP Übergangswahrscheinlichkeiten an die Stelle der Übergangsraten. Die Ankunftsmatrizen $\mathcal{D}_0$ und $\mathcal{D}_1$ sind folglich substochastische Matrizen, die die Wahrscheinlichkeiten der verschiedenen Phasenübergänge ohne bzw. mit gleichzeitiger Ankunft angeben.

Aufgrund der Vollständigkeitsrelation ist die Summenmatrix $\mathcal{D} = \mathcal{D}_0 + \mathcal{D}_1$ stochastisch, und ihr Element $\mathcal{D}[ij]$ gibt, unabhängig von einer eventuellen Ankunft, die Wahrscheinlichkeit an, dass j im nächsten diskretisierten Zeitabschnitt die Folgephase von i ist. Es wird ferner vorausgesetzt, dass die Matrix $\mathcal{D}$ irreduzibel und aperiodisch ist.

Aufgrund dieser irreduziblen Eigenschaft der steuernden Markov-Kette kann auch stets vorausgesetzt werden, dass die Matrix

$$\left(I - \mathcal{D}_0\right)^{-1} = \sum_{k=0}^{\infty} \left(\mathcal{D}_0\right)^k$$

existiert. Speziell gibt der Term $\left(I - \mathcal{D}_0\right)^{-1} \mathcal{D}_1$ die Wahrscheinlichkeit an, dass eine Periode ohne Ankunft irgendwann mit dem Eintreffen einer Anforderung endet.

Mit den oben erwähnten Eigenschaften hat die Matrix $\mathcal{D}$ den Eigenwert Eins und daher auch einen invarianten Linkseigenvektor $\vec{\pi}$, der als Lösung des folgenden linearen Gleichungssystems gilt

$$\vec{\pi} = \vec{\pi}\mathcal{D}, \text{ mit } \vec{\pi} \cdot e = 1. \qquad \text{(stationäre Zustandswahrscheinlichkeit)} \qquad (6.48)$$

Der Vektor $\vec{\pi}$ ist ein stochastischer Zeilenvektor, der die stationäre Wahrscheinlichkeit für den Aufenthalt des Prozesses in den transienten Phasen angibt. Er ist durch die Vollständigkeitsrelation $\vec{\pi} \cdot e = 1$ eindeutig gegeben.

Weiterhin ergibt sich der Spaltenvektor $\vec{\lambda}$ der phasenabhängigen Ankunftsraten aus der Gleichung

$$\vec{\lambda} = \mathcal{D}_1 \cdot e. \qquad \text{(phasenabhängige Ankunftsraten)} \qquad (6.49)$$

Die mittlere stationäre Gesamt-Ankunftsrate erhält man durch Gewichtung der Komponenten von $\vec{\lambda}$ mit den stationären Wahrscheinlichkeiten für den Aufenthalt des Prozesses in den einzelnen Phasen:

$$\lambda = \vec{\pi} \cdot \vec{\lambda} = \vec{\pi} \cdot \mathcal{D}_1 \cdot e \,. \qquad\qquad \text{(mittlere Gesamt-Ankunftsrate)} \qquad (6.50)$$

Beispiel für D-MAP: der zyklische On-Off-Prozess

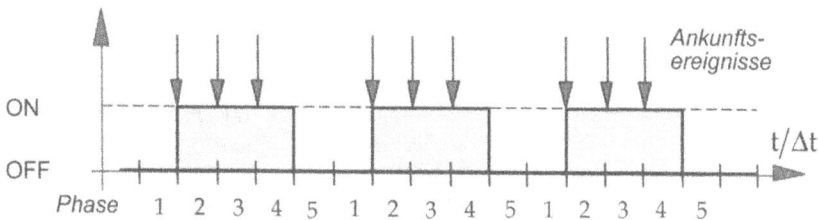

Abb. 6.7: *Zyklischer On-Off-Prozess*

Der Markov-Ankunftsprozess ist besonders gut zur Charakterisierung von allgemeinen Prozessen mit beliebigen Korrelationseigenschaften geeignet. Ein Beispiel zeigt Abb. 6.7, in der ein zyklischer D-MAP dargestellt ist. Dieser zeitdiskrete Prozess hat einen Zyklus von 5 Zeiteinheiten bzw. Slots. Der Zyklus besteht aus einer Folge von 3 Slots mit Daten und zwei leeren Slots. Diese 5 Slots des Zyklus entsprechen 5 transienten Phasen eines zeitdiskreten Markov-Ankunftsprozesses mit der Repräsentation

$$\mathcal{D}_0 = \begin{pmatrix} 0 & 0 & 0 & 0 & 0 \\ 0 & 0 & 0 & 0 & 0 \\ 0 & 0 & 0 & 0 & 0 \\ 0 & 0 & 0 & 0 & 1 \\ 1 & 0 & 0 & 0 & 0 \end{pmatrix}, \quad \mathcal{D}_1 = \begin{pmatrix} 0 & 1 & 0 & 0 & 0 \\ 0 & 0 & 1 & 0 & 0 \\ 0 & 0 & 0 & 1 & 0 \\ 0 & 0 & 0 & 0 & 0 \\ 0 & 0 & 0 & 0 & 0 \end{pmatrix}.$$

6.3   Das Wartesystem MAP/GI/1

In diesem Abschnitt soll die Anwendung der Matrixanalytischen Methode am Beispiel des MAP/GI/1-Wartesystems gezeigt werden. Ähnlich wie beim M/GI/1-System basiert die Analyse auf der Einbettung eines Markov-Erneuerungsprozesses unmittelbar nach den Bedien-Ende-Zeitpunkten. Vertiefende Literatur zu dieser Analyse und deren Verallgemeinerung findet sich z.B. in Lucantoni et al. [6.6, 6.7, 6.8].

6.3.1   Modellbeschreibung

Abbildung 6.8 zeigt die Struktur des MAP/GI/1-Wartesystems (bzw. MAP/GI/1-∞). Der
Ankunftsprozess ist ein Markovscher Ankunftsprozess MAP mit der Repräsentation
$(\mathcal{D}_0, \mathcal{D}_1)$, die zugehörige mittlere gesamte Ankunftsrate ist λ. Die Anzahl der transienten
Phasen ist k, d.h. $\mathcal{D}_0$ und $\mathcal{D}_1$ sind quadratische Matrizen der Dimension $k \times k$. Die Bediendauer B ist allgemein verteilt.

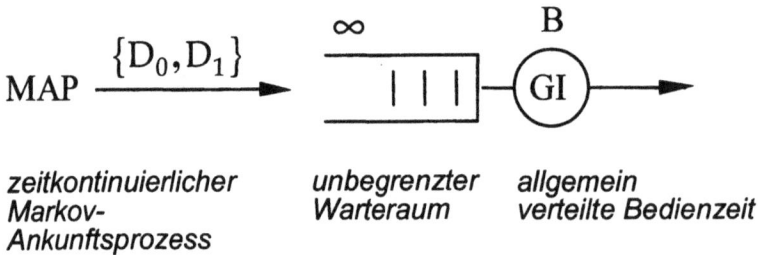

MAP $\xrightarrow{\ \{D_0, D_1\}\ }$ ∞ | | | —(GI)→   B

zeitkontinuierlicher   *unbegrenzter*   *allgemein*
Markov-   *Warteraum*   *verteilte Bedienzeit*
Ankunftsprozess

Abb. 6.8:   *MAP/GI/1-System*

Die Analyse dieses Systems vollzieht sich analog der Analyse des M/GI/1-Wartesystems.
Durch den MAP-Ankunftsprozess genügt es hier jedoch nicht mehr, zur Beschreibung des
Systemzustands an den Einbettungszeitpunkten lediglich die Anzahl der Anforderungen im
System zu kennen. Zusätzlich wird die Kenntnis der Phase des Ankunftsprozesses zu den
Einbettungszeitpunkten benötigt.

6.3.2   Zählprozess der Ankünfte

Die Entwicklung des MAP-Ankunftsprozesses wird während der Zeitspanne $(0, t]$ beobachtet. Die Anzahl der Ankunftsereignisse während dieser Zeitspanne wird mit $N(t)$ bezeichnet, die Phase zum Zeitpunkt t mit $J(t)$. Somit ist $\{(N(t), J(t)), t\}$ die Beschreibung eines
zeitkontinuierlichen und zustandsdiskreten stochastischen Prozesses. Dieser so definierte
zweidimensionale Prozess besitzt die Markov-Eigenschaft, da die Übergangswahrschein-lich-
keiten nur vom gegenwärtigen Zustand $[N(t), J(t)]$ abhängen. Die zugehörige Generatormatrix des zweidimensionalen Markov-Prozesses $\{(\tilde{N}(t), J(t)), t\}$ ist

$$
Q_A = \begin{pmatrix}
\mathcal{D}_0 & \mathcal{D}_1 & 0 & 0 & \cdots \\
0 & \mathcal{D}_0 & \mathcal{D}_1 & 0 & \cdots \\
0 & 0 & \mathcal{D}_0 & \mathcal{D}_1 & \cdots \\
0 & 0 & 0 & \mathcal{D}_0 & \cdots \\
\vdots & \vdots & \vdots & \vdots & \ddots
\end{pmatrix}. \tag{6.51}
$$

Bei der Festlegung dieser Matrix wird bereits zwischen zwei Ebenen der Prozessbeschreibung unterschieden: der Ebene der Ereignisse bzw. Anforderungen und der Ebene der Phasenbeschreibung des MAP-Ankunftsprozesses. Zunächst wird eine Besonderheit dieser Matrixdarstellung, die Blockstruktur, vorgestellt.

Blockstruktur der Matrizen

Die in Gl. (6.51) angegebene Matrix weist eine für die matrixanalytische Methode typische Blockstruktur auf. Die blockweise Aufteilung der Matrix entspricht dabei der Form des steuernden Prozesses $\{(N(t),J(t)),t\}$.

Auf der Ebene der Anforderungen erkennt man die Ankunftsmatrizen des MAP. Die Indizes der Blockspalten und -zeilen korrespondieren mit den sog. *Niveaus* des Prozesses. Unter dem Begriff Niveau versteht man die Menge aller Zustände, bei denen die Anzahl der Anforderungen unverändert bleibt. Da der MAP-Ankunftsprozess k transiente Phasen hat, existieren auf jedem Niveau k elementare Zustände. So entspricht eine Zustandsänderung auf der Ebene der Anforderungen (z.B. Ankunftsereignis oder Bedien-Ende) einem Übergang zwischen den Niveaus, während eine Phasenänderung mit einem Übergang zwischen zwei transienten Zuständen korrespondiert.

Die Blockstruktur liegt somit einer Linearisierung bzw. einer eindimensionalen Schreibweise der zweidimensionalen Zustandsbeschreibung $[N(t),J(t)]$ zugrunde. Dies ermöglicht eine einfache Beschreibung der Zustandsübergänge, wie sie in der obigen Generatormatrix bzw. in der nachfolgenden Übergangswahrscheinlichkeitsmatrix zu finden ist. Im Zusammenhang mit Blockmatrizen wird durch die Betrachtung der Niveaus der darunter liegende Phasenprozess verborgen und die Analogie zum klassischen eindimensionalen Fall sichtbar. Die Verwandtschaft der beiden Fälle wird z.B. in Lucantoni [6.7] durch eine Gegenüberstellung der Formeln verdeutlicht.

Übergangsgleichung

Mit $\mathcal{R}(t)$ bezeichnen wir die Übergangswahrscheinlichkeitsmatrix für den Prozess $\{(N(t),J(t)),t\}$ während des Intervalls $(0,t]$. Die Matrix $\mathcal{R}(t)$ ist stochastisch und hat ebenfalls die oben beschriebene Blockstruktur, die der von der Matrix Q_A entspricht:

$$
\mathcal{R}(t) = \begin{pmatrix}
\mathcal{R}_0(t) & \mathcal{R}_1(t) & \mathcal{R}_2(t) & \mathcal{R}_3(t) & \cdots \\
0 & \mathcal{R}_0(t) & \mathcal{R}_1(t) & \mathcal{R}_2(t) & \cdots \\
0 & 0 & \mathcal{R}_0(t) & \mathcal{R}_1(t) & \cdots \\
0 & 0 & 0 & \mathcal{R}_0(t) & \cdots \\
\vdots & \vdots & \vdots & \vdots & \ddots
\end{pmatrix}.
\tag{6.52}
$$

Die Blöcke $\mathcal{R}_n(t)$ sind Matrizen, deren Elemente folgende Übergangswahrscheinlichkeiten angeben:

$$
\mathcal{R}_n(t)[ij] = P\big(N(t)=n,\, J(t)=j \,\big|\, N(0)=0,\, J(0)=i\,\big).
$$

Die Matrix $\mathcal{R}_n(t)$ wird auch die *Zählfunktion* des Ankunftsprozesses genannt. Da die Matrix $\mathcal{R}(t)$ und die zugehörige Infinitesimal-Generatormatrix Q_A der Kolmogorov-Vorwärtsgleichung genügen, ist $\mathcal{R}_n(t)$ die Lösung des Differentialgleichungssystems

$$
\frac{d}{dt}\mathcal{R}(t) = \mathcal{R}(t)\cdot Q_A, \quad \text{für } t \geq 0 \quad \text{und} \quad \mathcal{R}(0) = I.
$$

Durch Einsetzen der Matrizen $\mathcal{R}(t)$ und Q_A erhält man, unter Berücksichtigung der Blockstruktur, die Beziehung

$$
\frac{d}{dt}\mathcal{R}_n(t) = \mathcal{R}_n(t)\cdot\mathcal{D}_0 + \mathcal{R}_{n-1}(t)\cdot\mathcal{D}_1, \quad n \geq 1,\ t \geq 0,
\tag{6.53}
$$

$$
\mathcal{R}_0(0) = I.
\tag{6.54}
$$

Eine formelle Transformation der Zählfunktion $\mathcal{R}_n(t)$ bezüglich der Ankünfte mit Hilfe der erzeugenden Funktion liefert

$$
\mathcal{R}_{EF}(z,t) = \sum_{n=0}^{\infty} \mathcal{R}_n(t)z^n.
\tag{6.55}
$$

Damit erhält man aus Gl. (6.53)

$$
\frac{\partial}{\partial t}\mathcal{R}_{EF}(z,t) = \mathcal{R}_{EF}(z,t)\cdot\mathcal{D}_{EF}(z),
\tag{6.56}
$$

$$
\mathcal{R}_{EF}(z,0) = I,
\tag{6.57}
$$

wobei

$$
\mathcal{D}_{EF}(z) = \sum_{k=0}^{\infty} \mathcal{D}_k z^k = \mathcal{D}_0 + z\mathcal{D}_1.
$$

Daraus folgt

$$\mathcal{R}_{EF}(z,t) = \exp\big(\mathcal{D}_{EF}(z)t\big), \quad \text{für } |z| \le 1, \ t \ge 0. \tag{6.58}$$

Mit dieser Gleichung wird die Übergangswahrscheinlichkeitsmatrix in Abhängigkeit von der Repräsentation $(\mathcal{D}_0, \mathcal{D}_1)$ des MAP-Ankunftsprozesses bestimmt.

Spezialfall: Poisson-Prozess

Die Beziehung in Gl. (6.58) kann am Poisson-Ankunftsprozess verdeutlicht werden. Für diesen einfachen Fall reduzieren sich die Ankunftsmatrizen zu $\mathcal{D}_0 = (-\lambda)$ und $\mathcal{D}_1 = (\lambda)$, und die Übergangsmatrix $\mathcal{R}_n(t)$ ist die Zählfunktion der Poisson-Verteilung, d.h.

$$\mathcal{R}_n(t) = \frac{1}{n!}(\lambda t)^n e^{-\lambda t}.$$

Eingesetzt in Gl. (6.58) ergibt sich die erzeugende Funktion der Poisson-Verteilung:

$$\mathcal{R}_{EF}(z,t) = \exp\big((-\lambda + z\lambda)t\big).$$

An diesem Beispiel wird ersichtlich, dass der MAP die matrix-analytische Verallgemeinerung des Poisson-Prozesses ist. Im nächsten Abschnitt wird das Übergangsverhalten des MAP/GI/1-Systems untersucht, wobei die oben gezeigte Blockstruktur berücksichtigt wird.

6.3.3 Eingebetteter Markov-Erneuerungsprozess

Die Verteilungsfunktion der Bedienzeit sei $B(t)$ und ihre Laplace-Stieltjes-Transformierte $\Phi_B(s)$. Wir betrachten die Folge $t_0, t_1, ..., t_\nu$ von Zeitpunkten, die unmittelbar nach den Bedien-Ende-Zeitpunkten liegen. Da der Prozess $\big\{[N(t), J(t)], t\big\}$ zu diesen Zeitpunkten die Markov-Eigenschaft besitzt, kann ein Markov-Erneuerungsprozess zu diesen Zeitpunkten eingebettet werden.

Der Zustand des eingebetteten Markov-Erneuerungsprozesses ist durch $[N(t_\nu), J(t_\nu)]$ definiert und nimmt Werte aus dem Zustandsraum $\big\{[n, j], n \ge 0, 1 \le j \le k\big\}$ an. Der Term $N(t_\nu)$ bezeichnet die Anzahl der Anforderungen im System und $J(t_\nu)$ die Phase des Ankunftsprozesses zum Einbettungszeitpunkt t_ν. Zur Analyse des eingebetteten Erneuerungsprozesses wird ein Intervall zwischen zwei aufeinander folgenden Einbettungszeitpunkten untersucht. Zur Vereinfachung setzen wir den Startzeitpunkt dieses Intervalls auf 0 und den Endzeitpunkt auf t.

Betrachtet werden zwei sukzessive Einbettungszeitpunkte t_ν und $t_{\nu+1}$. Die Zeitspanne zwischen diesen Einbettungszeitpunkten sei t. Die Wahrscheinlichkeiten für die Zustandsübergänge von $[N(t_\nu) = n_\nu, J(t_\nu) = j_\nu]$ auf $[N(t_{\nu+1}) = n_{\nu+1}, J(t_{\nu+1}) = j_{\nu+1}]$ während des Zeitintervalls $t = t_{\nu+1} - t_\nu$ bilden die Übergangswahrscheinlichkeitsmatrix $\mathcal{P}(t)$, die ebenfalls Blockstruktur hat:

$$
\mathcal{P}(t) = \begin{pmatrix}
\mathcal{B}_0(t) & \mathcal{B}_1(t) & \mathcal{B}_2(t) & \mathcal{B}_3(t) & \cdots \\
\mathcal{A}_0(t) & \mathcal{A}_1(t) & \mathcal{A}_2(t) & \mathcal{A}_3(t) & \cdots \\
0 & \mathcal{A}_0(t) & \mathcal{A}_1(t) & \mathcal{A}_2(t) & \cdots \\
0 & 0 & \mathcal{A}_0(t) & \mathcal{A}_1(t) & \cdots \\
\vdots & \vdots & \vdots & \vdots & \ddots
\end{pmatrix} . \tag{6.59}
$$

Die Blöcke $\mathcal{A}_n(t)$ und $\mathcal{B}_n(t)$ sind ebenfalls $k \times k$ -Matrizen, die die Übergänge zwischen den Niveaus repräsentieren und deren Elemente wie folgt interpretiert werden können:

$\mathcal{A}_n(t)[ij]$ *Wahrscheinlichkeit für folgenden Übergang*:
Zum Zeitpunkt 0 findet ein Bedien-Ende statt. Das System ist nicht leer, und unmittelbar danach fängt ein Bedienvorgang an. Dieser Bedienvorgang endet spätestens zum Zeitpunkt t. Zum Zeitpunkt 0 ist der MAP-Ankunftsprozess in der Phase i, zum Zeitpunkt t in der Phase j. Während dieser Zeit treffen n neue Anforderungen ein.

$\mathcal{B}_n(t)[ij]$ *Wahrscheinlichkeit für folgenden Übergang*:
Nach dem Bedien-Ende zum Zeitpunkt 0 ist das System leer und durchläuft eine Freiperiode bis zum nächsten Ankunftsereignis. Die Bedienzeit dieser Anforderung fängt anschließend an und endet spätestens zum Zeitpunkt t. Zum Zeitpunkt 0 ist der MAP-Ankunftsprozess in der Phase i, zum Zeitpunkt t in der Phase j. Während dieser Zeit treffen insgesamt $n+1$ Anforderungen ein, so dass sich nach dem Bedien-Ende n Anforderungen im System befinden.

Beide Matrixtypen geben also die Wahrscheinlichkeiten für verschiedene Möglichkeiten an, wie ein Übergang von einem Einbettungszeitpunkt zum nächsten mit der maximalen Dauer t ablaufen kann. Die Matrix $\mathcal{A}_n(t)$ erhält man aus der Zählfunktion (6.53) des Ankunftsprozesses und der Verteilungsfunktion der Bedienzeit:

$$
\mathcal{A}_n(t) := \int_{\tau=0}^{t} \mathcal{R}_n(\tau) dB(\tau) . \tag{6.60}
$$

Die Matrix $\mathcal{B}_n(t)$ ergibt sich aus der Matrix $\mathcal{A}_n(t)$, wobei eine vorgeschaltete Freiperiode der Bedieneinheit berücksichtigt wird. Der Zusammenhang zwischen diesen Matrizen lässt sich im Folgenden mit Hilfe von Transformationen der Matrixgleichungen anschaulich darstellen.

Zunächst wenden wir die Laplace-Stieltjes-Transformation bezüglich der Zeit an:

$$
\Phi_{\mathcal{A}_n}(s) = \int_0^\infty e^{-st} d\mathcal{A}_n(t), \qquad \Phi_{\mathcal{B}_n}(s) = \int_0^\infty e^{-st} d\mathcal{B}_n(t) . \tag{6.61}
$$

Die Ausdrücke (6.61) werden mittels der *matrizen*erzeugenden Funktion bezüglich der Ankünfte zu Doppeltransformationen (DT) weiter umgeformt:

$$\mathcal{A}_{DT}(z, s) = \sum_{n=0}^{\infty} \Phi_{\mathcal{A}_n}(s) z^n, \quad \mathcal{B}_{DT}(z, s) = \sum_{n=0}^{\infty} \Phi_{\mathcal{B}_n}(s) z^n. \tag{6.62}$$

Für die Transformationsvariablen gilt wie gewohnt $|z| \leq 1$ und $\text{Re}(s) \geq 0$.

Wir interessieren uns zunächst für die stationären Verteilungen, d.h. für das Verhalten des Prozesses, das sich einstellt, wenn die Beobachtungsdauer gegen unendlich strebt. Die Übergangsmatrix für den stationären Fall lautet

$$\mathcal{P} = \mathcal{P}(\infty) = \lim_{t \to \infty} \mathcal{P}(t) = \begin{pmatrix} \mathcal{B}_0 & \mathcal{B}_1 & \mathcal{B}_2 & \mathcal{B}_3 & \cdots \\ \mathcal{A}_0 & \mathcal{A}_1 & \mathcal{A}_2 & \mathcal{A}_3 & \cdots \\ 0 & \mathcal{A}_0 & \mathcal{A}_1 & \mathcal{A}_2 & \cdots \\ 0 & 0 & \mathcal{A}_0 & \mathcal{A}_1 & \cdots \\ \vdots & \vdots & \vdots & \vdots & \ddots \end{pmatrix},$$

wobei

$$\mathcal{A}_n = \Phi_{\mathcal{A}_n}(0) = \mathcal{A}_n(\infty) = \lim_{t \to \infty} \mathcal{A}_n(t),$$

$$\mathcal{B}_n = \Phi_{\mathcal{B}_n}(0) = \mathcal{B}_n(\infty) = \lim_{t \to \infty} \mathcal{B}_n(t).$$

Man beachte, dass $\mathcal{P}$ eine stochastische Matrix von Übergangswahrscheinlichkeiten ist.

Die Summen der Matrizen $\{\mathcal{A}_n\}$ und $\{\mathcal{B}_n\}$ haben zunächst nur formalen Charakter und werden für spätere Analyseschritte benötigt:

$$\mathcal{A} = \sum_{n=0}^{\infty} \mathcal{A}_n = \mathcal{A}_{DT}(z, s)\Big|_{\substack{s \to 0 \\ z \to 1}}, \quad \mathcal{B} = \sum_{n=0}^{\infty} \mathcal{B}_n = \mathcal{B}_{DT}(z, s)\Big|_{\substack{s \to 0 \\ z \to 1}}.$$

Diese Matrizen sind stochastisch, d.h. $e = \mathcal{A}e$ und $e = \mathcal{B}e$. Aus den Definitionen von $\mathcal{A}_n(t)$ und den Eigenschaften der Grenzübergänge der Transformationen lässt sich die Matrix $\mathcal{A}$ bestimmen:

$$\mathcal{A} = \mathcal{A}_{DT}(z, s)\Big|_{\substack{s \to 0 \\ z \to 1}} = \int_0^{\infty} e^{-st} e^{\mathcal{D}_{EF}(z)t} dB(t)\Big|_{\substack{s \to 0 \\ z \to 1}} = \int_0^{\infty} e^{\mathcal{D}t} dB(t). \tag{6.63}$$

Aus der Doppeltransformation

$$\mathcal{B}_{DT}(z, s) = \frac{1}{z}(sI - \mathcal{D}_0)^{-1}(\mathcal{D}_{EF}(z) - \mathcal{D}_0)\mathcal{A}_{DT}(z, s) \tag{6.64}$$

erhält man nach den Grenzübergängen $s \to 0$ und $z \to 1$:

$$\mathcal{B}_n = -\mathcal{D}_0^{-1}\mathcal{D}_1\mathcal{A}_n \tag{6.65}$$

und

$$\mathcal{B} = \left(I - \mathcal{D}_0^{-1}\mathcal{D}\right)\mathcal{A}. \tag{6.66}$$

Es kann gezeigt werden, dass für die in Gl. (6.48) definierten stationären Aufenthaltswahr-scheinlichkeiten in den verschiedenen Phasen des Ankunftsprozesses auch die Beziehung gilt:

$$\vec{\pi} = \vec{\pi}\mathcal{A}.$$

Formal kann aus der Doppeltransformation $\mathcal{A}_{DT}(z, s)$ die Mittelwertbildung von $\{\mathcal{A}_n\}$ bzgl. n durchgeführt werden:

$$\begin{aligned}
\vec{E}_\mathcal{A} &= \sum_{n=0}^{\infty} n\mathcal{A}_n e = \left[\frac{\partial}{\partial z}\mathcal{A}_{DT}(z, 0)\right]_{z \to 1} \cdot e \\
&= \rho e + (I - \mathcal{A})\left(e\vec{\pi} - \mathcal{D}\right)^{-1}\vec{\lambda}.
\end{aligned} \tag{6.67}$$

Der Spaltenvektor $\vec{\lambda} = \mathcal{D}_1 \cdot e$ stellt die phasenabhängigen Ankunftsraten des MAP-Ankunfts-prozesses dar und wurde in Gl. (6.49) definiert.

Da die mittlere Anzahl der Ankünfte während einer Bediendauer mit der mittleren System-auslastung ρ identisch ist, gilt:

$$\vec{\pi}\,\vec{E}_\mathcal{A} = \rho.$$

6.3.4   Stationäre Zustandswahrscheinlichkeiten

a)   Zustandsübergangsgleichungen in Matrixschreibweise

Zur Berechnung des stationären Zustandsvektors X zu den Einbettungszeitpunkten des eingebetteten Markov-Erneuerungsprozesses, d.h. zu den Bedien-Ende-Zeitpunkten, betrach-ten wir zunächst das Eigenvektorproblem

$$X = X \cdot \mathcal{P} \quad \text{mit} \quad X \cdot e = 1, \tag{6.68}$$

wobei die Stabilitätsbedingung $\rho < 1$ berücksichtigt wird. Der Zeilenvektor X sei dabei entsprechend der Blockstruktur von $\mathcal{P}$ in die $1 \times k$-Vektoren partitioniert:

$$\mathcal{X} = \{\mathcal{X}_0, \mathcal{X}_1, \ldots\}.$$ (6.69)

Der Teilvektor $\mathcal{X}_\nu$ korrespondiert mit dem Niveau ν und gibt die phasenabhängigen Wahrscheinlichkeiten an, mit denen sich das System nach einem Bedien-Ende auf dem Niveau ν befindet. Aus der Blockstruktur von $\mathcal{P}$ (vgl. Gl. (6.59)) folgt für die Teilvektoren

$$\mathcal{X}_\nu = \mathcal{X}_0 \mathcal{B}_\nu + \sum_{n=1}^{\nu+1} \mathcal{X}_n \mathcal{A}_{\nu+1-n}, \quad \text{für } \nu \geq 0.$$ (6.70)

Die Komponente $\mathcal{X}_\nu[j]$ des Vektors $\mathcal{X}_\nu$ gibt die Zustandswahrscheinlichkeit an, dass unmittelbar nach einem Bedien-Ende ν Anforderungen im System sind und sich der MAP-Ankunftsprozess in der Phase j befindet.

In dieser Zustandsübergangsgleichung wird die Ähnlichkeit mit der Zustandsgleichung des klassischen M/GI/1-Wartesystems (vgl. Gl. 4.21) deutlich:

$$x(\nu) = x(0)\gamma(\nu) + \sum_{i=1}^{\nu+1} x(i)\gamma(\nu-i+1), \quad \nu = 0, 1, \ldots.$$

Dabei korrespondieren der Teilvektor $\mathcal{X}_\nu$ des MAP/GI/1-Systems mit der Zustandswahrscheinlichkeit $x(\nu)$ des M/GI/1-Systems und die Matrizen $\mathcal{B}_\nu, \mathcal{A}_\nu$ mit der Wahrscheinlichkeit $\gamma(\nu)$ für die Anzahl von Poisson-Ankünften während einer Bediendauer.

Zur Lösung dieses Gleichungssystems bestimmen wir zunächst den Teilvektor $\mathcal{X}_0$, der sich über den sog. Grundzyklus herleiten lässt. Aus dem Teilvektor $\mathcal{X}_0$ können dann die weiteren Teilvektoren $\mathcal{X}_1, \mathcal{X}_2, \ldots$ sukzessiv berechnet werden. Der stationäre Vektor $\mathcal{X}^*$ für die Zustandswahrscheinlichkeiten zu beliebigen Zeitpunkten ergibt sich dann aus $\mathcal{X}$ (s. Abschnitt 6.3.5).

b)   Fundamentale Periode

Transitionszeiten und Rückschrittdauer

Zunächst werden weitere Begriffe definiert. Unter der *Transitionsdauer* eines Übergangs von Niveau ν zu Niveau ν' (engl. *first passage time*) verstehen wir die Zeitspanne, die zwischen dem Eintritt in das Niveau ν und dem unmittelbar darauf folgenden ersten Eintritt in das Niveau ν' liegt. Zur Abkürzung wird die Notation Transitionsdauer $[\nu, \nu']$ benutzt.

Ein *Rückschritt* ist ein Übergang, der mit dem Eintritt in ein Niveau $\nu > 0$ beginnt und mit dem unmittelbar darauf folgenden Eintritt in das Niveau $\nu-1$ endet. Die Transitionsdauer $[\nu, \nu-1]$ eines Rückschritts wird auch *fundamentale Periode* (engl. *fundamental period*) genannt.

Besondere Bedeutung kommt auch der Transitionsdauer $[0, 0]$ zu. Sie wird im Folgenden *Grundzyklus* genannt. Der Grundzyklus setzt sich aus einer Freiperiode und einer Betriebsperiode des Bedienprozesses zusammen (vgl. Abb. 6.9).

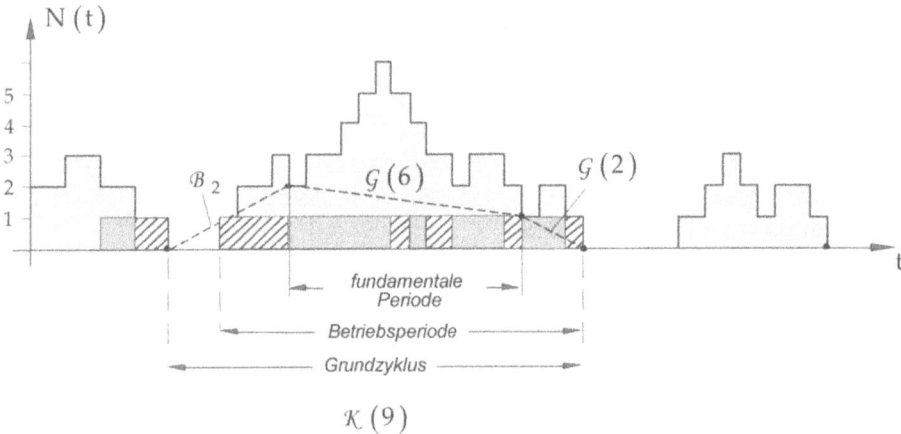

Abb. 6.9:   *Grundzyklus und fundamentale Periode*

Verteilung der fundamentalen Periode

Wir bezeichnen mittels der $k \times k$ -Matrix $\mathcal{G}(r)$ die Wahrscheinlichkeiten, dass die fundamentale Periode r Bediendauern umfasst. Dies bedeutet, dass genau r Bedienvorgänge während einer Transitionsdauer $[v, v-1]$ mit $v > 0$ durchgeführt werden. Wir haben hier nicht lediglich eine Wahrscheinlichkeit, sondern eine Matrix von Wahrscheinlichkeiten zur Beschreibung dieses Sachverhalts, da die involvierten Phasen des Ankunftsprozesses am Anfang und am Ende der betrachteten fundamentalen Periode berücksichtigt werden müssen. Das Element $\mathcal{G}(r)[ij]$ der Matrix $\mathcal{G}(r)$ gibt die Wahrscheinlichkeit an, dass eine fundamentale Periode r Bediendauern umfasst und am Anfang bzw. am Ende dieser fundamentalen Periode der MAP-Ankunftsprozess in der Phase i bzw. j ist.

In Abb. 6.9 werden Beispiele von fundamentalen Perioden gezeigt. Der erste Rückschritt mit der fundamentalen Periode umfasst 6 Bediendauern ($\mathcal{G}(6)$), der zweite (mit $\mathcal{G}(2)$) hingegen nur 2. Daran wird deutlich, dass ein Rückschritt auf unterschiedlichen Wegen erfolgen kann und dass für die fundamentale Periode somit jede positive Anzahl von darin enthaltenen Bediendauern möglich ist. Insbesondere können in einem langen Rückschritt viele weitere Rückschritte eingebettet sein, die kürzer sind und sich auf höheren Niveaus abspielen.

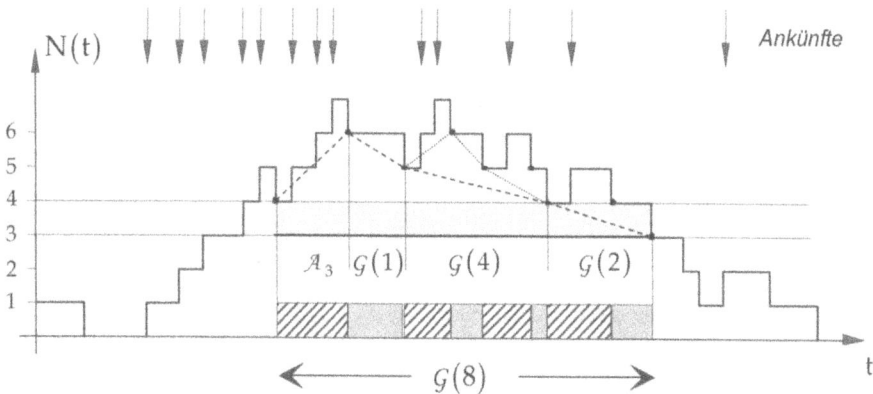

Abb. 6.10: *Struktur der fundamentalen Periode*

Die in Abb. 6.10 exemplarisch dargestellte Realisierung einer fundamentalen Periode bei einem Rückschritt von Niveau 4 nach Niveau 3 umfasst $r = 8$ Bediendauern. Während der ersten Bediendauer treffen 3 Anforderungen ein. Dies wird mit der Matrix $\mathcal{A}_3$ beschrieben. Der Prozess erreicht nach diesem Schritt das Niveau 6. Vom Niveau 6 zum Zielniveau 3 werden 3 fundamentale Perioden benötigt, die zusammen die restlichen $(r - 1 = 8 - 1 = 7)$ Bediendauern umfassen. Am Beispiel von Abb. 6.10 setzt sich dieser Pfad aus $\mathcal{G}(1)$, $\mathcal{G}(4)$ und $\mathcal{G}(2)$ zusammen. Die betrachtete fundamentale Periode kann zusammengefasst mit der Matrizenmultiplikation $\mathcal{A}_3 \cdot \mathcal{G}(1) \cdot \mathcal{G}(4) \cdot \mathcal{G}(2)$ beschrieben werden.

Im allgemeinen Fall besteht eine fundamentale Periode $\mathcal{G}(r)$, d.h. ein Rückschritt mit r Bediendauern, aus

- einer Bediendauer während der n Anforderungen eintreffen $(n = 0, 1, ...)$. Dies wird mit der Matrix $\mathcal{A}_n$ charakterisiert.

- n fundamentalen Perioden, die zusammen $r - 1$ Bediendauern umfassen. Dies wird mit der Faltung $\mathcal{G}^{(n)}(r - 1)$ beschrieben.

In der Matrixschreibweise erhält man:

$$\mathcal{G}(1) = \mathcal{A}_0, \tag{6.71}$$

$$\mathcal{G}(r) = \sum_{n=1}^{\infty} \mathcal{A}_n \cdot \mathcal{G}^{(n)}(r - 1), \quad r > 1. \tag{6.72}$$

Dabei ist $\mathcal{G}^{(0)}(0) = I$ und $\mathcal{G}^{(0)}(r) = 0$ für $r > 0$. Nach einer Transformation mittels der erzeugenden Funktion und einigen Umformungen erhält man die Beziehung (zur Herleitung s. Neuts [6.3]):

$$\mathcal{G}_{EF}(z) = \sum_{r=0}^{\infty} \mathcal{G}(r)z^r = z\sum_{n=0}^{\infty} \mathcal{A}_n\left(\mathcal{G}_{EF}(z)\right)^n .$$ (6.73)

Durch die Betrachtung des Grenzübergangs $z \to 1$ mit

$$\mathcal{G} = \mathcal{G}_{EF}(1) = \sum_{r=0}^{\infty} \mathcal{G}(r)$$ (6.74)

erhält man aus Gl. (6.73) die funktionale Beziehung

$$\mathcal{G} = \sum_{n=0}^{\infty} \mathcal{A}_n \mathcal{G}^n .$$ (6.75)

Aus dieser Bestimmungsgleichung kann die Matrix $\mathcal{G}$ mit Hilfe von Iterationsalgorithmen berechnet werden.

Das Element $\mathcal{G}[ij]$ der Matrix $\mathcal{G}$ gibt die Wahrscheinlichkeit an, dass am Anfang bzw. am Ende einer fundamentalen Periode der MAP-Ankunftsprozess in der Phase i bzw. j ist. Die Matrix $\mathcal{G}$ ist stochastisch, irreduzibel und hat einen eindeutig bestimmten invarianten Vektor, der mit $\vec{\gamma}$ bezeichnet wird, d.h. die Komponenten des Vektors $\vec{\gamma}$ sind Lösungen des Gleichungssystems

$$\vec{\gamma} = \vec{\gamma}\mathcal{G} \quad \text{mit} \quad \vec{\gamma}\cdot e = 1 .$$

Die Matrix $\mathcal{G}$ spielt bei der matrixanalytischen Methode eine zentrale Rolle. Da eine detaillierte Betrachtung ihrer Eigenschaften und der daraus hervorgehenden Implikationen den Rahmen dieser Einführung überschreiten würde, sei hier insbesondere auf die Abschnitte 2.2 und 2.3 in Neuts [6.3] verwiesen.

Der Vektor $\vec{E}_{\mathcal{G}}$ der Mittelwerte der fundamentalen Periode wird hier ohne Herleitung angegeben. Man erhält ihn durch Differentiation von Gl. (6.73) und einige Umformungsschritte:

$$\vec{E}_{\mathcal{G}} = \left[\frac{d}{dz}\mathcal{G}_{EF}(z)\right]_{z=1} \cdot e \qquad \text{(Mittelwertvektor der fundamentalen Periode)}$$

$$= \left(I - \mathcal{G} + e\cdot\vec{\gamma}\right)\left[I - \mathcal{A} + \left(e - \vec{E}_{\mathcal{A}}\right)\vec{\gamma}\right]^{-1} e .$$ (6.76)

Die Komponente $\vec{E}_{\mathcal{G}}[i]$ des Vektors $\vec{E}_{\mathcal{G}}$ gibt die mittlere Anzahl von Bediendauern in einer fundamentalen Periode an, die mit der Phase i anfängt.

c)   Der Grundzyklus

Der Grundzyklus K_0, der auch als die Rekurrenzzeit des Niveaus 0 bezeichnet wird, wurde als Transitionsdauer $[0, 0]$ definiert. Diese Zeitspanne setzt sich aus einer Freiperiode und einer Betriebsperiode des Bedienprozesses zusammen (vgl. Abb. 6.9).

Mit der $k \times k$ -Matrix $\mathcal{K}(r)$ werden die Wahrscheinlichkeiten angegeben, dass K_0 eine Anzahl r von Bediendauern umfasst. Das Element $\mathcal{K}(r)[ij]$ der Matrix $\mathcal{K}(r)$ gibt die Wahrscheinlichkeit an, dass ein Intervall K_0 eine Anzahl r von Bediendauern umfasst und am Anfang bzw. am Ende des Grundzyklus sich der MAP-Ankunftsprozess in der Phase i bzw. j befindet.

In Abb. 6.9 wird ein Grundzyklus illustriert, der aus einer Freiperiode und einer Betriebsperiode mit 9 Bediendauern besteht. Nach der Freiperiode fängt die erste Bediendauer an, während der 2 Anforderungen eintreffen. Dies wird mit der Matrix $\mathcal{B}_2$ beschrieben. Der Prozess erreicht nach diesem Schritt das Niveau 2. Vom Niveau 2 zum Zielniveau 0 benötigt der Prozess 2 fundamentale Perioden, die zusammen die restlichen 8 Bediendauern umfassen. In Abb. 6.9 setzt sich dieser Pfad aus $\mathcal{G}(6)$ und $\mathcal{G}(2)$ zusammen. Das betrachtete Intervall K_0 kann zusammengefasst mit der Matrizenmultiplikation $\mathcal{B}_2 \cdot \mathcal{G}(6) \cdot \mathcal{G}(2)$ beschrieben werden.

Im allgemeinen Fall besteht ein Grundzyklus, der eine Anzahl r von Bediendauern umfasst und durch die Wahrscheinlichkeitsmatrix $\mathcal{K}(r)$ dargestellt wird, aus

- einer Freiperiode und anschließend der ersten Bediendauer, während der n Anforderungen eintreffen. Dies wird mit der Matrix $\mathcal{B}_n$ charkterisiert.

- n fundamentalen Perioden, die zusammen $r-1$ Bediendauern umfassen. Dies wird mit der Faltung $\mathcal{G}^{(n)}(r-1)$ beschrieben.

Unter Berücksichtigung aller möglichen Pfade zur Realisierung eines Grundzyklus erhält man

$$\mathcal{K}(r) \;=\; \sum_{n=0}^{\infty} \mathcal{B}_n \mathcal{G}^{(n)}(r-1), \quad r \geq 1 . \qquad \text{(Matrixverteilung des Grundzyklus)} \qquad (6.77)$$

Nach einer Transformation mit Hilfe der erzeugenden Funktion ergibt sich nach einigen Umformungsschritten

$$\mathcal{K}_{EF}(z) \;=\; \sum_{r=0}^{\infty} \mathcal{G}(r) z^r \;=\; z \sum_{n=0}^{\infty} \mathcal{B}_n \mathcal{G}_{EF}^{n}(z) . \qquad (6.78)$$

Ähnlich wie bei der fundamentalen Periode erhält man nach dem Grenzübergang $z \to 1$:

$$\mathcal{K} \;=\; \mathcal{K}_{EF}(1) \;=\; \sum_{r=0}^{\infty} \mathcal{K}(r) . \qquad (6.79)$$

Aus Gl. (6.78) lässt sich die funktionale Beziehung herleiten:

$$\mathcal{K} = \sum_{n=0}^{\infty} \mathcal{B}_n \mathcal{G}^n .$$ (6.80)

Das Element $\mathcal{K}[ij]$ der Matrix $\mathcal{K}$ gibt die Wahrscheinlichkeit an, dass am Anfang bzw. am Ende eines Grundzyklus K_0 der MAP-Ankunftsprozess in der Phase i bzw. j ist.

Mit den Beziehungen (6.65) und (6.75) lässt sich die Summation umgehen. Die Bestimmungsgleichung für die Matrix $\mathcal{K}$ lautet

$$\mathcal{K} = -\mathcal{D}_0^{-1}\left[\mathcal{D}_{EF}(\mathcal{G}) - \mathcal{D}_0\right] = I - \mathcal{D}_0^{-1}\mathcal{D}_{EF}(\mathcal{G}) .$$ (6.81)

Dabei ist $\mathcal{D}_{EF}(\mathcal{G}) = \mathcal{D}_0 + \mathcal{D}_1\mathcal{G}$ die erzeugende Funktion des Ankunftsprozesses an der Stelle $\mathcal{G}$. Besondere Beachtung verdient hierbei der Umstand, dass der invariante Vektor von $\mathcal{D}_{EF}(\mathcal{G})$ identisch mit dem von $\mathcal{G}$ ist, d.h.

$$\vec{\gamma} = \vec{\gamma} \cdot \mathcal{D}_{EF}(\mathcal{G}) .$$ (6.82)

Die Matrix $\mathcal{K}$ ist stochastisch, irreduzibel und hat den eindeutig bestimmten invarianten Vektor

$$\vec{\kappa} = \vec{\kappa} \cdot \mathcal{K} \quad \text{mit} \quad \vec{\kappa} \cdot e = 1 .$$

Die Komponente $\vec{\kappa}[j]$ des Vektors $\vec{\kappa}$ gibt die stationäre Wahrscheinlichkeit an, dass zu Beginn eines Grundzyklus K_0 der MAP-Ankunftsprozess sich in der Phase j befindet.

d)   Zustandswahrscheinlichkeiten

Zur Berechnung des Vektors X_0 wird der Mittelwertvektor $\vec{E}_\mathcal{K}$ benötigt:

$$\vec{E}_\mathcal{K} = \left[\frac{d}{dz}\mathcal{K}_{EF}(z)\right]_{z \to 1} \cdot e$$
$$= -\mathcal{D}_0^{-1}\left[\mathcal{D} - \mathcal{D}_{EF}(\mathcal{G}) + \vec{\lambda}\vec{\gamma}\right]\left[I - \mathcal{A} + \left(e - \vec{E}_\mathcal{A}\right)\vec{\gamma}\right]^{-1} e .$$ (6.83)

Die Komponente $\vec{E}_\mathcal{K}[i]$ des Vektors $\vec{E}_\mathcal{K}$ gibt die mittlere Anzahl von Bediendauern in einem Grundzyklus an, der mit der Phase i anfängt. Man erhält damit die mittlere Anzahl η von Bediendauern in einem Grundzyklus:

$$\eta = \vec{\kappa} \cdot \vec{E}_\mathcal{K} .$$ (6.84)

Der Vektor X_0 kann aus dem Mittelwertvektor $\vec{E}_K$ berechnet werden. Man betrachtet dabei einen Grundzyklus K_0, der mit der Phase i anfängt. Die stationäre Wahrscheinlichkeit für dieses Intervall ist die Komponente $\vec{\kappa}[i]$ des Vektors $\vec{\kappa}$. Da während eines Intervalls K_0 im Mittel η Einbettungszeitpunkte liegen, erhält man schließlich

$$X_0 = \frac{\vec{\kappa}}{\eta} = \frac{\vec{\kappa}}{\vec{\kappa}\vec{E}_K}. \tag{6.85}$$

Nach komplexen Umformungen kann diese Beziehung wie folgt vereinfacht werden:

$$X_0 = \frac{1-\rho}{\lambda}\vec{\gamma}(-\mathcal{D}_0). \tag{6.86}$$

Die Vektoren X_v, $v > 0$, können mit folgender Rekursionsformel bestimmt werden:

$$X_v = \left(X_0\vec{\mathcal{B}}_v + \sum_{n=1}^{v-1} X_n\vec{\mathcal{A}}_{v+1-n}\right)\left(I-\vec{\mathcal{A}}_1\right)^{-1}, \quad v > 0. \tag{6.87}$$

Dabei ist im Fall eines reinen MAP/GI/1-Wartesystems

$$\vec{\mathcal{A}}_n = \sum_{v=n}^{\infty} \mathcal{A}_v\mathcal{G}^{v-n} \quad\text{und}\quad \vec{\mathcal{B}}_n = \sum_{v=n}^{\infty} \mathcal{B}_v\mathcal{G}^{v-n}.$$

Für die erzeugende Funktion $X_{EF}(z) = \sum_{v=0}^{\infty} X_v z^v$ gilt

$$\begin{aligned} X_{EF}(z)\big(zI - \mathcal{A}_{EF}(z)\big) &= X_0\big[z\mathcal{B}_{EF}(z) - \mathcal{A}_{EF}(z)\big]\\ &= -X_0\mathcal{D}_0^{-1}\mathcal{D}_{EF}(z)\mathcal{A}_{EF}(z). \end{aligned} \tag{6.88}$$

Dabei ist gemäß Gl. (6.61)

$$\mathcal{A}_{EF}(z) = \sum_{n=0}^{\infty} \mathcal{A}_n z^n \quad\text{und}\quad \mathcal{B}_{EF}(z) = \sum_{n=0}^{\infty} \mathcal{B}_n z^n.$$

Mit Gl. (6.87) kann der vollständige Vektor der stationären Zustandswahrscheinlichkeiten an den Einbettungszeitpunkten explizit berechnet werden.

6.3.5   Zustandswahrscheinlichkeit zu beliebigen Zeitpunkten

Mit dem Vektor X^* wird die stationäre Verteilung des Systemzustands zu beliebigen Beobachtungszeitpunkten bezeichnet. Dieser Vektor ist ebenfalls in Teilvektoren $\left(X_0^*, X_1^*, \ldots\right)$ der Dimension $1\times k$ partitioniert. Für die Analyse von X^* muss das Geschehen im System zwischen den Einbettungszeitpunkten mit in Betracht gezogen werden.

Der Zusammenhang zwischen X^* und X wird ohne Herleitung angegeben:

$$X_0^* = -\lambda X_0 \mathcal{D}_0^{-1} = (1-\rho)\vec{\gamma}, \tag{6.89}$$

$$X_{\nu+1}^* = \left(\sum_{n=0}^{\nu} X_n^* \mathcal{D}_{\nu+1-n} - \lambda (X_\nu - X_{\nu+1}) \right)\left(-\mathcal{D}_0^{-1}\right), \quad \text{für} \quad \nu \geq 0. \tag{6.90}$$

Die entsprechende erzeugende Funktion erfüllt

$$X_{\text{EF}}^*(z)\mathcal{D}_{\text{EF}}(z) = -\lambda(1-z)X_{\text{EF}}(z). \tag{6.91}$$

6.3.6   Virtuelle Wartezeitverteilungsfunktion

Mit dem Begriff „*virtuelle Wartezeit*" wird die Wartezeit bezeichnet, die eine Testanforderung erfahren würde, wenn sie zu einem beliebig ausgewählten Beobachtungszeitpunkt eintreffen würde. Da bei MAP nicht zu jedem Zeitpunkt ein Ankunftsereignis möglich ist, d.h. die PASTA-Eigenschaft nicht gilt, erhält man unterschiedliche Verteilungsfunktionen für die virtuelle Wartezeit und für die an den Ankunftszeitpunkten beobachtete tatsächliche Wartezeit.

Wir notieren mit $W_j(t)$ die Verteilungsfunktion der virtuellen Wartezeit für den Fall, dass zum Beobachtungszeitpunkt der MAP-Ankunftsprozess in der Phase j ist. Zusammengefasst erhält man den Vektor $\overline{W}(t)$ der virtuellen Wartezeitverteilungsfunktionen

$$\overline{W}(t) = \{W_1(t),...,W_k(t)\}. \tag{6.92}$$

Die phasenunabhängige Verteilungsfunktion der virtuellen Wartezeit ist gegeben durch

$$W(t) = \overline{W}(t)\cdot e.$$

Die Laplace-Stieltjes-Transformation lautet in Vektorschreibweise

$$\Phi_{\overline{W}}(s) = \int_0^\infty e^{-st}d\overline{W}(t), \quad \text{d.h.} \quad \Phi_W(s) = \Phi_{\overline{W}}(s)\cdot e.$$

Als Verallgemeinerung der klassischen Pollaczek-Khintchine-Formel für die Wartezeit im M/GI/1-System kann gezeigt werden, dass für das MAP/GI/1-Wartesystem gilt:

$$\phi_{\overline{W}}(s) = sX_0^*\left[sI + \mathcal{D}_{\text{EF}}(\Phi_B(s))\right]^{-1}, \tag{6.93}$$

$$\Phi_{\overline{W}}(0) = \vec{\pi}. \tag{6.94}$$

Hieraus folgt die Verteilungsfunktion der virtuellen Wartezeit des Systems MAP/GI/1:

$$\Phi_W(s) = \Phi_{\overline{W}}(s) \cdot e$$

$$= sX_0^* \left[sI + \mathcal{D}_{EF} \Phi_B(s) \right]^{-1} e. \qquad \text{(Wartezeitverteilungsfunktion)} \qquad (6.95)$$

6.3.7 Zusammenstellung der wichtigsten Algorithmenschritte

Gegeben sei ein MAP/GI/1-Wartesystem. Die Ankunftsmatrizen des MAP-Ankunftsprozesses sind $\mathcal{D}_0$ und $\mathcal{D}_1$, die Verteilungsfunktion der Bedienzeit ist $B(t)$. Die Schritte zur Analyse des Zustandsprozesses und der virtuellen Wartezeit sind:

Schritt 1:   Berechnung der Matrizen $\{\mathcal{A}_n\}$ gemäß Gl. (6.60)

Schritt 2:   Berechnung der Matrix $\mathcal{G}$.
Dazu wird in Neuts [6.3] die Verwendung des folgenden, mit Gl. (6.75) gleichwertigen Ausdrucks vorgeschlagen:

$$\mathcal{G}_{v+1} = \left(I - \mathcal{A}_1 \right)^{-1} \sum_{\substack{n=0 \\ n \neq 1}}^{\infty} \mathcal{A}_n \mathcal{G}_v^n \qquad \text{(Iteration zur Berechnung von } \mathcal{G} \text{),} \qquad (6.96)$$

wobei v der Iterationsindex ist. Als Startmatrix $\mathcal{G}_0$ verwendet man die Matrix $\mathcal{A}$, so dass die entstehende Iterationsfolge $\mathcal{G}_0, \mathcal{G}_1, \mathcal{G}_2, \ldots$ im Rahmen der Rechnergenauigkeit aus lauter stochastischen Matrizen besteht.

Die Iteration kann z. B. abgebrochen werden, sobald die Bedingung

$$\max_{i,j} \left| \mathcal{G}_v[ij] - \left(\sum_{n=0}^{\infty} \mathcal{A}_n \mathcal{G}_v^n \right)[ij] \right| < \varepsilon$$

erfüllt ist. Der invariante Vektor $\vec{\gamma}$ von $\mathcal{G}$ kann mit Standardmethoden berechnet werden.

Schritt 3:   Die Berechnung des Vektors X_0 erfolgt gemäß Gl. (6.86) und die der restlichen Teilvektoren X_v, $v > 0$ mittels Gl. (6.87).

Schritt 4:   Berechnung der Vektoren X_v^*, $v \geq 0$, gemäß Gl. (6.90).

Schritt 5:   Mit der Kenntnis von X_0^* lässt sich die virtuelle Wartezeitverteilung gemäß Gl. (6.95) berechnen.

Literatur zu Kapitel 6

Bücher:

[6.1]   Kleinrock, L., *Queueing Systems, Band 1: Theory*, Wiley, New York 1975

[6.2]   Neuts, M. F., *Matrix-Geometric Solutions in Stochastic Models*, John Hopkins Univ. Press, Baltimore 1981

[6.3]   Neuts, M. F., *Structured Stochastic Matrices of M/G/1 Type and Their Applications*, Dekker, New York 1989

[6.4]   Syski, R., *Introduction to Congestion Theory in Telephone Systems*, North-Holland, Amsterdam 1986

Aufsätze:

[6.5]   Fischer, W., Meier-Hellstern, K. S., *The Markov-modulated Poisson process (MMPP) cookbook*, Perf. Eval. 18:149-171 (1992)

[6.6]   Lucantoni, D. M., *New results on the single server queue with a batch Markovian arrival process*, Stochast. Models 7(1):1-46 (1991)

[6.7]   Lucantoni, D. M., *The BMAP/G/1 queue: A tutorial*, L. Donatiello, R. Nelson (ed.), Models and Techniques for Performance Evaluation of Computer and Communication Systems, Springer, Berlin 1993

[6.8]   Lucantoni, D. M., Meier-Hellstern, K. S., Neuts, M. F., *A single server queue with server vacations and a class of non-renewal arrival processes*, Ann. Appl. Prob. (September 1990)

[6.9]   Neuts, M. F., *A versatile Markovian point process*, J. Appl. Prob. 16:764-779 (1979)

[6.10]   Neuts, M. F., *Models based on the Markovian arrival process*, IEICE Trans. Commun. E75-B(12) (1992)

Übungsaufgaben zu Kapitel 6

Aufgabe 6.1:
Betrachtet werde eine Zufallsvariable A, die mit Hilfe der Phasendarstellung im folgenden Diagramm dargestellt ist.

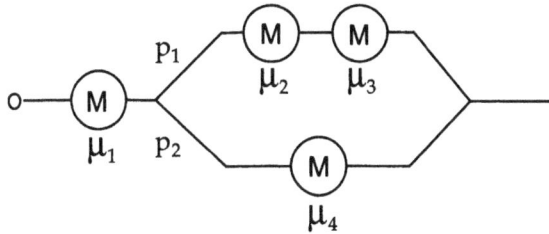

Wie lautet die Repräsentation der Phasenverteilung der Zufallsvariablen A?

Aufgabe 6.2:
Ähnlich wie die Erlang-k-Verteilung basiert die Cox-Verteilung C_k im Wesentlichen auf einer Serienschaltung von k negativ-exponentiell verteilten Phasen, die unterschiedlich parametrisiert sein können. Der Phasenprozess wird wie bei E_k stets in Phase 1 gestartet, die Absorption erfolgt jedoch nach Ende der Verweildauer in Phase j mit einer gegebenen Wahrscheinlichkeit p_j, $1 \le j < k$, $p_k = 1$.

1. Man skizziere das Phasenmodell der Cox-k-Verteilung mit den Parametern λ_j und p_j.
2. Wie lautet die Repräsentation von C_k durch die Phasenverteilung?

Aufgabe 6.3:
Betrachtet werde das System M/M/1-S. Der Ankunftsprozess ist ein Poisson-Prozess (mit Parameter λ), die Bediendauer ist negativ-exponentiell verteilt (mit Parameter μ). Der Ausgangsprozess des Systems wird mit P_1 und der Prozess der abgewiesenen Anforderungen mit P_2 bezeichnet.

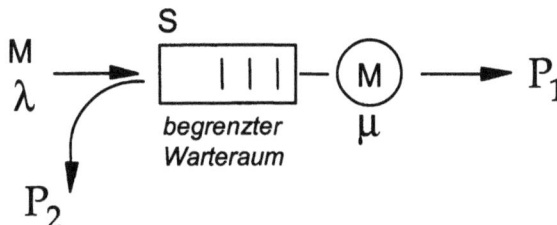

Man zeige, dass die Prozesse P_1 und P_2 Markov-Ankunftsprozesse sind und gebe die entsprechenden Repräsentationen an.

Index

Notationskonventionen und Formelzeichen

Zeitkontinuierliche Zufallsvariablen und zugehörige Funktionen:

A	zeitkontinuierliche Zufallsvariable (ZV A)
$a(t)$	Verteilungsdichtefunktion der ZV A
$A(t)$	Verteilungsfunktion der ZV A
$\Phi_A(s)$	Laplace-Transformierte von $a(t)$ bzw.
	Laplace-Stieltjes-Transformierte von $A(t)$

Zeitdiskrete Zufallsvariablen und zugehörige Funktionen:

X	zeitdiskrete Zufallsvariable (ZV X)
$x(k)$	Verteilung der ZV X
$X(k) = \sum_{i=-\infty}^{k} x(i)$	Verteilungsfunktion der ZV X
$X_{EF}(z)$	(wahrscheinlichkeits-)erzeugende Funktion der ZV X
$X_{ZT}(z)$	Z-Transformierte der Verteilung $x(k)$
$\mathcal{X}_{ZT}(z)$	Z-Transformierte der Verteilungsfunktion $X(k)$
$X_{DFT}(k)$	Diskrete Fourier-Transformierte (DFT) der Verteilung $x(k)$
$X_{CEP}(k)$	Cepstrum der Verteilung $x(k)$

Verteilung, Wahrscheinlichkeitsvektor und -matrix:

X	nichtnegative zeitdiskrete Zufallsvariable (ZV X)
$\mathcal{X} = \{x(0), x(1), \ldots\}$	Wahrscheinlichkeitsvektor der ZV X
$Q = \{q_{ij}\}$	Matrix der Übergangswahrscheinlichkeitsdichten
$\mathcal{P} = \{p_{ij}\}$	Matrix der Übergangswahrscheinlichkeiten
$D \in k \times j$	Matrix mit k Zeilen und j Spalten
$D[ij]$	Matrixelement aus der i-ten Zeile und j-ten Spalte von D

www.ingramcontent.com/pod-product-compliance
Lightning Source LLC
Chambersburg PA
CBHW081054220326
41598CB00038B/7099